"무난한 길을 따라가면 편안하지만 기회는 없다. 격동의 시대에서 뭔가를 이루고 싶다면 다른 길을 갈 수 있어야 한다. 이 책은 남과 다른 길을 가기 원하는 사람들에게 구체적인 해법과 풍성한 사례를 제공한다."

– 공병호 공병호경영연구소 소장

전작《기브앤테이크》로 _____ 교수의 새로운 걸작,《오리지널스》가 독창성에 관해 _____ 흥미진진한 사례와 유익한 방법론으로 가득한 창의 _____ 려진 창의성에 관한 통념을 깨는 통쾌함이 읽을수록 책에 빠져들게 한다.

– 조영탁 휴넷 대표

21세기 융합시대를 맞아 개인과 조직의 독창성은 경쟁력의 핵심으로 부각되고 있다. 저자는 독창성이 천재들의 전유물이라는 신화에서 벗어나 실제 경험에 기반해 기존 관념에 도전하는 개인들의 성취가 될 수 있음을 다양한 사례로 설명하고 있다.

– 김경준 딜로이트 컨설팅 대표

애덤 그랜트 교수의 전작《기브앤테이크》를 흥미롭게 읽었기에《오리지널스》도 기대를 했다. 책을 읽으면서 역시 그랜트 교수라는 생각을 했다. 독창적인 아이디어가 어떻게 나오는가에 대해 여러 가지 풍부한 사례와 연구 결과를 통해 납득이 가게 설명한다. 자신이 독창적인 아이디어를 낼 수 있는 인재로 성장하기를 원하거나 자녀를 독창적인 생각을 하는 아이로 키우고 싶은 사람들에게 일독을 권한다. 특히 부하들이 거리낌 없이 다양한 아이디어를 내도록 하는 환경을 통해 조직에 독창성을 존중하는 문화를 만들고자 하는 기업의 리더들에게도 큰 도움이 될 만한 책이다.

– 임정욱 스타트업얼라이언스 센터장

오리진origin은 '기원(起源)' 즉 내가 왔던 곳이다. 오리지널스는 기원으로 돌아가, 가장 '나다움'을 찾아낸 사람들이다. 그래서 우리는 그들을 독창적이라고 부른다. 독창적인 사람들은 어떻게 사고하고 행동할까? 상식을 뒤집는 다양한 연구와 흥미진진한 사례가 연이어 펼쳐지며 우리 내면에 잠자고 있던 '나다움'을 깨운다. 시류를 거부하고 위험한 도전을 꿈꾸고 있는 창조자와 혁신가들을 매혹할 책이다.

–강신장 모네상스 대표 ·《오리진이 되라》 저자

수많은 생각의 유산들로 만들어진 집단사고의 함정에서 벗어나야 한다. 현상에 대해 늘 의문을 제기하고 작은 성취에 만족하지 말아야 세상을 뒤흔드는 창의와 혁신이 나온다. 남보다 뛰어나고 싶은 사람, 남보다 뛰어난 조직을 만들려는 사람, 그리고 성장의 변곡점에서 새로운 도약을 꿈꾸는 사람들에게 이 책은 단비 같은 존재가 될 것이다.

– 김주형 LG경제연구원 원장

"독창성을 추구하는 사람들이 세상을 앞으로 나아가게 만드는 사람들이다. 그러나 이 사람들은 우리가 생각하는 것보다 훨씬 더 우리와 비슷한 사람들이다. 그들이 우리와 다른 점은 그럼에도 불구하고 용기를 내서 행동에 옮긴다는 점이다." 독창성이 실천의 문제임을 강조한 저자의 통찰력은 지금 우리에게 필요한 것을 정확히 지적하고 있다.

– 강인수 현대경제연구원 원장

추천의 글

성공에 대한 통념을 타파하고, 오랫동안 당연시해온 믿음에 이의를 제기하고, 근본적인 변화를 이끈 주역들이 지닌 공통점을 발굴함으로써 우리가 처한 상황을 완전히 뒤바꿀 잠재력을 새로운 시각으로 바라보게 해준다.
— **J. J. 에이브럼스** 〈스타워즈〉 감독

수백 가지 사업을 하면서 가장 어려웠고 가장 성공적이었던 점이 바로 사람들에게 세상을 달리 보도록 설득하는 일이었다. 다른 이들을 설득하는 비결과 사람들이 창의성을 기르고 변화를 이끌어내도록 돕는 비결을 제시한다.
— **리처드 브랜슨** 버진 그룹 창업자

우리는 독창적이고 위대한 위인들은 우리와 완전히 다른 인간이라 생각한다. 하지만 이 책을 읽으며 그들도 우리와 너무나 비슷한 사람들이라는 사실을 발견하고 놀랐다. 평범한 사람들이 독창성을 발휘할 수 있는 노하우가 이 책에 고스란히 담겨져 있다.
— **김현철** 서울대학교 국제대학원 교수

우리는 여태까지 패스트세컨드fast second의 입장으로 성장을 이루어왔으나, 퍼스트무버first mover의 위치에 놓이자 우왕좌왕하고 있다. 창의성이나 독창성은 어찌 보면 마음가짐의 문제이다. 저자인 애덤 그랜트는 조직행동의 심리학자로서, 사람의 오묘한 심리를 잘 파악하여 오리지널이 되기 위한 심리 및 행동 지침을 흥미진진하게 제시하고 있다.
— **홍성태** 한양대학교 경영대학 교수

정상(頂上)에 오른 사람은 정상(正常)인가? 정상에 오른 사람은 대부분 비정상이다. 정상에 오른 사람들은 당연하다고 생각하는 상식에 문제를 제기하고, 원래 그렇다는 발상과 물론 그렇다고 인정하는 타성에 시비를 거는 몰상식한 사람이다. 당연함에 문제를 제기하는 몰상식하고 비정상적인 사람, 선택지 밖에서 뜻밖의 질문을 통해 생각지도 못한 답을 찾고 싶은 사람들에게 이 책은 필독서를 넘어 중독될 수밖에 없는 지침서다.
— **유영만** 지식생태학자 · 한양대학교 교수 · 《생각지도 못한 생각지도》 저자

아직도 독창적인 아이디어가 '고집 세고 자유분방한 괴짜들'에게서 나온다고 착각하는 이들, 머리가 안 되어 '이번 생은 글렀다'고 포기하는 이들에게 꼭 권해주고 싶은 책. '오리지널'이 되고 싶다면 그 안에 숨은 디테일부터 아는 게 먼저다.
— **김미경** 강사

세상을 움직일 수 있는 사람은 누구일까?《오리지널스》에는 세상의 정해진 룰에 순응하지 않고 긍정적으로 세상을 변화시킨 이야기가 담겨 있다. 그들은 평범한 우리와 많이 다르지 않은 모습으로 우리에게도 무한한 가능성이 열려 있음을 알려준다.
— **차문현** 하나자산운용 대표

오리지널스

오리지널스
Originals

어떻게

순응하지 않는 사람들이

세상을 움직이는가

애덤 그랜트

홍지수 옮김 | **셰릴 샌드버그**(페이스북 COO) 서문

한국경제신문

앨리슨에게

한국의 독자들에게

독창성은 한국 문화의 핵심입니다. 그렇지 않고서야 이렇게 작은 나라가 어떻게 삼성, LG, 현대, 기아 같은 혁신적인 기업들을 배출해냈겠습니까?

한국은 새로운 상품을 출시하고 획기적인 기술을 개발해 세계적으로 극찬을 받고 있습니다. 하지만 독창성은 한국 교육체계의 기반이 아닙니다. 한국 학생들은 학교에서 창의적인 질문을 던지기보다는 뻔한 사실들을 암기하고, 여러 가지 가능한 답들을 찾기보다는 하나의 획일적인 정답을 찾으라는 가르침을 받습니다.

다행스럽게도 독창성을 기르기에 지금도 늦지 않았습니다. 누구든지 새로운 아이디어를 직접 생각해내고, 남이 낸 아이디어들 가운데 독창성 있는 아이디어를 알아보는 안목을 기르고 그 아이디어가 실현되도록 적극적으로 지원할 능력이 있습니다. 또 조직의 관리자들은 위험을 회피하려는 성향을 줄이고, 지도자들은 집단사고에 맞서는 조직문화를 조성할 수 있습니다. 저는 바로 이러한 사실들을 보여주는 훌륭한 사례들을 독자 여러분에게 소개하고 싶어서 이 책을 썼습니다.

지금 한국은 어느 때보다도 독창성이 절실히 필요한 시기입니다. 높아지는 실업률과 취업난 속에서 연애, 출산, 결혼을 포기한 이른바 '삼포세대三抛世代'는 새로운 도전에 직면하고 있습니다. 구직자로서 돋보이려면 다른 사람들과는 달리 생각해야 합니다. 경영자로서 또는 사업가로서 새로운 일자리를 창출하려면 혁신하는 방식을 새로운 시각으로 바라보아야 합니다.

여러분이 잠재된 독창성을 발휘하고 변화를 이끌어내는 데 이 책이 도움이 되기를 바랍니다.

애덤 그랜트

서문

셰릴 샌드버그
페이스북 최고운영책임자이자 린인닷오그(LeanIn.org)의 창립자

애덤 그랜트는 《오리지널스》를 쓰는 데 최적임자이다. 그 자신이 독창적인 사람이기 때문이다. 그는 통념을 타파하고 진실을 밝힘으로써 무엇이 사람들에게 동기를 부여하는지 과학적으로 규명하는 데 열정을 다한다. 그는 가정에서, 직장에서, 지역사회에서 누구든지 세상을 더욱 살기 좋게 만드는 데 기여할 수 있다며, 자신의 혜안과 충언을 제시하는 식견 있는 낙관주의자이다. 그는 내게 자신감을 불어넣어주고, 내 아이디어를 효과적으로 다른 사람들에게 제시하고 설득하도록 도와주는 충실한 친구이기도 하다.

나는 애덤을 내 삶에 가장 큰 영향을 준 사람으로 손꼽는다. 이 놀라운 역작을 통해 그는 여러분에게도 새로운 사실을 깨닫고, 영감을 얻고, 용기를 내도록 하는 데 큰 도움을 줄 것으로 생각한다.

통념 파괴자가 되라

창의성을 타고난 사람들이 간혹 있지만, 대부분의 사람들은 독창적인 사고와는 거리가 멀다는 것이 일반적인 통념이다. 타고난 지도자들이 간혹 있지만, 나머지 대부분의 사람들은 추종자라는 것이 일반적인 통념이다. 몇몇 사람들만이 실제로 영향력을 발휘할 뿐 대다수는 그렇지 못하다는 것이 일반적인 통념이다.

《오리지널스》에서 애덤은 이 모든 통념들을 일거에 무너뜨린다.

애덤은 우리 가운데 누구든지 창의력을 향상시킬 수 있다는 사실을 보여준다. 그는 진정으로 독창적인 아이디어를 식별하고, 어떤 아이디어들이 실현 가능한지를 예측하는 비결을 제시해준다. 그는 우리가 직관을 믿어야 할 경우와 다른 사람들의 의견에 귀를 기울여야 할 경우를 구분해준다. 그는 우리 자녀들에게 창의성을 길러주는 훌륭한 부모가 되는 비결과, 사고의 동질성이 아니라 다양성을 촉진함으로써 훌륭한 관리자가 되는 비결을 제시한다.

이 책을 통해 나는 창의성의 대가들이라고 해서 반드시 가장 전문성이 뛰어난 것은 아니며, 오히려 다른 사람들로부터 매우 폭넓은 견해를 구한다는 사실을 깨달았다. 다른 사람들보다 앞섬으로써 성공한 경우보다는 참을성 있게 행동할 때를 기다림으로써 성공한 사례가 더 보편적이라는 사실도 알게 되었다.

그리고 충격적인 사실은 때때로 할 일을 미루는 것이 바람직할 경우도 있다는 점이었다. 나와 일해본 적이 있는 사람이라면 누구든지 막판까지 할 일을 미루는 것을 내가 얼마나 싫어하는지, 실행 가능한 일은 당장 해치워야 한다는 것이 내 신념이라는 사실을 잘 안다. 뭐든 빨리 끝마쳐야 한다는 강박관념에 끊임없이 시달리는 압박감을 내가 떨쳐버린다면, 다른 많은 사람들과 더불어 마크 저커버그$^{Mark Zuckerberg}$도 매우 흐뭇해할 것이다. 게다가 애덤이 지적한 바와 같이, 나와 내 팀 구성원들이 더 나은 성과를 내도록 해줄지도 모른다.

식견 있는 낙관주의자가 되라

날마다 우리는 사랑하는 것, 바꿔야 하는 것들과 마주친다. 전자는 우리에게 기쁨을 준다. 후자는 세상을 바꾸겠다는 우리의 욕망에 불을 지핀다. 우리가 태어났을 때의 세상보다 더 나은 세상을 후손들에게 물려주겠다는 이상 말이다. 그러나 깊이 뿌리박힌 믿음과 행동을 바꾸는 일은 힘겹다. 우리는 현상을 그대로 받아들인다. 진정한 변화는 불가능해 보이기 때문이다. 그래도 여전히 우리는 감히 묻는다. 한 개인이 변화를 이끌어낼 수 있을까? 그리고 가장 용기가 충만한 순간에 우리는 이렇게 묻는다. 그 개인이

나일 수도 있을까?

이 물음에 대한 애덤의 대답은 "그렇고말고"이다. 우리 가운데 누구든 주변 세상을 개선할 독창적인 아이디어를 생각해낼 수 있음을 이 책은 증명해준다.

통찰력과 너그러움을 지닌 나의 친구 애덤

내가 애덤을 만난 것은 그의 첫 저서《기브앤테이크Give and Take》가 실리콘밸리에서 돌풍을 일으킬 때였다. 나는 그 책을 읽고 나서 만나는 사람마다 책 이야기를 들려주었다. 애덤은 학자로서의 재능만 뛰어난 것이 아니라 타고난 교육자이고, 복잡한 아이디어를 단순하고 명쾌하게 설명하는 타고난 이야기꾼이다.

당시 나의 남편이 애덤을 자신의 직장으로 초청해 직원들을 대상으로 강연을 했고, 그를 저녁식사에 초대했다. 애덤은 그의 책 내용만 뛰어난 것이 아니라 실제로 만나보니 인간적으로도 나무랄 데 없이 뛰어난 인물이었다. 그의 지식은 백과사전 수준이었고, 그의 활력은 다른 사람들에게도 전염되었다. 애덤과 나는 그가 하는 연구가 성 역할에 대한 논의에 어떤 유용한 정보를 제공해줄지에 관해 의견을 나누기 시작했고, 공동 작업에 착수했다. 그 후로 우리는 함께 연구를 하고, 여성과 직장에 대한 기고문을 연속적으로 발표했다. 린인닷오그는 애덤의 철저한 분석과 양성평등에 대한 확고한 신념으로부터 큰 혜택을 입었다.

해마다 한 차례씩 페이스북은 세계 각국의 팀들을 한자리에 불러 모으는데, 2015년에 나는 애덤을 기조연설자로 초청했다. 모두들 애덤의 지혜와 유머감각에 혀를 내둘렀다. 그로부터 몇 달이 지난 후에도, 그의 강연을 들은 팀들은 여전히 그의 혜안을 논하며, 그가 제시한 조언들을 실천하고 있었다.

그 과정에서 애덤과 나는 친구가 되었다. 비극이 내 삶을 강타하고, 그리고 갑작스럽게 남편을 잃게 되었을 때 애덤은 진정한 친구라면 으레 그러하듯, 앞장서서 비극을 수습해주었다. 그가 내 인생 최악의 시기를 수습하는 방식은, 그가 다른 모든 일들에 접근하는 방식과 마찬가지였다. 그만이 지닌 심리학에 대한 독특한 이해력과 견줄 데가 없는 너그러움을 결합한 방식이었다. 내가 결코 비통한 감정이 수습되지 않을지 모른다는 생각이 들 때면, 그는 멀리서 한달음에 날아와서 예전의 삶을 회복하기 위해 어떻게 해야 하는지 내게 이야기해주었다. 특히 고통스러운 상황을 수습할 방안이 보이지 않을 때, 그는 내가 생각지도 못하던 곳에서 해답을 찾도록 도와주었다. 내가 기댈 곳이 필요할 때 그는 늘 곁에 있어주었다.

친구라는 말이 지니는 가장 심오한 뜻은, 나 자신보다도 내 잠재력을 더 꿰뚫어보는 사람, 내가 최고의 기량을 발휘하도록 도와주는 사람이다. 이 책이 지닌 마력은 바로 이 책을 읽는 사람이라면 누구에게라도 애덤이 그런 친구가 되어준다는 점이다. 그는 회의와 두려움을 극복하고, 자신이 지닌 아이디어를 기꺼이 제시하고 설득력 있게 주장하고, 생각지도 못했던 곳에서 뜻밖의 지지자들을 발굴하는 비결에 대해 풍부한 조언을 제시한다. 그는 불안감을 다스리고, 분노를 승화시키고, 우리의 결점들 가운데 장점을 찾아내고, 장애물을 극복하고 다른 사람들에게 희망을 주는 방법에 대해 현실적인 지침을 제시해준다.

───────

《오리지널스》는 내가 지금까지 읽은 책들 가운데 가장 중요하고 나를 사로잡은 책으로 손꼽힌다. 이 책은 놀랍고 설득력 있는 아이디어로 가득하다. 이 책은 여러분이 세상을 보는 방식을 바꾸어놓는 데 그치지 않고, 여러분의 삶의 방식까지 바꾸어놓을지 모른다. 더 나아가 여러분으로 하여금 살고 있는 세상을 바꾸게 만들 수도 있다.

오리지널스
Originals

—
차
례
—

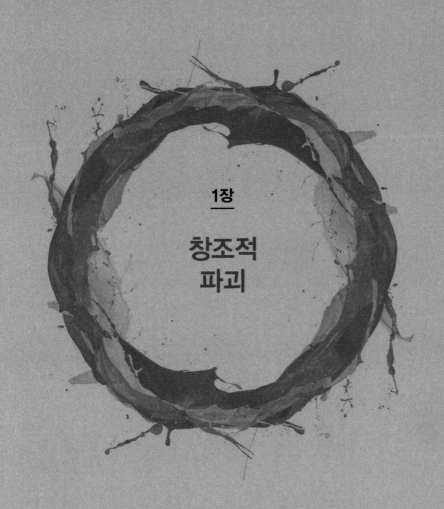

1장

**창조적
파괴**

"합리적인 사람[1]은 자신을 세상에 맞춘다.
비합리적인 사람은 세상을 자신에게 맞추려고 애쓴다.
따라서 진보는 전적으로 비합리적인 사람에게 달려 있다."

—조지 버나드 쇼George Bernard Shaw

순리를 거스르는
위험한 일

2008년 어느 서늘한 가을 저녁, 학생 네 명이 한 산업을 혁명적으로 변화시키겠다며 작정하고 나섰다. 학자금 대출에 신음하던 당시 그들은 안경을 잃어버리거나 부러뜨린 처지였고, 안경을 새로 장만하려 했지만 부담이 만만치 않다는 사실을 깨닫고 화가 치밀었다. 망가진 안경을 5년 동안이나 끼고 지내온 학생도 있었다. 그는 안경테를 페이퍼클립으로 고정시켜 쓰고 있었다. 그는 시력이 두 차례나 바뀌었는데도, 새 안경 렌즈가 너무 비싸서 사지 못하고 버티고 있었다.

안경 산업계의 거대 공룡인 룩소티카^{Luxottica}(이탈리아의 명품 안경 제조업체-옮긴이)는 안경시장의 80퍼센트 이상을 장악하고 있었다. 안경 가격을 보다 합리적으로 만들려면, 이 공룡을 쓰러뜨려야 한다고 학생들은 생각했다. 자포스^{Zappos}가 신발을 온라인으로 판매하면서 신발시장을 변화시키는 모습을 지켜본 그들은 안경 산업에서도 똑같은 시도를 해보면 어떨까 생각하게 되었다.

이 학생들은 그런 생각을 친구들에게 넌지시 말해보았지만, 그럴 때마다 친구들로부터 핀잔이 쏟아졌다. 친구들은 도대체 누가 안경을 인터넷에서 구매하느냐고 했다. 사람들은 안경을 직접 써보고 산다는 얘기였다. 자포스가 온라인 판매 개념을 신발에 적용해 성공하기는 했지만, 안경이 온라인 판매가 되지 않는 데는 그럴 만한 이유가 있다는 친구들의 주장이었다. "그게 기발한 아이디어라면 벌써 누군가가 했을 거야"라는 소리를 학생들은 귀가 따갑게 들었다.

이 네 명의 학생들은 하나같이 소매업, 패션, 의복뿐만 아니라 전자상거래와 기술 분야에도 문외한이었다. 학생들은 자신들이 구상한 사업이 황당하다는 얘기를 귀가 따갑도록 들었음에도 불구하고, 연봉이 쏠쏠한 일자리를 내던지고 회사를 차렸다. 그들은 안경점에서 보통 500달러에 팔리는 안경을 온라인으로 95달러에 팔고, 안경 하나가 팔릴 때마나 개발도상 지역에 안경 하나를 기부하기로 했다.

이 안경 사업의 성패는 웹사이트가 제대로 기능하는 데 달려 있었다. 웹사이트가 없으면 고객들이 상품을 보거나 구매할 수가 없기 때문이다. 우여곡절 끝에 웹사이트를 완성한 그들은 2010년 2월 웹사이트 공개가 예정된 전날 새벽 4시에 드디어 인터넷에 웹사이트를 개설하는 데 성공했다. 학생들은 소설가 잭 케루악^{Jack Kerouac}(1950년대 미국의 저항적인 청춘 문화를 이끈 대표적인 작가—옮긴이)의 글에 등장하는 두 인물의 이름을 조합해 '와비파커Warby Parker'라고 회사 이름을 지었다[2]. 학생들은 사회적 압력의 속박에서 벗어나 모험을 감행하는 두 인물에 영감을 받았다. 학생들은 그들의 반항 정신을 흠모했고, 그런 정신을 자신들이 살고 있는 문화에 주입했다. 그리고 그 시도는 적중했다.

학생들은 하루에 안경이 한두 개라도 팔리면 다행이라고 생각했다. 하지만 남성 전문 잡지 〈지큐GQ〉가 그들의 회사를 "안경 산업계의 넷플릭스Netflix(미국의 최대 온라인 동영상 콘텐츠 스트리밍 업체−옮긴이)"라고 부르면서, 그들은 첫해 판매 목표치를 한 달이 채 못 되어 달성했고 안경이 날개 돋친 듯이 팔리는 바람에 2만 명의 고객을 대기자 명단에 올려야 했다. 그들이 소비자의 수요를 충족시키기에 충분한 재고를 확보하기까지 아홉 달이 걸렸다.

2015년으로 건너뛰어, 월간지 〈패스트컴퍼니Fast Company〉가 선정한 '세계에서 가장 혁신적인 기업' 목록을 살펴보자. 이 목록에서 와비파커는 순위에 오르기만 한 것이 아니라 1위를 차지했다. 과거에 이 목록에서 1위를 차지한 기업은 구글, 나이키, 애플 등 모두 종업원을 5만명 이상 거느린 창의적인 거물급 기업들이었다. 한편 이 학생들이 설립한 보잘것없는 창업 회사, 즉 온라인 산업계의 신참내기 회사는 종업원이 겨우 500명이었다. 하지만 5년 만에 이 네 명의 학생들은 세상에서 가장 각광받는 브랜드를 만들어냈고, 수백만 개의 안경을 가난한 사람들에게 나누어주었다. 이제 이 기업의 연 매출은 1억 달러를 달성했고, 시가총액은 10억 달러가 넘었다.

이제 2009년으로 돌아가 보자. 그해 와비파커의 창립자 가운데 한 명이 나를 찾아와 사업 구상을 설명하면서 자신의 회사에 투자해달라고 제안했다.

당시 나는 그 제안을 거절했다. 그것은 내가 내린 결정 가운데 최악의 결정이었다. 나는 내가 무엇 때문에 그런 잘못된 결정을 내리게 되었는지 알아내고야 말겠다고 결심했다.

> **오리지널**original 형용사. 어떤 것의 기원이나 원천. 그로부터 무엇인가 발생되고 진행되고 파생된다.
>
> **오리지널**original 명사. 유일한, 독특한 특성을 지닌 것. 흥미롭거나 독특한 의미에서 다른 사람들과 차별화되는 사람, 참신한 독창성이나 창의력을 지닌 사람을 말한다.[3]

수년 전 심리학자들은 무엇을 성취하는 데는 두 가지 길이 있다는 사실을 발견했다. 순응conformity하는 길과 독창성originality[4]을 발휘하는 길이다. 순응이란 이미 잘 닦여진 길로 앞선 무리를 따라가며 현상을 유지함을 의미한다. 독창성이란 인적이 드문 길을 선택하여 시류를 거스르지만, 참신한 아이디어나 가치를 추구해 결국 더 나은 상황을 만듦을 의미한다.

물론 완전히 독창적인 것은 없다. 우리가 지닌 생각은 모두 우리 주변을 둘러싼 세상에서 우리가 터득하는 것들의 영향을 받기 때문이다. 우리는 의도적이든 그렇지 않든 간에 끊임없이 주위에서 아이디어를 빌려온다. 우리는 모두 다른 사람의 아이디어를 자기 것으로 착각하는

'절도망각증kleptomnesia' [5]에 사로잡히기 쉽다. 이에 나는 독창성을 다음과 같이 정의하고자 한다. 독창성이란, 특정한 분야 내에서 비교적 독특한 아이디어를 도입하고 발전시키는 능력, 또는 그런 아이디어를 개선할 수 있는 잠재력을 말한다.

독창성은 창의성으로부터 시작된다. 창의성은 참신하고 유용한 개념을 생각해내는 일이다. 하지만 거기에 그쳐서는 독창성을 달성할 수 없다. 독창적인 사람들은 주도적으로 자신이 지닌 비전을 실현시킨다. 와비파커 창립자들은 안경을 온라인으로 판매한다는, 기존 관행에서 벗어난 독창적인 생각을 해내는 데서 그치지 않고 안경을 적정한 가격에 쉽게 살 수 있게 만듦으로써 오리지널이 되었다.

이 책은 우리가 더욱 독창적인 사람이 되는 방법에 관한 내용을 다루고 있다. 당신이 인터넷 검색을 할 때 사용하는 웹브라우저에도 창의성에 관한 놀라운 단서가 숨어 있다.

현상(現狀)에 의문을 품기

얼마 전 경제학자 마이클 하우스먼Michael Housman이 고객 상담을 하는 직원들 사이에 재직 기간이 차이가 나는 이유를 밝히기 위한 프로젝트를 수행한 적이 있다. 은행, 항공사, 휴대전화 회사 등에서 고객 상담 전화를 받는 3만여 명의 직원들에 관한 자료를 확보한 하우스먼은 그들의 직장 경력을 통해 직업에 대한 헌신을 설명해줄 단서를 찾을 수 있으리라고 생각했다. 하우스먼은 과거에 이직이 잦았던 직원들이 더 빨리 그만둘 것이라고 예상했다. 하지만 조사 결과는 그렇지 않았다. 과거 5년 동안 다섯 차례 이직을 한 직원들의 경우 5년 동안 같은 직장을 다닌 사람들보다 그만두는 확률이 더 높지 않았다.

다른 단서들도 찾던 하우스먼은 연구팀이 그 직원들이 구직 활동을 할 때 어떤 인터넷 브라우저를 사용했는지에 관한 정보도 확보했다는 사실을 알게 됐다. 하우스먼은 그저 즉흥적으로 그들이 구직할 때 선택한 브라우저와 사직이 연관되었는지 알아보기 위함이었다. 하우스먼은 브라우저 선택은 순전히 취향의 차이일 뿐이라고 생각했기 때문에 상관관계가 있으리라고 기대하지 않았다. 그런데 조사 결과를 본 그는 깜짝 놀랐다. 웹브라우저로 파이어폭스나 크롬을 사용한 직원들이 인터넷 익스플로러나 사파리를 사용한 사람들보다 재직 기간이 15퍼센트 더 길었다.

이 조사 결과가 우연이라고 생각한 하우스먼은 직원들의 결근 자료를 가지고 똑같은 분석을 했다. 그런데 마찬가지 결과가 나왔다. 파이어폭스나 크롬 이용자가 인터넷 익스플로러나 사파리 이용자보다 결근하는 확률이 19퍼센트 낮았다.

다음으로 하우스먼은 업무 수행 평가 자료를 분석했다. 하우스먼과 그의 연구팀은 판매 실적, 고객 만족도, 평균 통화 지속 시간 등에 대해 거의 300만 건의 자료를 모아서 분석했다. 그 결과 파이어폭스나 크롬을 이용하는 직원들이 판매 실적이 훨씬 좋았고, 평균 통화 시간도 짧았고, 고객 만족도도 높았다. 파이어폭스나 크롬을 이용하는 직원들은 인터넷 익스플로러나 사파리를 이용하는 직원들이 입사 120일 후에야 달성한 업무 수행 능력을 90일 만에 보여주었다.

그렇다고 그 직원들이 더 오래 재직하고, 더 성실히 일하고, 업무 수행 능력이 더 뛰어난 이유가 브라우저 자체에 있는 것은 아니다. 브라우저 선호도가 그들의 습성을 반영하기 때문이다. 그렇다면 파이어폭스나 크롬을 이용하는 직원들이 모든 척도에서 훨씬 높은 점수를 받은 이유는 무엇일까?

파이어폭스나 크롬 이용자들이 기술적인 지식이 월등하다는 것은 뻔한 해답일 수 있어서, 나는 하우스먼에게 그 부분을 더 조사해달라고 요청했다. 이에 하우스먼은 연구 대상 직원들 모두에게 컴퓨터 사용 지식에 관한 테스트를 실시해 컴퓨터 자판 숏컷shortcut(단축키) 기능 숙지 여부, 소프트웨어 프로그램과 하드웨어에 관한 지식, 타자 속도 등을 측정했다. 그러나 파이어폭스나 크롬을 이용하는 직원들이 훨씬 더 컴퓨터 지식이 풍부하지도, 더 빠르고 정확하게 타자를 치지도 않았다. 이러한 점수들을 모두 감안하고 나서도 브라우저 효과는 계속 유효했다. 하지만 기술적 지식과 숙련도는 파이어폭스나 크롬을 이용하는 직원들이 모든 척도에서 우위를 점하는 이유는 아니었다.

그 직원들을 차별화한 요인은 바로 그들이 브라우저를 획득한 방법이었다. PC를 구입하고 나서 처음으로 컴퓨터를 켜면 윈도우에 인터넷 익스플로러가 이미 내장되어 있다.[6] 맥을 사용한다면 사파리가 내장되어 있다. 고객 상담 직원들 가운데 3분의 2가 내장된 브라우저를 사용했는데, 그들은 더 나은 브라우저가 있지 않을까 의문조차 품지 않았다.

파이어폭스나 크롬을 사용하려면 사람들은 수완을 좀 부려서 다른 브라우저를 다운로드해야 한다. 내장된 기능을 그대로 수용하지 않고 주도력을 조금 발휘해서 더 나은 선택지를 찾는 것이다. 바로 그 주도력, 아무리 미미하다고 해도 그 주도력이 작업 수행 능력을 예측할 수 있는 단서가 된다.

인터넷 익스플로러나 사파리처럼 내장된 브라우저를 그냥 사용한 고객 상담 직원들은 자신이 하는 일에도 같은 접근 방식을 적용했다. 그들은 회사에서 준 각본대로 판매했고, 고객 불만을 접수할 때도 회사에서 마련한 표준 절차를 따랐다. 그들은 자신의 직무를 회사가 정한 대로 고정불변의 것으로 여겼고, 따라서 자기 일에 불만이 생기면 결근을 하기 시작하다가 결국 사직했다.

주도적으로 브라우저를 파이어폭스나 크롬으로 바꾼 직원들은 자신들이 하는 일에 달리 접근했다. 그들은 고객들에게 상품을 팔고, 고객들의 불만을 해소할 새로운 방법들을 모색했다. 그들은 마음에 들지 않는 상황에 맞닥뜨리면 상황을 바로잡았다. 자신이 처한 상황을 주도적으로 개선했으므로 그들은 이직할 이유가 없었다. 그들은 자신의 일을 자기가 원하는 방식으로 재창조했다. 그러나 그런 사람들은 일반적이지 않고, 예외적인 존재였다.

우리는 인터넷 익스플로러가 지배하는 세상에 살고 있다. 고객 상담 직원의 3분의 2가 이미 내장된 브라우저를 사용하듯이, 우리도 대부분 삶에서 주어진 부분을 바꿀 생각을 하지 않고 그냥 받아들인다.

상당히 도발적인 일련의 연구에서 정치심리학자 존 조스트John Jost와 그의 연구팀은 사람들이 주어진 여건이 마음에 들지 않을 때 어떤 반응을 나타내는지 알아보았다. 조사 결과 유럽계 미국인들보다 아프리카계 미국인들이 자신의 경제적 상황에 덜 만족하면서도 경제적 불평등을 합법적이고 정당하다고 받아들이는 경향이 더 높은 것으로 나타났다. 최고소득 계층에 속한 사람들보다 최저소득 계층에 속한 사람들이 경제적 불평등이 필연적이라고 생각하는 확률이 17퍼센트 더 높았다. 그리고 시민권을 제한하고 정부를 비판하는 언론을 제약하는 법이 국가의 문제를 해결하는 데 필요하다면 그런 법을 지지하겠느냐는 질문에 언론의 자유를 포기하겠다고 답한 사람의 수는 최저소득 계층이 최고소득 계층의 두 배로 나타났다. 사회적 취약 계층이 경제적으로 우월한 계층보다 현상 유지를 더 지지한다는 결과를 얻은 조스트와 그의 연구팀은 다음과 같은 결론을 내렸다. "주어진 여건에서 가장 고통을 받는 사람들이 그 여건에 의문을 제기하고 도전장을 내밀고 바꾸려고 할 가능성이 가장 낮다는 모순된 결과를 얻었다."

이러한 독특한 현상을 설명하기 위해 조스트와 그의 연구팀은 체제 정당화 이론theory of system justification [7]을 수립했다. 이 이론의 핵심 개념은 사람들은 현상 유지를 합법적이라고 합리화하도록 동기부여된다는 주장이다. 설사 그렇게 합리화하는 것이 자신의 개인적인 이익이나 자신이 속한 특정 집단의 이익에 반한다고 해도 말이다. 이를테면 한 연구에서는 2000년 미국 대통령 선거 전에 민주당을 지지하는 유권자들과 공화당을 지지하는 유권자들의 동향을 추적했다. 조지 W. 부시George W. Bush가 여론조사에서 득세하자, 공화당 지지자들 사이에서 부시의 대통령으로서 적합도가 상승했는데, 마찬가지로 민주당 지지자들 사이에서도 부시의 적합도가 상승했다. 대세가 부시에게로 기울었다고 판단한 유권자들이 이미 현상 유지를 정당화하기 시작했다는 의미이다. 앨 고어Al Gore가 승리할 가능성이 높아졌을 때도 똑같은 현상이 나타났다. 공화당 지지자와 민주당 지지자 모두에게서 고어의 호감도가 상승했다. 정치적 이념과는 상관없이 특정 후보가 이길 승산이 높다고 판단되면, 그에 대한 사람들의 호감도가 상승했다. 그러나 그가 이길 가능성이 하락하면 호감도도 떨어졌다.

기존 체제를 정당화하면 고통을 완화해주는 효과가 있다. 감정적 진통제인 셈이다. 세상이 그런 식이어야 한다면 불만을 품어봤자 소용없다는 심리이다. 그러나 주어진 상황을 묵묵히 따르기만 한다면 불의에 맞서는 원동력인 도덕적인 분노를 상실하게 되고, 세상을 더 낫게 만들 대안을 모색하는 창의적인 의지를 빼앗긴다.

———

독창성의 가장 큰 특성은 현상을 받아들이기를 거부하고, 더 나은 대안을 모색하겠다는 결심이다. 어떻게 하면 이런 특성을 개발할 수 있는지를 연구하는 데 10여 년의 시간을 투자한 결과, 내가 생각했던 것보다 훨씬 어렵지는 않다는 결론을 내렸다.

출발점은 호기심이다. 호기심은 왜 애초에 현재 상태가 존재하게 되었는지 의문을 품는 행위이다. 우리는 '기시감旣視感, déjà vu'의 정반대 현상인 '미시감未視感, vuja de'을 경험할 때[8] 현재 상태에 의문을 품게 된다. 기시감은 우리가 새로운 것을 접했을 때 전에 본 적이 있는 듯한 느낌이 드는 현상을 말한다. 미시감은 그 반대다. 늘 봐온 익숙한 것이지만, 그것을 새로운 시각으로 바라봄으로써 기존 문제를 새로운 방식으로 해결함을 뜻한다.

미시감이 일어나지 않았다면 와비파커는 존재하지 않았을지 모른다. 창립자 네 사람이 회사를 설립하기 위해 컴퓨터실에 모인 첫날 밤, 네 사람이 안경을 쓰고 지낸 세월이 도합 60년이었다. 안경이 비싼 건 어제오늘의 일이 아니었다. 하지만 컴퓨터실에 네 사람이 모인 그 순간까지 그들은 현재 상태를 당연한 것으로 받아들였고, 기존의 안경 가격에 대해 한 번도 의문을 품지 않았다.

"한 번도 그런 생각이 떠오른 적이 없어요. 저는 줄곧 안경은 의료용품이라고 생각했어요. 의사가 파는 거니까 당연히 그만한 가격을 받을 정당한 이유가 있으리라고 생각했죠"라고 와비파커의 공동 창업자 데이브 길보아Dave Gilboa는 말한다.

아이폰을 사려고 애플스토어 앞에 줄을 서 있던 데이브는 아이폰과 안경 두 상품을 비교하게 되었다. 안경은 거의 천 년 동안 인간의 필수품이었고, 데이브의 할아버지가 안경을 쓴 시절 이후로 모양도 거의 바뀌지 않았다. 태어나서 처음으로 데이브는 왜 안경에 그렇게 엄청난 가격표가 붙는지 궁금했다. 그렇게 단순한 상품이 어째서 복잡한 스마트폰보다 비쌀까?

누구든지 그런 의문을 제기하고 와비파커가 얻은 것과 똑같은 해답을 얻을 수 있었을지 모른다. 왜 안경 값이 그렇게 비싼지 호기심이 생기자, 그들은 안경 산업에 대해 자세히 알아보기 시작했다. 그 결과 안경 산업은 룩소티카라는 유럽 기업이 지배하고 있는데, 이 기업은 전년도에 70억 달러를 벌어들였다는 사실을 알게 되었다.

"이 기업이 렌즈크래프터즈Lens Crafters와 펄비전Pearle Vision, 레이밴Ray Ban, 오클리Oakley를 소유하고 있고, 샤넬과 프라다의 시력 교정용 안경과 선글라스를 허가받아 생산하고 있다는 사실을 알게 되자, 갑자기 안경이 왜 그렇게 비싼지 이해가 되더라고요. 상품을 생산하는 데 드는 비용 어디를 봐도 그렇게 비쌀 이유가 없는 거예요"라고 데이브는 말한다.

룩소티카는 독점적 지위를 이용해서 생산비용의 20배로 안경 가격을 책정하고 있었다. 현재 상태는 정당한 것이 아니었다. 특정 기업의 소수 사람들이 결정한 가격이었다. 그렇다면 다른 사람들이 나서서 대안을 제시할 수 있다는 말이었다.

"우리는 다른 방식으로 할 수 있다고 생각했어요. 우리 운명은 우리가 개척할 수 있다는 것을 깨달은 거죠. 우리가 안경 가격을 정할 수 있다는 사실을 깨달은 겁니다."

세상에 존재하는 여러 가지 불만스러운 현재 상태에 대해 호기심이 생길 경우, 대부분의 그런 현재 상태에는 사회적 근원social origins이 있다는 사실을 깨닫게 된다. 규칙과 체제는 사람이 만든다. 그리고 그런 사실을 인식하게 되면 바꾸고 싶다는 용기를 얻게 된다. "미국에서 여성이 참정권을 얻기 전, 여성의 지위가 낮은 것은 당연하다고 생각하지 않는 사람은 거의 없었다"[9]라고 역사학자 진 베이커^{Jean Baker}는 말한다. 참정권 운동이 탄력을 얻자 "그런 관습, 종교적 가르침, 법이 사실은 사람이 만든 것이고, 따라서 바꿀 수 있다는 사실을 깨달은 여성들이 점점 늘어나기 시작했다"라고 베이커는 말한다.

성공의 두 얼굴

기존 규율에 순응하라는 압박은 생각보다 훨씬 일찍 시작된다. 자라서 어른이 되어 세상에 조그만 자취라도 남길 싹수가 있는 사람들을 꼽으라면, 가장 먼저 떠오르는 사람들이 바로 신동들이다. 이 천재들은 두 살에 글을 읽고, 네 살에 바흐의 곡을 연주하고, 여섯 살에 미적분을 터득하고, 여덟 살에 7개 국어를 유창하게 구사한다. 그들과 같은 반 친구들은 질투심에 몸을 부르르 떤다. 그들의 부모는 복권에 당첨된 듯 기뻐한다. 그러나 T. S. 엘리엇^{T. S. Eliot}이 한 말을 조금 변형시켜 말하자면, 이 천재들의 생애는 시작은 창대하나 끝은 미미한 경우가 많다.

어릴 적에 천재 소리를 듣던[10] 신동들이 어른이 되어 세상을 바꾸는 일은 드물다. 심리학자들이 역사상 가장 뛰어나고 영향력이 컸던 인물들을 연구한 결과, 그들 중에 어린 시절 특별히 재능이 있었던 사람은 거의 없었다. 그리고 신동 집단의 일생을 추적해본 결과 경제 사정이 비슷한 집안에서 자란 평범한 아이들보다 뛰어난 삶을 살지도 않았다.

직관적으로 생각해도 이해가 된다. 재능이 있는 아이들은 지식은 뛰어나지만 세상 물정에는 밝지 못하다. 그들은 지적 능력은 탁월하지만 사회에서 제 기능을 하는 데 필요한 사회성, 공감 능력, 실용적인 기술은 부족하다. 그렇지만 증거를 살펴보면, 이런 해석은 설득력이 떨어진다. 재능이 뛰어난 아이들 가운데 사회성이나 공감 능력이 부족한 아이들은 4분의 1도 안 된다. 대다수는 잘 적응한다. 그들이 단어 철자 맞추기 대회에서만 뛰어난 능력을 보여주는 것은 아니다. 칵테일파티에서도 사교성 면에서 뛰어난 기량을 보여준다.

신동들은 재능이나 야망은 충분히 지녔지만 독창성을 발휘하는 법을 터득하지 못했기 때문에 세상을 바꾸는 데 기여하지 못하고 만다. 그들이 카네기홀에서 연주를 하고, 과학올림픽에서 메달을 따고, 체스 chess 챔피언이 되는 동안 비극이 발생한다. 열심히 연습하면 완벽해지기는 하지만 독창성이 생기지는 않는다. 신동들은 대개 모차르트 선율과 베토벤의 교향곡을 멋들어지게 연주하지만 독창적인 곡을 작곡하지는 않는다. 그들은 이미 존재하는 과학적 지식을 소화하는 데 에너지를 쏟아붓지 새로운 개념을 생각해내지 않는다. 그들은 스스로 게임을 만들고 그 게임에 맞는 규정을 만들 생각을 하기보다는 기존 게임의 정해진 규정을 따르기만 한다. 신동들은 평생 부모로부터 인정을 받고 선생님들에게 칭찬을 받으려고 애쓴다.

교사의 총애를 받을 확률이 가장 적은 아이들이 가장 창의성 있는 아이들이라는 연구 결과는 위 설명을 뒷받침해준다. 한 연구에서 초등학교 교사들에게[11] 가장 마음에 드는 학생들과 가장 마음에 들지 않는 학생들의 목록을 만들게 하고, 두 집단의 학생들을 여러 가지 특성에 따라 점수를 매기도록 했다. 조사 결과 교사들이 가장 마음에 들지 않는 학생들은 자기 스스로 규정을 만드는 이른바 비순응자non-conformist들이었다. 교사들은 아주 창의적인 학생들을 차별하고 그들을 말썽꾸러기로 규정하는 경향이 있었다. 따라서 아이들은 대부분 체제에 순응하는 법을 터득하고 독창적인 생각을 속으로만 간직하게 된다. 작가 윌리엄 데레저위츠William Deresiewicz의 말을 빌리자면, 그런 아이들이 세상에서 가장 순한 양excellent sheep[12]이 된다.

신동들은 어른이 되면 자기 전문 분야에서 전문가가 되고, 자기 조직에서 지도자가 된다. 하지만 "신동들 가운데 아주 극소수[13]만이 혁명적인 변화를 가져오는 창의력을 발휘한다"라고 심리학자 엘렌 위너Ellen Winner는 한탄한다. 그리고 "그런 극소수 신동들은 기존 영역에서 무엇이든 힘들이지 않고 빨리 배우던 어린아이에서, 영역 자체를 다시 규정하는 성인으로 탈바꿈하기 위해 고통스러운 과정을 겪어내야 한다"라고 위너는 말한다.

그런 도약에 성공하는 신동들은 드물다. 대부분은 자신의 뛰어난 능력을 평범한 방식으로 사용하고, 현재 상태에 대한 의문을 제기하지 않고 주어진 업무에 통달하는 데 그치며, 변화시키겠다고 평지풍파를 일으키지는 않는다. 신동들의 위험분산 포트폴리오는 균형이 깨져 있다. 그들은 어떤 영역에 몸담게 되든지 성공으로 가는 관행적인 방식을 따르는 안전한 길을 택한다. 그들은 많은 사람들이 의료 혜택을 받지 못하는 고장 난 의료체계를 바꾸기 위해 싸우기보다는 환자를 치료하는 의사가 된다. 그들은 불합리한 법을 바꾸기 위해 애쓰기보다는 시대에 뒤떨어지는 법을 위반한 고객들을 변호하는 변호사가 된다. 그들은 대수학algebra을 학생들이 과연 배워야 하는지 의문을 품기보다는 어떻게 하면 대수학 강의에 흥미를 갖게 할지 연구하는 교사가 된다. 세상이 순조롭게 돌아가게 만들려면 그들이 필요하지만, 그들은 세상이 앞으로 나아가게 만들지는 못하고 다람쥐 쳇바퀴 돌 듯 제자리에서 돌게 만든다.

강한 성취 욕구는 신동들의 발목을 잡는다. 세상에서 가장 위대한 업적들 뒤에는 성취 욕구가 있었음을 부인할 수는 없다. 남보다 뛰어나려는 굳은 결의가 있으면 더 열심히 더 오래 더 효율적으로 일하려는 원동력이 된다. 그러나 그들이 세계 도처에서 업적을 쌓는 동안[14] 독창성을 발휘하는 일은 점점 더 특정한 소수의 몫으로 남는다.

성취 욕구가 하늘을 찌르면 독창성은 밀려난다. 성취에 높은 가치를 부여할수록[15] 실패를 두려워하게 된다. 성공하겠다는 욕구가 강하면, 나만의 독특한 무엇을 달성하기보다는 성공이 보장된 길을 택하고 싶어진다. 심리학자 토드 루바트Todd Lubart와 로버트 스턴버그Robert Sternberg가 말한 바와 같이 "사람들은 일단 성취 욕구가 중간 단계쯤 충족되면, 그때부터 창의력이 떨어진다는 증거가 있다."

성공하고자 하는 욕구와 실패에 대한 두려움 때문에 독창적인 일을 하기 주저한 역사적으로 위대한 인물들과 변화의 주역들이 있다. 그들은 안락한 삶을 유지하고 전통적으로 사회가 용인하는 업적을 달성하는 데 골몰하여 독창적인 일을 추구하기를 주저했다. 그들은 확신을 갖고 저돌적으로 밀어붙였다기보다는 다른 사람들의 애원과 강요와 설득 때문에 마지못해 나서게 되었다. 그들은 지도자의 자질을 타고난 듯이 보이지만, 추종자들과 동료들이 떠받들어[16] 마지못해 나섰다. 세상을 바꾼 이 위대한 인물들이 다른 사람들의 애원에 못 이겨 독창적인 행동을 취하지 않았다면, 오늘날 미국은 존재하지 않을지도 모르고, 민권운동은 여전히 꿈으로만 그쳤을지도 모르며, 시스티나 성당의 천장은 텅텅 비어 있을지 모른다. 또한 우리는 여전히 태양이 지구 주위를 돈다고 믿고 있을지도 모르며, 개인용 컴퓨터가 대중화되지 않았을지도 모른다.

오늘날 우리의 관점에서 보면 독립선언문은 필연적인 역사적 사건이었다고 생각하기 쉽다.[17] 그러나 핵심 인물인 혁명가들이 이 선언문에 서명하기를 주저해서 일어나지 않을 뻔했다. "미국 혁명에서 주도적인 역할을 한 인물들은 우리가 상상하는 혁명가들과는 전혀 딴판이었다"라고 퓰리처상을 수상한 역사학자 잭 래코브Jack Rakove는 말한다. 그리고 그는 다음과 같이 덧붙였다. "그들은 혁명가 기질이 없는데도 불구하고 혁명가가 되었다."

전쟁이 발발하기 전 수년 동안 존 애덤스John Adams는 영국이 보복을 할까 봐 두려워했고, 막 개업한 변호사 일을 포기하기를 주저했다. 그는 제1차 대륙회의The First Continental Congress(미국 독립혁명 시기에 아메리카 13개 식민지의 대표자들이 군사, 외교, 재정 등의 영역에서 행동을 통일하고자 모인 단체―옮긴이)에 참석할 대표로 선출된 후에야 독립선언문 작성에 가담하게 되었다. 조지 워싱턴George Washington은 자기 재산을 관리하고 밀, 밀가루, 어업, 말 사육 등 여러 가지 사업을 하느라 바빴고, 애덤스가 그를 군총사

령관으로 임명하고 나서야 가담했다. "나는 젖 먹던 힘까지 다 짜내서 그 일을 맡지 않으려고 안간힘을 썼다"라고 워싱턴은 고백한 바 있다.

그로부터 거의 2세기 후, 마틴 루서 킹^{Martin Luther King, Jr.}은 민권운동을 이끄는 데 주저했다. 당시 그의 꿈은[18] 목사였고 대학총장이 되고 싶어 했다. 1955년 로자 파크스^{Rosa Parks}가 버스 앞좌석을 백인에게 양보하지 않았다는 이유로 재판을 받은 후(로자는 버스의 유색인 지정석 맨 앞줄에 앉아 있었는데, 버스가 만원이 되자 버스 기사가 유색인 지정석 맨 앞줄을 백인들에게 양보하라고 지시했지만 이를 거부했다—옮긴이), 민권운동가들이 대응책을 마련하려고 모였다. 민권운동가들은 몽고메리개선협회를 결성하고 버스 탑승 거부운동을 벌이기로 합의했다. 그리고 이때 참석자들 가운데 한 사람이 킹 목사를 협회장으로 추대했다.

"일이 일사천리로 진행되어서 제대로 생각할 겨를이 없었다. 만약 충분히 생각할 시간이 있었다면, 아마 그 자리를 고사했을 것이다"라고 킹 목사는 회고했다. 바로 3주 전, 킹 목사와 그의 부인은 "지역사회의 중책을 맡지 않기로 했고, 학위 논문을 막 끝냈기 때문에 목회 일에 더 집중할 필요가 있었다"라고 말했다. 그렇지만 킹 목사는 버스 탑승 거부운동을 이끄는 지도자로 만장일치로 선출되었다. 그날 저녁 지역사회를 상대로 해야 하는 연설을 앞두고 킹 목사는 "두려움에 사로잡혔다"라고 말했다.

킹 목사는 그 두려움을 이겨냈고, 1963년 전율을 느끼게 할 만큼 우렁찬 목소리로 자신이 생각하는 자유에 대해 열변을 토해 미국을 하나로 단결하게 만들었다. 그렇지만 이는 킹의 동료 한 사람이 워싱턴에서 열린 대행진의 마무리 연사로 킹을 추천했고, 킹을 지지해줄 지도자들을 한데 모았기에 가능한 일이었다.

미켈란젤로는 교황이 시스티나 성당 천장에 그림을 그려달라고 의뢰했을 때 시큰둥했다. 그는 자신은 조각가지 화가가 아니라고 생각했기 때문이다. 미켈란젤로는 그 일이 너무 부담이 되어서 피렌체로 도피했다. 하지만 교황의 집요한 부탁[19]으로, 그로부터 2년이 지나고 나서야 그는 붓을 들었다.

천문학의 발전은 니콜라우스 코페르니쿠스Nicolaus Copernicus가 지구가 태양 주위를 돈다는 사실을 발견하고도 그 연구 내용을 출간하기 꺼렸기 때문에 수십 년이나 지연되었다.[20] 당시 코페르니쿠스는 따돌림과 조롱을 받을까 봐 두려워 22년 동안이나 침묵을 지켰고, 자신의 연구 결과를 친구들에게만 보여주었다. 결국 추기경 한 사람이 그의 연구 내용을 알게 되었고, 연구 결과를 발표하라고 격려하는 편지를 코페르니쿠스에게 보냈다. 편지를 받고 나서도 그는 4년을 더 버텼다. 이후 한 젊은 수학자가 직접 팔을 걷어 부치고 나서 연구 내용을 제출해 출간되게끔 했기 때문에, 코페르니쿠스의 대업적이 세상에 빛을 보게 된 것이다.

그로부터 거의 500년 후인 1977년, 한 엔젤투자자(기술력은 있으나 창업자금이 부족한 기업에 투자하는 사람-옮긴이)가 애플에 투자하겠다며 스티브 잡스Steve Jobs와 스티브 워즈니악Steve Wozniak에게 25만 달러를 제시했다. 여기에는 타협의 여지가 없는 조건이 하나 딸려 있었다. 워즈니악에게 휴렛팩커드Hewlett-Packard를 그만두라는 조건이었다. 하지만 그는 거절했다. "그때만 해도 휴렛팩커드에 뼈를 묻을 생각을 하고 있었다"[21] 라고 워즈니악은 회상한다. "나는 창업하고 싶지 않았다. 그저 두려웠다"라고 그는 털어놓는다. 워즈니악은 스티브 잡스, 여러 친구들, 자기 부모님의 설득을 받고 나서야 비로소 생각을 바꿨다.

얼마나 많은 스티브 워즈니악과 미켈란젤로, 마틴 루서 킹 같은 사람들이 주저하는 그들을 등 떠밀어 일의 중심으로 던져 넣을 사람들이 주변에 없다는 이유만으로, 독창적인 생각을 추구하지도 발표하지도 널리 알리지도 않았을지 상상조차 할 수 없다. 우리 모두가 창업을 하거나 걸작을 창조하거나 사상에 일대 전환을 가져온다거나 민권운동을 주도하기를 열망하지는 않을지라도, 적어도 자신의 일터와 학교, 지역사회를 개선할 참신한 아이디어는 한두 개쯤 있을 것이다. 그런데 유감스럽게도 그런 아이디어를 실현하기 위해 행동에 옮기기는 주저한다.

경제학자 조지프 슘페터Joseph Schumpeter가 남긴 명언처럼, 독창성이란 창조적인 파괴 행위[22]이다. 새로운 체제를 주장하려면 기존 방식을 해체해야 한다. 하지만 우리는 긁어 부스럼을 만들까 봐 두려워 주저한다.[23] 미국 식품의약국FDA에 근무하는 천여 명의 과학자들 가운데 40퍼센트 이상이 안전 문제에 대해 공개적으로 의견을 표명하면 보복을 당할까봐 두렵다고 했다. 기술 업체에 근무하는 4만 여 명의 근로자들 가운데 절반이 직장에서 이견을 제시하면 자리보전을 하기 힘들다고 느꼈다. 컨설팅, 금융 서비스, 대중매체, 의약 회사, 광고 회사에 다니는 사람들을 대상으로 조사해보니, 조사 대상자의 85퍼센트가 자기 이미지나 인간관계, 경력에 해가 될까 봐 두려워 심각하게 우려되는 점이 있어도 상사에게 의견을 제시하지 않고 가만히 있게 된다고 털어놓았다.

당신은 독창적인 아이디어가 떠올랐을 때 어떻게 했는가? 미국은 개성과 독특한 자기표현을 존중하는 나라임에도, 강한 성취욕과 실패에 대한 두려움 때문에 대부분 튀는 행동을 하기보다는 시류에 영합하는 쪽을 택한다. 토머스 제퍼슨^{Thomas Jefferson}도 "스타일이 문제라면 유행을 따르라. 그러나 원칙의 문제라면 바위처럼 꿈쩍도 하지 말라"라고 조언했다고 전해진다. 성취욕에서 오는 압박감 때문에 우리는 정반대로 행동한다. 우리는 표면적으로만 독창적인 듯 보이는 길을 택한다. 이를테면 나비넥타이를 매거나, 새빨간 신발을 신는다든가 하는 행동을 한다. 하지만 정작 위험을 감수하고 정말로 독창적인 행동을 하지는 않는다. 머릿속에는 대단한 생각을 담고 마음속에는 중요한 가치를 간직하고 있어도, 우리는 스스로를 검열한다. 유명한 기업가 멜로디 홉슨^{Mellody Hobson}은 "정말 독창적인 사람들은 보기 드물다.[24] 거리낌 없이 자기 의견을 말하고 튀는 걸 두려워하기 때문이다"라고 말한다.

그렇다면 표면적으로만 독창적으로 보이는 데 그치지 않고, 독창적인 아이디어를 실행하는 사람들은 어떤 습성을 지니고 있을까?

적합한 자질

독창적인 사람이 되려면 엄청난 위험을 감수해야 한다고 여겨진다. 이 믿음은 우리의 문화적 정서에 깊게 뿌리내리고 있기 때문에 이 믿음에 관해 곰곰이 생각해보는 경우조차 드물다. 우리는 닐 암스트롱Neil Armstrong, 샐리 라이드Sally Ride 같은 우주비행사들을 '적합한 자질'을 갖췄다며 존경한다. 인간이 살고 있는 유일한 행성을 벗어나 우주로의 모험을 감행하는 용기 말이다. 우리는 마하트마 간디Mahatma Gandhi, 마틴 루서 킹 같은 영웅들을 칭송한다. 자신들이 소중히 여기는 도덕적 원칙을 위해 목숨을 걸 만큼 굳건한 신념을 지녔기 때문이다. 우리는 스티브 잡스, 빌 게이츠Bill Gates 같은 아이콘들을 우상화한다. 배짱 좋게 학교를 중퇴하고, 빈털터리 신세에 차고에 사무실을 차리고 불굴의 의지로 자신이 지닌 기술적 비전을 현실로 만들었기 때문이다.

우리는 이처럼 창의성을 동력 삼아 세상을 바꾸는 창시자original individuals들에게 감탄하면서, 그들은 우리와는 태생부터 다른 사람이라고 생각하는 경향이 있다. 유전적인 변이로 인해 암, 비만, HIV(인간 면역 결핍 바이러스) 같은 질병에 대한 저항력을 타고난 운 좋은 사람들처럼, 우리는 위대한 창시자들은 위험에 대한 생물학적인 면역력을 타고났다고 생각하는 경향이 있다. 그 창시자들은 불확실성을 기꺼이 받아들이고, 사회적으로 인정받는 일 따위는 개의치 않는 특성을 타고난 사람들이라고 생각한다. 우리들과 달리 그들은 순리를 거스름으로써 치러야 하는 대가에 대해 걱정하지 않는다고 생각한다. 위대한 창시자들은 우상을 파괴하고, 반항하고, 혁명을 일으키고, 말썽을 피우고, 독불장군처럼 행동하고, 반골 기질을 발휘하도록 타고났고, 사람들의 조롱이나 따돌림, 두려움에 아랑곳하지 않는다고 생각한다.

경제학자 리샤르 캉티용Richard Cantillon이 만든 단어 '기업가entrepreneur' 25는 문자 그대로 해석하면 "위험을 감수하는 사람"이라는 뜻이다. 와비파커의 성공 신화를 접할 때면 이 단어의 의미가 아주 분명하게 와 닿는다. 모든 위대한 창시자, 혁신가, 변화의 주체들과 마찬가지로 와비파커의 창립자들은 불가능이 가능하다고 기꺼이 믿었기 때문에 세상을 변화시켰다. 결국 야구공이 펜스를 넘어가게 하겠다는 목표를 세우고 방망이를 휘두르지 않으면 홈런을 칠 수가 없다.

그렇지 않은가?

───────

와비파커가 창업하기 여섯 달 전, 창립자들 가운데 한 명이 와튼Wharton 경영대학원 강의실에서 내 수업을 듣고 있었다. 훤칠하고 붙임성이 있으며 곱슬곱슬한 검은 머리에 차분한 성격인 닐 블루멘털Neil Blumenthal 은 비영리단체에서 일한 경력이 있고 진심으로 더 나은 세상을 만들고 싶어 했다. 그가 내게 와비파커의 사업 구상을 설명했을 때, 다른 많은 사람들과 마찬가지로 나도 부정적인 반응을 보였다. 나는 닐에게 흥미로운 아이디어지만 사람들이 온라인으로 안경을 산다는 게 상상이 가지 않는다고 말했다.

소비자 기반이 불확실한 상태에서 회사가 자리를 잡으려면 엄청난 노력이 필요하다는 사실을 나는 잘 알고 있다. 닐과 그의 친구들이 회사 창업을 준비한다는 소식을 듣고, 나는 그들이 괜한 일을 벌인다는 불길한 생각이 들었다.

첫 번째 스트라이크는 그들이 모두 재학 중인 학생이라는 점이라고 나는 닐에게 말했다. 정말로 와비파커가 성공할 것이라고 믿는다면, 학교를 중퇴하고 깨어 있는 시간 전부를 회사를 창업하는 데 쏟아부어야 한다고 닐에게 말했다. 이에 닐은 이렇게 대답했다.

"실패할 경우를 대비해 대안이 있어야 해요. 정말 좋은 아이디어인지 자신도 없고 성공할지도 알 수 없기 때문에, 학기 중에 여가 시간을 이용해 준비를 해왔어요. 회사 창업 준비를 시작하기 전부터 우리는 친구였기 때문에 서로 일을 공평하게 나누자고 약속했고, 그 약속을 지키는 것이 사업에 성공하는 일보다 훨씬 중요했어요. 그런데 여름방학 때 제프Jeff가 창업 지원금을 받게 되면서 사업에만 열중할 수 있게 됐어요."

나는 나머지 세 명의 친구들에 대해 물었다.

"우리는 모두 인턴십을 하게 됐어요."

닐은 네 명이 함께한 약속을 지키지 못하게 되었음을 인정했다.

"저는 컨설팅, 앤디Andy는 벤처캐피털, 데이브는 의료계에서 일하게 됐어요."

시간은 부족하고 관심은 분산된 상태로 네 사람은 아직 웹사이트도 구축하지 못한 상태였고, 회사 이름을 정하는 데만 여섯 달이 걸렸다. 바로 그 점이 그들에 대한 두 번째 스트라이크였다.

내가 완전히 그 학생들을 포기하기 직전에 든 생각은, 그들이 모두 연말에 졸업한다는 사실이었다. 졸업만 하게 되면 모두 사업에 열중할 수 있게 된다는 생각이 들었다.

"글쎄요, 꼭 그렇지만은 않아요."

닐이 주춤했다.

"우리는 대안을 마련해놓았어요. 잘 안될 경우를 대비해서 졸업 후에 일할 직장을 구해놓았어요. 제프도요. 데이브도 대안으로 여름 동안 인턴십 두 개를 확보해놓았고, 전에 다니던 직장으로 돌아가는 얘기도 진행되고 있어요."

세 번째 스트라이크, 그들은 아웃이었다. 나도 두 손을 들었다.

나는 와비파커에 투자하지 않기로 했다. 그들을 보면서 마치 나 자신을 보는 느낌이 들었기 때문이다. 나는 새로운 것을 깨닫고, 지식을 나누고, 차세대를 가르치는 일에 열정이 있었기 때문에 교수가 되었다. 하지만 아주 솔직하게 털어놓자면, 직업의 안전성에 끌리기도 했다는 사실을 나 자신은 알고 있다. 나는 20대 때 창업에 대한 자신감을 가졌던 적이 없다. 그런 자신감이 있었다고 해도, 학교를 계속 다니면서 대안으로 여러 일자리를 구해놓고 있었을 것이 틀림없다.

나는 와비파커 창립자들의 선택지와 내가 생각하는 성공적인 기업가들이 선택한 길을 비교해보았지만 일치하지 않았다. 닐과 그의 친구들은 믿음을 실행하기 위해 저돌적으로 밀어붙이겠다는 배짱이 없었다. 따라서 나는 그들이 자신들의 구상에 대해 확신을 갖고 있고 전력을 다할 의지가 있는지 의구심이 들었다. 그들은 기업가로 성공하겠다는 마음이 절실하지 않았다. 그들은 목표를 달성하기 위해 위험을 감수할 의지가 없었다. 그들은 자신들이 가진 것을 모두 걸기는커녕 실패할 경우의 대안을 마련하면서 위험을 회피했기 때문에 실패할 게 분명하다고 생각했다. 그런데 바로 그 점 덕분에 그들은 성공했다.

이 책에서 나는 독창성을 실현하려면 위험을 감수해야 한다는 통념을 깨고 창시자, 원조라고 불리는 사람들도 우리가 생각하는 것보다 훨씬 더 우리와 비슷한 사람들이라는 점을 독자들로 하여금 깨닫게 해주고 싶다. 사업, 정치, 과학, 예술, 그 어떤 분야든지 독창적인 생각으로 세상을 앞으로 나아가게 만드는 사람들 가운데 강한 확신을 지니고 모든 것을 바치는 사람은 드물다. 그들은 전통에 의문을 제기하고, 기존 질서에 도전장을 내밀기 때문에 표면적으로는 대담하고 자신만만해 보인다. 하지만 그런 겉모습을 한 꺼풀 벗겨내면, 그들 또한 두려움과 우유부단함과 회의에 시달린다는 것을 알 수 있다. 우리는 그들을 자발적으로 행동하는 사람들이라고 여기지만, 그들도 다른 사람들이 부추겨서 행동하는 경우가 종종 있고, 이따금 다른 사람들이 시켜서 억지로 하는 경우도 있다. 그들은 기꺼이 위험을 감수하려는 것처럼 보이지만, 실제로 그들은 위험을 회피하고 싶어 한다.

———

경영 연구자 조지프 라피Joseph Raffiee와 지에 펭Jie Feng은 주목할 만한 흥미로운 한 연구에서 다음과 같은 간단한 질문을 던졌다. "창업할 때 다니던 직장을 계속 다니는 게 나을까, 아니면 그만두는 게 나을까?" 그들은 1994년부터 2008년까지 기업가가 된 20대, 30대, 40대, 50대 사람들로 구성된 전국적으로 대표성 있는 집단 5,000명을 추적했다. 조사 결과 재정적인 필요는 그들이 직장을 계속 다녀야 할지, 그만둬야 할지의 결정에 영향을 주지 않았다. 또한 높은 가계소득이나 고액 연봉은 직장을 그만두고 창업에 전념할 가능성을 높여주지도 낮춰주지도 않았다. 이 조사에 따르면, 창업에 전념한 사람들은 대단한 자신감을 지닌 위험 감수자들인 것으로 나타났다. 직장을 계속 다니면서 창업을 함으로써 실패에 대비한 기업가[26]들의 경우는 훨씬 위험 회피적이었고, 스스로에게 확신이 없었다.

당신이 대부분의 사람들과 마찬가지로 생각한다면, 위험을 무릅쓰고 창업에 전념한 사람들이 분명히 유리한 점이 있다고 예측했을 것이다. 하지만 이 연구 결과는 정반대였다. 직장을 계속 다닌 창업가들이 실패할 확률은 직장을 그만둔 창업가들이 실패할 확률보다 33퍼센트 낮았다.

당신이 위험을 회피하는 성향이고 당신의 사업 구상에 대해 의구심이 든다면, 당신이 추진하는 사업은 끝까지 살아남을 가능성이 높다. 당신이 앞뒤 가리지 않고 무모하게 덤비는 도박꾼 기질이라면, 당신의 창업은 사상누각沙上樓閣일 가능성이 높다.

와비파커 창립자들과 더불어 〈패스트컴퍼니〉가 선정한 가장 혁신적인 기업 목록에 오른 기업들을 운영하는 기업가들은 창업한 뒤에도 계속 직장에 다녔다. 전직 육상 선수인 필 나이트Phil Knight(나이키 공동 창업자 -옮긴이)[27]는 1964년에 자동차 트렁크에 러닝슈즈를 싣고 다니면서 팔기 시작했지만, 1969년까지 본업인 회계사 일을 계속했다. 애플 I 컴퓨터를 발명한 후 스티브 워즈니악[28]은 1976년에 스티브 잡스와 함께 창업을 했지만, 1977년까지 본래 다니던 직장인 휴렛팩커드에서 엔지니어로 계속 일했다. 구글 창립자 래리 페이지Larry Page와 세르게이 브린Sergey Brin은 1996년에 인터넷 검색 기능을 획기적으로 향상시키는 방법을 알아냈지만, 1998년이 되어서야 다니던 스탠퍼드 대학원 과정을 휴학했다. "구글을 창업하지 못할 뻔했어요.[29] 박사 과정을 포기하게 될까 두려웠던 거죠"라고 페이지는 말한다. 1997년 두 사람은 아직 초기 단계인 검색엔진에 정신이 팔려 박사 과정 연구를 소홀히 하게 될까 봐 걱정이 되어, 현금과 주식을 합해 200만 달러가 채 안 되는 값에 구글을 팔려고까지 했다. 잠재적인 인수자가 이 제안을 거절한 것이 그들에게는 천만다행이었다.

이렇게 본업을 유지하려는 습성은 성공한 기업가들에게만 적용되는 것은 아니다. 영향력이 있는 많은 창의적 인물들도 중요한 프로젝트를 성공시켜 수입이 늘어난 후에도 학업을 계속하거나 직장에 계속 다녔다.

영화 〈셀마Selma〉를 감독한 에이바 듀버네이Ava DuVernay[30]는 홍보 전문가로 일하면서 첫 영화 세 편을 만들었고, 4년 동안 영화를 제작하면서 여러 개의 상을 수상하고 나서야 영화 제작에 전념하게 되었다. 브라이언 메이Brian May는 천체물리학 박사 과정을 밟고 있던 중 새로 구성된 밴드에서 기타를 치기 시작했지만, 수년이 지나고 나서야 비로소 학업을 중단하고 그룹 퀸Queen 활동에 전념하게 되었다. 그리고 얼마 지나지 않아 그는 〈위 윌 록 유We Will Rock You〉[31]를 작곡했다. 그래미상 수상자이기도 한 존 레전드 John Legend [32] 는 2000년에 첫 앨범을 냈지만, 2002년까지 경영컨설턴트로 계속 일하면서 낮에는 파워포인트 발표 자료를 만들고, 밤에는 곡을 만들면서 주말에는 공연을 했다. 스릴러의 대가 스티븐 킹 Stephen King [33] 은 첫 작품을 쓰고 나서도 교사, 건물 관리인, 주유소 직원으로 7년 동안 일했고, 첫 소설 《캐리 Carrie》가 출간되고 1년이 지나서야 소설 쓰기에 전념하게 되었다. 연재만화 〈딜버트 Dilbert〉의 작가 스콧 애덤스 Scott Adams [34] 는 자신의 만평이 처음으로 신문에 연재된 후 7년 동안 퍼시픽벨 Pacific Bell 에서 일했다.

이 모든 창시자들은 왜 모든 것을 걸지 않고 안전한 방법을 택했을까?

위험은 주식포트폴리오처럼 관리하라

반세기 전 미시간대학교의 심리학자 클라이드 쿰즈 Clyde Coombs 는 위험에 대한 혁신적인 이론을 개발했다. 개인이 주식시장에서 고위험 투자를 할 경우, 다른 투자에서는 안전한 투자를 함으로써 자신을 보호한다는 이론이었다. 쿰즈는 성공한 사람들은 주식 포트폴리오를 관리하는 방식을 일상생활에서도 적용한다고 조언했다. 사람은 한 분야에서 위험을 감수하면, 다른 분야에서는 신중하게 처신함으로써 위험을 상쇄시켜 전체적인 위험 수준을 관리한다. 이를테면 블랙잭에서 공격적으로 베팅하려는 사람의 경우, 카지노로 이동하는 동안에는 제한 속도 이하로 천천히 운전하게 된다.

이러한 위험 포트폴리오risk portfolios[35]는 사람들이 삶의 한 분야에서는 위험을 감수하고, 다른 분야에서는 관행을 따르는 이유를 잘 설명해준다. 야구 구단주 브랜치 리키Branch Rickey[36]는 인종차별의 벽을 깨기 위해 흑인 야구선수 재키 로빈슨Jackie Robinson을 구단에 영입하는 파격적인 결정을 내렸다. 하지만 그는 일요일에는 야구장에 절대로 가지 않았고, 욕설을 절대로 입에 담지 않았으며, 술은 한 방울도 입에 대지 않았다.

T. S. 엘리엇의 기념비적인 작품[37] 〈황무지The Waste Land〉는 20세기의 가장 중요한 시로 칭송을 받는다. 그러나 1922년 이 시가 발표되고 나서도 1925년까지 엘리엇은 경제적인 위험을 감수하지 않으려고 런던 은행에서 계속 일을 했다. 그 후 40년 동안 그는 안정적이고 질서 있는 삶을 유지하기 위해 출판사에 다니면서 부업으로 시를 썼다.

폴라로이드Polaroid 창립자인 에드윈 랜드Edwin Land[38]는 다음과 같이 말했다. "한 분야에서 창시자가 되려면, 자신이 창시자가 되려는 그 분야를 제외한 다른 모든 분야에서는 확고한 사고방식을 지닌 감정적으로 사회적으로 안정된 사람이어야 한다."

그러나 본업이 있으면 창업에서 최고의 기량을 발휘하는 데 방해가 되지 않을까? 창의적인 아이디어를 현실로 만드는 데 성공하려면, 시간과 에너지를 집중적으로 투자해야 하며 집중적인 노력 없이는 기업이 번창할 수 없다는 것이 일반적인 상식이다. 하지만 이런 주장은 안정적인 위험분산 포트폴리오가 지닌 핵심적인 장점을 간과하고 있다. 즉 한 분야에서 안정감을 확보하면, 다른 분야에서는 자유롭게 독창성을 발휘하게 된다는 사실이다. 경제적으로 안정되면, 어설프게 쓴 책을 내거나 조잡하게 만든 예술품을 판다는 중압감이나, 아무도 시도해본 적 없는 사업을 시작한다는 중압감에서 벗어나게 된다.

피에르 오미디야르Pierre Omidyar[39]는 처음에 취미 삼아 이베이eBay를 창업했다. 그는 창업 후에도 아홉 달 동안 계속 프로그래머로 일했고, 온라인 시장에서 얻은 수입이 월급보다 많아지고 나서야 직장을 그만 두었다.

"최고의 기업가들은 위험을 극대화하지 않는다"라고 인데버Endeavor 의 공동 창립자이자 CEO인 린다 로텐버그Linda Rottenberg는 말한다. 수 십 년 동안 세계적인 기업가들을 양성해온 그녀는 "세계 최고의 기업 가들은 위험 요소를 아예 제거해버린다"[40]라고 말한다.

위험 포트폴리오를 안정적으로 관리한다는 것은, 적당한 정도의 위 험을 감수하면서 어정쩡하게 양다리를 걸친 채 계속 활동한다는 뜻이 아니다. 성공한 창시자들은 한 분야에서는 엄청난 위험을 감수하는 대 신에, 다른 분야에서는 극도로 신중을 기함으로써 위험을 상쇄한다는 뜻이다.

세라 블레이클리Sara Blakely[41]는 스물일곱 살에 발 부분이 없는 스타 킹이라는 새로운 상품을 만드는 데 전 재산 5,000달러를 투자하는 엄 청난 위험을 감수했다. 그녀는 위험 포트폴리오를 안정적으로 관리하 기 위해서 팩스 기계 파는 일을 2년 동안 계속하면서, 퇴근 후 밤과 주 말에 스타킹 시제품을 만들었다. 그리고 변호사를 고용하지 않고 직접 특허출원 서류를 작성해서 비용을 줄였다. 마침내 스팽스Spanx(체형 보정

속옷 브랜드—옮긴이)를 시장에 선보인 그녀는 세계에서 가장 젊은 자수성가형 억만장자가 되었다.

한 세기 전, 헨리 포드Henry Ford[42]는 토머스 에디슨Thomas Edison의 수석 엔지니어로 일하면서 자신의 자동차 제국 건설에 착수했다. 포드가 자동차에 새로운 시도를 하는 동안 에디슨이 그의 경제적 안정을 뒷받침해준 셈이다. 포드는 카뷰레터를 만들고 나서 2년 동안, 그리고 특허를 획득하고 나서 1년 동안 계속 에디슨 밑에서 일했다.

그렇지만 빌 게이츠를 보라. 그가 하버드를 중퇴하고 마이크로소프트를 창업했다는 얘기는 유명하지 않은가? 그러나 게이츠가 새로운 소프트웨어 프로그램을 판 것은 대학교 2학년 때이고, 그로부터 1년이 지나서야 학업을 중단했다. 그것도 아주 중퇴한 게 아니라 학교로부터 공식적으로 허락을 받고 휴학을 했다. 또 부모님으로부터 재정적인 지원을 받음으로써 자신의 위험 포트폴리오를 안정적으로 유지했다. "게이츠는 세계적으로 가장 큰 위험을 감수한 사람이 아니라 가장 성공적으로 위험을 '완화'시킨 사람이라고 말하는 것이 더 정확하다"[43]라고 기업가 릭 스미스Rick Smith는 말한다.

와비파커가 어려움을 극복하고 돌파구를 마련할 수 있었던 데에는 이처럼 창립자들이 위험을 완화하는 성향이 있었기 때문이다. 닐 블루멘털과 데이브 길보아는 이렇게 와비파커의 공동 최고경영자가 되었다. 그들은 단일 지도자를 선정하는 관행을 따르라는 충고를 일축했다. 두 사람이 진두지휘하는 것이 더 안전하다고 믿었기 때문이다. 실제로 공동 최고경영자 체제[44]에 대한 시장의 반응은 긍정적이며, 기업

가치도 높아진다는 증거도 있다. 창업 초기부터 닐과 데이브가 가장 첫 번째로 꼽은 우선순위는 위험을 줄이는 일이었다. "와비파커에 내가 가진 전부를 걸 생각은 없었습니다"라고 데이브는 말한다. 회사를 창업하고 나서도 데이브는 학교 내에 상업화할 가치가 있는 과학적 발견이 있는지 찾아다니면서 다른 사업 기회를 계속 모색했다. 자신들의 사업이 실패할 경우에 대비한 대안을 갖고 있었기 때문에, 와비파커 창립자들은 사람들이 안경을 온라인으로 구매할 것이라는 입증되지 않은 가설을 바탕으로 창업할 용기를 낼 수 있었다. 그들은 불확실성이 있다는 점을 인정하는 데 그치지 않고, 적극적으로 그 불확실성을 최소화하는 조치를 취했다. "우리는 끊임없이 사업에서 위험 요소를 제거하기 위해 서로 대화를 했어요. 창업하는 과정은 할지, 말지를 정하는 결단의 연속이었어요. 결정을 내리는 순간마다 견제와 균형이 작동했죠"라고 닐은 말한다.

위험에 대한 보호 장치의 일환으로서 네 사람은 기업가정신에 대한 강의를 함께 들었고, 사업 구상을 다듬는 데 수개월을 보냈다. 인터넷으로 안경을 산다는 생소한 개념에 대해 고객들이 익숙해지도록 하기 위해 그들은 무료로 반품을 해주기로 결정했다. 그런데 설문조사와 포커스 집단 조사를 해보니, 사람들은 여전히 인터넷으로 안경을 구매하기를 꺼렸다. "그저 단순히 인터넷으로는 안경을 사지 않겠다는 사람들이 많았어요. 그래서 우리 사업의 전제 조건 자체에 대해 의구심을 갖게 됐죠. 정말 심각하게 자신감을 잃게 된 순간이었어요. 그래서 사업 구상을 원점에서 다시 시작했습니다"라고 닐은 회상한다.

문제점을 장시간 논의한 끝에, 와비파커의 창립자들은 해결책을 마련했다. 바로 무료 착용 제도였다. 고객들이 안경 값을 지불하지 않고 안경을 주문해서 착용해보고 착용감이나 모양이 마음에 들지 않으면, 그냥 반품을 하면 되는 제도였다. 실제로 무료 반품보다도 훨씬 비용이 적게 드는 방법이었다. 만약 고객이 렌즈까지 낀 안경테를 사고 나서 반품하면 와비파커는 많은 손실을 보게 된다. 렌즈는 고객 맞춤이기 때문이다. 하지만 고객이 안경테만 우선 써보고 돌려주면, 회사는 안경테를 다시 팔기만 하면 된다. 해결책을 얻자, 데이브는 자신감이 생겼고 창업에 전념할 용기를 얻었다. "창업할 준비가 되었을 즈음, 나는 이 일에 전념할지 결정해야 했는데, 그렇게 위험하다는 생각이 들지 않았어요. 엄청난 위험을 감수한다는 느낌이 들지 않았어요." 와비파커의 무료 착용 제도는 폭발적인 인기를 얻어서 착용 요청이 쇄도했고, 그로 인해 결국 회사는 이 제도를 시행한 지 48시간 만에 일시적으로 중단해야 했다.

기업가들도 보통 사람들과 마찬가지로 위험을 감수하기를 꺼린다는 증거들이 점점 더 많이 나오고 있다. 이러한 증거에 대해 수많은 경제학자, 사회학자, 심리학자들이 실제로 동의를 하고 있다. 이 세 집단의 전문가들이 어떤 문제에 일치된 견해를 보이는 일은 흔치 않다. 대표적인 한 연구에서 800여 명의 미국인 기업가, 직장인을 대상으로 다음 세 가지 창업 방법 가운데 가장 선호하는 방법을 선택하도록 했다.

(1) 성공할 가능성 20퍼센트에 500만 달러 수익

(2) 성공할 가능성 50퍼센트에 200만 달러 수익

(3) 성공할 가능성 80퍼센트에 125만 달러 수익

연구 결과 기업가들은 다른 부류의 사람들보다 가장 안전한 마지막 항목을 훨씬 더 많이 선택하는 경향이 있었다. 소득, 재산, 연령, 성별, 창업 경험, 결혼 여부, 학력, 가구 규모, 그리고 다른 사업들이 얼마나 잘될지에 대한 기대 등에 상관없이 말이다. 연구원들은 "기업가들은 일반인보다 훨씬 더 위험 회피 성향이 강하다"[45]라고 결론을 내렸다.

위의 연구에서는 단순히 선호도를 조사했지만, 현실에서 기업가들의 행동을 추적해보면 기업가들이 큰 위험을 피한다는 사실이 분명히 나타난다. 경제학자들의 연구 결과에 따르면, 성공한 기업가들은 청소년 시절에 규칙을 위반하고 불법적인 행위에 가담할 확률이 동년배의 청소년들보다 세 배가 높게 나타났다고 한다. 그러나 이처럼 청소년 때 가담한 특정 행위들을 주의 깊게 살펴보면, 나중에 생산적인 기업을 일군 기업가들이 청소년 때 가담한 행위는 잘 계산된 행위들임을 알 수 있다. 심리학자들이 미국의 쌍둥이들과 스웨덴 사람들을 대상으로 한 연구에서도 같은 결과가 나왔다.

세 연구 모두에서 기업가로 성공한 사람들은 청소년기에 부모에게 반항하고, 통금 시간을 어기고, 학교 수업을 빼먹고, 가게 물건을 훔치고, 도박을 하고, 술을 마시고, 대마초를 피운 경험이 있다는 사실이 드러났다. 하지만 그들이 음주운전, 불법 마약 구매, 귀중품 절도[46]와 같은 행위에 가담하는 심각한 위험을 무릅쓸 확률은 다른 사람들보다 높지 않았다. 이러한 사실은 부모의 사회경제적 지위나 가구 소득과는 상관없이 나타났다.

창시자들이 위험에 대해 보이는 태도는 저마다 다르다. 고공낙하를 하듯 위험천만한 행위를 하는 도박꾼도 있고, 한 푼도 아까워서 벌벌 떠는 소심한 사람도 있다. 독창성 있는 창시자가 되려면, 뭔가 새로운 시도를 해야 하는데 그러자면 어느 정도 위험을 감수해야 한다. 그러나 가장 성공한 창시자들은 보지도 않고 무턱대고 뛰어들고 보는 막무가내형의 사람들이 아니다. 그들은 절벽의 끝에서 마지못해 조심조심 발을 딛고, 낙하 속도를 계산하고, 낙하산이 제대로 작동할지 세 번 정도 점검하고, 그래도 혹시 모르니 절벽 바닥에 안전망을 설치한 후에야 뛰어내리는 사람들이다.

말콤 글래드웰Malcolm Gladwell이 〈뉴요커New Yorker〉에 기고한 글에서 말한 바와 같이, "많은 기업가들이 엄청난 위험을 감수한다.[47] 하지만 그런 사람들은 보통 실패한 기업가들일 경우가 많지, 성공 신화를 쓴 기업가들은 아니다."

사회적으로 인정받는 것을 무시하는 태도 역시 독자적인 길을 걷는 사람들을 차별화시켜주는 특성이 아니다. 1만 5,000명 이상의 기업가들을 대상으로 한 60개 연구를 총체적으로 분석한 결과,[48] 다른 사람들의 마음을 사는 데 개의치 않는 사람들이 기업가가 될 확률은 높지 않았으며, 그들이 운영하는 기업의 실적이 더 좋지도 않은 것으로 나타났다.

정치 분야에서도 똑같은 유형이 발견된다. 역사학자, 심리학자, 정치학자 수백여 명이 미국의 대통령들을 평가했는데,[49] 전임자들의 전례를 따르고 민의民意를 따르기만 하는 지도자들이 가장 무능한 지도자라는 결과가 나왔다. 가장 위대한 대통령들은 현상 유지에 도전장을 내밀고, 대대적인 변화를 일으켜 나라를 발전시킨 인물들이었다. 그러나 이런 행동들은 위대하다고 불리는 대통령들이 대중의 지지나 사회적 통합을 소중하게 생각했는지 여부와는 전혀 무관했다.

일반적으로 에이브러햄 링컨Abraham Lincoln은 미국 역대 대통령들 가운데 가장 위대한 대통령으로 손꼽힌다. 전문가들이 다른 사람들의 마음을 얻고, 갈등을 회피하려는 성향을 기준으로 대통령들을 평가한 결과, 링컨이 가장 높은 점수를 기록했다. 링컨은 시민들을 만나고, 남북전쟁 동안 탈영한 병사들을 사면하는 데 하루에 네 시간을 할애했다. 노예해방 선언문에 서명하기 전,[50] 링컨은 노예를 해방시킬지를 두고 여섯 달을 고민했다. 링컨은 자신에게 그런 일을 할 헌법적인 권한이 있는지 의문을 품었다. 그는 노예를 해방시키면 남북전쟁 동안 연방에 남은 채 노예제도를 유지하고 있던 남부 주州들의 지지를 잃게 되어 전쟁에서 패배하고, 나라를 파멸시킬까 봐 걱정했다.

독창성은 고정불변의 기질이 아니다. 그것은 자유로운 선택이다. 링컨은 독창성을 타고난 게 아니다. 논란을 불러일으키는 기질은 그의 유전자에 입력된 것이 아니었다. 의지를 갖고 한 의식적인 행동이었다. 위대한 사상가 W. E. B. 뒤부아W. E. B. DuBois는 "링컨은 평범한 사람이었다. 그런데도 그는 에이브러햄 링컨이 되었다"라고 말했다.

우리는 일에서나 삶에서나 마음대로 결정할 수 있는 일이 거의 없다.

몇 년 전 예일대학교의 석학 에이미 브제스니에프스키[Amy Wrzesniewski]는 구글로부터 한 의뢰를 받았다. 구글의 엔지니어들만큼 재량권과 지위를 누리지 못하고 혁신적인 프로젝트에 관여하지 못하는 판매와 행정 부문 직원들의 업무를 향상시켜달라는 의뢰였다. 나는 브제스니에프스키 박사와 또 다른 연구자인 저스틴 버그[Justin Berg]가 해결책을 찾기 위해 떠난 캘리포니아, 뉴욕, 더블린, 런던 출장길에 동행했다.

구글의 많은 직원들은 회사에 너무도 헌신적이어서 자신에게 주어진 일을 있는 그대로 받아들이는 경향이 있었다. 그들은 자신이 맡은 일이나 직원들과의 교류 방식이 고정불변이라고 여겼고, 따라서 개선의 여지가 있을까 하는 의문도 제기하지 않았다.

틀에 박힌 사고를 해방시키기 위해서,[51] 우리는 구글 직원들을 분석하는 데 일가견이 있는 제니퍼 커코스키[Jennifer Kurkoski]와 브라이언 웰[Brian Welle]의 협력으로 수백 명의 구글 직원들을 위한 워크숍을 마련했다. 우리는 직원들에게 직장에서의 업무란 한군데도 손대면 안 되는 조각품이 아니라 조립과 해체가 가능한 융통성 있는 집짓기 블록 같다는 인식을 심어주었다. 우리는 직원들에게 자기 업무를 스스로 설계한 사람들의 사례와 자신의 관심사, 숙련 기술, 가치와 좀 더 부합하도록 자신의 업무나 인간관계를 개인 맞춤형으로 조정한 사례들을 소개해주었다.

이를테면 자진해서 새 로고를 디자인한 예술 감각이 있는 판매원, 이메일 대신 영상통화로 고객들과 연락을 주고받은 외향적인 재무분석가 등이다. 그리고 나자 직원들은 익숙한 자신들의 업무를 새로운 시각으로 바라보게 되었다. 미시감을 경험한 것이다. 이를 계기로 직원들은 자신의 역할을 좀 더 이상적으로 그러나 현실에 맞게 새롭게 규정하기 시작했다.

구글의 경영진과 동료 직원들은 워크숍 전과 수개월 후에 워크숍에 참가한 각 직원마다 행복지수와 업무 수행 능력을 평가했다. 워크숍은 겨우 90분이었기 때문에 그 정도로 변화가 있을지 우리는 확신이 없었다. 그러나 6주 후에 점검을 해보니, 워크숍에 무작위로 참석하게 되어 자신의 업무를 조정할 수 있다고 생각하게 된 구글 직원들은 행복지수와 업무 수행 능력에서 급격한 상승을 보여주었다.

그들은 자신의 업무가 조정 가능하다는 사실을 깨닫고 좀 더 나은 방향으로 개선하기 위해 행동을 취했다. 워크숍에 참가하지 않은 통제집단에 속한 직원들은 행복지수나 업무 수행 능력에서 아무런 변화도 없었다. 구글 직원들에게 업무는 조정 가능한 것임을 알려주자, 행복지수나 업무 수행 능력에서 상승효과가 최소한 6개월 동안 지속되었다. 그들은 기존의 재능만 활용하는 데 그치지 않고, 주도적으로 자신의 업무를 보다 독창적이고 자신에 맞게 바꾸는 새로운 능력을 개발했다. 그 결과, 그들은 승진을 하거나 모두가 탐내는 업무로 발령이 날 확률이 동료들보다 70퍼센트나 높았다. 현재 주어진 업무를 그냥 받아들이거나 기존의 기술만 이용하기를 거부하는 행위만으로도, 그들은 더 행복하고 더 유능한 직원이 되었다. 게다가 자신의 적성에 더 잘 맞는 업무를 담당할 자격까지 갖추게 되었다. 그들은 자신의 한계가 본인 스스로 만든 것임을 깨닫게 되었다.

독창성을 발휘하는 데 성공한 사람들은 대개 기존 체제에 대해 의문을 제기하고, 위험 포트폴리오를 안정적으로 운용한다는 사실이 밝혀졌다. 이제 이 책의 나머지 부분에서는 독창적인 생각을 어떻게 실행에 옮기는지에 대해 논하겠다. 와튼 경영대학원에서 조직심리를 가르치는 학자로서, 나는 10여 년 동안 기술 업체에서부터 은행, 학교, 병원, 정부 조직에 이르기까지 다양한 환경에서의 독창성을 연구해왔다.

또한 이 시대에 가장 독창적인 유명 인사들을 직접 만나 그들의 의견을 들어보았다. 나는 이를 통해 얻은 지혜를 여러분과 나누고자 한다. 어떻게 하면 우리의 인간관계, 평판, 경력을 위험에 빠뜨리지 않고 독창적인 사람이 될 수 있는지에 대해 말이다. 두려워서 침묵을 지키거나, 상사 때문에 주눅이 들었던 사람들이 용기를 내서 자신의 독창성을 추구하도록 하는 데 나의 연구 결과가 도움이 되었으면 한다. 또한 조직의 지도자들은 나의 연구 결과를 통해 자신들이 이끄는 팀이나 조직에서 독창성을 권장하는 문화를 조성할 수 있는 혜안을 얻기를 바란다.

기업, 정치, 스포츠, 연예 등 여러 분야를 망라하는 각종 연구와 놀라운 사연들을 바탕으로, 진보를 가로막는 장애물이 무엇인지, 창의적이고 도덕적인 조직 변화의 근원이 되는 것은 무엇인지 알아보도록 하겠다. 우선 첫 번째로는 독창적인 아이디어를 만들어내고, 식별하고, 공개적으로 밝히는 데 따르는 위험을 관리하는 법에 초점을 맞추고자 한다. 새로운 아이디어는 정의상 불확실 투성이다. 옥석을 가려서 나쁜 아이디어는 걸러내고, 좋은 아이디어를 추진하는 기술을 연마하려면 어떻게 해야 하는지 유력한 증거를 통해 설명하겠다. 일단 좋은 아이디어를 포착해내면, 다음에는 그 아이디어를 효과적으로 다른 사람들에게 전달해야 한다. 사람들이 자신의 의견에 더욱 귀 기울이게 만들고 튄다는 이유로 불이익을 당하지 않으려면, 어떤 전략을 세우고 메시지를 어떻게 구성하고 메시지를 받을 대상을 어떻게 선정해야 하는지 그 비결을 밝히고자 한다.

그 과정에서 당신은 미국 TV 역사상 가장 높은 인기를 누린 시트콤이 거의 사장死藏될 뻔한 이유와 한 창업자가 자신의 사업 구상을 투자자들에게 설명하면서 투자하면 안 되는 이유를 더욱 강조한 이유를 알게 된다. 그리고 한 미국 중앙정보국CIA 분석가가 어떻게 조직을 설득해서 비밀주의를 포기하도록 만들었는지, 애플의 한 여직원이 직급으로 보면 한참 위인 스티브 잡스에게 도전장을 내밀어 이긴 비결이 뭔지도 알게 된다.

두 번째로는 사람들이 독창성을 파악하기 위해 어떤 선택을 하는지 알아보겠다. 우선 적절한 시기를 포착하는 데 따르는 딜레마를 다루겠다. 선두 주자가 되는 일은 조심해야 한다. 나중에 행동하는 것보다 먼저 행동하는 것이 더 위험한 경우가 많기 때문이다. 뜻밖에도 역사상 가장 위대한 창의적인 업적이나 변화를 가져온 행위들 가운데는 시간을 끌었기에 가능했던 사례들이 있다. 시간을 끌고 행동을 미루는 성향을 지닌 기업가들은 오래도록 견고하게 유지되는 회사를 만들고, 그런 성향을 지닌 지도자들은 변화의 주역이 되고, 그런 혁신가들은 나이가 들어서도 독창성을 유지한다. 그다음에는 연대감을 구축하기 위해서는 어떤 어려움을 극복해야 하는지 살펴보고, 어떻게 하면 독창적인 아이디어에 대해 다른 사람들의 지지를 이끌어내고 거절당할 위험을 줄일 수 있는지 알아보겠다. 여성 참정권 운동을 이끈 이름 없는 영웅을 통해 친구이자 경쟁자보다 적이 더 훌륭한 협력자가 될 수 있는 이유를 알아보고, 가치를 공유하는 사람들끼리는 단합하기보다 분열하기가 쉬운 까닭도 알아보겠다. 기업이 추구할 사명을 직원들에게 숨긴 창립자와 디즈니Disney의 만화영화가 나아갈 방향을 바꾼 할리우드 감독의 사례를 통해 이상주의와 실용주의 사이에 균형을 추구하고, 익숙한 것과 새로운 것을 조화시켜 협력자를 끌어모으는 방법을 보여주겠다.

세 번째로는 가정과 직장에서 독창성을 발휘하고 유지하는 방법을 논의할 것이다. 어떻게 하면 어린이들의 독창성을 길러줄 수 있는지, 부모와 형제자매, 그리고 롤모델role model이 반항적 기질을 형성하는 데 어떤 영향을 미치는지 살펴보겠다. 프로 야구선수들이 도루하는 횟수가 출생 서열과 관련 있는 이유, 유대인 대학살Holocaust 당시 자신의 목숨을 걸고 다른 사람들을 구한 영웅들이 부모로부터 어떤 교육을 받고 자랐는지, 국가의 혁신성과 경제성장률이 부모가 아이들에게 읽어주는 책과 어떤 연관이 있는지도 논의해보겠다. 그리고 왜 어떤 문화는 소수만 열광하는 컬트cult가 되는지, 지도자들은 어떻게 하면 반대 의견을 표출하도록 권장해서 독창성이 꽃피게 할 수 있는지 알아보겠다. 상사인 자신을 비판하지 않는 직원들을 해고하는 투자의 귀재인 억만장자, 자신의 독특한 아이디어를 널리 알리기 위해 고군분투한 발명가, 우주왕복선 컬럼비아호가 폭발한 후 미국 항공우주국NASA에 만연한 침묵의 문화를 바꾼 전문가의 사례도 알아보겠다.

마지막으로, 우리로 하여금 독창성을 추구하는 데 주저하게 만드는 뿌리 깊은 양면적인 감정에 대해 생각해보겠다. 독재자를 축출한 20대 청년들과, 북극에서 헤엄쳐 기후 변화의 위험을 널리 알리는 변호사의 사례를 통해 두려움과 냉담한 반응을 극복하는 혜안을 모색해보겠다. 그들의 사례를 통해 침착하려고 애쓰는 것이 불안감을 극복하는 최선의 방법은 아니지만, 화가 났을 때 감정을 폭발시키면 역효과를 일으키고, 때로는 비관주의가 낙관주의보다 훨씬 더 활력을 불어넣어준다는 사실을 살펴보겠다.

결국 독창성을 추구하는 사람들이 세상을 앞으로 나아가게 만든다. 오랫동안 그들을 연구하고 접촉해온 끝에, 나는 놀랍게도 그들이 내적으로 겪는 경험은 우리가 겪는 경험과 크게 다르지 않다는 사실을 깨달았다. 독창적인 사람들도 우리와 마찬가지로 두려움을 느끼고 회의를 품는다. 그들이 우리와 다른 점은 그럼에도 불구하고 어쨌든 용기를 내서 행동에 옮긴다는 점이다. 독창적인 사람들은 하다가 실패하더라도 시도조차 하지 않는 것보다는 시도하는 것이 후회를 덜 한다는 사실을 알고 있다.

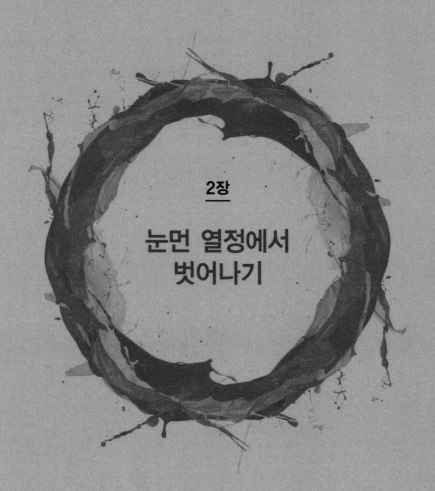

2장

눈먼 열정에서
벗어나기

"창의력을 발휘하려면 실수를 많이 해봐야 한다.
어떤 실수가 건질 만한 실수인지 식별해내는 것이 비결이다." [1]

—스콧 애덤스Scott Adams

독창적인 아이디어를
알아보는 비결

20세기가 막 역사 속으로 사라졌을 때, 실리콘밸리를 단번에 사로잡은 발명품이 하나 등장했다. 스티브 잡스는 그 발명품에 대해 PC가 발명된 이래로 가장 놀라운 기술 제품이라고 말했다. 시제품에 마음을 빼앗긴 잡스는 그 제품을 만든 발명가에게 회사 지분 10퍼센트에 6,300만 달러를 주겠다고 제안했다. 그 발명가가 제안을 거절하자, 잡스는 그답지 않은 일을 했다. 잡스는 그 발명가에게 향후 6개월 동안 무료로 자문을 해주겠다고 제안했다. 아마존 창립자 제프 베조스 Jeff Bezos는 그 제품을 보자마자 발명가에게 "혁명적인 제품이다. 판매하는 데 아무런 문제가 없다"라고 말했다. 구글을 비롯해 수많은 우량 신생 업체들에게 성공적으로 투자한 전설적인 투자자 존 도어 John Doerr는 그 기업에

8억 달러를 쏟아부었다. 그리고 그 기업이 가장 짧은 시간 내에 시가총액 10억 달러를 달성하는 기업이 될 것이라면서 "인터넷보다 훨씬 중요한 발명이 될 것이다"라고 장담했다.

이 발명품을 만든 발명가는 현대의 토머스 에디슨이라고 불리기도 하는데, 그는 이미 놀랍고 파격적인 발명품들을 만들어낸 전력이 있었다. 그가 발명한 휴대용 신장투석기는 그해 최고의 의료 제품으로 선정되었고, 그가 만든 휴대용 약품 주입 펌프drug infusion pump는 환자들이 병원에 꼼짝없이 머물러야 하는 시간을 줄였으며, 그가 발명한 혈관 스텐트stent(혈관 폐색 등을 막기 위해 혈관에 주입하는 장치-옮긴이)는 딕 체니Dick Cheney 전 부통령의 심장에 연결되기도 했다. 그는 수백 개의 특허를 보유하고 있고, 미국에서 발명가에게 주어지는 최고의 영예인 기술공로훈장을 빌 클린턴Bill Clinton 전 대통령에게서 받았다.

이 발명가는 자신이 발명한 그 신상품이 1년 안에 한 주에 1만 개씩 팔릴 것이라고 예상했다. 하지만 그 제품은 6년 동안 겨우 3만 개가 팔리는 데 그쳤다. 그 제품이 발명된 지 10년 후에도 그의 회사는 여전히 손익분기점을 넘지 못했다. 인간의 삶과 도시를 변모시킬 것이라던 그 제품은 오늘날 틈새시장에서만 쓰이고 있다.

그 제품은 자동평형self-balancing 기능을 갖춘 개인용 이동수단인 '세그웨이Segway' 다. 시사 주간지 〈타임Time〉은 세그웨이를 지난 10년 동안 가장 실패한 10대 기술 가운데 하나로 꼽았다. 2013년에 존 도어는 "투자 측면에서 세그웨이는 실패였다.[2] 두말할 것도 없다. 나는 세그웨이를 두고 여러 가지 호언장담을 했는데 틀린 예측이 많았다"라고 실패를 인정했다. 이처럼 비즈니스에 수완이 뛰어난 사람들이 왜 그런 실수를 했을까?[3]

수년 전 두 연예계 인사가 의기투합해 90분짜리 TV 특집을 제작하기로 했다.[4] 두 사람은 TV 매체를 위한 대본을 써본 적이 없었고, 마땅한 소재도 곧 바닥났다. 그래서 그들은 90분짜리 TV 특집을 30분짜리 주간 쇼로 바꿨다. 그들의 대본을 본 방송사 중역들은 탐탁지 않게 여기거나 이해하지 못했다. 그 프로그램에 관여한 배우 한 사람은 그 작품을 "완전히 엉망진창"이라고 묘사하기까지 했다.

시험pilot 작품을 촬영한 후, 그 작품에 대한 시청자 반응 테스트를 실시했다. 100명의 관람자들이 로스앤젤레스에 모여 그 작품의 장단점을 논의한 결과, 참담한 실패작이라는 결론이 났다. 한 관람자는 다음과 같이 노골적으로 말했다. "주인공이 완전히 낙오자예요. 누가 그런 사람이 나오는 쇼를 보겠어요?" 이후 네 개 도시에서 추가적으로 600여 명에게 시험 작품을 보여주었는데, 그에 관한 평가 보고서는 다음과 같은 결론을 내렸다. "어떤 부류의 관람자도 그 쇼를 다시 보려 하지 않았다." 배우들의 연기도 빈약하다는 평가가 나왔다.

시험으로 촬영한 에피소드는 우여곡절 끝에 가까스로 전파를 탔지만 기대했던 대로 반응은 시원치 않았다. 게다가 시청자 테스트에서도 부정적인 반응이 나왔으니, 이 작품은 폐기 처분되었어야 마땅했다. 그러나 한 임원이 4회를 더 찍어보자고 주장했다. 시험 작품을 촬영한 지 1년이 지나서, 이 작품은 다시 전파를 탔지만 이번에도 열혈 시청자는 확보하지 못했다. 이 작품이 끝나갈 즈음, 방송사는 방송이 취소된 다른 작품 대신에 반 시즌 동안만 이 작품을 방송하기로 했다. 그러나 이 작품의 작가 한 명이 이미 그만둘 작정을 하고 있었다. 더 이상 아이디어가 없다고 했다.

다행히 그 작가는 마음을 바꿨다. 그 후 10여 년 동안 이 쇼는 닐슨 Nielsen 시청률 조사에서 최고 시청률을 석권했고, 10억 달러 넘게 벌어들였다. 그리고 이 쇼는 미국에서 가장 인기 있는 TV 시리즈가 되었다. 〈TV가이드 TV Guide〉는 이 쇼를 사상 최고의 프로그램이라고 칭했다.

얼굴을 상대방에게 가까이 들이대고 말하는 사람이나, 파티에서 여럿이 같이 먹는 그릇에 담긴 소스에 칩을 찍어 먹고는 침이 묻은 나머지 칩을 소스에 또 찍는 사람에 대해 불평을 한 적이 있거나, 말끝마다 "그게 꼭 잘못이라는 것은 아니고"라고 단서를 붙인다거나, 누군가에게 거절할 때 "너한테는 국물도 없어 No Soup for you (이 시트콤의 한 에피소드에 나온 대사로, 극중 맨해튼에서 유명한 수프 가게의 주인이 손님들이 줄을 설 때, 주문할 때 등 가게에서 지켜야 할 규칙을 정해 놓고 그것을 어기는 손님에게는 수프를 팔지 않고 "당신한테 줄 수프는 없소"라고 말했다—옮긴이)"라고 말했다면, 당신은 바로 이 쇼에서 나온 대사나 이야기들을 말하고 있는 것이나 다름없다. 그 쇼는 바로 〈사인펠드 Seinfeld〉다. 그렇다면 방송국 경영자들이 〈사인펠드〉를 그토록 못 미더워했던 이유는 뭘까?

사람들은 세상에 독창성 있는 것이 부족하다고 탄식할 때 창의성의 부재를 탓한다. 사람들이 참신한 아이디어를 더 생각해낼 수 있다면 훨씬 좋겠지만, 실제로 독창성을 가로막는 가장 큰 장애물은 아이디어 창출이 아니다. 그것은 아이디어 '선정'이다. 어떤 연구에 따르면, 200명이 넘는 사람들이 새로운 사업과 제품에 대해 1,000여 가지의 아이디어를 생각해냈는데, 그중에서 87퍼센트는 완전히 독창적이었다.[5] 참신한 아이디어가 부족해서 어려움을 겪는 기업, 지역사회, 나라는 없다. 제대로 된 참신한 아이디어를 식별해내는 능력이 뛰어난 사람들이 부족한 것이 문제이다. 세그웨이는 긍정 오류^{false positive}였다. 히트를 칠 것이라고 예상했지만 틀린 예측이었다. 〈사인펠드〉는 부정 오류^{false negative}였다. 실패할 것이라고 예상했지만 엄청난 인기를 누렸다.

　이 장에서는 아이디어 선정을 가로막는 장애물과 아이디어 선정을 가장 잘하는 방법에 관해 살펴보겠다. 나는 실패할 아이디어를 선택할 가능성을 어떻게 하면 줄일 수 있는지 알아보기 위해서, 부정 오류와 긍정 오류를 피하는 방법에 노련한 예측가들을 만나보았다. 나는 세그웨이가 실패할 것이라고 예측한 벤처 투자자 두 사람과, 코미디에 관해서는 문외한이지만 〈사인펠드〉의 시험 작품을 보고 열광해서 위험을 무릅쓰고 재정적 지원을 한 NBC 방송국 임원을 소개하겠다. 그들의 판단 방식을 보면, 아이디어를 평가할 때 직관과 분석 가운데 어느 것이 상대적으로 중요한지에 대한 통념에 의문을 갖게 된다. 또한 아이디어를 낸 당사자를 평가할 때, 그 사람이 자기 아이디어에 대해 지닌 열정에 얼마만큼 비중을 두어야 하는지에 대해서도 생각하게 된다. 방송국 경영진이나 시청자 테스트에 참가한 관람자들이 새로운 아이디어를 정확히 평가하기가 어려운 이유와, 위험을 감수하고 승부를 걸어야 할 때를 판단하는 능력을 기르는 방법에 대해서도 알아볼 것이다.

창의성이라는 외줄타기

세그웨이를 만든 발명가는 딘 카멘Dean Kamen이라는 천재 기술자이다. 그의 옷장에는 데님 셔츠, 청바지, 작업용 부츠뿐이다. 벤처 투자자들에게 카멘을 한마디로 어떻게 묘사하겠느냐고 물었더니, 가장 흔한 대답이 "배트맨Batman"이었다. 그는 열여섯 살에 누가 시키지도 않았는데 한 박물관의 조명 시스템을 다시 디자인해서, 그 박물관 관장의 허락을 받아 설치했다. 1970년대에 카멘은 약품 주입 펌프를 발명했고, 이 발명품으로 번 수익으로 전용기와 헬리콥터를 사고 뉴햄프셔 주에 기계실, 전자제품 실험실, 야구장을 갖춘 대저택을 지을 만큼 수익을 올렸다. 1980년대에는 그가 만든 휴대용 신장투석기가 대대적인 성공을 거두었다.

1990년대에 카멘은 계단을 오를 수 있는 휠체어 아이봇iBOT을 만들었다. 이 기술이 더 광범위하게 적용될 수 있다고 판단한 그는 연구팀을 꾸려 세그웨이를 만들었다. 공해도 방지하고, 사람들이 교통 체증이 심한 도시를 누비고 다닐 수 있는 안전하고 연비가 높은 탈것을 만드는 게 목적이었다. 세그웨이는 크기가 작고, 가볍고, 저절로 균형을 잡기 때문에 우편배달부, 경찰관, 골프를 치는 사람들에게 제격이었고, 궁극적으로 일상적인 이동수단을 완전히 바꾸어놓을 잠재력을 지닌 제품이었다. 세그웨이는 카멘이 발명한 기술 가운데 가장 놀라운 기술이었고, 그는 "자동차가 말과 마차를 대체했듯이, 세그웨이가 자동차를 대체하게 될 것"이라고 예측했다.

그런데 아이디어를 낸 당사자가 자기 아이디어를 객관적으로 판단할 수 있을까? 젊은 나이에 스탠퍼드대학교 교수가 된 나의 제자 저스틴 버그는 수년 동안 이 문제를 연구해왔다. 버그는 창의적인 예측,[6] 참신한 아이디어가 성공할지 여부를 예측하는 기술에 관해 주로 연구한다. 한 연구에서 버그는 여러 집단에게 다양한 서커스 공연을 담은 비디오를 보여주고, 각 공연이 얼마나 잘될지에 대해 예측하게 했다. 태양의 서커스Cirque du Soleil의 단원들을 비롯한 서커스 관련 단체들도 각자 자신들의 공연이 얼마나 호응을 얻을지 예측했다. 서커스 경영진도 비디오를 보고 자신이 예측한 내용을 제출했다.

그들의 예측이 얼마나 정확한지를 알아보기 위해서, 버그는 일반 시청자들이 비디오를 얼마나 좋아했고, 얼마나 공유했고, 재정적인 지원을 했는지의 여부를 바탕으로 각 공연이 실제로 성공한 정도를 측정했다. 버그는 인터넷상에서 1만 3,000명을 초대해 비디오에 담긴 공연들의 점수를 매기게 했다. 그들은 페이스북, 트위터, 구글플러스, 이메일을 통해 다른 사람들과 공연 비디오를 공유하고, 연구자에게서 받은 10센트를 마음에 드는 공연자에게 기부할 수도 있었다.

조사 결과 서커스 단원들은 자신의 공연을 제대로 평가하지 못하는 것으로 나타났다. 공연자들은 자신의 공연을 다른 아홉 팀의 서커스 단원들의 공연과 비교하여 순위를 매길 때 2단계 정도 높게 순위를 매기는 것으로 나타났다. 경영진은 좀 더 현실적이었다. 경영진은 단원들보다 좀 더 객관적으로 평가할 수 있는 위치이기에 보다 중립적인 입장이었다.

사회과학자들은 사람들이 자신을 평가할 때 실제보다 높이 평가하는 경향이 있다는 사실을 오래전부터 인식해왔다. 이러한 사회과학자들의 연구 결과를 일부 소개하면 다음과 같다.

- 고등학교 3학년[7] : 학생들 70퍼센트가 자신의 지도자 자질에 대해 "평균 이상", 학생들 2퍼센트가 "평균 이하"로 평가했다. 사회성에서는 학생들 25퍼센트가 상위 1퍼센트라고 평가했고, 학생들 60퍼센트가 상위 10퍼센트라고 평가했다.
- 대학교수: 교수들 94퍼센트가 자신의 직무 수행에 대해 평균 이상의 점수를 주었다.
- 엔지니어: 두 개의 서로 다른 회사에서 엔지니어들을 조사한 결과 각각 32퍼센트, 42퍼센트가 자신의 직무 수행 능력이 상위 5퍼센트에 든다고 평가했다.
- 기업가: 3,000명[8]의 소규모 기업 소유주들에게 여러 기업들을 제시하고, 이 기업들이 성공할 확률을 매기게 했다. 그들은 평균적으로 자신이 소유한 기업이 성공할 확률을 10점 만점에 8.1로 보았지만, 자신의 기업과 유사한 다른 기업들이 성공할 확률은 10점 만점에 겨우 5.9점을 주었다.

―――――

지나친 자신감은 창의성이라는 영역에서 특히 극복하기 어려운 편견이다. 당신이 새로운 아이디어를 창출할 때는 비교 대상이 없는 독특한 상황에 처하기 때문에, 과거에 자신이 창안한 것에 대해 받았던 타인의 평가를 모두 무시하게 된다. 과거에 생각해냈던 것들이 완전히 실패로 끝났어도, 이번에는 다르리라고 생각한다.

우리가 새로운 아이디어를 생각해냈을 때, 그 아이디어는 자신의 취향에 아주 잘 맞기 때문에(다시 말해서 다른 사람의 취향과는 너무 동떨어져서) 정확히 평가하기가 어렵다. 우리는 아이디어가 떠오른 순간에 느끼는 짜릿함이나, 잘 해결되지 않던 장애물을 극복했을 때의 승리감에 도취된다. NBC에서 오랫동안 연예부 임원을 지낸 브랜든 타티코프Brandon Tartikoff는 자신의 부서에서 일하는 프로듀서들에게 늘 다음과 같은 말을 상기시켰다. "자기 아이디어가 형편없는 아이디어라고 생각하고 나를 찾아오는 사람은 없다."

기업가와 발명가는 자신의 아이디어가 성공할 확률을 어느 정도는 실제보다 높게 생각해야만 한다. 그렇지 않으면 그 아이디어를 추진할 동기부여가 되지 않기 때문이다. 그러나 일반 대중의 실제 선호도를 알게 되고 나서도, 그들은 심리학자들이 말하는 확증 편향confirmation bias에 빠진다. 즉 자기 아이디어의 장점만 눈에 들어오고, 한계나 단점은 무시하거나 과소평가하거나 변명으로 무마해버린다.

창의적 생산성을 평생 연구해온 심리학자 딘 사이먼튼Dean Simonton은 천재들조차 자신의 아이디어가 호응을 얻을지 판단하는 데 서툴다[9]는 사실을 발견했다. 음악계에서 보면, 베토벤은 자기비판적인 사람으로 알려져 있지만, "자신이 작곡한 교향곡, 소나타, 4중주 가운데 베토벤 자신이 가장 아낀 작품들[10]은 후세가 가장 자주 연주하고 녹음한 곡들이 아니었다"라고 사이먼튼은 말한다.

심리학자 애런 코즈벨트Aaron Kozbelt는 베토벤이 썼던 편지들을 샅샅이 분석했다.[11] 그 편지들에는 베토벤이 당시 자신의 작품에 대한 전문가적인 의견들과 비교하면서 자신의 작품들에 대해 평가한 내용이 담겨 있다. 70개 작품에 대한 평가에서 베토벤은 15개의 긍정 오류를 범했다. 즉 베토벤은 크게 성공하리라고 예상했지만 그렇지 못한 작품이 15개였다. 그리고 부정 오류는 8개 작품으로서, 베토벤은 이 작품들을 부정적으로 평가했지만 후세가 가장 아끼는 작품들이 되었다. 베토벤은 이 작품들에 대해 청중의 의견을 들은 후에 평가를 했음에도 불구하고, 오류를 범한 비율이 33퍼센트나 되었다.

만약 창의적인 아이디어를 낸 사람이 자신이 걸작을 창조했다는 사실을 안다면, 그의 작업은 앞으로만 진전되어야 할 것이다. 금광을 발견했으므로 더 이상 아이디어를 내지 않게 될지도 모른다. 그러나 사이먼튼은 창조자들의 경우 오히려 뒷걸음쳐서 예전에 못마땅해서 폐기했던 아이디어로 되돌아가는 경향이 있다는 사실을 발견했다. 베토벤은 그의 최고 걸작으로 여겨지는 교향곡 제5번을 작곡할 때, 제1장 결론 부분이 너무 짧다며 폐기했지만 나중에 그 부분을 다시 살렸다. 베토벤이 걸작과 졸작을 구분할 수 있었다면, 처음에 그 부분을 작곡했을 때 즉시 걸작이라고 생각하고 채택했을 것이다.

피카소Picasso가 파시즘을 비판한 그 유명한 〈게르니카Guernica〉를 그릴 때, 그는 서로 다른 79점의 스케치를 그렸다. 그런데 최종적으로 채택된 이미지들은 나중에 그린 스케치가 아니라 초반에 그린 스케치에서 채택된 것들이 많다. 사이먼튼은 "나중의 스케치들은 '막다른 골목blind alleys', [12] 즉 방향을 잘못 잡은 줄 미처 모르고 들어섰다가 그려진 것"이라고 말한다. 피카소가 작품을 만들어가는 과정에서 자신의 작품을 제대로 판단할 수 있었다면, 작업이 진행될수록 자신이 생각한 방향과 점점 가까워졌을 테고, 따라서 나중에 그린 스케치들을 더 많이 채택했을 것이다. 그러나 실제로는 자기가 생각한 방향에서 점점 멀어지는 일이 종종 일어났다.

왕자를 찾을 때까지 개구리에게 입맞춤하기

독창적인 아이디어를 내는 사람들이 자신의 아이디어에 대해 제대로 평가를 내리는 데 소질이 없다면, 걸작을 창조할 확률을 어떻게 극대화할 수 있을까? 질문에 답하자면, 수많은 아이디어를 대량으로 창출하면 된다. 딘 사이먼튼은 평균적으로 볼 때, 창의적인 천재들이 같은 분야의 동료 집단보다 질적으로 우월하지는 않다는 사실을 알게 되었다. 그들은 단순히 훨씬 많은 양의 아이디어를 낼 뿐이다. 다양한 아이디어를 내다 보면 독창성을 달성할 확률이 높아진다. 사이먼튼은 "큰 영향을 미치거나 성공적인 아이디어를 생산해낼 확률[13]은 창출해낸 아이디어의 총수가 많을수록 높아진다"라고 지적한다.

셰익스피어를 살펴보자. 우리에게 익숙한 셰익스피어의 작품은 아주 극소수이지만, 그는 20여 년에 걸쳐 희곡 37편, 소네트sonnet(14행의 짧은 시로 이루어진 서양 시가—옮긴이) 154편을 썼다. 사이먼튼은 공연 빈도와 전문가 및 평론가들에게 얼마나 찬사를 받았는지를 바탕으로 셰익스피어의 희곡들의 인기도를 측정했다. 동일한 5년의 기간 동안 셰익스피어는 그의 가장 인기 있는 다섯 작품 가운데 세 작품《맥베스》,《리어왕》,《오셀로》)을 썼다. 또한 셰익스피어는 같은 기간에 평균 정도의 평가를 받은 《아테네의 티몬Timon of Athens》,《끝이 좋으면 다 좋다All's Well That Ends Well》를 썼는데, 두 작품 모두 그의 희곡 작품들 가운데 최하위에 들었고 글이 정돈되지 않았으며, 줄거리와 등장인물의 전개가 불완전하다는 비판을 끊임없이 받아왔다.

어느 분야든 가장 창의력이 뛰어난 사람들조차 별로 흠잡을 데는 없지만 전문가와 일반 관객들이 시큰둥한 반응을 보이는 작품을 아주 많이 생산한다. 런던 교향악단[14]이 선정한 세계 50대 고전음악의 목록에는 모차르트 곡 여섯 작품, 베토벤 곡 다섯 작품, 바흐 곡 세 작품이 올랐다. 손에 꼽을 정도의 소수의 걸작을 작곡한 모차르트는 35세에 세상을 떠나기 전까지 600여 곡을 작곡했고, 베토벤은 평생 650곡, 바흐는 1,000곡 이상을 작곡했다. 1만 5,000여 곡의 고전음악을 분석한 결과[15]를 보면, 5년이라는 일정한 기간 동안 작곡한 작품의 수가 많을수록 음악가가 걸작을 작곡할 확률이 높아졌다.

피카소의 작품 목록에는 유화 1,800점, 조각 1,200점, 도자기 2,800점, 드로잉 1만 2,000점이 포함되고, 그 밖에도 판화, 양탄자, 태피스트리tapestry도 있다. 그렇지만 그중에 아주 극소수 작품들만이 찬사를 받았다.

이번에는 시를 살펴보자. 우리는 마야 안젤루Maya Angelou의 고전시 〈그래도 나는 일어서리Still I Rise〉를 읊을 때, 그녀가 165편의 시를 썼다는 사실을 잊곤 한다. 우리는 감동적인 그녀의 회고록 《새장에 갇힌 새가 왜 노래하는지 나는 아네I Know Why the Caged Bird Sings》는 기억하지만, 그녀가 쓴 6편의 자서전에는 별로 관심을 갖지 않는다.

과학 분야를 살펴보자. 아인슈타인은 물리학에 일대 변혁을 일으킨 일반 상대성이론과 특수 상대성이론에 대한 논문을 발표했지만, 그가 펴낸 248편의 논문들 대부분은 별로 영향을 미치지 못했다.

독창적인 사람이 되고 싶다면, "작업량을 늘리는 것이 가장 중요하다.[16] 그것도 엄청나게 많이 말이다"라고, 라디오 프로그램 〈디스 아메리칸 라이프This American Life〉와 팟캐스트 〈시리얼Serial〉의 프로듀서인 아이라 글래스Ira Glass는 말한다.

분야를 막론하고 최고의 독창성을 보여준 사람들은 아이디어를 가장 많이 창출해낸 사람들이고, 그들은 가장 많은 양의 아이디어를 낸 기간에 가장 독창적인 아이디어를 냈다.* 에디슨은 서른 살에서 서른

---

*이러한 이유 때문에 여성보다 남성이 훨씬 영향력이 큰 창의적인 업적을 남기는 듯하다. 역사적으로 창의적인 직업은 여성들에게는 그 기회가 허락되지 않았고[17] 남성들에게만 허용되었다. 여성이 창의성이 중요시되는 분야에 발을 들여놓는다고 해도, 아이를 돌보는 일은 온전히 여성의 몫이었다. 따라서 당연히 남성은 여성보다 더 많은 결과물을 생산할 수 있었고, 남성들이 독창성 있는 결과물을 만들 확률이 높아졌다. 예전보다 기회가 더 균등한 오늘날에는 독창적인 결과물 생산에 있어서 이런 양성 간의 격차는 역전될지도 모른다. 저스틴 버그는 평균적으로 여성이 남성보다 창의적인 예측을 더 잘한다는 사실을 발견했다. 여성들이 참신한 아이디어에 더 열린 생각을 지녔고, 따라서 부정 오류에 덜 취약하다고 밝혔다.

다섯 살 사이에 전구, 축음기, 탄소접점 방식을 이용한 전화기carbon tele-phone를 발명했다. 그러나 에디슨은 같은 기간 동안 100여 개의 특허를 출원했는데, 그중에는 스텐실 펜stencil pen, 과일 저장법, 철광 채굴을 위한 자석 이용법, 게다가 오싹한 말하는 인형까지 포함되어 있었다. 사이먼튼은 "가장 별 볼일 없는 작품들이 생산된 바로 그 기간에[18] 가장 중요한 작품들이 탄생하는 경향이 있다"라고 지적한다. 그는 "에디슨은 특허가 1,093개나 되지만 정말로 탁월한 창의적인 발명품의 수는 손에 꼽을 정도다"라고 말한다.

양과 질은 서로 상충 관계tradeoff라는 것이 일반적인 통념이다. 어떤 일을 더 잘하기를 원한다면, 즉 결과물의 질을 높이려면, 다른 일은 덜 해야 한다고 생각한다. 그런데 그것은 틀린 생각이다. 아이디어 창출에서는 양이 질을 예측하는 가장 정확한 지표이다. "독창적인 생각을 하는 사람들은 이상하게 변형되거나, 더 이상 발전할 여지가 없거나, 완전히 실패작인 아이디어를 많이 생각해낸다. 하지만 이는 결코 헛수고가 아니다. 그만큼 재료로 삼을 아이디어, 특히 참신한 아이디어[19]를 많이 생각해내게 된다"라고 로버트 서튼Robert Sutton 스탠퍼드대학교 교수는 지적한다.

많은 사람들이 독창성을 발휘[20]하는 데 실패하는 이유는 몇 개의 아이디어만 생각해내고, 그것을 완벽해질 때까지 다듬고 수정하는 데 집착하기 때문이다. 좋은 콘텐츠를 널리 퍼뜨려 공유하게 만드는 업체인 업워디Upworthy[21]에서, 두 명의 직원이 한 편의 비디오에 대한 제목을 만들었다. 그 비디오는 원숭이들이 오이나 포도를 보상으로 받을 때 보이는 반응을 찍은 것이다. 이 영상의 제목을 "혹성탈출을 기억하는가? 현실로 일어날 수도 있다"라고 적었을 때 8,000명이 그 동영상을 보았다. 또 다른 제목은 59배나 더 많은 시청자를 끌어모아 거의 50만 명이 이 동영상을 보았는데, "원숭이 두 마리 사이의 임금 불평등. 그 결과는?"이란 제목이었다.

업워디는 하나의 기발한 제목을 정하기 위해 적어도 25개의 제목을 생각해내야 한다고 한다. 초기의 아이디어로 되돌아가는 행태^{backtracking}를 연구한 자료들을 살펴보면, 독창성이 뛰어난 사람들은 때때로 창의적인 작업 과정의 초반에 참신한 아이디어를 생각하곤 한다. 그러나 우리 같은 일반 사람들의 경우에는 초기에 생각해낸 아이디어일수록 이미 존재하는 것과 가장 비슷할 가능성이 높다. 뻔한 아이디어를 배제하고 나서야,[22] 비로소 보다 희소한 아이디어를 생각해낼 만큼 사고가 자유로워진다. 업워디의 직원들은 다음과 같이 경험을 전한다. "절박해지면, 기존의 틀을 깨고 새로운 생각이 떠오르기 시작한다. 24번째 제목이 진짜 형편없어도, 곧이어 생각해낸 25번째 제목이 당신을 전설적인 인물로 만들지 모른다."

딘 카멘은 세그웨이를 만들 당시 창의적인 작업 과정의 특징인 맹목적 변이^{blind variations}(자연은 맹목적인 시행착오의 과정을 통해 많은 가능성을 만들어내고, 자연도태의 과정을 통해 생존 가능한 종이 결정된다는 것이 다윈의 진화론이다. 천재성도 이처럼 다양한 대안과 추측이 예측 불가능하게 생성된다는 점에서 생물의 진화와 비슷하다는 주장이다. 한마디로 성공과 실패에 상관없이 시도를 일단 해보는 것을 말한다-옮긴이)에 대해 알고 있었다. 자신의 이름으로 출원한 특허만 440개 이상인 그는 그동안 성공한 횟수만큼이나 실패도 많이 했다. 카멘은 자신의 연구 팀원들에게 자주 다음과 같이 말했다. "수없이 많은 개구리에게 입맞춤을 해봐야, 그중에 왕자를 하나 찾아낼 수 있다."

실제로 개구리에게 입 맞추기는 카멘의 신조信條이다. 그는 엔지니어들에게 어느 구름에서 비가 내릴지 모르니 원하는 답을 얻을 확률을 높이려면, 여러 가지 다양한 변형을 시도해보라고 권했다. 하지만 카멘은 발명가들이 자기가 만든 창조물이 결국 개구리가 될지 왕자가 될지 판단하는 능력이 떨어진다는 사실을 잊어버리고, 운송 수단 문제를 해결하기 위한 다른 아이디어들을 생각해내기도 전에 세그웨이로 정해버렸다.

자신의 아이디어를 제대로 판단하는 가장 좋은 방법은 다른 사람들의 의견을 취합하는 방법이다. 아이디어를 대량으로 풀어놓고, 어떤 아이디어가 칭찬을 받고 어떤 아이디어가 채택되는지 눈여겨보라. 수십 년 동안 코미디를 제작한 〈더 데일리 쇼The Daily Show〉의 공동 제작자 리즈 윈스테드Lizz Winstead[23]는 어떻게 해야 사람들을 웃길 수 있는지 아직도 모르겠다고 한다. 그녀는 "필사적으로 농담을 이해하려고 애쓰고 농담을 창작해보고, 무대에 올렸다"라며 지난날을 회상했다. 히트를 친 농담도 있고, 반응이 없는 농담도 있었다. 요즘은 소셜 미디어 덕분에 더 신속하게 반응을 알아볼 수 있다. 윈스테드는 농담이 떠오르면, 그것을 트위터에 올린다. 좀 긴 농담은 페이스북에 올린다. 이때 1분 안에 최소한 25회 리트윗되거나, 페이스북에서 공유되는 횟수가 높으면 그 아이디어를 저장해둔다. 그리고 최종적으로 소셜 미디어에서 가장 인기가 높았던 자료들을 가지고 작업을 한다. 윈스테드는 "트위터와 페이스북은 사람들이 무엇에 관심이 있는지를 판단하는 데 크게 도움을 주었다"라고 말한다.

세그웨이를 개발할 때 딘 카멘은 이런 식으로 제품에 대한 사람들의 반응을 알아보지 않았다. 누군가가 자기의 아이디어를 도용할까 봐 걱정이 되어서, 또는 제품의 기본적인 개념이 너무 일찍 공개될까 봐 두려워서, 그는 철저히 비밀을 유지하라고 단속을 했다. 카멘의 직원들조차 대부분 세그웨이를 개발하고 있는 구역에 출입이 금지되었다. 극소수 잠재적인 투자자들만이 세그웨이를 시승할 기회를 얻었다. 세그웨이를 설계할 때, 카멘의 연구팀은 많은 아이디어를 냈지만 최종 상품을 제대로 만드는 데 필요한 판단을 하기 전에 사용자들의 반응을 충분히 확보하지 않았다. 세그웨이는 소비자가 최종 상품을 보기 전에 서너 차례의 검토 과정을 거쳤을 뿐이다.* 자신의 아이디어에 대한 확신이 위험한 이유는 긍정 오류를 범할 위험에 취약하기 때문이다. 뿐만 아니라 창의성이 최고조에 다다른 작품을 만들기까지 꼭 필요한 다양한 시도를 하는 과정을 생략하게 만들기 때문이다.

---

*여기서 얻어야 할 교훈은 고객들에게 무엇을 원하는지 물어봐야 한다는 것이 아니다. 헨리 포드는 "내가 우리 회사 고객들에게 원하는 것이 무엇이냐고 물었더라면, 그들은 아마 더 빨리 달리는 말이라고 대답했을 것이다"라고 말했다고 한다. 자동차를 만드는 사람들은 먼저 자동차를 만들고, 고객들이 과연 차를 몰고 다닐지를 알아봐야 한다. 즉 고객의 잠재적인 욕구를 알아내고, 《린 스타트업(The Lean Startup)》의 저자 에릭 리스(Eric Ries)가 말하는 최소한의 요건을 갖춘 시제품(minimum viable product)[24]을 만들고, 이 제품을 여러 가지 다양한 방식으로 변형해 테스트해보고 고객의 반응을 취합해야 한다.

그러나 세그웨이에 대해 지나치게 낙관적인 전망을 한 사람들은 카멘과 그의 연구팀뿐만이 아니었다. 스티브 잡스, 제프 베조스, 존 도어 같은 거물들이 세그웨이에 대한 평가를 할 때 어떤 부분에서 헛발질을 한 것일까? 이에 대한 해답을 얻기 위해 우선 수많은 방송사 경영자들과 평가에 참가한 시청자 집단이 〈사인펠드〉의 잠재력을 파악하는 데 실패한 이유를 알아보자.

현상의 포로와 편협한 선호도

〈사인펠드〉의 첫 대본을 받은 방송사 경영진은 황당해서 어떻게 해야 할지 몰랐다. "철저히 관행을 벗어난" 내용이었다고 당시 NBC 경영자였던 워런 리틀필드Warren Littlefield는 말했다. 그는 "TV에서 그와 비슷한 것도 본 적이 없다. 역사적으로 전례가 없었다"라고 말했다.

저스틴 버그가 서커스 공연의 성공 여부를 얼마나 정확하게 예측할 수 있는지를 조사한 연구를 보면, 서커스 경영진은 단원들보다는 더 정확하게 예측을 했지만, 그래도 여전히 제대로 예측해내지는 못했다. 특히 가장 참신한 묘기에 관해서는 더더욱 예측성이 떨어졌다. 경영진은 위험 회피 성향이 높다. 그들은 좋은 아이디어에 재정적인 지원을 하기보다는 시시한 아이디어에 투자하지 않는 것에 더 초점을 맞추기 때문에 부정 오류를 많이 저지른다. 〈사인펠드〉의 최초 평가서를 작성한 사람은 이 작품을 "빈약하다weak"와 "보통moderate" 사이의 수준이라고 평가했다. 그는 보통 쪽으로 기울었지만, 그의 상사가 그의 평가를 일축하고 빈약하다고 등급을 매겼다.

이와 같은 부정 오류는 연예 산업에서 흔하다.[25] 영화 제작 스튜디오 경영자들은 〈스타워즈〉, 〈이티〉, 〈펄프픽션〉 등 수많은 성공작들을 퇴짜를 놓았다. 출판계에서도 《나니아 연대기》, 《안네 프랑크의 일기》, 《바람과 함께 사라지다》, 《파리대왕》, 《해리 포터》 등이 출판사 경영자들의 퇴짜를 받았다. 2015년 현재 J. K. 롤링J. K. Rowling의 저서들만 해도 250억 달러를 벌어들여 세계 연작 소설들 가운데 최고 판매 부수를 기록했다. 게다가 기업 혁신에 관한 연보年報들을 들여다보면, 경영진이 중지하라고 명령한 프로젝트들 가운데 나중에 대대적으로 성공을 거둔 제품들의 이야기로 가득하다. 니치아日亞의 LED 조명에서부터 폰티액Pontiac의 피에로Fiero 자동차, 휴렛팩커드의 정전靜電 디스플레이electrostatic display 등이 그런 제품들이다. 또한 엑스박스Xbox는 마이크로소프트에서 거의 사장될 뻔했다. 제록스Xerox는 비실용적이고 비싸다는 이유로 레이저프린터 생산을 거의 취소할 뻔했다.

불확실성에 직면하게 되면, 우리는 가장 먼저 직관적으로 새로운 것은 거부하게 되고[26] 생소한 개념이 실패할 이유를 찾게 된다. 경영자들의 경우 새로운 아이디어를 심사할 때 평가하는 마음가짐을 갖게 된다. 자칫 실패할 위험으로부터 자신을 보호하기 위해 심사 대상인 새로운 개념을 과거에 성공했던 전형적인 아이디어들과 비교하게 된다. 출판계 경영자들이 《해리 포터》를 퇴짜 놓은 이유는, 어린이들이 읽기에 너무 길다는 것이었다. 브랜든 타티코프는 〈사인펠드〉의 시험 촬영분을 보고는 "너무 유대인 성향이 짙다", "너무 뉴욕풍이 짙다"라며 폭넓은 시청자들에게 다가가지 못할 것이라고 생각했다.

라이스대학교Rice University의 에릭 데인Erik Dane 교수는 사람들이 전문성과 경험이 깊어질수록 세상을 보는 특정한 방식에 매몰된다[27]는 사실을 알아냈다. 데인 교수가 소개한 연구 결과에 따르면, 브리지Bridge 게임의 고수들은 규칙이 바뀌면 바뀐 규칙에 적응하는 데 초보들보다 더 애를 먹는다고 한다. 또한 경험이 많은 회계사들은 기존 규정을 무효화하는 새로운 세법이 적용되면 초보 회계사들보다 일을 더 서투르게 한다는 연구 결과도 있다. 사람들은 특정 분야에서 지식을 쌓으면 이미 존재하는 지식의 포로가 된다.

원칙적으로 시청자들은 경영자들보다 참신한 아이디어에 더 열린 마음을 지녀야 한다. 시청자들은 전문성이라는 눈가리개를 쓰고 있지도 않고, 신선한 유형의 프로그램이나 독특한 아이디어에 대해 열광한다고 해도 손해 볼 것이 없다. 그러나 저스틴 버그의 연구 결과를 보면, 새로운 아이디어의 성공 가능성을 예측하는 것에서는 시청자 평가단도 경영진보다 그리 나을 것이 없다고 나타났다. 시청자 포커스 집단은 경영진과 똑같은 실수를 범하게 되어 있다는 것이다.

사람들은 자기 거실에서 편안하게 TV 프로그램을 볼 때는 이야기에 몰입하게 된다. 시청하는 내내 웃음이 터지면 재미있다고 평가하게 된다. 그러나 포커스 집단의 한 사람으로 프로그램을 보면, 일반 시청자로 시청할 때와는 다른 방식으로 프로그램을 보게 된다. 프로그램을 평가해야 한다는 사실을 의식하기 때문에 자연스럽게 그런 종류의 프로그램은 어떠해야 한다는 선입견을 가지고 평가하게 된다. 시청자 평가단은 〈사인펠드〉의 시험 촬영분을 시청한 후, 〈치어스Cheers〉에서 나타난 동네 사람들끼리의 관계, 〈코스비 가족The Cosby Show〉에서 보여준 가족 구성원들끼리의 역학 관계, 〈외계인 알프ALF〉에서처럼 공감할 수 있는 내용이 그 프로그램에는 없다고 평가했다. 〈사인펠드〉처럼 겉보기에 아무 주제도 없는 TV 쇼에서 결점을 찾아내기란 식은 죽 먹기였다.

워런 리틀필드는 "사실 시험으로 제작한 프로그램은 대부분 시청자 평가단에게 좋은 반응을 얻지 못한다"라고 지적하면서, 그 이유는 "시청자 평가단은 새롭거나 색다른 것에 거부감을 느끼기 때문이다"라고 말했다. 시청자는 경험이 많지 않다. 그들은 세상의 빛을 보지 못하고 편집되어 잘려나간 수많은 참신한 아이디어들을 본 적이 없다. "〈사인펠드〉의 시청자 평가를 계기로, 이제 시청자 평가는 그만해야 한다. 내가 만든 쇼의 운명을 셔먼 오크스Sherman Oaks 같은 로스앤젤레스의 부자 동네에 사는 스무 명의 사람들이 좌지우지한다는 게 말이 안 된다. 난 제대로 된 시청자 평가를 본 적이 없다"라고 코미디언 폴 라이저Paul Reiser는 말한다.

시청자 평가단도 경영진도 창의적인 아이디어를 평가하는 데 적합한 사람들이 아니다. 그들은 부정 오류에 너무 취약하다. 그들은 기존의 아이디어에 너무 매몰되어 있고, 새로운 아이디어에서 어떻게든 꼬투리를 잡아 퇴짜를 놓으려고 한다. 아이디어를 낸 당사자들 역시 제대로 평가하는 데 서투르다. 그들은 자신이 낸 아이디어에 대해 지나치게 긍정적인 평가를 내리기 때문이다. 하지만 예측하는 데 있어서 평가에 능통한 집단이 하나 있다. 바로 아이디어를 낸 사람들의 동료 집단이다. 저스틴 버그의 서커스 공연에 관한 연구를 보면, 공연 비디오가 호응을 얻을지, 공유될지, 재정적 지원을 받게 될지 가장 정확하게 예측한 사람들은 동료 서커스 단원들이었다.

직접 공연한 서커스 단원들끼리는 서로 평가했을 때 공연 비디오가 소셜 미디어로 공유될 빈도를 예측하는 데 시청자 평가단과 경영진보다 두 배 정확했다. 서커스 단원들과 비교해볼 때 경영진과 시청자 평가단은 부정 오류를 범하는 확률이 각각 56퍼센트와 55퍼센트 더 높게 나타났다. 그리고 평가 대상인 열 개의 공연 가운데 참신하고 뛰어난 공연을 다섯 단계나 낮게 평가했다.

우리는 집단지성이라는 말을 많이들 하는데, 여기서 말하는 집단이란 어떤 집단인지를 잘 헤아려봐야 한다. 연구 결과 120명의 경영자들의 예측을 모두 합해도, 평균적인 단원 한 사람의 예측보다 낮지 않았다. 경영자들과 시청자 평가단은 특정 부류의 공연을 선호하고 나머지는 퇴짜를 놓았다. 서커스 단원들은 색다른 공연들에 훨씬 열린 생각을 지니고 평가했다. 그들은 공중곡예와 지상곡예를 한 동료 단원들에게서 잠재력을 찾아냈을 뿐만 아니라, 역량이 뛰어난 저글러^{juggler}와 무언극 배우들에게서도 잠재력을 발견했다.[*]

---

*경영자들, 시청자 평가단, 서커스 단원들 모두가 반감을 보인 서커스 공연이 있었는데, 바로 어릿광대 공연이었다. 〈사인펠드〉의 한 에피소드에서 어릿광대는 어린이들뿐만 아니라 성인도 공포감을 느끼는 대상이라는 주제를 다룬 바 있는데, 바로 이런 현실을 반영한 것이다.

아이디어를 낸 당사자는 자신이 직접 아이디어를 평가하거나 경영자들의 평가를 구하지 말고, 자신과 같은 분야에 종사하는 동료들로부터 더 많이 의견을 구해야 한다. 동료들은 경영자들이나 시청자 평가단처럼 위험을 회피하는 성향이 강하지 않다. 그들은 생소한 아이디어에서 잠재력을 발견하는 데 훨씬 열린 자세를 지니고 있고, 따라서 부정 오류를 저지를 가능성이 낮다. 게다가 동료들은 아이디어를 낸 사람의 아이디어 성공 여부와 특별한 이해관계가 없기 때문에, 충분히 객관적인 거리를 두고 솔직한 평가를 하고 긍정 오류를 방지하는 보호막이 되어줄 수 있다.

이 연구 결과를 보면 많은 공연자들이 관중의 호응을 받기를 바라기는 하지만, 동료들의 찬사를 훨씬 갈망하는 이유를 알 수 있다. 코미디언들은 동료 코미디언을 웃게 만드는 일이 가장 큰 영예라고 종종 말한다. 마술사들은 관객을 속이면서 희열을 느끼지만, 동료 마술사들을 어리둥절하게 만드는 것이 인생의 목표이기도 하다. 일반적인 관점에서 이런 현상을 설명하자면 지위 추구 행위라고 할 수 있다. 우리는 동료 집단처럼 우리와 비슷한 위치에 있는 사람들의 인정을 받고 싶어하는 경향이 있다. 그렇지만 버그의 연구 결과를 보면, 사람들이 동료 집단의 평가에 신경을 쓰는 또 한 가지 이유는, 동료 집단이 가장 믿을 만한 평가를 내려주기 때문이다.

사람들은 새로운 아이디어를 평가할 때, 아이디어를 낸 당사자와 비슷한 사고를 하기 때문에 부정 오류를 피하는 데 능하다. 일련의 실험에서 버그는 1,000여 명의 성인에게 여러 가지 참신한 상품들의 시장성을 예측하도록 했다. 그중에는 3D 이미지 프로젝터, 자연 지형을 모방하여 만든 바닥 시스템, 자동 침대정리기 등 실용적인 아이디어도 있었고, 피크닉을 망치는 주범인 개미를 퇴치하는 전류가 흐르는 식탁보처럼 실용성이 덜한 제품도 있었다. 나머지 상품들은 전자레인지에 음식을 데울 때 쓰는 휴대용 용기부터, 손을 쓰지 않고 수건을 운반할 수 있는 기계까지 실용성이 다양한 평범한 아이디어 제품들이었다.

버그는 사람들이 평범한 제품을 선호하지 않고, 참신하고 유용한 아이디어를 정확하게 식별해낼 가능성을 높여주고 싶었다. 이에 버그는 실험 참가자들을 무작위로 두 집단으로 나누고, 한 집단에게는 6분의 시간을 주고 신제품의 성공 여부를 평가하는 세 가지 기준을 만들게 함으로써 경영진처럼 생각하게 했다. 이 집단이 색다르고 유용한 제품의 시장성을 정확히 맞출 확률은 51퍼센트로 나타났다. 한편 두 번째 집단은 성공 가능성이 있는 제품을 정확히 맞출 확률이 77퍼센트로 나타났다. 주어진 6분의 시간을 조금 다르게 사용하도록 만듦으로써 이런 결과가 나왔다. 두 번째 집단은 경영자들의 사고방식으로 제품을 평가하지 않고, 스스로 새로운 아이디어를 생각해내는 데 6분을 사용하게 함으로써 창의적인 사고를 할 수 있었다. 스스로 독창적인 아이디어를 생각해내는 데 6분을 사용하는 방법만으로도, 두 번째 집단은 새로운 것에 대해 열린 생각을 하게 되었고, 낯선 아이디어의 잠재력을 식별하는 능력이 향상되었다.

이러한 연구 결과를 보고 경영자들도 독창적인 아이디어를 직접 내는 경험을 하면, 참신한 아이디어를 식별해내는 능력을 향상시킬 수 있으리라 생각할지도 모른다. 그러나 버그의 서커스 연구 자료를 보면, 전직 단원이었다가 경영자가 된 사람들이 그렇지 않은 경영자들보다 월등히 예측을 잘하지도 못했다. 순전히 공연만 한 단원들이 여전히 가장 예측을 잘한다는 결과가 나왔다. 단원으로서 경험이 있어도, 일단 경영자가 되면 부정 오류를 범하기 쉬운 경영자 사고에 빠지지 않을 수 없다. 버그는 이런 사실을 실험으로 증명했다. 버그는 사람들에게 제품 아이디어를 내게 한 뒤, 평가 기준 목록을 만들게 했다. 그리고 그들이 낸 아이디어의 성공 가능성을 실제 평가단에게 평가하도록 했다. 이렇게 아이디어 고안자로서 생각하게 한 뒤, 경영자 역할을 하게 했더니 예측 정확도가 41퍼센트로 떨어졌다.

버그는 순서를 바꿔서 실험을 했다. 즉 사람들에게 평가 기준 목록을 먼저 만들고 나서, 아이디어를 내게 했다. 그랬더니 그들의 예측 정확도가 65퍼센트로 올라갔다. 가장 독창적인 아이디어를 예측하는 확률을 높이려면, 다른 사람들의 아이디어를 평가하기 전에 자기 아이디어를 내야 한다. 〈사인펠드〉가 세상의 빛을 보게 된 이유도 이 점을 통해 설명된다.

경험은 양날의 칼

시청자 평가단이 〈사인펠드〉의 시험 촬영분을 혹평하자, 경영자였던 워런 리틀필드는 "심장에 비수가 꽂힌" 느낌이 들었다고 회상했다. 그는 "평가단에게 그렇게 혹평을 받은 작품의 방송을 추진하기가 두려웠다"고 말했다. 이 시트콤에 방영 기회를 주자고 할 만한 사람들은 동료 코미디 작가들이겠지만, 순수한 작가들 중에는 영향력 있는 인물이 없었다. 그래서 차선책으로 생각한 사람이 릭 루드윈^{Rick Ludwin}이었는데, 그가 결국 이 시트콤을 전파를 타게 만들었다.

이후 루드윈은 제이 레노^{Jay Leno}를 무대에 등단시키는 데 성공하고, 코넌 오브라이언^{Conan O'Brien}을 기용함으로써 연달아 공을 세웠다. 또한 루드윈은 방영 초기에 시청률이 그리 높지 않았던 시트콤 〈오피스^{The Office}〉를 계속 방영해야 한다고 주장했다. 하지만 루드윈의 가장 큰 업적은 역시 〈사인펠드〉의 시험 촬영분을 재정적으로 지원한 점이다.

당시 루드윈은 코미디 분야에는 관여하지 않고, 버라이어티와 특집 프로그램을 담당하고 있었다. 〈사인펠드〉 시험 촬영분에 대한 반응이 시원치 않았지만, 그는 기회를 한 번 더 줘야겠다고 판단했다. 루드윈은 아직 어떤 프로그램을 편성할지 확정되지 않은 시간대의 몇 시간을 할애해 30분 단위로 나누고, 특집 프로그램 제작비로 〈사인펠드〉의 추가 제작을 지원했다. "내가 알기로 〈사인펠드〉는 TV 쇼로서는 가장 최소한의 분량만 제작했다"라고 루드윈은 말했다. 훗날 제리 사인펠드^{Jerry Seinfeld}는 6회 분량만 제작한다는 말에 "따귀를 맞은 것처럼 치욕적이었다"라고 말했다. 심지어 NBC는 딱 4회 분량만 제작하라고 했다.

1982년 스티브 잡스는 "혁신적인 일을 하려면,[28] 다른 사람들과 똑같은 경험을 해서는 안 된다"라고 말했다. 시트콤 외의 분야에서 일한 경력이 루드윈의 경우 가장 큰 장점이었을지도 모른다. 루드윈은 "대본을 쓴 래리Larry David와 제리는 시트콤을 써본 적이 없었고, 나는 시트콤을 제작해본 적이 없었다"라고 회상했다. "우리는 찰떡궁합이었다. 시트콤을 만들 때, 깨지 말아야 할 불문율이 뭔지조차도 몰랐다"라고 그는 말했다.

루드윈은 시트콤에 문외한이었기 때문에 시트콤의 전형적인 형식에 매몰되지 않고 뭔가 색다른 것을 추구할 수 있었다. 시트콤은 대부분 한 회가 22분으로 몇 개의 연속되는 장면으로 구성되었고, 한 회에서 이야기가 깔끔하게 마무리되었다. 〈사인펠드〉는 등장인물들 간의 갈등이 해결되지 않은 채 끝나는 회가 종종 있었고, 한 회 장면 수도 20여 개로 꽉 채워졌다. 시트콤 분야에서만 경력을 쌓은 사람이라면 이런 방식이 거슬릴 수도 있었겠지만, 특집 프로그램마다 다른 형식을 이용해 만든 사람에게는 아무 거리낌 없이 시도해볼 수 있는 형식이었다.

동시에 루드윈은 코미디 프로그램을 만드는 데 꼭 필요한 경험도 해본 사람이었다. 그는 1970년대에 프로듀서로 일하면서, 밥 호프Bob Hope에게 우스갯소리를 써서 팔아본 경험이 있었고, 낮 시간대 버라이어티쇼에서 코미디 장면이 포함된 부분을 제작해본 적도 있었다. "코미디 작가들과 어울리는 것은 마치 상상 속의 야구 캠프에 가는 느낌이다. 타석에 들어서기 전까지는 자신만만하다. 그런데 막상 타석에 들어서면 야구공을 치는 것은 고사하고, 공이 보이지도 않는다. 나는 내 실력이 그들과 견줄 바가 되지 않는다는 사실을 알고 있었지만, 적어도 그들과 말은 통했다"라고 루드윈은 회상한다.

사람들은 특정 분야에 대해 보통 정도의 전문성이 있을 때 과감하고 창의적인 아이디어에 가장 열린 사고를 지니게 된다. 코미디계 깊숙히 몸을 담가 본 루드윈은 유머를 보는 전문성을 갖추게 되었다. 동시에 그는 시트콤 외의 분야에서 폭넓은 경험을 했기 때문에, 시트콤을 기존 방식과는 다른 방법으로 전달하는 가능성을 외면하지 않을 수 있었다. 루드윈은 시트콤이 성공하는 데 필요한 공식을 협소하게 해석하지 않고, 보편적인 관점에서 성공적인 코미디를 만드는 것에 관해 폭넓게 연구했다. 루드윈은 다음과 같이 말했다.

어느 쪽에서 홈런 공이 날아올지 모른다. 전혀 예상하지 못한 엉뚱한 곳에서 공이 날아올 수도 있다. "저 프로듀서는 경험이 짧으니 될 리가 없다"라거나 또는 "저런 아이디어가 먹힌 적이 없다"라고 생각하는 것과 같이, 머릿속이 그런 장애물로 꽉 막혀 있다면 뭔가 놓치게 된다. 내게 가장 유리했던 점은 황금시간대의 시트콤을 만들어본 적이 없다는 점이었다. 그래서 색다르고 정도를 벗어난 아이디어에 익숙한 편이었다. 하지만 어떤 아이디어가 먹히고, 어떤 아이디어는 안 먹히는지 구분할 안목은 있었다. 〈새터데이 나이트 라이브Saturday Night Live〉 대본을 읽으면서, 나는 색다른 줄거리에 훨씬 열린 자세를 지니게 되었고, 바로 그런 점 덕분에 〈사인펠드〉가 전설적인 시트콤이 되었다.

예술적인 취미	여느 과학자와 비교했을 때 노벨상 수상자가 다음의 취미를 지닐 확률
음악(악기 연주, 작곡, 지휘)	2배
미술(스케치, 유화, 판화, 조각)	7배
공예(목공, 기계, 전기, 유리)	7.5배
글쓰기(시, 희곡, 소설, 단편, 에세이, 대중서)	12배
공연(아마추어 배우, 무용수, 마술사)	22배

심층적인 경험과 폭넓은 경험이라는 독특한 조합은 창의력을 갖추는 데 반드시 필요한 요소이다. 1901년부터 2005년까지 노벨상을 수상한 과학자들과 그들과 같은 시대에 활동한 여느 과학자들을 비교한 연구[29]를 보면, 노벨상 수상자들 집단과 그렇지 않은 과학자들 집단 모두 자기 분야에서 깊은 전문성을 갖추고 있었다. 하지만 노벨상 수상 과학자들은 노벨상을 수상하지 않은 과학자들보다 예술 활동에 관여하는 확률이 훨씬 높았다. 미시간 주립대학교의 연구팀이 노벨상 수상자들과 그 밖의 과학자들이 예술 활동을 하는 확률을 비교한 연구 결과를 간략히 나타내면 위 표와 같다.

수천 명의 미국인들을 대상으로 실시한 어느 대표적인 연구[30]에서도 기업가와 발명가들의 경우 위와 비슷한 결과를 보였다. 창업을 하거나 특허출원을 한 사람들은 스케치, 유화, 건축, 조각, 문학 등과 관련된 취미생활을 하는 확률이 동료 집단보다 높았다.

기업가, 발명가, 뛰어난 과학자들이 예술에 흥미를 보인다는 사실은 그들이 호기심이 많고 재능이 뛰어나다는 증거이다. 과학과 사업을 새로운 시각으로 보는 열린 생각을 지닌 사람들은 영상, 소리, 언어를 통해 생각과 감정을 표현하는 행위에 매료되는 경향이 높다.* 그러나 예술 활동은 단순히 독창적인 사고를 하는 사람들의 호기심을 충족시키는 데 그치지 않고 자신의 전문 영역에서 창의력을 발휘하는 강력한 원동력이 되어준다.

갈릴레오 갈릴레이Galileo Galilei가 달에 산이 있다는 놀라운 발견을 했을 때, 그가 사용한 망원경은 그의 발견을 뒷받침해줄 만큼 달을 확대해서 보여줄 수 없었다. 그는 달의 밝은 부분과 어두운 부분을 구분해주는 갈지자 형태를 보고, 달에도 산이 있다는 사실을 알아냈다. 당시 여느 천문학자들도 비슷한 망원경으로 관찰했지만, 오직 갈릴레오만 "달의 밝은 부분과 어두운 부분의 의미를 파악할 수 있었다"[31] 라고 딘 사이먼튼은 지적한다. 갈릴레오는 물리학과 천문학에서 깊은 전문성을 갖추었지만, 유화와 스케치도 즐겼기 때문에 경험의 폭이 넓었다. 갈릴레오는 명암대조법chiaroscuro이라는 회화 기법을 잘 알고 있었기 때문에 다른 과학자들은 보지 못한 산을 볼 수 있었다.

---

*예술에 대해 관심을 갖는 것과 가장 큰 연관성이 있는 개인의 특성은 개방성, 즉 지적, 미적, 감성적인 활동을 할 때 다양성과 참신성을 추구하는 경향이다. 심리학자 로버트 맥크레(Robert McCrae)는 51개 문화권에서 수십 가지 질문을 해서 얻은 자료를 분석한 결과, 개방성을 가장 잘 예측해주는 지표는 다음 질문에 동의하는지 여부였다. "시를 읽거나 예술 작품을 보면, 가끔 소름이 돋거나 흥분감[32]이 밀려온다." 미국에서부터 일본, 브라질, 노르웨이에 이르기까지 전 세계적으로 가장 열린 생각을 가진 사람들은 예술 작품을 감상하거나, 아름다운 음악을 들을 때 미적인 전율(소름이 돋거나 오싹해지는 느낌)을 경험한다. 찰스 다윈(Charles Darwin)도 "나는 음악에 열광하게 되었다. 성가를 들으면 등골이 오싹해진다[33]"라고 말한 바 있다.

과학자, 기업가, 발명가들이 예술 활동을 함으로써 경험의 폭을 넓혀 참신한 아이디어를 발견하듯이, 우리도 다양한 문화와 접합으로써 경험의 폭을 넓힐 수 있다. 창의성이 뛰어난 성인들을 대상으로 한 연구[34]를 보면, 그들은 어린 시절 동료 집단보다 훨씬 자주 이사를 다닌 경향이 있으며, 이를 통해 다양한 문화와 가치관을 접하고 유연한 사고와 적응력을 길렀다고 나타났다.

최근 프레데릭 고다르Frédéric Godart 교수가 이끄는 연구팀이 해외에서 보낸 시간[35]과 창의성의 관계를 조사한 연구를 내놓았다. 이 연구팀은 패션 산업을 중심으로 21번 시즌에 걸쳐 수백 개의 패션 업체들이 발표한 컬렉션의 창의성을 바이어buyer와 패션 비평가들이 어떻게 평가했는지를 추적했다. 연구팀은 조르지오 아르마니, 도나 카란, 칼 라거펠트, 도나텔라 베르사체, 베라 왕과 같은 패션계 아이콘들의 해외 경험을 추적하는 등 크리에이티브 디렉터들의 경력을 살펴보았다.

가장 창의적인 컬렉션은 해외에서 가장 큰 경험을 한 크리에이티브 디렉터들이 일하고 있는 패션 업체에서 나왔지만, 여기에는 세 가지 반전이 있다.

첫째, 그들이 해외에서 거주한 시간은 중요하지 않았다. 해외에서 근무한 시간이 중요했다. 즉 외국에서 디자인 활동에 적극적으로 관여했는지 여부가 새 컬렉션의 성공 여부를 가늠하는 지표가 되었다. 가장 창의적인 컬렉션은 두세 나라에서 근무한 경험이 있는 디렉터들로부터 나왔다.

둘째, 크리에이티브 디렉터들이 근무한 외국의 문화가 자신의 모국

문화와 다를수록 해외의 근무 경험이 창의력에 큰 영향을 미쳤다. 미국인은 한국이나 일본에서 근무한 경우와 비교해볼 때, 그들이 캐나다에서 근무하면서 얻은 것은 별로 없었다.

그러나 다양한 문화권에 속한 여러 나라에서 근무했다는 사실만으로는 충분하지 않았다. 가장 중요한 세 번째 요소는 심층적인 경험, 즉 해외 근무를 얼마나 오래 했는지 여부였다. 크리에이티브 디렉터들에게 단기 근무는 거의 도움이 되지 않았다. 디렉터들이 외국 문화에서 얻은 새로운 아이디어를 소화해서, 그것을 자신이 본래 지니고 있던 시각과 통합할 만한 충분한 시간이 없었기 때문이다. 연구 결과, 디렉터들이 35년 동안 해외에서 근무한 경우 가장 높은 창의성을 보여주었다.

릭 루드윈의 경험도 이 연구 결과의 연장선상에 있다. 루드윈은 10년 넘게 다양한 코미디 대본을 쓰면서 깊은 경험을 쌓았다. 그리고 그가 버라이어티 쇼, 특집 프로그램, 낮 시간대와 심야 토크쇼 등에서 쌓은 경력은, 크리에이티브 디렉터들이 아주 이질적인 여러 나라에서 근무한 경험과 동등하다고 볼 수 있다.

루드윈은 여러 가지 다양한 TV 형식들을 두루 섭렵했기 때문에, 다른 사람들은 의심쩍어하는 작품에서 가능성을 엿보았다. 루드윈은 〈사인펠드〉의 제작과 방송 승인을 받자 종영될 때까지 이 시트콤을 총괄했고, 자신처럼 내부자·외부자 시각을 모두 갖춘 작가들을 기용했다. 루드윈이 기용한 작가들은 거의 대부분 심야 프로그램 제작에 관여한 경험이 있었고, 〈사인펠드〉를 맡기 전에는 시트콤 대본을 써본 경험이 없었기 때문에 "색다른 아이디어를 창출하고 받아들이는 데 전혀 문제가 되지 않았다."[*]

직관의 폐해 : 스티브 잡스의 오판

세그웨이에 처음 발을 딛고 올라선 스티브 잡스는 그 기계에서 내려오려고 하지 않았다. 딘 카멘이 다른 잠재적 투자자들도 시승을 해봐야 한다고 말하고 나서야, 잡스는 마지못해 세그웨이를 다른 사람에게 넘겨줬다. 하지만 잡스는 금세 끼어들어 다시 세그웨이를 탔다. 잡스는 카멘을 저녁식사에 초대했다. 스티브 켐퍼Steve Kemper 기자에 따르면, 잡스는 "세그웨이는 PC에 버금갈 만큼 독창적이고, 사람들의 마음을 사로잡을 상품[37]이기 때문에, 내가 세그웨이 생산에 반드시 관여해야 한다"라고 생각했다.

잡스는 체계적인 분석보다는 직관에 의존해 큰 투자 결정을 하는 것으로 정평이 나 있었다. 소프트웨어나 하드웨어 투자에서는 수없이 옳

---

[*] 다양한 경험[36]은 정말로 독창성을 길러줄까? 아니면 애초에 독창적인 사람들이 다양한 경험을 추구하는 것일까? 패션 업체에서 가장 독창적인 크리에이티브 디렉터들은 가장 긴 기간 동안 새로운 문화권에 자신을 몰입시켰다. 그것이 전부는 아니겠지만, 다양한 경험이 창의성을 북돋워준다는 증거들이 있다. 사람들은 지식의 기반을 다양화하면, 독창적인 생각을 시도하고 색다른 지식을 구할 가능성이 높아진다. 사람들은 낯선 문화권에서 살았던 시절을 떠올리면 창의성이 증가하고, 두 가지 언어를 구사하는 사람이 하나의 언어밖에 구사하지 못하는 사람보다 더 창의적인 경향이 있다는 연구 결과도 있다. 한 실험에서 유럽계 미국인들에게 미국과 중국 두 문화가 융합된 45분짜리 슬라이드 쇼를 보여주었더니, 미국 문화나 중국 문화 한 가지만 습득한 동료 집단에 비해 터키 어린이를 위한 신데렐라 동화를 훨씬 창의적으로 썼다.

은 판단을 내렸던 잡스가 세그웨이에 관해서는 오판을 내린 이유는 무엇일까? 잡스가 세그웨이의 잠재력을 과신한 세 가지 요인이 있다. 첫째 해당 분야에 대한 경험이 전무했고, 둘째 오만했으며, 셋째 흥분해서 들떠 있었다.

우선 경험에 관해 살펴보자. NBC 경영진은 전통적인 시트콤의 공식에 너무 매몰되어 있어서 〈사인펠드〉가 지닌 파격적인 천재성을 간파하지 못한 반면, 세그웨이의 초기 투자자들은 정반대의 문제를 안고 있었다. 바로 교통수단에 대한 지식이 부족했다. 잡스는 디지털 분야의 전문가였고, 제프 베조스는 전자상거래의 달인이었으며, 존 도어는 선마이크로시스템스Sun Microsystems, 넷스케이프Netscape, 아마존, 구글과 같은 인터넷 기업과 소프트웨어에 투자해 재산을 축적한 전문투자자였다. 그들은 모두 각자 자기 분야에서 독창적인 인물들이었지만, 특정 분야에서 창의성을 증명했다고 해서 다른 분야에서도 성공을 예측하는 귀재가 되지는 않는다. 참신한 아이디어의 성공 여부를 정확히 예측하려면, 판단 대상인 분야에서 창의성을 증명해본 사람이 가장 적합하다.

에릭 데인 교수의 새로운 연구를 보면 그 이유를 알 수 있다. 사람들은 자신이 경험을 많이 쌓은 분야에서만 직관이 정확히 맞는다.[38] 한 실험에서 사람들에게 명품 가방 열 개를 보여주고 진품인지 모조품인지 맞춰보게 했다. 실험 참가자의 절반에게는 5초밖에 주어지지 않았기 때문에 직관에 의지해서 판단해야 했다. 나머지 절반의 참가자들에게는 30초가 주어졌으므로 가방을 살펴보고 분석할 시간적 여유가 있었다. 데인의 연구팀은 실험 참가자들이 핸드백에 대해 얼마나 경험이 있는지도 측정했다. 참가자들 중에는 코치Coach나 루이뷔통Louis Vuitton 핸드백을 세 개 이상 가지고 있는 사람도 있었고, 명품 가방을 만져본 적도 없는 사람도 있었다.

명품 가방을 몇 개 갖고 있는 사람들은 가방을 살펴볼 시간이 짧을수록 진품 여부를 더 정확히 판단했다. 명품 가방을 가져본 경험이 있는 사람들은 주어진 시간이 30초인 경우보다 5초인 경우에 진품 여부를 22퍼센트 더 정확히 판단했다. 명품 가방을 살펴본 경험이 몇 년 정도 되는 사람들은 시간을 갖고 분석했을 때보다 직관적으로 판단했을 때 더욱 정확한 판단을 했다. 무의식적인 사고가 유형 인식pattern recognition을 능가하기 때문이다. 곰곰이 생각할 시간적 여유가 있으면, 나무는 보지만 숲을 보지 못하기가 쉽다.

그러나 명품 가방에 대해 문외한인 사람에게 직관은 도움이 되지 않는다. 낯선 물건에 대해 한 발 물러서서 찬찬히 평가해야 한다. 비전문가는 철저한 분석을 할 경우에 더 적절한 판단을 내린다. 잡스가 세그웨이가 세상을 바꿀 것이라는 직감이 들었을 때, 그는 사실 그 물건의 유용성을 찬찬히 분석했다고 하기보다는 신기한 물건에 즉흥적으로 매료되었을 뿐이다. 창의성에 대한 세계적 권위자인 하버드대학교 교수 테레사 애머빌Teresa Amabile은 어떤 발명이 독창성이 있으려면, 새로워야 할 뿐만 아니라 실용적이어야 한다고 말한다. 눈에 보이지 않는 바이트byte와 비트bit가 지배하는 디지털 분야에 평생을 바친 잡스는, 다음 세대에서는 대혁신이 운송 수단 분야에서 일어날지 모른다는 가능성에 매료되었다. 세그웨이는 기계공학의 놀라운 성과였고, 이를 시승해보는 것은 신나는 경험이었다. 세그웨이에 올라서니 "마치 마법의 양탄자를 탄 것 같았다. 세상을 탈바꿈시킬 상품이었다"라고 (딘 카멘을 존 도어에게 소개해 준) 기업가정신 전문가인 하버드대학교 교수 빌 살먼Bill Sahlman은 말한다. 그리고 그는 다음과 같이 덧붙였다. "그러나 상품이 가치를 창출하는 것은 아니다. 가치는 고객이 창출한다."

운송 수단 분야에서 문외한인 사람들은 세그웨이가 정말 실용성이 있는지를 알아보기 위해서 철저한 분석을 했어야 했다. 세그웨이와 관련해 우려를 표명한 몇몇 투자자들 가운데 한 사람이 에일린 리Aileen Lee 였는데, 그녀는 당시 벤처투자 회사 클라이너퍼킨스Kleiner Perkins의 존 도어 밑에서 어소시에이트 파트너associate partner로 일하고 있었다. 그녀는 세그웨이의 용도에 대해 의문을 던졌다. 어떻게 잠가 두어야 하지? 장을 본 물건들을 어디에 싣지? 실용적인 면에서 그녀가 품고 있던 가장 큰 우려는 가격이었다. "보통 사람에게 5,000~8,000달러는 큰돈이다"라고 그녀는 말했다. 그녀는 돌이켜보니, "그때 내 의견을 더 강력하게 피력했어야 했다. '우리가 잘못 생각하고 있다'고 말이다"라고 말했다.

세그웨이에 대해 일찍이 회의적인 생각을 품었던 또 한 사람은 랜디 코미사Randy Komisar이다. 그는 기업가로서의 경력 외에도, 애플의 법률 자문, 루카스아츠 엔터테인먼트LucasArts Entertainment의 CEO, 티보TiVo의 창립 이사회 이사를 지냈다. "나는 기업가 입장에서 생각을 했다. 그 사람들보다 더 똑똑하다고 생각하지 않는다. 하지만 나는 그들과 다른 시각으로 그 상품을 바라보았다. 그들은 천재적인 기술, 전례 없는 참신한 기술을 보았다고 생각한다. 그날 세그웨이에 시승했을 때, 스스로 균형을 잡고 돌아다니는 바퀴 두 개짜리 물건에 올라탄 그 기분은 정말 마법 같았다"라고 코미사는 회상한다. 그는 세그웨이에 대한 "첫인상은 '경이로움'이었다. 자, 그런데도 왜 나는 그 상품이 성공하리라는 확신이 들지 않았을까?"라고 말했다.

코미사가 면밀하게 시장을 분석해보니, 세그웨이는 자동차를 대체하는 것이 아니라 도보나 자전거 대용이 될 것 같았다. 그는 세그웨이를 평범한 소비자를 위한 상품으로 보지 않았다. "두 발 달린 사람이라면 누구든 세그웨이를 보면 감탄은 하겠지만, 그렇게 제한적인 가치를 가진 상품에 엄청나게 비싼 대가를 지불하고 지금까지 살아온 생활방식을 크게 변화시키려 하지는 않으리라고 생각했다"라고 코미사는 설명한다. 보행자 도로에서 사용해도 된다는 허가가 난다고 해도(당시 그 부분은 아직 결정되지 않은 상태였다), 또 가격 부담이 줄어든다고 해도, 몇 년은 걸려야 소비자들을 구매하도록 설득할 수 있었을 것이다. 그래서 코미사는 골프장, 우편배달부, 경찰청, 디즈니랜드 같은 놀이공원에서 유용하게 쓰일 가능성에 집중하자고 제안했다. 그는 "그런 용도로 쓰이면 비용에 비해 효용가치가 높을 수도 있고, 세그웨이의 장점이 부각될지 모른다고 생각했다"라고 말했다. 하지만 당시 코미사는 계속 심각한 회의가 들었다며, 다음과 같이 회고했다.

나는 여전히 소비자 입장에서는 매우 부담스러운 비용을 지불하고, 지금까지의 행동을 상당히 변화시켜야 하는 제품으로 여길 것이라고 생각했다. 우편배달부의 생산성을 향상시켜줄지도 분명하지 않았고, 생산성 향상이 우편 당국이 추구하는 목표인지도 알 수 없었다. 우편 당국은 노조와의 계약에 발이 묶여 있었으니 말이다. 골프장에서는 사람들이 하루 종일 전동 카트를 몰고 다닌다. 그 사람들이 왜 카트를 세그웨이로 대체하겠는가?

한편 잡스는 자신의 직관을 포기하지 않았다. 그는 "이 장치를 많은 사람들이 보게 되기만 하면, 이걸 타고 시내를 돌아다니게끔 설득할 필요도 없다. 사람들은 똑똑하다. 분명히 성공한다"라고 장담했다.

노벨상을 수상한 심리학자 대니얼 카너먼Daniel Kahneman과 결정에 관한 전문가인 게리 클라인Gary Klein의 설명에 따르면, 사람들이 예측 가능한 환경에서 판단을 하는 경험을 축적했을 때만이 직관을 신뢰할 만하다.[39] 의사가 환자의 증상을 진단하고, 소방관이 불이 난 건물에 뛰어들 때, 그들이 그동안 축적한 경험이 있기 때문에 직관의 정확성이 더 높아진다. 예전에 본 적이 있는 유형과 오늘 마주치게 된 유형 사이에는 안정적이고 굳건한 관계가 형성되어 있다. 그러나 증권중개인이나 정치평론가에게는 과거의 사건들이 현재를 진단하는 데 신뢰할 만한 지표가 되지 못한다. 카너먼과 클라인은 물리학자, 회계사, 보험분석가, 체스 장인들에게는 과거의 경험이 도움이 된다는 증거를 발견했다. 이들은 인과관계가 상당히 일관성 있게 지속되는 분야에 종사하기 때문이다. 그러나 입학사정관admissions officer, 판사, 정보분석가, 정신과의사, 증권중개인은 경험의 덕을 보지 못하는 것으로 나타났다. 변화무쌍한 세상에서는 경험에서 얻은 지식에 의존하면 엉뚱한 방향으로 나아가기가 쉽다. 게다가 변화 속도는 점점 빨라지기 때문에, 우리가 처한 환경은 갈수록 예측 불가능해진다. 그로 인해 새로운 아이디어를 판단하는 기준으로서 직관의 신뢰도는 떨어지고 분석의 비중이 훨씬 높아진다.

잡스는 운송 수단이라는 분야에서 축적된 경험이 없었는데도, 왜 그렇게 자신의 직관을 확신했을까? 여기서 우리는 두 번째 요인을 찾을 수 있다. 코미사는 "성공하면 오만해진다"라고 설명한다. 코미사는 누군가가 세그웨이의 상품성에 대해 강력하게 우려를 표명했다면 "잡스는 아마 다음과 같이 말했을지 모른다. '당신이 뭘 안다고 멍청하기 짝이 없군'이라고 말이다"라고 했다.

운송 산업과 항공 산업에 관한 연구 결과는 코미사의 주장을 뒷받침해준다. 과거에 성공을 거둔 사람일수록[40] 자신이 성공한 상황과 전혀 다른 상황에 처하면 업무 수행 능력이 떨어진다. 그런 사람들은 너무 자신만만해서 자신이 성공했던 상황과 전혀 다른 상황인데도, 다른 사람들의 비판적인 의견을 수용할 가능성이 낮다. 잡스도 이런 성공의 덫에 갇혔다. 과거에 잡스가 하는 일에 부정적이었던 사람들이 틀렸음을 증명해온 이력 때문에, 그는 관련 분야의 지식을 지닌 창의적인 사람들에게 의견을 충분히 구해 자신의 직관이 맞는지 확인해보려고도 하지 않았다. 게다가 투자설명회에서 딘 카멘이 제품을 설명하는 스타일에 매료된 잡스는 더욱더 자신의 직관이 옳다는 생각을 굳히게 되었다.

열정이라는 함정

딘 카멘은 세그웨이 투자설명회에서 중국과 인도 같은 개발도상국들이 해마다 뉴욕 크기의 도시들을 대거 건설하고 있다고 열변을 토했다. 그리고 이런 도시들의 도심은 자동차로 꽉 막히게 되고, 이는 환경에 부정적인 영향을 미친다고 했다. 카멘은 세그웨이가 이런 문제를 해결해줄 것이라고 말했다. "그는 대단했다. 기술력에 경륜에 열정까지 겸비한 그의 설명회는 사람들을 매료시켰다"라고 에일린 리는 회상한다.

노스이스턴대학교Northeastern University에서 기업가정신을 가르치는 셰릴 미트니스Cheryl Mitteness 교수팀은 한 연구에서 엔젤투자자 수십 명[41]에게 창업가들의 설명회 3,500건을 평가하고 투자할지 여부를 결정하도록 했다. 그리고 투자자들에게 투자를 결정할 때 직관과 분석 중 어느 쪽에 더 의존하는지 설문조사를 한 후, 각 창업 회사의 투자 가치를 평가하도록 했다. 그 결과, 직관에 의존하는 투자자들일수록 창업자의 열정에 설득당할 확률이 높게 나타났다.

대니얼 카너먼이 그의 저서《생각에 관한 생각Thinking, Fast and Slow》에서 설명한 바와 같이, 직관은 격앙된 감정을 기반으로 작동하는 반면[42], 이성은 훨씬 점진적이고 냉정한 과정을 거친다. 직관적인 투자자들은 창업가의 열정에 매료되는 경향이 높다. 한편 분석적인 투자자들은 사실에 집중하고, 사업의 타당성에 대해 냉정한 판단을 내릴 가능성이 훨씬 높다. 잡스는 직관에 의존하는 유형이었기 때문에 카멘의 열정과 기술의 참신함에 매료될 가능성이 높았다. 게다가 잡스의 오만함과 운송

업에서 문외한이라는 점도 그를 긍정 오류에 취약하게 만들었다.

사람들은 참신한 아이디어가 성공할지 여부를 평가할 때, 그 아이디어를 낸 사람의 열정에 쉽게 매료된다. 구글의 경영자인 에릭 슈미트 Eric Schmidt와 조너선 로젠버그 Jonathan Rosenberg의 말을 빌리자면, "진정으로 열정적인 사람들[43]은 열정을 겉으로 드러내지 않는다. 열정을 가슴속에 간직한다." 아이디어가 결실을 맺도록 하려는 열정은 사람들의 감정으로 표현되는 것이 아니다. 말과 어투와 몸짓으로 나타나는 열정은 우리가 내적으로 경험하는 열정을 반영하는 것이 아니라 단순히 말하는 능력과 성격을 반영한다. 이를테면 외향적인 사람이 내성적인 사람보다 훨씬 표현이 풍부하다는 연구 결과가 있는데, 이는 외향적인 사람들이 훨씬 더 열정을 겉으로 드러내 보인다는 뜻이다. 그러나 외향적인지 내성적인지 여부는 기업가로서 성공할지 여부와 아무런 관계가 없다. 자신의 아이디어를 정말 아끼고 반드시 성공해야겠다는 결의가 강하다고 해도, 여전히 그런 마음을 표현할 때는 절제된 방식으로 하는 사람들도 있다.

그렇다고 열정이 기업가로서의 성공과 무관하다는 뜻은 아니다. 열정적인 기업가들이 자신의 벤처 회사를 더 빨리 더 성공적으로 키운다는 증거는 많다. 세그웨이의 경우는, 카멘이 자신의 아이디어를 발명품에서 그치지 않고 실용화시키겠다는 열정이 부족했다. 투자자들은 세그웨이라는 신기술을 발명했다는 카멘의 흥분감에 덩달아 부화뇌동하는 대신에, 기업을 일구고 상품을 시장에 판매하는 데 성공하고야 말겠다는 열정이 카멘에게 있는지 여부를 평가했어야 했다. 그리고 그렇게 하기 위해서는 카멘이 하는 말에 집중할 것이 아니라 그의 행동을 면밀히 분석했어야 했다.

카멘의 이력을 면밀히 살펴본 랜디 코미사는 카멘이 기업가이기보다는 발명가라는 결론을 내렸다. 과거에 카멘이 만든 가장 성공적인 발명품은 주로 문제를 해결해달라는 고객의 의뢰를 받고 만든 물건들이었다. 1970년대에 의사인 카멘의 형이 자동적으로 공급되어야 할 약품을 간호사들이 손수 배달해야 하고, 환자들은 집에서 받을 수도 있는 약품을 병원까지 와서 받느라 병원에 꼼짝없이 있어야 한다고 하소연하자, 카멘은 휴대용 약품 주입 펌프를 발명했다. 1980년대에는 백스터 의료기관Baxter Healthcare이 당뇨환자들의 신장투석기를 좀 더 정교하게 만들어달라는 의뢰를 하자, 카멘은 휴대용 신장투석기를 발명했다. 카멘은 다른 사람들이 제기한 문제의 해결책을 찾는 데는 뛰어났지만, 풀어야 할 문제를 찾는 데는 그다지 재주가 없었다. 세그웨이의 경우, 카멘은 먼저 해결책을 찾은 후에 비로소 그 해결책이 쓰일 문제를 찾아 나섰다. 그는 시장의 요구를 충족시키는 시장 견인market pull 전략이 아니라, 일방적으로 만든 신기술을 시장에 공급하는 기술 주도technology push 전략을 밀어붙이는 실수를 했다(시장 견인 전략은 소비자가 원하는 것이 무엇인지를 파악해 그 욕구를 충족시키는 제품을 만들어 시장에 내놓는 전략으로 시장 중심의 전략이다. 기술 주도 전략은 기업이 기술 중심으로 전략을 세워 제품을 만들어 시장에 일방적으로 공급하는 전략을 말한다―옮긴이).

카멘은 세그웨이 기술에 대해 열정적이었지만, 그 기술을 성공적으로 시장성 있는 상품으로 만드는 실행력이 부족했다. 좋은 아이디어를 선별하는 능력을 키우려면, 그 아이디어를 낸 사람이 과거에 성공했는지 여부가 아니라 어떤 식으로 성공했는지를 잘 살펴봐야 한다. "딘 카멘을 보면, 과거에 혁신적인 의료 기구를 발명한 이력이 있는 뛰어난 발명가이고, 그런 제품을 함께 만들었던 사람들이 여전히 그와 같이 일하고 있다"라고 에일린은 말한다. "하지만 실제로 제품을 만들 때는 일상적인 실행 능력과 비용 효율이 높은 상품을 만드는 능력이 중요하다"라고 그녀는 덧붙인다. 카멘은 그런 경험이 없었다. 빌 살먼은 "중요한 것은 아이디어가 아니라 실행 능력이다"라고 말했다.

독창적인 아이디어를 지닌 사람이 그 아이디어를 실행하는 데 성공할지 여부를 예측하려면, 아이디어를 낸 당사자가 자신의 아이디어에 대해 얼마나 열정이 있는지보다는 그들의 행동을 통해 얼마나 실행 의지가 강한지를 중점적으로 살펴봐야 한다. 릭 루드윈이 제리 사인펠드와 래리 데이비드에게 기회를 주기로 결심한 이유는, 두 사람이 대본을 설명할 때 열정적이었기 때문이 아니다. 그들이 새로운 개념의 시트콤에 대해 진정으로 열광하며 흥분했기 때문도 아니다. 루드윈이 두 사람에게 기회를 준 이유는, 그들에게서 끊임없이 대본을 다듬고 수정하고 제대로 만들려는 열정을 보았기 때문이다. "그들은 배우들이 대본 리허설을 하기 전날이면, 밤늦도록 작가실에서 머리를 맞대고 2막을 어떻게 고칠지 고민할 그런 친구들이었다. 제리는 일에 있어서 빈틈이 없고 철저했다. 바로 그런 열정이 있는지 알아내는 것이 중요하다"라고 루드윈은 말한다.

아이디어 선별에 필요한 시력 교정 렌즈

와비파커에 투자하지 않기로 했던 나는 엄청난 부정 오류를 범한 셈이다. 아이디어 선별에 대한 연구 자료들을 읽고 나서, 나는 내가 지닌 한 가지 한계를 곧 인식하게 되었다. 즉 나는 그 분야에서 창의적인 아이디어를 낸 적도 없고, 고객으로서 구매한 적도 없었다는 사실이다. 처음에는 내가 와비파커의 성공을 예측하는 데 실패한 이유가 나의 말짱한 시력 때문이라고 생각했다. 안경을 써본 적이 없는 사람은, 안경을 쓰는 사람들이 무엇을 원하는지 파악하기가 매우 어렵다. 그러나 돌이켜보니 내게 가장 부족했던 것은 폭넓은 식견이었다. 보통 검안사 optometrist들이 시력을 측정해주면, 고객은 안경점에 직접 찾아가서 안경테를 고르고 안경을 맞춘다. 나는 그런 안경점에 공급하는 안경이 주된 수입원인 한 안경 제조업체의 의뢰를 받아, 조사와 컨설팅을 2년 동안 해준 경험이 있다. 당시 나의 사고는 안경이 판매되고 구매되는 기존 방식에 매몰되어 있었다. 와비파커의 창업 계획을 듣기 전에 나 스스로 아이디어를 내본 적이 있었더라면, 또는 의류, 액세서리들이 온라인으로 어떻게 매매되는지 조사를 했었더라면, 좀 더 열린 사고로 와비파커의 창업 계획을 평가했을지도 모른다.

　네 명의 와비파커 창업자들은 이런 맹점이 없었다.[44] 그들은 깊은 경험과 폭넓은 경험을 고루 갖추었다. 그들 중 세 사람은 안경을 썼고, 생물공학, 의료기관, 컨설팅, 금융계에서 경험을 쌓았다. 그들 중 한 명인 데이브 길보아는 휴대전화 없이 몇 달 동안 해외여행을 하면서 안경을 잃어버렸다. 미국에 돌아와서 휴대전화와 안경을 한꺼번에 사야 하는 상황에 놓이게 되면서, 그는 새로운 시각으로 문제를 바라보게 되었다. 닐 블루멘털은 안경을 쓰지는 않았지만, 아시아, 아프리카, 라틴아메리카에서 여성들의 창업을 돕는 비영리 활동을 하면서 5년을 보낸 경험이 있었다. 그런데 닐이 여성들에게 판매 방법을 가르친 상품이 바로 안경이었다. 그 경험을 통해 닐은 안경 산업에 대한 깊은 지식을 얻게 되었다. 통상적인 안경의 유통 경로를 벗어난 폭넓은 경험을 통해 그는 신선한 접근 방식을 채택할 수 있었다. 닐은 내게 이렇게 말했다. "독창성이 내부자에게서 나오는 경우는 아주 드물어요. 특히 안경 산업처럼 폐쇄적이고 부침이 없는 산업은 더더욱 그렇죠."

네 명의 창업자들이 다양한 경험을 했기 때문에, 와비파커는 기존 방법에 얽매이지 않았고, 평가하려는 사고방식의 제약을 받지 않았다. 그들은 딘 카멘처럼 자신의 아이디어가 성공하리라고 맹신하고 잘 팔릴 것이라고 장담하지도 않았고, 우선 동료 창업자들과 잠재적인 고객들에게서 폭넓게 의견을 구했다. 그들은 보통 500달러에 팔리는 안경을 소매상 중개인을 배제하고, 45달러에 팔기로 했다. 그들은 마케팅 전문가로부터 앞으로 사업비용이 증가하고, 가격은 품질을 보증하는 지표로 여겨진다는 경고를 받았다. 그래서 그들은 모의 상품 화면을 만들어서 무작위로 고객들을 노출시키고, 각기 다른 가격에 안경을 구매하도록 하고 설문조사를 했다. 그 결과 실제로 구매할 확률은 100달러까지는 증가하다가 증가세가 정체되더니, 더 높은 가격에서는 구매할 확률이 떨어진다는 것을 파악했다. 그리고 그들은 웹사이트를 다양하게 디자인해서 친구들에게 보여주고, 어느 사이트가 가장 조회수가 많고 가장 신뢰를 주는지 알아보았다.

다른 안경 회사들도 곧 안경을 온라인 판매할 예정이었으므로 네 사람은 자신들의 회사가 성공하려면 브랜드가 관건이라는 점을 깨달았다. 그들은 6개월 동안 아이디어를 내고 2,000여 개의 회사 이름 후보 자료를 구축했다. 그들은 가장 마음에 드는 회사 이름을 가지고 설문 조사와 포커스 집단 조사를 했고, 잭 케루악의 작품에서 영감을 얻어 만든 '와비파커'가 가장 세련되고 독특하며 부정적인 연상을 불러일으키지 않는다는 결과를 얻었다. 그러고 나서야 네 사람은 비로소 열정적으로 계획을 실행하기 시작했다.

와비파커가 성공한 비결은, 그들이 아이디어를 평가할 때 동료들의 의견을 구했다는 점이다. 2014년 그들은 와블스^{Warbles}라는 프로그램을 만들어, 직원이라면 누구든지 필요한 신기술이나 제안을 제출하도록 했다. 와블스를 도입하기 전에는 분기당 10건 내지 20건 정도의 제안이 제출되었다. 그런데 새 프로그램을 도입하자, 제출된 아이디어 수가 거의 400건으로 껑충 뛰었다. 직원들이 아이디어 선정 과정이 공정하다는 믿음이 생겼기 때문이다. 이렇게 제출된 한 아이디어 덕분에 와비파커는 소매 판매 방식을 대대적으로 수정하게 되었다. 새로운 예약 방식을 도입하는 데 공헌한 아이디어도 이런 방식으로 나왔다. 와비파커의 최고기술경영자^{CTO}인 론 바인더^{Lon Binder}는 "닐과 데이브는 정말로 뛰어난 사람들이다. 하지만 200여 명의 직원들을 합한 것만큼 뛰어나지는 않다"라고 말했다.

아이디어에 대한 접근을 제한하고, 추진하고 실행할 아이디어를 선정하는 일을 경영진에게만 맡기지 않고, 와비파커는 아이디어 제안을 구글 도큐먼트Google document로 완전히 투명하게 공개했다. 회사 직원이면 누구든지 그 자료를 읽고 온라인으로 댓글을 남기고, 격주로 열리는 회의에서 의논을 할 수 있었다. 저스틴 버그가 제안한 대로, 아이디어 평가에 경영진뿐만 아니라 혁신적인 아이디어에 훨씬 열린 사고를 지닌 아이디어를 내는 동료들도 참여했다. 이런 방법을 통해 직원들은 시간을 들여 스스로 아이디어를 내면서, 자신의 동료들이 내는 아이디어를 제대로 평가하는 능력도 향상되었다.

기술팀은 대개 제안을 검토하고 흥미로운 아이디어는 직접 시도해볼 수 있는 재량권이 있다. 그것이 민주주의적인 방식 같지만, 반전이 숨어 있다. 어떤 제안이 회사의 전략적인 우선순위에 부합하는지에 대해 직원들에게 어느 정도 지침이 되라는 뜻에서, 경영진은 제안마다 표결을 해서 유망한 제안에는 표를 던지고 그렇지 않은 제안은 탈락시킨다. 부정 오류와 긍정 오류를 범하지 않기 위해서 투표 결과에 대한 구속력은 없도록 한다. 이때 기술팀은 경영진에게서 표를 많이 얻지 못한 제안이라도, 개선해서 가치를 높일 재량권이 있다. 와비파커 사례를 연구한 응용심리학자 렙 레벨Reb Rebele은 "와비파커의 기술팀은 뭔가를 제작할 때 경영진의 허락이 떨어지길 기다릴 필요가 없다"라고 말했다. "하지만 동료들과 고객들에게 완성품을 소개하기 전에 동료들로부터 의견을 수렴한다. 시작은 신속하게 하지만, 그다음부터는 천천히 신중하게 진행한다"라고 레벨은 덧붙였다.

세그웨이도 와블스 같은 과정을 거쳤다면, 훨씬 더 많은 비판적인 의견들이 취합되어서 결국은 세그웨이를 제작하지 않기로 결정하든가, 아니면 훨씬 쓸모 있는 디자인이 나왔을지도 모른다. 그러면 딘 카멘은 늦기 전에 그 기술을 더 실용적으로 만들든지, 또는 그 기술을 실용적으로 만들 수 있는 사람에게 기술 사용 허가를 내주었을지도 모른다.

세그웨이는 실패했지만, 그래도 카멘은 여전히 뛰어난 발명가이다. 제프 베조스는 여전히 혜안을 지닌 기업가이고, 존 도어는 여전히 노련한 투자가이다. 새로운 아이디어를 직접 창출하든 평가하든 최선의 방법은 야구 타자들을 타율로 평가하듯이 아이디어의 성공을 측정하는 방법밖에 없다. 랜디 코미사가 말했듯이, "타율 3할이면 천재다. 미래는 예측 불가능하기 때문이다. 이 점을 빨리 터득할수록 실력은 더 빨리 늘어난다."

카멘은 그 후로 처음에 명성을 날렸던 의료 분야로 돌아가서 새로운 발명을 끊임없이 했다. 그중에는 로봇 첨단기술을 이용해서 상이傷痍군인이나 팔이 절단된 사람들이 포도 알을 집고, 핸드드릴 같은 공구를 작동할 수 있게 해주는 의수義手도 있다. 이 의수는 영화 〈스타워즈〉에서 스카이워커Skywalker가 생체공학적인 팔을 얻게 되는 장면에서 이름을 따와 '루크Luke'라는 별명으로 불린다. 또한 발전도 하고 물도 데울 뿐만 아니라 소음도 없고 연료 효율도 높은 기계인 새로운 스털링 엔진Stirling engine도 발명했다. 이 엔진은 슬링샷Slingshot 정수기에 전력을 공급하는 데 쓰이는데, 이 정수기는 어떤 물도 증류해서 식수로 만들 수 있고 여과기도 필요 없으며, 연료로 소똥을 쓸 수도 있다. 카멘은 랜디 코미사에게 슬링샷 제품에 대해 설명하면서 다시 원점으로 되돌아왔다. 이번에도 코미사는 회의적이다. 배낭을 메고 개발도상 지역을 두루 둘러본 경험이 있는 코미사는 그 기계가 전기나 상하수도가 미비한 지역에 설치하기에는 너무 복잡하다고 생각했다. 그 정수기가 고장이 나면 고물 더미 위에 던져질 것이 분명했다. 코미사의 예측이 정확할지, 부정 오류로 판명될지는 아직 두고 볼 일이다.

발명가로서[45] 카멘이 할 수 있는 최선의 방법은, 새로운 아이디어를 무작정 낸 다음에 동료 발명가들로부터 의견을 구하고 나서, 어떤 아이디어가 실용성이 있는지를 식별해내는 능력을 더 연마하는 일이다. 투자자라면 어떤 아이디어가 실용적인지 더 분명히 보이겠지만, 그래도 한쪽 눈을 가린 채 도박을 하는 셈이다. 투자자라면 하나의 아이디어에 승부를 걸기보다는 카멘의 발명품 전체의 포트폴리오에 승부를 거는 것이 가장 현명하다.

2013년 한 해에만 미국에서 30만 건의 특허가 출원되었다. 그중에 세상을 바꿀 만한 발명이 나올 확률은 미미하다. 개인 발명가들의 성공률은 평생 동안 창출한 아이디어를 모두 고려할 때 훨씬 높아진다. 우리는 발명가들의 위대함을 평가할 때, 평균 성적이 아니라 전성기의 최고 성적에 초점을 맞추는 경향이 있다.

3장

위험을
무릅쓰다[1]

"위인은 항상 범인(凡人)의 반대에 부딪혀왔다."
—앨버트 아인슈타인Albert Einstein[2]

진언(進言)하기

1990년대 초, 승승장구하던 미국 중앙정보국^{CIA} 분석가 카멘 메디나 Carmen Medina는 3년 임기로 서유럽으로 발령이 났다. 임기를 마치고 귀국한 그녀는 자신이 미국을 떠나 있는 동안 승진에 뒤처졌다는 사실을 깨달았다. 자신의 재능과 야망에 맞지 않는 자리를 전전하던 그녀는 조직에 기여할 수 있는 다른 방법을 모색했다. 이에 그녀는 정보 조직의 미래를 논의하는 실무 조직의 회의에 참석하기 시작했다.

CIA에서 근무하는 동안 메디나는 정보 조직 내의 소통 방식에 근본적인 문제가 있다는 사실을 깨달았다. 기존 체계는 '완성된 정보 보고서finished intelligence reports'를 통해 정보를 공유하는 방식이었다. 그런데 완성된 정보 보고서들은 하루에 한 번 배포되었고, 서로 다른 정보 조직들 간에 정보를 조율하기가 어려웠다. 정보분석가들은 보고서가 작성될 때에는 의견을 교환할 방법이 없었다. 정보란 끊임없이 변하는데, 필수적인 정보가 그 정보를 제대로 이용할 사람에게 전달되는 데는 시간이 너무 오래 걸렸다. 사람의 목숨과 국가 안보가 위태로울 때는 일분일초가 소중하기 때문이다. 결국 각 기관이 자체적으로 매일 신문을 발행하는 셈이었다. 메디나는 정보기관들이 실시간으로 최신 정보를 공유할 수 있는, 지금과는 전혀 다른 체계가 필요하다고 느꼈다. 각 기관의 정보의 벽을 허물고 신속하게 소통하기 위해서는 파격적인 소통 방법이 필요했다. 그래서 메디나는 인쇄물로 정보를 교환하는 대신에, 정보 조직들의 비밀 인터넷인 인텔링크Intelink를 통해 정보를 입수하는 즉시 실시간으로 배포하자고 제안했다.

그러나 그녀의 동료들은 그녀의 제안을 일거에 묵살했다. 메디나가 한 제안은 과거에 시도조차 해본 적 없는 방법이었기 때문이다. 인터넷은 국가 안보의 기반이 아니라 국가 안보를 위협하는 요소라고, 그녀의 동료들은 주장했다. 그들은 정보활동을 은밀하게 하는 데는 그만한 이유가 있다고 주장했다. 현 체제하에서는 인쇄된 자료가 그 자료를 반드시 봐야 하는 사람에게만 확실히 전달될 수 있다고 했다. 전자통신은 그 점에서 안전하지 않다고 말했다. 정보가 엉뚱한 사람 손에 들어가면 모두가 위험에 빠진다고 했다.

메디나는 물러서지 않았다. 정보의 미래를 논하는 것이 실무 조직의 목적인데, 이 모임에서조차 진실을 말할 수 없다면, 어디서 제안을 할 수 있겠는가? 팩스기가 통신 방식에 일대 변화를 가져와서 보다 효율적으로 정보를 공유할 수 있게끔 만들었듯이, 디지털 혁명도 결국 정보 분야에 지각변동을 일으키리라고 그녀는 확신했다. 메디나는 CIA가 미국 연방수사국[FBI]이나 국가안보회의[NSA, National Security Agency]와 같은 다른 기관들과 인터넷 플랫폼을 이용해 정보를 주고받을 수 있게 해야 한다고 끊임없이 주장했다.

이와 같이 메디나는 계속 자신의 의견을 끈질기게 피력했지만 아무도 그녀의 말을 들어주지 않았다. 메디나의 한 선배는 그녀에게 경고까지 했다. "실무 조직 내에서 자네 의견을 말할 때는 조심하도록 하게. 지나치게 솔직하게 자네 생각을 개진하면, 승진은 물 건너가게 되네." 머지않아 그녀의 친한 친구들까지도 그녀를 가까이하기 꺼리기 시작했다. 자신의 의견을 존중해주지 않는 분위기에 넌더리가 난 그녀는 결국 동료와 고성이 오가는 설전을 벌인 뒤, 사흘 병가를 내고 다른 직장을 찾기 시작했다.

그러나 메디나는 새 일자리를 찾지 못했고, 결국 정보활동과는 거리가 먼 사무직으로 밀려났다. 그 자리는 CIA에서 그녀가 맡을 수 있는 유일한 자리였다. 그러한 좌절을 겪으면서 그녀는 3년 정도 묵묵히 지냈다. 그러나 온라인을 통해[3] 실시간으로 지속적으로 정보기관들 간에 정보를 공유해야 한다고 다시 목소리를 내기 시작했다.

그로부터 10년이 채 안 되어 메디나는 정보기관들끼리 서로 정보를 교환할 수 있는 내부자용 위키피디아[Wikipedia]인 인텔리피디아[Intellipedia]라는 플랫폼을 만드는 데 핵심적인 역할을 하게 되었다. 이 새로운 방식은 기존 CIA 규범과는 너무도 배치되는 체계였다. 이에 이 상황을 지켜본 한 사람은 다음과 같이 말했다. "바비큐 천국인 텍사스 주에서 채식을 권장하라는 명령을 받은 것 같았다."

2008년 인텔리피디아[4]는 정보기관들이 베이징올림픽의 보안 체계를 구축하고, 뭄바이 습격의 배후 세력인 테러리스트들을 밝혀내는 등 폭넓은 정보활동을 수행하는 데 핵심적인 역할을 했다. 몇 년 만에 인텔리피디아에는 정보 관련 기관에서 일하는 50만여 명이 가입했고, 저장된 정보가 100만 페이지에 달하며, 630만 조회수를 기록했다. CIA는 이 정보 공유 체계 덕분에 미국의 국가안보훈장을 받았다. 어느 고위 간부는 다음과 같이 말했다. "CIA가 이룬 업적은 대단하다. 그동안 수백만 달러를 쏟아부어서 만든 수많은 프로그램이 하지 못한 일을 거의 하룻밤 사이에 한 푼도 안 들이고 해낸 셈이다."

메디나가 처음에 직언을 했을 때는 왜 실패했고, 그 후로 그녀가 무엇을 깨닫고 어떻게 했기에 똑같은 아이디어를 두 번째로 제안했을 때는 동료들이 그녀의 주장에 귀를 기울였을까? 그 사이에 세상이 변했기 때문이다. 인터넷이 널리 쓰이게 되었고, 9·11테러는 정보기관들 사이에 더욱 긴밀한 협조가 필요하다는 경각심을 불러일으켰다. 그러나 메디나가 CIA 정보부 부국장으로 승진하여 인텔리피디아를 뒷받침할 권한을 얻게 되어서야 비로소 온라인 해결책이 생겨났다. 그 지위를 얻기 위해 그녀는 이전과 다르게 의사소통하는 방법을 터득해야 했다. 신뢰를 잃기보다는 신뢰를 얻을 수 있는 방식으로 말하는 방법 말이다.

살다보면 누구든지 말도 안 되는 기존 정책에 반기를 들고 새로운 방법을 제시하거나, 불이익을 받는 집단을 위해 맞서는 등 소수 의견을 내려는 생각을 해본 적이 있을 것이다. 3장에서는 자신의 경력과 인간관계를 훼손하지 않고도, 자신의 의견을 적절한 시기에 효과적으로 피력하는 방법을 알아보도록 하겠다. 자기주장을 하기에 적합한 때는 언제이고, 다른 사람들이 나의 의견에 귀를 기울이게 하려면 어떤 조치를 취해야 할까? 이를 위해 카멘 메디나가 성공한 비결을 파헤쳐보자. 그리고 창업설명회에서 자신의 기업을 소개할 때 기존 방식과는 정반대의 방식을 선택한 한 기업가의 사례와, 스티브 잡스에게 맞선 한 관리자의 사례도 알아보겠다. 가장 든든한 지원을 해준 경영진이 때때로 가장 지원에 인색한 이유와, 주장을 하는 사람의 성별과 인종이 그 주장이 받아들여지는 데 미치는 영향, 내 모습을 찍은 사진 중에서 가장 내 마음에 드는 내 사진은 왜 내 친구들을 찍은 사진 중에서 가장 내 마음에 드는 친구 사진과 정반대인지 이유도 알아보겠다.

이런 논의를 통해 자신의 의견을 피력하는 데 따르는 위험을 줄이고, 이득을 볼 수 있는 방법을 알아보도록 하자.

권력은 지위로부터 나온다

주도적으로 업무 지원을 하고, 인간관계를 구축하고, 새로운 지식을 얻고, 다른 사람들의 의견을 구하는 직원들을 지도자와 경영진은 존중한다. 그러나 딱 한 가지 다음의 행동을 하는 직원에게는 불이익을 준다. 바로 대담하게 소신을 말하는 직원이다. 제조업, 서비스, 소매, 비영리조직 등을 망라한 한 연구에서 2년의 기간에 걸쳐 조사한 결과 고위층에 자기 의견이나 우려를 자주 표명하는 직원일수록 연봉이 인상되거나, 승진이 될 가능성이 낮은 것[5]으로 나타났다. 개인들이 인종차별에 반대하는 의견을 피력했더니, 묵묵히 있던 사람들은 의견을 낸 사람들을 독선적[6]이라고 비판했다는 실험 결과도 있다. 즉 옳다고 주장할수록 소외되기 쉽다는 말이다.

카멘 메디나가 어떤 장애물에 직면했는지 알아보기 위해서는, 일반적으로 함께 묶여서 인식되는 사회적 위계질서의 두 가지 측면을 구분할 필요가 있다. 바로 권력과 지위이다. 권력이란 타인을 대상으로 통제력이나 권위를 행사하는 것이다. 지위는 그 위치에 있음으로써 타인의 존중과 선망을 받는 것이다. 노스캐롤라이나대학교 앨리슨 프레게일Alison Fragale 교수팀이 행한 한 실험을 보면, 지위가 없는데 권한을 행사하려는[7] 사람들은 처벌을 받게 된다는 결과가 나왔다. 타인의 존중을 받지 못하는 사람이 영향력을 행사하려고 하면, 다른 사람들은 그 사람을 까다롭고 억지를 부리고 이기적이라고 생각했다. 지위가 없는데 영향력을 행사하려는 사람을 보면, 사람들은 그 사람이 자신의 존중을 받을 만한 행동을 한 적이 없기 때문에, 자신에게 이래라저래라 할 자격이 없다고 생각하고 저항한다. 메디나가 바로 이런 경우였다. 해외에서 수년을 근무한 그녀에게는 지위가 없었다. 메디나는 동료들에게 자신의 능력을 입증해 보일 기회가 없었기 때문에 아무도 그녀의 아이디어를 신뢰하지 않았다. 동료들이 그녀의 의견을 일축해버리자,

그녀는 점점 좌절감이 깊어졌다.

우리가 다른 사람들에게 영향을 주려고 하는데 다른 사람들이 나를 존중하지 않으면 분노하게 되고, 그렇게 분노하면 다른 사람들에게 더욱 무시당하는 악순환을 겪게 된다. 그러면 우리는 권위를 행사하려고 점점 더 경멸스러운 행동을 하는 반응을 보인다. 이러한 악순환을 가장 극명하게 보여주는 한 실험을 소개하겠다. 실험 참가자들을 두 사람씩 짝짓게 한 뒤, 무작위로 둘 중 한 사람에게 다른 사람이 실행할 과제를 선택할 권한을 주고, 과제를 달성한 상대방에게 50달러의 보너스를 주게 했다. 이때 권한을 쥔 사람들은 자신의 동료가 자신을 존중한다는 사실을 깨달았을 때, 가장 합리적인 과제를 선택했다. 권한을 쥔 사람들은 50달러를 받고 과제를 수행할 상대에게 우스갯소리를 하거나, 전날 겪은 일을 적어보라고 했다. 그러나 권한을 쥔 사람들이 상대방이 자신을 업신여긴다는 사실을 알게 되었을 경우는, 세 차례 개처럼 짖으라든가, 다섯 차례 "난 더럽다"라고 말하게 한다든가, 500에서부터 거꾸로 7씩 뺀 숫자를 말하라고 하는 등 상대방이 수치감을 느끼게 만드는 과제를 줘서 보복을 했다. 단지 다른 사람들이 자신을 존중하지 않는다는 사실을 알게 되었을 뿐인데도, 다른 사람들을 모욕하는 방식으로 권한을 행사하는[8] 확률이 두 배나 높은 것으로 나타났다.

메디나는 그런 지경까지는 이르지 않았다. 하지만 그녀가 계속 자기주장을 내세우면서, 지위 없이 권한을 행사하려고 하자 동료들은 점점 더 부정적인 반응을 보였다. 지위는 주장한다고 얻어지는 것이 아니라 다른 사람들의 인정을 받아야 생긴다.

수년 후 메디나가 다시 자기주장을 하게 되었을 때는, 밑에서부터 체계를 뒤흔들려고 함으로써 자신의 경력을 위험에 빠뜨리지 않았다. 그 대신 그녀는 기존 체제의 일부로서 안으로부터의 변화를 추구함으로써 동료들로부터 지위를 인정받았다. 전설적인 영화 제작자 프랜시스 포드 코폴라Francis Ford Coppola[9]가 지적한 바와 같이, "권한은 단순히 기존 체제에 도전해서 얻어지지 않는다. 일단 기존 체제 내에서 지위를 확보한 후에, 기존 체제에 도전하고 뒤엎어야 얻어진다."

메디나가 다시 한 번 자신의 아이디어를 피력하겠다는 위험한 선택을 했을 때, 그녀는 일단 정보 보안과 관련된 자리에 지원함으로써 자신의 위험 포트폴리오를 안전하게 만들었다. 그녀의 주된 임무는 정보를 안전하게 관리하는 일이었다. "평소 같았으면 선택하지 않았을 일이었다. 지극히 관행적인 일이었다"라면서 그녀는 다음과 같이 회고한다.

우리가 발행하는 정보 문서들을 안전하게 관리하는 일과 관련된 부수적인 일을 하는 것은 신바람이 나지 않았다. 그러나 그 역할을 수행하면서, 작게나마 정작 내가 해야 할 일을 하는 데 도움이 되었다. 직접적인 방식이 실패하자, 나는 본능적으로 간접적인 방식으로 시도해야 한다는 사실을 깨달았다. 내가 해야 할 일들 가운데 가장 우선순위가 낮은 일이, 우리 조직에서 안전하게 관리하고자 하는 정보들을 디지털화하는 방법을 모색하는 일이었다. 겉으로 보기에는 매우 관행적인 일을 하는 자리였다. 그 일은 내 위험 포트폴리오를 안정적으로 관리하게 해주었다.

몇 년 전에 메디나가 인터넷으로 정보를 공유하자는 의견을 냈을 때, 동료들은 그녀가 주장하는 방법은 정보 보안을 위협한다고 여겼다. 그러나 이제 그녀는 그런 주장을 보안 업무의 일환으로 프레임을 바꿨다. 메디나는 다음과 같이 말한다. "동료들은 나를 단순히 현 체제에 맞서는 사람이 아니라 체제를 지키려는 사람으로 보기 시작했다. 내가 지금 이 자리에서 제 역할을 하고 있음을 증명해보이면, 훨씬 더 큰 변화를 가져올 씨앗을 뿌릴 기회를 얻게 되리라고 생각했다."

메디나는 자신의 역할을 충실히 수행해 동료들의 존중을 받게 되자, 심리학자 에드윈 홀랜더Edwin Hollander가 말하는 괴짜 점수idiosyncrasy cred-its[10], 즉 집단의 기대에서 이탈할 수 있는 재량권을 얻었다. 괴짜 점수는 지위를 통해 얻는 것이 아니라 동료들의 인정을 받아야 생긴다. 기여도에 따라 결정된다. 우리는 현 상태에 도전하려는 말단 직원은 묵살해버리지만, 그럴 만한 지위를 얻은 사람이 독창적인 언행을 하면 관용을 베풀거나 심지어 찬사를 보내기도 한다.

실비아 벨레자Silvia Bellezza는 최근 한 실험에서 사람들에게 명문 대학의 남성 교수들의 등급을 매기게 했다. 이 실험에서 사람들은 넥타이를 매고 면도를 깔끔하게 한 교수들보다, 티셔츠를 입고 턱수염을 기른 교수들의 지위와 능력을 14퍼센트 높게 평가했다.[11] 교수들은 대부분 평범한 옷차림을 하고 규범을 따르지 않으면 대가를 치러야 한다. 하지만 그런 관행을 타파하는 데 성공한 사람들은 자기 마음대로 할 괴짜 점수를 얻었다는 인상을 주게 된다.

메디나는 정보 보안과 관련된 직책을 맡게 된 후 수년 동안 디지털 분야에서 중요한 업적을 쌓는 데 공을 들였다. CIA의 업무 추진에 도움이 되는 일을 함으로써, 그녀는 정보 공유에 관한 자신의 생각을 주장할 수 있는 괴짜 점수를 얻었다. 그리고 그녀는 조직의 간부급으로 승진했다. 2005년 CIA 내 서로 다른 부서에서 분석가로 일하던 숀 데니히Sean Dennehy와 돈 버크Don Burke는 의기투합해서 인텔리피디아를 만들어냈다. 정보기관들이 접속해서 정보를 공유할 수 있는, 이를테면 기밀 정보 공유판 위키피디아라고 할 수 있다. 많은 관리자들은 정보기관들끼리 정보를 공유하는 데 인터넷 정보 공유망이 제 역할을 할지 의구심을 품고 있었다. "정보 조직에서 이런 방법을 실행하는 일은, 사람들에게 당신의 부모가 당신을 잘못 키웠다고 말하는 것과 다름없다"라고 데니히는 털어놓았다.

두 사람은 이 일을 추진하는 단계마다 묵살을 당하다가, 그동안 CIA 내에서 기존 체제에 반기를 들 저항 세력을 조용히 구축해온 카멘 메디나를 알게 되었다. 메디나는 아직 초기 단계인 두 사람의 아이디어에 고위 관리자로서 든든한 지원군이 되어주었다. 그리고 비밀을 기반으로 구축된 CIA의 조직문화에 개방 체제라는 새로운 개념을 도입할 여지를 확보해주었다.

메디나에게는 이제 권한이 있었기 때문에, 자신의 의견을 표출하면 불이익을 받을까 우려할 필요가 없게 되었다. 하지만 그녀가 그런 권한을 행사할 지위를 얻기 위해서는 기존 의사소통 방식을 바꿔야 했다. 이러한 메디나의 전략의 전환은 다음에서 설명할 가장 해괴한 창업설명회와 일맥상통하는 점이 있다.

단점을 내세우기: 사릭 효과

루퍼스 그리스컴Rufus Griscom과 알리사 볼크먼Alisa Volkman은 첫아이를 낳고 나서, 부모의 역할에 대해 잘못된 광고와 조언이 난무한다는 사실에 경악했다. 그래서 그들은 부모의 역할에 대해 만연하고 있는 진부한 정보를 타파하고 유머를 섞어 냉엄한 현실을 알리기 위해 〈배블Babble〉이라는 온라인 잡지를 창간했다. 2009년 그리스컴은 벤처 투자자들을 대상으로 투자설명회를 할 때, 기업가들이 그동안 해온 방식과 정반대의 방식을 사용했다. 그리스컴은 자기 기업에 투자해서는 안 되는 다섯 가지 이유를 담은 슬라이드를 투자자들에게 보여주었다.

그렇다면 그 투자설명회는 엉망이 되었어야 맞다. 투자자들은 투자를 승인할 이유를 찾고 있는데, 그리스컴은 오히려 투자를 거절해야 할 이유를 친절하게 설명해주었으니 말이다. 기업가들은 투자자들에게 자기 기업의 단점이 아니라 장점을 열거하는 법인데 말이다. 그러나 그리스컴의 파격적인 접근 방식은 통했다. 그해 〈배블〉은 330만 달러의 투자 자금을 유치했다.

2년 후, 그리스컴은 디즈니를 찾아가 〈배블〉을 인수할 의향이 있는지에 대해 타진하게 되었다. 논리적으로 생각하면, 기업설명회에서 기업의 단점을 강조하는 방식은 생각하기 어렵다. 막 창업한 기업에 문제가 있음을 시인하는 것은 별개의 문제다. 단점을 고치겠다고 약속하면 되기 때문이다. 그러나 이미 기반이 안정된 회사를 팔 때는 어떻게하든지 장점을 강조하려고 하기 마련이다. 설사 회사에 단점이 있더라도, 파는 사람이 걱정할 문제는 아니다. 회사가 팔리면 그만이기 때문이다.

그런데 이상하게도 그리스컴은 같은 방법을 다시 써먹었다. 그가 디즈니 측에 보여준 슬라이드 가운데 하나는 다음과 같은 제목으로 되어 있었다. "〈배블〉을 인수해서는 안 되는 이유"라고 말이다.

디즈니의 가족 관련 디지털 사업부를 대상으로 자신의 기업을 소개하던 그리스컴은 방문자의 평균 페이지 조회수가 방문당per visit 3페이지 이하이며, 이는 기대 이하라고 했다. 그리고 〈배블〉은 부모의 역할에 대한 웹사이트인데, 포스팅된 콘텐츠의 40퍼센트는 유명인들에 대한 내용이라고 했다. 그리고 웹사이트의 서버는 심각하게 재조정할 필요가 있다고 했다.

그런데도 디즈니는 결국 4,000만 달러에 그 기업을 인수했다. 이러한 효과를 사회과학자 레슬리 사릭Leslie Sarick의 이름을 따 사릭 효과Sarick Effect라고 한다.

두 번의 상황 모두 그리스컴은 자신보다 훨씬 막강한 힘을 지닌 사람들을 대상으로 자신의 아이디어를 제시하고, 그들을 설득해 자금 지원을 받고자 했다. 그렇다면 대개 장점은 부각시키고 단점은 최소화해야 설득력이 있다고 대부분 생각한다. 다만 이 같은 방법은 애초에 듣는 사람이 지지하고 싶은 마음가짐이 되어 있을 때라야 강한 위력을 발휘한다.

우리가 색다른 아이디어를 제시하거나 변화를 일으킬 제안을 할 때, 듣는 사람은 회의적인 자세로 임할 가능성이 높다. 투자자들은 기업을 소개하는 사람의 주장에서 허점을 찾아내려고 애쓴다. 경영자들은 당신의 제안이 왜 실패할지 그 이유를 찾느라 혈안이 되어 있다. 이런 상황에서는 그리스컴처럼 자신의 아이디어가 지닌 단점을 강조하는 힘 없는 자의 의사소통[12] 방법을 채택하는 것이 훨씬 효과적이다.

약점을 먼저 내세우는 방법이 지닌 첫 번째 장점은 듣는 사람을 무장해제 시킨다는 점이다. 마케팅 교수 메리언 프리스태드[Marian Friestad]와 피터 라이트[Peter Wright]는 사람은 누군가가 자신을 설득하려 한다는 사실을 인식하면,[13] 자연스럽게 정신적인 방어막을 치게 된다는 사실을 밝혀냈다. 마구잡이로 열변을 토하는 사람은 특히 요주의 인물이다. 이는 영향이라는 무기의 공격으로부터 우리를 방어하라는 신호이다. 〈배블〉 사업 초창기에 처음으로 참석한 두 번의 이사회에서 그리스컴은 기업의 장점만 나열했고, 이사회에 기업이 점점 성장하고 있고 잠재력도 무한하다는 점을 알리려고 애썼다. "내가 기업이 지닌 장점을 강조할 때마다[14] 이사회는 회의적인 반응을 보였다"라고 그리스컴은 회고한다. 그는 "무조건 낙관적인 면만 강조하면 얄팍한 상술이라는 인상을 주기 쉽다. 왠지 정직하지 못하다는 인상을 주고, 그 결과 의구심을 낳게 한다. 누구든 그런 느낌이 들면 알레르기 반응을 보이고, 자신이 속는 것은 아닌지 의심하게 된다"라고 말한다.

세 번째 이사회에 참석한 그리스컴은 이번에는 정반대의 접근 방식을 펼쳤다. 회사에서 잘 안 풀리고 있는 점들, 그로 하여금 밤잠을 설치게 만드는 문제점을 먼저 솔직하게 털어놓았다. 이런 방법은 토론을 할 때는 흔히 사용되지만, 기업가가 이 방법을 쓰는 일은 극히 드물었다. 하지만 이사회 이사들은 이전의 두 차례 이사회보다 훨씬 더 호의적인 반응을 보였고, 자기를 방어하는 데 급급하기보다는 문제를 해결하는 데 관심을 보였다. 그리스컴은 투자자들을 상대할 때도 똑같은 접근 방식을 쓰기로 했고, 비슷한 반응을 얻어냈다. 투자자들도 경계심을 풀었다. 그리스컴은 이렇게 말한다. "내가 '이 기업을 인수하면 안 되는 이유'라는 제목의 슬라이드를 보여주자, 투자자들이 처음 보인 반응은 웃음이었다. 그러고 나니 투자자들이 긴장을 푸는 것이 눈에 보였다. 내가 하는 말에 진정성이 있다는 인상을 받은 것이다. 상술의 냄새가 나지도, 상술처럼 보이지도 느껴지지도 않은 것이다. 투자자들은 자신이 상술에 넘어갈지 모른다는 생각을 하지 않게 되었다."

카멘 메디나는 처음에 의견을 내놓았을 때, 자기 의견이 지닌 결함을 인정하지 않았다. 그녀는 정보기관들이 좀 더 개방적인 방식으로 정보를 공유해야 한다는 것이 엄연한 사실인 양 얘기함으로써 투명한 정보 공유의 장점만 강조하는 위험한 주장을 했다. 한 동료가 그녀에게 다음과 같이 속내를 털어놓은 적도 있다. "카멘, 너는 모두가 네 주장을 진실이라고 받아들이기 전에는 절대로 만족하지 않을 것처럼 얘기를 해." 몇 년 후, 두 번째 시도를 할 때 그녀는 자기주장을 보다 균형 있는 시각으로 표현했다. "내가 틀릴지도 모르겠지만"이라는 단서를 달아서 본인 스스로도 약간 의구심을 지녔다는 인상을 주었다.

메디나는 간부급으로 승진한 후, 이제 자신이 부하 직원들의 아이디어를 듣는 입장이 되었다. 직원들이 자기 아이디어의 장점만 부각시키면, 그녀는 지체 없이 다음과 같이 결론을 내렸다. "이 아이디어는 허점투성이다. 철저히 생각하지 않았다. 내가 허점을 파악하지 못하게 교묘히 눈가림을 했다." 그러나 "직원들이 단점이나 결함을 얘기하면, 나는 그들의 우군이 되어주었다. 그들은 나를 설득하는 대신, 내게 해결해야 할 문제를 던져준 셈이다"라고 그녀는 말했다.

상호작용의 틀을 바꾸는 작업과 더불어, 결점에 대해 솔직하게 털어놓는 방식은 듣는 사람이 평가하는 방식을 바꾸어놓는다. 하버드대학교 심리학자 테레사 애머빌은 사람들에게 문학평론가들의 지성과 전문성을 평가[15]하게 했다. 그녀는 서평의 논조를 바꾸면, 평론가들에 대한 사람들의 평가도 바뀌는지 궁금했다. 이에 그녀는 〈뉴욕타임스〉에 실제로 실린 서평들을 모아, 내용은 동일하게 유지한 채 평가를 호평과 혹평 두 가지로 편집했다. 그리고 실험 대상자들을 무작위로 나누어 절반은 다음과 같은 긍정적인 시평을 읽게 했다.

전체 128쪽에 달하는 첫 작품의 한 면 한 면마다 독자를 고무시키는 앨빈 하터^Alvin Harter^는 뛰어난 미국의 청년 작가임을 입증해주고 있다. 《기나긴 새벽^A Longer Dawn^》은 강렬한 인상을 남기는 짧막한 소설이다. 아니 산문시라고 해도 무방하다. 삶의 기본적인 요소인 생명, 사랑, 죽음을 다루는데, 그 강렬함이 대단해서 한 장 한 장 넘길수록 더욱더 탁월한 작가적 역량이 느껴진다.

나머지 절반은 똑같은 서평을 혹평으로 바꾼 내용을 읽게 했다. 애머빌은 문장 구조는 그대로 두고, 호평에 사용된 형용사만 다음과 같이 비판적인 단어로 바꾸었다.

전체 128쪽에 달하는 첫 작품의 한 면 한 면마다 독자를 실망시키는 앨빈 하터는 자신이 철저히 재능이 결여된 미국의 청년 작가임을 입증해주고 있다. 《기나긴 새벽》은 아무런 감흥도 주지 못하는 짤막한 소설이다. 아니 산문시라고 해도 무방하다. 삶의 기본적인 요소인 생명, 사랑, 죽음을 다루는데, 너무 밋밋해서 한 장 한 장 넘길수록 더욱더 작가적 역량이 형편없음이 느껴진다.

그렇다면 사람들은 어느 서평을 쓴 평론가가 더 똑똑하다고 판단했을까? 이처럼 평론가의 글의 질은 바뀌지 않았으므로 비슷한 결과가 나오는 것이 맞다. 어휘나 문법적 구조 모두 비슷한 수준이었다. 두 가지 서평 모두 같은 수준의 지성을 갖춰야 쓸 수 있는 내용이었다. 그러나 사람들은 호평을 쓴 평론가보다 혹평을 쓴 평론가의 지성을 14퍼센트 더 높게 평가했고, 문학적 전문성을 16퍼센트 높게 평가했다.

사람들은 아마추어도 예술을 감상할 수는 있지만, 비평하는 데는 전문가의 안목이 필요하다고 생각한다. 긍정적인 의미의 단어 몇 개만 부정적인 의미를 지닌 단어('고무시키는'을 '실망시키는'으로, '강렬한 인상을 남기는'을 '아무런 감흥도 주지 못하는'으로, '강렬해서'를 '밋밋해서'로, '탁월한 작가적 역량'을 '작가적 역량이 형편없음'으로)로 바꿨을 뿐인데도, 혹평을 한 평론가가 더 똑똑하다는 평가를 받았다. 애머빌은 "암울한 예측을 하는 사람들은 현명하고 통찰력이 있다는 인상을 주는 반면, 긍정적인 말을 하면 너무 순진하다는 평가를 받는데, 이를 '폴리애나Pollyanna' 특성이라고 한다"라고 밝혔다(지나치게 낙천적인 사람을 '폴리애나'라고 일컫는데, 이는

1913년에 엘리노어 포터Eleanor Porter가 쓴 소설 《폴리애나》에 등장하는 여주인공의 이름에서 나온 말이다—옮긴이).

이 점이 바로 특정한 아이디어가 지닌 한계가 무엇인지부터 털어놓음으로써 얻는 두 번째 이득이다. 이 같은 특성은 아이디어를 낸 사람이 똑똑하다는 인상을 준다.* 그리스컴은 출판계에서 첫 사회 경험을 쌓으면서, 이 사실을 일찍 터득했다. 그는 "지나치게 긍정적인 서평을 쓰는 것만큼 수치스러운 일은 없다"라고 말했다. 다른 사람들이 찬사를 아끼지 않는 책이라도, 서평을 쓰는 사람들은 평론 말미에 꼭 부족한 점을 한 문단 정도는 덧붙여야 할 의무감을 느낀다. 그리스컴에 따르면, 그것은 서평가들이 나름의 방식으로 "나는 봉이 아니다. 나는 이 작가의 술수에 넘어가지 않는다. 나는 분별력이 있다"라는 의미다. 그리스컴은 투자자들에게 〈배블〉이 지닌 문제점을 나열하면서, 자신의 아이디어를 자기 자신도 맹목적으로 신뢰하지 않으며, 투자자들을 속일 생각도 없다는 점을 과시했다. 즉 그리스컴은 자신이 스스로 단점을 판단할 수 있을 만큼 예리하다는 점을 투자자들에게 보여줬다. 그는 스스로 문제점을 파악했고, 투자자들이 그런 문제점들 가운데 일부

---

*아마 예측했겠지만, 이 방법은 아이디어가 형편없으면 통하지 않는다. 스탠퍼드대학교의 심리학자 자크 토말라(Zak Tormala)도 확신보다는 회의를 표명하는 전문가[16]들의 말에 사람들은 더 솔깃해한다는 사실을 발견했다. 그 이유는 뜻밖의 상황을 접하게 되기 때문이다. 사람들은 기업가나 변화를 추구하는 사람은 확신에 차 있으리라고 기대한다. 그런데 그렇지 않은 사람을 보면 호기심을 느끼게 되고, 그들이 하는 말에 더욱 세심히 귀를 기울인다. 그렇게 되면 사람들은 그들이 제시하는 아이디어가 강한 흥미를 유발하는 경우 그들 편이 된다. 이 같은 사릭 효과는 전달하는 메시지가 설득력이 있을 때만 유효하다.

를 지적하리라는 점을 예측할 만큼 똑똑했다.

자신의 아이디어가 지닌 단점을 앞세우는 방식이 지닌 세 번째 장점은 신뢰도를 높여주는 점이다.[17] 그리스컴은 자신이 사업을 하면서 직면하는 장애물을 나열하면서, 풍부한 지식을 갖췄을 뿐만 아니라 정직하고 겸손하다는 인상까지 주게 되었다. 하지만 듣는 사람이 이미 인식하고 있는 단점이 아니라면, 단점을 나열하는 방식으로 인해 역풍을 맞을 수 있다. 이는 듣는 사람에게 그 아이디어를 일축해버릴 무기를 손에 쥐어주는 셈이다. 그리스컴의 설명을 듣는 사람들은 이미 회의적인 시각을 지니고 있었고, 어떤 식으로든 결국 그리스컴의 사업에서 문제점을 찾아내도록 되어 있었다.

"투자자들은 특정 사업 모델에 어떤 문제점이 있는지 파악하는 것이 임무이다. 그런데 사업 모델을 만든 당사자가 스스로 문제점을 지적해줌으로써 투자자들이 할 일을 일정 부분 대신 해주는 셈이 되었다. 그러면 서로 간에 신뢰가 구축된다"라고 그리스컴은 말한다. 게다가 자기 사업의 약점을 솔직하게 털어놓으면, 장점을 말할 때 상대방에게 훨씬 신뢰감을 준다. 그리스컴은 "겸허한 태도를 취하고 단점을 내세우려면 자신감이 필요하다"라고 말한다. 그리고 "내 사업이 지닌 문제점들을 기꺼이 털어놓으면, 투자자들은 '틀림없이 장점이 무척 많기 때문에 그럴 수 있다'고 생각하게 된다"라고 덧붙였다.

디즈니는 그리스컴을 매우 신뢰하게 된 나머지 〈배블〉을 인수한 다음에도, 그를 2년 동안 사업부서의 부사장 겸 총괄관리자로 고용했다. 그리고 그리스컴은 디즈니 인터랙티브^{Disney Interactive}의 디지털 전략을 개발하는 데 핵심적인 역할을 했다. 사릭 효과가 또 한 번 효력을 발휘했다.

단점을 내세우는 이 같은 접근 방식의 네 번째 장점은 듣는 사람이 편견을 갖고 정보를 처리하게 되므로 아이디어 자체에 대해 훨씬 호의적인 평가를 하게 된다는 점이다. 이러한 편견을 보여주기 위해 나는 기업 경영자들에게 자기 삶의 긍정적인 측면을 생각하게 한 후, 자신이 얼마나 행복한지 판단해보게 했다. 이때 한 집단에게는 자기 삶에서 세 가지 좋은 점을 적게 하고, 다른 집단에게는 열두 가지 좋은 점을 적게 했다. 누구든 열두 가지 좋은 점을 적은 집단이 더 행복하다고 예상할 것이다. 장점이 많을수록 행복하다고 생각하기 때문이다. 그러나 대부분의 경우 그 정반대의 결과가 나타난다. 열두 가지가 아니라 세 가지 장점만 꼽으라고 할 때 훨씬 행복하다고 느낀다. 왜 그런 결과가 나올까?

심리학자 노버트 슈워츠Norbert Schwarz는 생각하기 쉬운 것일수록 더 일반적이고 중요하다고 생각하는 경향이 있다는 사실을 입증했다. 사람들은 정보를 검색하고 인출하기가 쉬운지 여부[18]도 정보로 사용한다. 기업 경영자들이 자신의 삶에서 세 가지 장점을 생각해내는 일은 식은 죽 먹기다. 그들은 주저하지 않고 자식 사랑, 배우자 사랑, 일에 대한 애착을 꼽았다. 두세 가지 장점은 쉽게 꼽을 수 있기 때문에 그들은 자신의 삶이 매우 만족스럽다고 생각한다. 그런데 삶에서 장점을 열두 가지를 꼽는 일은 훨씬 어렵다. 기업 경영자들은 가족과 일을 꼽고 나서 친구를 꼽았는데, 이때 친구들 각각을 따로 장점으로 꼽아도

되는지 묻기도 했다. 자기 삶에서 장점을 열두 가지나 생각해내려고 애쓰는 동안, 그들은 자기 삶이 그다지 행복하지 않다는 결론을 내리게 되었다.*

루퍼스 그리스컴이 〈배블〉이 지닌 약점을 언급했을 때, 투자자들에게도 이 같은 현상이 발생했다. 그리스컴이 자기 기업이 지닌 가장 심각한 문제점을 인정함으로써 투자자들 스스로 그 기업의 문제점을 지적하기 어렵게 만들었다. 그리고 투자자들은 그리스컴이 지적한 약점 외에 다른 우려할 만한 사항을 생각해내기가 힘들어졌다. 또 그리스컴이 지적한 〈배블〉의 문제들도 그다지 심각한 문제가 아니라고 생각하게 되었다. 그리스컴은 약점을 내세우는 전략을 처음 시도해본 이사회에서 이런 현상이 발생하는 것을 목격했다. 그리스컴은 다음과 같이 말했다. "내가 기업을 망칠 수 있는 요소들부터 거론하자, 이사회는 '그리 심각한 문제가 아니다'라는 식의 정반대의 반응을 보였다. 뉴턴의 제3의 법칙은 인간들의 역학 관계에도 적용되는 모양이다. 모든 작용

---

*나는 기업 경영자들의 삶의 만족도를 왜곡하는 것 같아 미안한 마음이 들어서, 이 실험의 균형을 맞추기 위해 경영자들에게 자기 삶에서 나쁜 점 세 가지 또는 나쁜 점 열두 가지를 꼽아보라고 했다. 나쁜 점 세 가지를 꼽기는 쉽다. 그렇게 하면 자신의 삶이 그다지 만족스럽지 못하다고 생각하게 된다. 그러나 인생에서 부정적인 점을 열두 가지나 꼽는 일은 무척 힘들기 때문에, 열두 가지 나쁜 점을 꼽아보라고 하면 사람들은 자기 삶이 이 정도면 다행이라고 생각하게 된다. 또 다른 방법으로 사람들에게 유명 인사의 삶에 대해 판단해보라고 해도 같은 결과가 나온다. 심리학자 제프리 해덕(Geoffrey Haddock)의 실험에 참가한 사람들에게 토니 블레어(Tony Blair)의 결점을 두 가지 또는 다섯 가지를 꼽아보라고 했다. 그런데 사람들은 토니 블레어의 결점을 더 많이 생각해내려고 할수록 그에 대해 더 높은 호감을 보였다.[19] 부정적인 점을 여러 가지 생각해내기가 훨씬 어렵기 때문에, 사람들은 토니 블레어가 그다지 결함이 많은 사람이 아니라고 생각하게 됐다.

에는 그에 상응하는 반작용이 있다는 법칙 말이다."

당사자가 먼저 약점을 거론하면 공교롭게도 듣는 사람은 약점을 꼽기가 더 어려워지듯이, 자신의 의견을 효과적으로 개진하려면 긍정적인 요소들을 이해하기 쉽게 만들어야 한다. 그리고 그렇게 하려면 전달하고자 하는 내용에 대한 친숙도를 높여야 한다.

낯설면 거부감을 느낀다

누구나 익히 알고 있는 아래에 열거된 노래들의 목록을 보고, 그 가운데 한 곡을 골라 박자를 따라 탁자를 두드려 보라.

- 〈생일 축하합니다Happy Birthday〉
- 〈메리에게는 어린 양이 있다네Mary Had A Little Lamb〉
- 〈징글벨 Jingle Bells〉
- 〈밤새도록 록을 즐기자Rock Around the Clock〉
- 〈반짝반짝 작은 별Twinkle, Twinkle Little Star〉
- 〈저어라, 저어라, 배를 저어라Row, Row, Row Your Boat〉
- 〈성조기여 영원하라The Star-Spangled Banner〉

당신이 탁자를 두드려서 박자를 표현하면, 그 곡이 어떤 곡인지 당신의 친구들이 맞힐 가능성은 얼마나 된다고 생각하는가?

나는 수년 동안 기업 경영자들과 학생들을 대상으로 이 실험을 해왔는데, 교육적 효과가 있을 뿐만 아니라 저녁 모임에서 해보면 재미도 있다. 한번 맞혀보라. 만약 친구들이 곡을 맞힐 가능성이 '0'이라고 생각한다면, 당신은 박자를 두드리는 자신의 실력을 믿지 못하든가, 친구의 청력에 심각한 문제가 있다고 생각하는 셈이다.

이 연구는 본래 스탠퍼드대학교에서 실시했는데, 사람들은 자기가 탁자를 두드려 박자를 들려주면 듣는 사람이 맞히기가 쉬울 것이라고 생각했고, 곡명을 정확히 맞출 확률은 50퍼센트라고 예상했다. 그러나 실제로 정확히 곡명을 맞춘 확률은 겨우 2.5퍼센트였다. 모두 120곡의 박자를 두드렸는데, 사람들은 그중에서 60곡은 사람들이 맞힐 것이라고 예상했다. 한편 JP모건 체이스JPMorgan Chase에서 열린 고위 경영자 리더십 모임에서 CEO 제이미 다이먼Jamie Dimon은 자기 바로 옆에 앉아 있는 경영자는 100퍼센트 맞힐 것이라고 장담했다. 그의 예상은 적중했다. 그러나 대부분의 경우 이 실험에서 사람들은 지나치게 낙관적인 전망을 내놓는다. 왜 그럴까?

노래의 박자를 손가락으로 두드리는 사람은 머릿속으로 그 노래의 멜로디를 따라 하지 않을 수 없다. 따라서 멜로디 없이 당신이 손마디로 탁자 위를 쳐서[20] 내는 소리가 듣는 사람에게는 어떻게 들릴지 (박자를 치는 사람은) 상상하기가 불가능하다. 칩 히스Chip Heath와 댄 히스Dan Heath는 그들의 저서 《스틱Made to Stick》에서 "듣는 사람에게는 멜로디가 들리지 않는다. 들리는 것이라고는 해괴한 모스부호Morse Code처럼 탁자를 아무렇게나 치는 소리뿐이다"라고 밝혔다.

바로 이 점이 독창적인 아이디어를 주장할 때 맞닥뜨리게 되는 핵심적인 문제이다. 새로운 아이디어를 제안할 때, 제안하는 당사자의 머릿속에는 단순히 멜로디만 들리는 것이 아니다.

자신이 직접 그 노래를 작곡한 셈이다.

아이디어를 낸 사람은 몇 시간, 몇 주, 몇 달, 심지어 몇 년을 그 아이디어를 생각하면서 보냈다. 문제가 뭔지 생각해보고, 해결책을 마련해보고, 그 아이디어가 표명하는 점을 끊임없이 되뇌어본다. 그는 자신의 아이디어의 가사, 멜로디를 줄줄 외운다. 하지만 그 시점이 되면 아이디어를 낸 당사자는 자신의 아이디어를 처음 접하는 사람에게 그 아이디어가 어떻게 들릴지 상상하기가 불가능해진다.

이런 이유 때문에 우리는 새로운 아이디어를 사람들에게 알리는 일을 소홀히 하게 된다. 아이디어를 낸 당사자는 자신의 아이디어에 너무 익숙해져서, 처음 접하는 사람이 그 아이디어를 이해하고 수용하려면 얼마나 그 아이디어에 노출되어야 하는지를 과소평가한다. 하버드 대학교 교수 존 코터John Kotter가 수년 전 변화 주도자change agent들에 대한 연구를 했는데,[21] 그들은 사람들에게 자신의 아이디어를 알리는 일을 적정 수준의 10분의 1밖에 하지 않는 것으로 나타났다. 평균적으로 변화 주도자들이 변화의 방향을 설명하는 빈도가 변화의 당사자들이 접해야 하는 노출도의 10분의 1에 불과했다. 3개월이라는 기간을 기준으로 보면, 직원들은 230만 개의 단어와 숫자에 노출된다. 그 기간 동안 평균적으로 변화가 필요하다는 주장은 겨우 1만 3,400개의 단어와 숫자에 불과했다. 30분 연설, 한 시간 회의, 브리핑, 메모가 전부였다.

직원들이 그 기간 동안 접한 의사소통 내용의 99퍼센트는 변화를 부르짖는 주장과는 무관한 내용이었다. 그런데 직원들이 그 주장을 소화하기는커녕 이해할 수조차 있겠는가? 변화 주도자들은 이를 이해하지 못한다. 그들의 머리는 온통 변화에 대한 정보로 꽉 차 있기 때문이다.

자신의 독창적인 생각을 사람들이 받아들이게 만들려면, 독창적인 아이디어를 내는 사람들은 자신의 아이디어를 다른 사람들에게 알리고, 잊을 만하면 또 알리기를 반복해야 한다. 이 점을 설명하기 위해 실험을 한 가지 해보겠다. 당신은 다음 두 단어 중에 어느 단어가 더 마음에 드는가?

익티태프(iktitaf)	사릭(sarick)

당신이 대부분의 사람들과 생각이 같다면, 익티태프가 아니라 사릭을 선택할 것이다. 이때 당신이 그 단어를 선택한 이유는 단어 자체와는 아무런 상관이 없다.

뛰어난 심리학자 로버트 자이언스Robert Zajonc는 이를 단순 노출 효과 mere exposure effect[22]라고 불렀다. 특정한 것을 자주 접할수록 더 좋아하게 된다는 주장이다. 그가 아무 의미 없는 위의 두 단어를 처음으로 사람들에게 보여줬을 때, 사람들은 두 단어에 대해 똑같은 호감을 보였다. 그러나 비교 실험을 하기 전에 이 중에 한 단어만 두 번 보여주자, 사람들에게는 선호도가 생겼다. 5회, 10회, 25회로 노출 횟수를 증가시키자 호감도도 증가했다.

'사릭'에 대한 당신의 호감도를 증가시키기 위해 나는 루퍼스 그리스컴에 대해 설명하면서 벌써 다섯 번이나 이 단어를 삽입했다. 사릭 효과라는 것은 없다. 레슬리 사릭이라는 사회학자도 없다. 단순 노출 효과를 설명하기 위해서 내가 만들어냈다(그러나 분명히 말하는데, 루퍼스 그리스컴은 실제 인물이다. 그리고 이 책에 등장하는 다른 모든 인물들도 실제 인물이다).

단순 노출 효과에 대한 실험은 수없이 반복되어왔다. 익숙한 얼굴,[23] 문자, 숫자, 소리, 맛, 브랜드, 한자漢字일수록 더 호감을 느끼게 된다. 다른 문화권이나 다른 종류의 생물들에게서도 똑같은 결과가 나타난다. 병아리를 대상으로 한 실험에서조차 똑같은 결과가 나왔다. 가장 나의 마음에 드는 실험은 사진 실험이다. 사람들에게 자신의 사진 두 종류와 친구들의 사진 두 종류를 보여준다.[24] 하나는 통상적으로 찍은 사진이고, 하나는 거울에 비친 모습처럼 좌우가 바뀐 사진이다. 사람들은 친구들의 사진의 경우에는 통상적인 방법으로 찍은 사진을 선호했다. 그 모습에 익숙하기 때문이다. 그러나 자신의 사진은 좌우가 뒤바뀐 사진을 선호했다. 거울에 비친 자신의 모습에 익숙하기 때문이다. "익숙함은 경멸을 낳지 않는다.[25] 편안함을 불러일으킨다"라고 창업을 여러 번 해본 하워드 툴먼Howard Tullman은 말한다.

왜 이런 효과가 일어나는지 설명하자면, 노출은 정보를 처리하기 쉽게 해주기 때문이다. 생소한 아이디어를 이해하려면 더 많은 노력을 해야 한다. 보고 듣고 만지는 횟수가 늘어날수록 우리는 그 대상에 대해 더 편안하게 느끼게 되고, 위협을 덜 느끼게 된다.

영화가 개봉하기 전에 너무 많이 노출되면 흥행에 실패하듯이, 너무 자주 듣는 노래는 짜증나게 머릿속에서 맴돌 듯이, 너무 익숙한 아이디어에 대해서는 싫증을 느끼게 된다. 그러나 자신의 의견을 개진할 때, 듣는 사람이 귀가 따갑도록 반복하는 사람은 거의 없다. 대체로 사람들은 특정 아이디어에 대해 10회에서 20회 정도 노출될 때 호감도가 증가하고, 다소 복잡한 아이디어의 경우는 횟수가 그보다 조금 더 늘어날 때 호감도가 증가한다는 증거가 있다. 흥미로운 점은 특정 아이디어가 단순하고, 다른 아이디어들과 섞여서 전달될 때 노출이 훨씬 효과를 발휘한다는 것이다. 이는 듣는 사람의 호기심을 유지하는 데 도움이 되기 때문이다. 또한 아이디어 소개와 평가 사이에 시차를 두어서 아이디어를 이해할 충분한 시간을 주는 것이 가장 좋다. 당신이 상사에게 제안을 할 경우, 화요일 엘리베이터 안에서 30초 동안 짧게 설명한 뒤, 그다음 주 월요일에 다시 짤막하게 상기시켜주고, 그 주 말미쯤에 상사의 의견을 구하는 것이 좋다.

2005년 카멘 메디나가 CIA 정보 부국장이 되었을 때, 그녀는 정보 분석가들이 보다 개방적으로 정보를 공유하게 하려면, 그들을 그런 아이디어에 정기적으로 노출시켜야 한다고 생각했다. 그래서 그녀는 자신이 주장하는 투명성의 시범 사례를 보여주기 위해 조직 내부용 비밀 인트라넷에 블로그를 시작했다. 그녀는 일주일에 두 번씩 짤막한 논평을 써서 비밀주의를 줄이고, 정보를 공유하는 문제에 대해 자신의 견해를 피력했다. 그리고 이 방법이 미래에 지향해야 할 방향이라고 제안했다. 처음에는 조직의 많은 간부들이 반사적으로 그녀의 주장을 일축했다. 하지만 노출 효과 연구가 말해주듯이, 다른 내용들 사이에 간단한 주장을 엮어 넣고 시차를 두고 반복하자 간부들도 메디나의 생각에 점점 익숙해지기 시작했다. 머지않아 CIA 기술 전문가들은 인트라넷에 플랫폼을 설치해서 직원들이 개인 블로그를 만들 수 있게 했고, 직원들은 점점 이에 익숙해졌다. CIA 직원들은 자신이 블로그를 시작할 용기를 낸 것은 메디나 덕분이라고 말하기 시작했다.* 오늘날 정보조직 구성원들이 활발하게 블로그 활동을 하고, 서로 다른 정보 조직에 근무하는 분석가들이 비공식적으로 정보를 교환하게 된 데는 메디나의 공이 크다.

몸이 떠나기에 앞서 마음이 떠난다면

처음에 카멘 메디나의 사연을 접했을 때, 나는 그녀가 자신의 경력이 추락한 후에도 계속 자기주장을 한 이유가 궁금했다. 저명한 경제학자 앨버트 허쉬만Albert Hirschman의 권위 있는 저서에 따르면, 불만족스러운 상황을 해결하는 데는 네 가지 선택지가 있다.[26] 직장이든 결혼생활이

---

*숀 데니히와 돈 버크가 직원들에게 인텔리피디아에 포스팅을 하라고 권하기 시작했을 때, 많은 간부들은 직원들이 그 플랫폼을 쓰도록 허락해주지 않으려고 했다. 간부들은 보안이 뚫리거나, 정보의 질이 저하되거나, 직원들이 포스팅에 시간을 뺏겨 업무 효율성이 떨어질 가능성이 있다며, 조직들 간에 정보를 공유하는 방식에 대해 우려를 표했다. 하지만 점점 더 새로운 아이디어에 노출되는 빈도가 높아지면서, 이런 변화를 명령 체계를 통해 승인받을 필요가 없다는 데 점점 익숙해졌다. 게다가 조직별로 정보를 공유하는 방법보다 주제별로 정보를 공유하는 방법이 훨씬 효율적이었다. 3년 만에 인텔리피디아에는 하루에 4,000개의 포스팅이 올라왔다.

든 정부에 대해서든 불만스러운 상황에 처하게 되면, 그 상황에서 탈출하든지, 불만을 표출하든지, 인내하든지, 방관[27] 하든지 하는 것이다. 탈출은 그 상황에서 완전히 벗어난다는 뜻이다. 괴로운 직장을 그만두고, 학대하는 배우자와 갈라서고, 폭압적인 국가를 떠나는 방법이다. 불만 표출은 상황을 적극적으로 개선하려는 노력과 관련된다. 자신의 일을 좀 더 보람 있게 만들 수 있는 아이디어를 상사에게 제안하고, 배우자에게 상담을 받아보라고 권유하고, 좀 덜 부패한 정부를 선택하기 위해 노력하는 정치운동가가 되는 방법이다. 인내하는 것은 이를 악물고 견디는 방법이다. 숨 막힐 듯한 직장이지만 열심히 일하고, 배우자를 견뎌내고, 정부에 대한 반감을 억누르고 지지하는 방법이다. 방관은 현재 상황을 그대로 둔 채, 내가 하는 노력을 줄이는 방법이다. 해고당하지 않을 만큼만 일하고, 새로운 취미활동을 시작해서 배우자와 떨어져 있는 시간을 늘리고, 투표권을 행사하지 않는 방법이다.

기본적으로 이런 선택지 가운데 어떤 선택을 할지는 자신에게 재량 control이 있다고 느끼는가, 그리고 조직에 헌신적 commitment인가 하는 감정을 바탕으로 결정된다.[28] 자신에게 변화를 가져올 재량이 있다고 믿는가, 그리고 애써볼 만큼 조직을 아끼는가? 현재 상태에서 옴짝달싹 못하는 상황에 처했을 때, 헌신적이지 않다면 방관하는 방법을 선택할 것이고, 헌신적이라면 인내를 선택할 것이다. 자신이 변화를 꾀할 수 있다고 느끼지만 배우자, 국가, 조직에 헌신적이지 않다면 떠나게 된다. 상대에 대해 깊이 아끼는 마음을 지니고 있는 동시에, 자신이 행동

		상황 바꾸기		
		탈출	표출	
조직에 해롭다	—			— 조직에 이롭다
		방관	인내	
		현상 유지		

하면 바뀌리라는 믿음이 있어야만 자신의 의견을 표출하게 된다.

메디나는 처음에 자신의 의견이 묵살당하고 나자, 더 이상 자신이 변화를 가져올 수 없다고 믿었다. 그녀는 자기 임무를 소홀히 하는 사람이 아니었지만, 조직에 대해 헌신하는 마음은 조금 훼손되었다. 그녀는 "당시 나는 배를 타고 방관과 충성 사이에 어느 지점을 헤매는 난민 같았다"라고 말했다. 수년이 지난 후에도 그녀는 여전히 자기 소신을 얘기하는 바람에 불이익을 당했다는 느낌을 떨쳐버릴 수 없었다. "다시 그 상황으로 돌아가는 것이 내키지 않았다. 충분히 세월이 흘렀는지도 확신이 들지 않았다"라고 그녀는 곰곰이 생각하고는, 다음과 같이 회상했다. "그런데 왜 다시 시도해보겠다는 정신 나간 생각을 하게 되었는지 아는가? 내 상사 마이크Mike 때문이다. 내가 이 일을 하면서 겪어본 상사 가운데 가장 마음에 드는 상사였다."

직장에서 한 직원이 조직에 대해 얼마나 헌신적인지, 자신의 일에 대해 얼마큼 재량을 지니는지는 그 누구보다 직속 상사가 좌우한다. 뒷받침을 잘해주는 상사[29]와 함께 일하는 직원은 조직에 대해 강한 결속력을 느끼게 되고, 자신이 하는 일이 영향력을 발휘한다는 느낌을 받는다. 나는 메디나에게 자기주장을 다시 펼칠 자신감을 준 상사라면 원만한 사람, 따뜻하고 신뢰할 만하고 협조적인 사람이겠거니 생각했다. 그러나 놀랍게도 메디나는 마이크를 "냉소적이고 감정 기복이 심한 사람"이라고 묘사했다. 그가 묘사한 상사의 모습은 '까칠한' 상사, 다른 사람들에 대해 비판적이고 의구심을 지닌 사람이었다. 일반적으로 사람들이 위험을 감수하고 진언할 대상으로서 절대로 피하려는 상사가 까칠한 상사이지만, 가끔 이런 상사가 가장 든든한 지원군이 되어준다.

원만한 사람들은 직원들을 두루 아끼지만 갈등 상황이 발생하는 것을 무척 싫어한다. 다른 사람들을 두루 만족시키고 화합을 유지하기 위해서 원만한 상사는 바른 소리를 하는 직원을 지지해주기보다는 오히려 입을 막으려고 한다. "원만한 사람들은 협력과 규범에 순응하는 태도를 소중히 여기기 때문에,[30] 분란을 일으키고 인간관계를 훼손할 만한 일을 안 하려고 한다"라고 의견 표출에 대해 연구하는 경영전문가 제프 르핀Jeff LePine과 린 밴 다인Linn Van Dyne은 말한다. 다른 사람들과 관행에 대해 맞서기를 꺼리지 않는 사람들은 종종 까칠한 상사일 경우가 많다. 어느 구글 직원의 말처럼, 까칠한 상사들은 사용자 인터페이스user interface는 후졌지만[31] 운영체계는 끝내준다.

심리학자 스테판 코테Stéphane Côté는 한 실험에서 성인들을 대상으로 원만함과 까칠함 정도를 측정하는 인성 테스트 설문조사를 했다. 그들은 3주에 걸쳐 하루에 여섯 번씩 무슨 일을 하고, 어떤 기분이 드는지 보고했다. 원만한 성격을 지닌 사람들은 다른 사람들을 칭찬하고, 다른 사람들과 함께 웃거나 미소 짓고, 애정을 표현하고, 다른 사람들을 격려하고, 그리고 다른 사람들과 타협하거나 다른 사람들을 기쁘게 하려고 양보했을 때 가장 행복하다고 느꼈다.[32] 반면, 까칠한 사람들은 다른 사람들을 비판하고, 다른 사람들에게 맞서고 대결할 때 가장 희열을 느꼈다.

자기주장을 하겠다는 결정을 하고 나면, 자기 의견을 전달하는 방법만큼이나 누구에게 전달할지도 중요하다. 원만한 성격인 사람들에게 의견을 표출하면, 그들은 본능적으로 고개를 끄덕이고 미소를 짓는다. 그들은 갈등을 피하려고 하기 때문에, 상대방이 제시한 의견에 대해 비판하기를 꺼린다. 한편 까칠한 상사들은 의견을 낸 직원들의 주장을 반박하는 경향이 높기 때문에, 직원들이 효과적으로 자기주장을 하는 능력이 향상된다. "지나치지만 않으면, 냉소주의는 상당히 효과적이다"라고 메디나는 지적했다. 그리고 이렇게 덧붙였다. "마이크는 조직이 나아갈 방향에 대한 내 주장에 완전히 동의하지는 않았다고 생각한다. 하지만 그는 다양한 의견을 존중했다. 딱히 그가 동의하지 않는다고 해도(우리는 견해가 서로 다른 경우가 종종 있었다), 나는 그에게는 솔직하게 내 생각을 털어놓을 수 있었다. 그리고 그는 나를 구조해줄 만큼 밧줄을 던져주었고, 내가 그 밧줄로 나 자신을 옭아매기 전에 저지해주었다."

아주 원만한 성품인 사람들을 대상으로 자기주장을 하기보다는 독창적인 아이디어를 낸 경험이 있는 사람들을 대상으로 제안을 펼치는 것이 훨씬 낫다. 기존 체제에 도전장을 내밀어본 경험이 있는 상사들이[33] 새로운 아이디어에 훨씬 열린 사고를 지녔고, 다른 사람들이 성과를 거두는 데 대해 덜 위협적이라는 연구 결과가 있다. 그들은 현상 유지를 옹호하기보다는 조직을 발전시키는 데 더 애쓴다. 그들은 조직의 임무를 달성하는 데 훨씬 더 강한 동기부여가 되어 있다. 이는 그들이 조직에 대한 충성도가 높기 때문에, 조직의 결함을 못 본 척 넘어가지 않는다는 의미이기도 하다. "마이크는 CIA를 정말 사랑했지만, 비판할 일이 있으면 거리낌 없이 비판했다. 그는 조직의 임무에 대해 얘기할 때면 눈물이 고이기까지 했다. 그는 우리 조직의 다른 많은 간부들과는 달리 조직에 잘 적응하지 못하는 직원들이나 괴짜들에게도 무척 너그러웠다"라고 메디나는 말한다.

CIA를 강하게 만드는 일을 최우선순위로 여기는 엄격한 상사의 지지에 힘입은 메디나는 다시 자신감을 얻었고, 조직에 대한 헌신을 회복했다. 상사가 자신을 지지해준다는 사실을 알게 된 메디나는 개방적으로 정보를 공유하자는 주장을 다시 펼칠 마음의 준비가 되었다.

CIA 내에서 승진을 하면서 메디나는 중간관리자들은 대부분 자신의 주장을 일축했지만, 동료들은 자신의 제안에 훨씬 수용적인 자세를 보인다는 사실을 눈치챘다. 사회과학자들은 오랫동안 이 같은 중간 지위 순응 효과middle-status conformity effect **34**를 증명해왔다. 위계질서의 꼭대기에 자리를 잡게 된 사람은 다른 사람들로부터 뭔가 다르리라는 기대를 받게 되고 따라서 일탈할 권리를 확보하게 된다. 마찬가지로 아직 지위가 낮으면 독창성을 발휘한다고 해도 잃을 것은 없고 얻을 것만 있다. 하지만 위계질서의 중간층(대부분의 직원들은 조직 내에서 이 부류에 속한다)은 불안감에 사로잡혀 있다. 이제 겨우 어느 정도 존중을 받게 되었기 때문에 집단 내에서 자신의 위치를 소중하게 생각하고, 그것을 위태롭게 만드는 일은 하지 않으려 한다. 자신의 지위를 유지하거나 승진하기 위해서 지도자에게 순응하고, 조직의 일원으로서 자신의 가치를 입증하기 위해 순응하는 길을 택한다. 사회학자 조지 호먼스George Homans가 지적한 바와 같이, "중간 지위에 있는 사람들이 보수적인 이유는 사회적 지위를 열망하지만, 지위를 잃을까 봐 두려운 마음이 들기 때문이다." 낮은 지위에서 더 낮은 지위로 추락하면 별로 아프지 않다. 그러나 중간 지위에서 낮은 지위로 추락하면 참담한 법이다.

얼마 전 나는 한 행사의 무대 위에서 구글의 CEO 래리 페이지를 인터뷰해달라는 요청을 받았다. 그 행사가 열리기 전날 저녁 모임에서 나는 래리 페이지에게 왜 당신과 세르게이 브린은 구글 창립 초기에 스탠퍼드를 중퇴하고 구글에 전념하기를 그렇게 주저했는지 물었다. 페이지는 그것은 당시 자신들의 경력상 처한 상황과 관련이 있다고 답했다. 학계에서 이미 떠오르는 샛별이었던 두 사람은 직업상으로는 어떤 희생[35]도 무릅쓰지 않고 구글에 전념할 수도 있었다. 경력을 쌓기 시작한 초기에 그들은 지위도 없었고, 위험을 감수할 의향도 있었다. 페이지는 대학에서 태양발전 자동차를 구상하고 있었고, 레고로 프린터를 만들면서 바쁘게 지냈다. 하지만 박사 학위를 취득하는 데 상당한 진전을 보게 되면서 두 사람은 중퇴하면 잃을 것이 더 많아졌다.

중간 지위 순응성 때문에 우리는 위험을 감수하고 독창성을 발휘하는 길보다는 이미 증명된 안전한 길을 택하게 된다. 컬럼비아대학교의 사회학자 데이먼 필립스Damon Phillips와 MIT의 사회학자 에즈라 주커먼Ezra Zuckerman은 증권분석가[36]들은 소속된 조직 내에서 자신들의 지위가 중간 정도이거나, 자신들을 고용하고 있는 은행의 지위가 업계에서 중간 정도인 경우, 특정 주식에 대해 부정적인 평가를 내놓을 가능성이 훨씬 적다는 연구 결과를 발표했다. 주식 매도를 추천할 경우, 그 주식을 보유한 기업 경영자들과 투자자들이 화를 낼지 모른다. 별 볼일 없는 은행에서 실적도 변변치 않은 분석가들은 위험을 감수한들 손해 볼 것이 별로 없다. 그리고 일류 은행에서 잘나가는 증권분석가들은 안전망이 있다. 그러나 중간 정도의 은행에서 순탄한 실적을 내면서 승진하려고 애쓰는 증권분석가들은 부정적인 추천을 했다가는 자신의 경력을 쌓는 데 장애가 될지 모른다고 생각한다.*

메디나는 승진을 함에 따라 중간관리자들에게 제안을 하기보다는 고위층과 말단 직원들에게 아이디어를 제안하는 것이 훨씬 효과적이라는 사실을 깨달았다. 고위 경영자들은 그녀를 드물게 조직의 문제점을 볼 줄 아는 직원으로 여겼고, 문제점은 시정될 수 있다고 믿었다. 그리고 점점 더 많은 하급 직원들이 메디나를 따르면서, 그녀에 대한

---

* 중간 지위가 정말로 독창성보다 순응성을 선택하게 만들까? 어쩌면 애초부터 관행을 따르는 경향인 사람들이 주로 중간 지위 역할을 선택하는지도 모른다. 그런 경향의 사람들은 중간 지위에 도달할 만큼의 야심은 지녔지만, 상위에 도달하는 데 필요한 독창성은 부족한 것은 아닐까? 그렇지 않다. 중간 지위에 도달하게 되면, 실제로 독창성이 떨어진다는[37] 새로운 증거들이 있다. 심리학자 미셸 두기드(Michelle Duguid)와 잭 곤칼로(Jack Goncalo)가 실험 대상자들에게 독창적인 아이디어를 내게 했더니, 무작위로 중간 지위에 배정받은 사람들이 사장이나 말단 직원 역할에 배정받은 사람들보다 아이디어의 독창성이 34퍼센트 떨어졌다. 또 다른 실험에서는 실험 참가자들이 단지 자신이 고위직이나 말단직에 있던 시절을 떠올렸을 때보다 중간 지위에 있었던 시절을 떠올렸을 때, 제안한 아이디어의 양이 20~25퍼센트 줄고, 독창성은 16퍼센트 떨어졌다. 중간 지위에 있는 사람들은 잃을 것이 가장 많기 때문에 독창적인 방향으로 일을 추진하기를 훨씬 주저한다.

신뢰는 더욱 공고해졌다. 그녀가 자신의 견해를 CIA의 떠오르는 샛별들과 공유하자, 그들은 그녀의 아이디어에 대해 점점 공감했고, 그들의 인정을 받으면서 그녀는 지위를 얻었다. "젊은 직원들은 메디나의 참신한 아이디어를 높이 샀고, 그녀를 자신의 롤모델로 삼고 우러러보게 되었다. 그 때문에 다른 사람들도 그녀의 의견에 귀를 기울이지 않을 수 없게 되었다. 그녀의 평판은 굳건해졌고, 그 덕분에 사람들은 그녀의 의견에 귀를 기울이게 되었다"라고 메디나의 동료 수전 벤저민Susan Benjamin은 지적한다.

여성으로서 이중 소수자로서 목소리 내기

위험 회피 성향이 강한 중간관리자들을 상대로 자기 의견을 내는 일은 누가 하든 어려운 일이지만, 남성 지배적인 조직에서 여성으로서 목소리를 내야 했던 카멘 메디나에게는 더욱더 힘든 일이었다. 처음 그녀의 얘기를 들었을 때, 나는 순진하게도 이제 직장에서 여성이라고 저평가되는 시대는 이미 사라졌고, 메디나도 성별이 아닌 아이디어의 질에 의해 평가받으리라고 생각했다.

그러나 연구 자료를 살펴보니, 오늘날에도 여전히 여성으로서 자기주장을 하기는 지극히 어렵다는 사실을 깨닫고 경악했다. 어느 문화권이든 사람들은 성 역할에 대해 강한 고정관념[38]을 지니고 있고, 남자에게는 자기주장이 분명하기를 기대하고 여성에게는 화합을 추구하기를 기대한다는 증거가 수없이 많다. 여성이 자기주장을 하면 성 역할에 대한 고정관념을 깨뜨리게 되고, 사람들은 그런 여성을 공격적이라고 평가한다. 자기주장은 지도력을 발휘하는 행위이다. 셰릴 샌드버그 Sheryl Sandberg는 저서 《린인Lean In》에서 "여자가 일을 주도하려고 하면, 위압적이라는 꼬리표[39]를 달게 되는 경우가 종종 있다"라고 밝혔다.

　나의 자료를 분석해보고 나서도 심히 절망스러웠다. 국제은행이나 의료기관에서 새롭게 수익을 창출할 아이디어를 낸 남성들[40]은 업무수행 능력에서 높은 평가를 받았지만, 여성의 경우는 그렇지 않았다. 또 다른 연구들을 보면, 동료들보다 말을 많이 하는 남성 경영자들은 보상을[41] 받았지만, 여성 경영자들이 똑같은 행동을 하면 남성뿐만 아니라 여성들까지도 그런 여성 경영자들을 평가절하했다. 마찬가지로 경영진은 개선안을 제안하는[42] 여성이 개선안을 제안하는 남성보다 더 충성도가 떨어진다고 평가했고, 여성이 제안한 개선안을 시행할 확률이 더 적었다. 특히 남성 지배적인 조직에서 여성은 자기주장을 하면 손해를 본다.[43]*

　카멘 메디나는 처음에 자기주장을 했을 때 톡톡한 대가를 치렀다.

---

*이는 성희롱의 유형을 설명하는 데 도움이 된다. 세 가지 연구에서 성(gender) 전문가인 제니퍼 버달 (Jennifer Berdahl)은 성희롱을 하는 주된 동기는 성적 욕망이 아니라는 사실을 발견했다. 가장 성희롱을 많이 당하는 여성들은 여성적인 미의 기준을 충족시키는 여성들이 아니었다. "성희롱을 하려는 가장 큰 동기는 전통적인 성 역할에서 벗어난 사람들을 처벌하려는 욕망이다. 따라서 이상적인 여성상을 파괴하는 여성들이 주로 성희롱의 대상이 된다"라고 버달은 말한다. 그녀는 "자기주장이 확실하고, 우월하고, 독립적인" 여성들이 가장 성희롱을 많이 당하는데, 특히 남성 지배적인 조직에서 가장 심하다고 말한다. 그리고 성희롱의 대상[44]은 대부분 "도도한 여성들"이라고 밝혔다.

그녀는 "여성에게 허용되는 행동 범위는 남성에게 허용되는 범위보다 좁다"라고 말한다. 메디나가 두 번째 시도를 했을 때, 그녀는 이전과는 다른 경험을 했다. 정보를 인터넷에 올리는 것이 그녀의 업무의 일환이었기 때문에, 그녀가 투명성을 제고해야 한다고 주장한다고 해도 너무 공격적으로 보이지 않을까 더 이상 걱정할 필요가 없었다. "1990년대 초에 조직 내에서의 나의 입지가 풍비박산이 났을 때, 이런 변화에 대한 나의 헌신과 승진에서 누락된 데 대한 개인적인 절망감을 혼동했다. 늘 나 자신이 초점이었다"라고 메디나는 말한다. "두 번째 시도의 과정은 처음과는 아주 달랐다. 이번에는 임무 완수가 초점이 되었다"라고 그녀는 덧붙였다. 여성이 다른 사람들을 대신해 목소리를 높이는 경우에, 공동체 조직을 위해서라고 여겨지므로 역풍을 면한다는 많은 연구 결과가 있다.[45]

메디나가 남성 지배적인 CIA에서 일하는 여성 직원이었기 때문에 더 험난한 길을 걷게 되었다는 점은 의심할 여지가 없다. 그런데 그녀는 푸에르토리코 출신이기도 했기 때문에, 하나가 아니라 두 개의 소수자 집단에 속한 사람이었다. 새로 발표된 연구에 따르면, 이중 소수자의 지위를 지닌 사람이 자기 의견을 주장하면, 감수해야 할 비용과 이득이 모두 두 배로 증폭된다는 사실이 드러났다. 경영을 연구하는 애쉴리 로제트Ashleigh Rosette는 흑인 여성인데, 자기가 자신감 있게 주도적인 역할을 하는 경우 백인 여성이나 흑인 남성이 똑같은 행동을 할 경우와는 다른 대우를 받는다는 사실을 깨달았다. 그녀는 동료들과 함께 일하면서 이중 소수자는 한 번 실수하면, 다시는 회복하기 힘들다는 의미에서[46] 훨씬 가혹한 평가에 직면하게 된다는 사실을 발견했다. 즉 흑인 여성이 실패할 경우, 흑인 남성이나 백인 남성, 백인 여성 지도자들이 실패하는 경우보다 훨씬 더 혹독한 평가를 받았다. 흑인 여성은 흑인 지도자에 대한 고정관념이나 여성 지도자에 대한 고정관념 어디에도 맞아떨어지지 않았고, 실수에 대한 책임을 실제보다 부당할 정도로 더 많이 졌다. 이중 소수자들에게 실패는 선택지가 될 수 없다는 점을 로제트의 연구팀은 지적한다.

그런데 로제트와 그녀의 연구팀이 행한 연구를 통해 나타난 흥미로운 사실은, 흑인 여성이 위압적으로 행동하는 경우 백인 여성이나 흑인 남성이 받는 만큼의 처벌을 받지 않았다는 점이다.[47] 흑인 여성은 이중 소수자로서 어떤 기존의 고정관념에도 맞아떨어지지 않는다. 사람들은 이중 소수자에게 어떤 고정관념을 적용해야 할지 모르기 때문에, 이중 소수자는 고정관념을 파괴하지 않으면서도 '흑인' 처럼 또는 '여성' 처럼 행동하는 데 훨씬 더 유연성을 지닌다.

그러나 이는 이중 소수자들이 자신의 능력을 명백하게 입증했을 때만 적용된다. 소수 집단에 속하는 사람들은 권한을 행사하기에 앞서 지위를 얻는 것이 특히 중요하다. 자신이 하는 업무의 일환으로서 인터넷에 정보를 게재하는 현안을 조용히 추진함으로써 메디나는 동료들로부터 지나친 관심을 끌지 않고도 차근차근 성공에 다가갈 수 있었다. "나는 레이다에 포착되지 않고 저공비행을 할 수 있었다. 아무도 내가 무슨 일을 하는지 눈치채지 못했고, 나는 CIA를 준비된 정보를 생산하는 조직으로 만들어가는 일을 착착 진행시킬 수 있었다. 마치 아무도 없는 뒷마당에서 혼자 실험을 하는 기분이 들었다. 나는 거의 아무런 제약도 받지 않고 일을 진행시켰다"라고 메디나는 말한다.

메디나는 자신에 대한 동료들의 지지를 충분히 확보하게 되자, 다시 목소리를 내기 시작했다. 그리고 이번에는 사람들이 그녀의 말을 귀담아 들을 자세가 되어 있었다. 로제트는 여성이 위계질서의 상층부에 오르면 그녀가 지도자라는 것이 분명해지기 때문에, 사람들은 그 여성이 편견과 이중 잣대를 극복하고 그 자리에 올랐다고 여기게 된다고 밝혔다. 그리고 사람들은 그런 자리에 오른 여성은 틀림없이 상당히 재능 있고, 추진력이 있다고 생각하게 된다는 사실을 발견했다. 그러나 여성이 자기주장을 펼쳤을 때 다른 사람들이 들은 척도 하지 않는다면 어떻게 될까?

가지 않은 길

도나 두빈스키Donna Dubinsky는 서른 살이 채 안 되었을 무렵, 그녀의 인생에서 가장 정신없이 바쁜 나날을 보내고 있었다. 1985년 애플의 유통·판매 책임자로서 폭발적인 수요를 충족시키기 위해 미친 듯이 컴퓨터를 발송하느라, 아침부터 잠자리에 들 때까지 말 그대로 쉴 새 없이 일했다. 그런데 갑자기 스티브 잡스가 미국 내 여섯 개 창고와 재고를 없애고, 주문을 받는 즉시 조립해서 페덱스FedEx 익일 특급으로 배달하는 적시JIT, just-in-time 생산방식으로 바꾸자고 제안했다.

두빈스키는 그 생산방식은 기업의 미래를 몽땅 위험에 빠뜨릴 엄청난 실수라고 생각했다. "내 생각에 애플의 성공은 유통이 성공하느냐에 달려 있었다"[48]라고 그녀는 말했다. 그녀는 잡스가 그러다 말겠지 싶어서 한동안 그 문제를 무시했다. 그런데 그렇지 않았고, 이에 두빈스키는 목소리를 내기 시작했다. 유통에는 아무런 문제가 없다고 그녀는 주장했다. 그녀가 이끄는 부서는 분기상으로는 기록적인 발송 실적을 보였고, 소비자 불만도 거의 없었다.

그녀는 유통의 달인이었지만, 그녀의 이의 제기는 묵살되었다. 결국 그녀는 잡스의 제안을 검토하는 대책팀에 배치되어 몇 개월을 보냈다. 대책팀의 마지막 회의에서, 두빈스키의 상사의 상사는 회의에 참석한 모두에게 적시 생산방식에 찬성하는지 물었다. 잡스는 막강한 권한이 있었고, 대다수가 그를 추종했다. 두빈스키는 소수 의견을 지니고 있었다. 감정 기복이 심한 것으로 명성이 자자한 창립자이자 이사회 회장인 잡스와 맞설 것인가, 아니면 입 다물고 잡스를 만족시킬 것인가?

두빈스키는 1980년대에 애플에서 몇 명 안 되는 간부직 여성 가운데 한 명이었지만, 그녀는 "성별이 업무에서 문제가 되리라는 생각은 조금도 해보지 않았다." 그녀는 헌신적이었다. 그녀는 회사에 몸과 마음을 바쳐 일했다. 그녀는 재량권도 있었다. 유통부서의 책임자였으니까 말이다. 그녀는 소신을 굽히지 않기로 결심했고, 잡스의 제안에 대해 반기를 들었다. 자신의 주장을 입증해 보이기 위해서는 시간이 좀 더 필요하다는 사실을 알고 있던 두빈스키는 그녀의 상사의 상사를 직접 만나서 최후통첩을 전달했다. 자기가 반대 제안을 할 30일의 시간을 주지 않는다면, 애플을 그만두겠다고 했다.

어떻게 될지 모르는 상황에서 그렇게 단정적으로 말하는 것은 위험한 조치였지만, 그녀의 요구는 받아들여졌다. 두빈스키는 적시 생산방식보다는 소비자 서비스센터를 통합하자는 색다른 제안을 했다. 그리고 이 제안을 통해 위험은 전혀 없이 소기의 목적을 어느 정도 달성할 수 있다고 했다. 결국 그녀의 제안은 수용되었다.

두빈스키는 "내 주장이 받아들여진 이유는 그동안 내가 쌓아온 실적과 영향력 덕분이었다. 직원들은 나를 맡은 일은 반드시 해내는 사람으로 인식하고 있었다. 맡은 일을 해내는 사람, 그것도 훌륭하게 해내는 사람으로 알려지면, 다른 사람들로부터 존중받게 된다"라고 말한다. 그녀는 권한을 행사하기 전에 그럴 만한 지위를 얻었기 때문에 괴짜 점수를 활용할 수 있었다.

애플 외부의 사람이 보면, 스티브 잡스에게 맞서는 전투에서 애플 직원이 이길 승산은 없으리라고 생각할지 모른다. 그러나 까칠하기로 정평이 난 잡스 같은 사람이야말로 맞서볼 만한 상대이다. 두빈스키는 잡스가 자신에게 진언을 하는 사람들을 존중하고, 새로운 업무 방식에 대해 열린 마음을 지닌 사람임을 알고 있었다. 게다가 두빈스키는 사심이 있어서가 아니라 애플을 위해서 진언을 했다.

틀렸다고 생각되는 아이디어에 대해 기꺼이 도전장을 내민 덕에 두빈스키는 승진을 했다. 그녀가 유일한 사례는 아니다. 1981년부터 매킨토시 개발팀은 해마다 잡스와 맞서는 사람 한 명을 선정해 상을 주었다. 그리고 잡스는 그 상을 받은 사람은 모두 승진시켜 애플의 주요

부서를 맡겼다.[49]

카멘 메디나와 도나 두빈스키의 경험담을 비교해보면, 불만족스러운 상황을 극복하는 최선의 방법은 무엇일까 하는 근본적인 의문이 떠오른다. 독창성을 추구하려면 방관하는 방법은 해결책이 될 수 없다. 인내는 자기주장을 펼 권리를 얻는 임시방편일 뿐이다. 그러나 길게 보면 방관하는 방법과 마찬가지로 인내도 불만스러운 현상을 그대로 유지시킬 뿐 불만족을 해소하는 데는 도움이 되지 않는다. 상황을 변화시키려면 탈출하거나, 자기 목소리를 내는 방법이 유일한 대안이다.

몇 년 전 경제학자 앨버트 허쉬만은 불만족스러운 상황을 타개하는 방법으로서 탈출의 가장 큰 단점을 지적했다. 그는 탈출은 자신이 처한 상황을 바꿔주는 이점은 있지만, 다른 사람들에게는 전혀 도움이 되지 않고 불만족스러운 현상이 지속되게 만든다고 보았다. 허쉬만은 "탈출구가 막혀 있으면, 자기 목소리를 내게 된다"[50]라고 주장했다.

최근 몇 년 사이에는 이직이 대단히 쉬워졌다. 1995년 자기주장이 관철되지 않자, 카멘 메디나가 CIA를 그만두고 정보 분야 외의 일자리를 찾겠다고 결심했지만 찾을 수 없었던 때와 비교하면 말이다. 한 조직에서 뼈를 묻는다는 말은 옛말이 되어버렸다. 역동적인 노동시장에서 사람들은 자신이 몸담은 조직을 떠나 다른 조직에서 새로운 일자리를 찾을 수 있게 되었다. 세계화, 소셜 미디어, 빠른 운송 수단, 통신기술 덕분에 사람들은 과거 그 어느 때보다 기동성이 높아졌다. 이런 상황에서 지금 하는 일이 만족스럽지 않고 직장을 옮기기도 쉽다면, 무엇 때문에 불이익을 감수하고 자기주장을 펴겠는가?

허쉬만의 관점에서 보면, 탈출은 독창성 발휘에 도움이 되지 않는다. 그러나 두빈스키의 사례는 탈출을 색다른 시각으로 보게 만든다. 애플에서 유통을 둘러싸고 벌어진 전투에서 승리한 두빈스키는 애플의 소프트웨어 자회사인 클라리스Claris에서 국제 판매마케팅 부서의 고위직을 꿰찼다. 몇 년 만에 그녀가 이끄는 부서는 클라리스의 총 판매실적의 절반을 차지하게 되었다. 1991년 애플이 클라리스를 독립 회사로 만들기를 거부하자, 두빈스키는 자신의 재량권을 발휘할 기회가 없는 상황에 좌절감을 느끼고 회사를 그만두었다. 두빈스키는 파리로 가서 1년 동안 그림을 그리면서 더 거창한 임무를 수행하는 데 기여할 방법을 모색하며 휴식을 즐겼다. 두빈스키는 제프 호킨스Jeff Hawkins라는 기업가를 만났는데, 그가 창업한 회사 팜컴퓨팅Palm Computing이 추진하는 일이 큰 변화를 일으킬 차세대 기술이라는 생각이 들자 CEO 자리를 수락했다.

두빈스키의 지휘하에 이 기업의 기술은 팜파일럿PalmPilot으로 발전했고, 이 제품은 당시에 막 부상하기 시작한 개인용 디지털기기 시장에서 첫 번째로 대박을 터뜨렸다. 팜파일럿은 1996년에 출시되어 1년 반 만에 100만 대가 팔렸다. 그러나 1997년 팜파일럿은 쓰리콤3Com에 인수되었고, 두빈스키는 회사가 내린 전략적인 결정에 부분적으로 동의하지 않았다. 이를테면 재무부서에서 모든 부서의 예산을 일괄적으로 10퍼센트 삭감하라고 하자, 두빈스키는 실적이 좋은 부서에는 투자하고 그렇지 못한 부서의 예산만 삭감해야 한다고 주장했다. 그러자 두빈스키는 다음과 같은 비난을 들었다. "회사라는 공동체 구성원으로서 바람직하지 않은 태도다. 당신 할 일이나 잘해라."

좌절한 두빈스키와 호킨스는 팜파일럿을 떠나 새 기업을 창립했다. 1998년에 설립된 핸드스프링^{Handspring}이다. 겨우 1년 만에 핸드스프링은 손에 들고 다닐 수 있는 바이저^{Visor} 컴퓨터를 출시했고, 그것은 곧 시장점유율이 4분의 1에 달했다. 트레오^{Treo}라는 스마트폰 개발에 성공한 후, 2003년에 핸드스프링은 팜과 합병했다. 그로부터 몇 년 후에 스티브 잡스는 아이폰을 출시했다.

두빈스키는 그보다 몇 년 앞서 있었던 일을 다음과 같이 회상했다. "스티브 잡스와 같은 사무실에 앉아 있었는데, 잡스가 '나는 절대로 전화는 안 만든다'라고 했다. 우리 회사의 영향을 받았다는 사실을 잡스가 인정하려고 할까? 우리가 멋진 전화를 만들었고, 그래서 자신도 마음이 변했다고 인정할까? 그럴 리가 없다. 잡스는 절대로 인정하려 들지 않을 것이다. 하지만 잡스는 고집스럽기는 해도 변화할 능력이 있는 사람이다."

카멘 메디나가 국가 안보 문제를 계속 밀고 나가기로 마음먹은 이유는 출구가 없었기 때문이다. 반면에 도나 두빈스키가 스마트폰 혁명을 일으키는 선구자가 된 이유는 출구가 있었기 때문이다. 여기서 우리가 얻을 수 있는 교훈은, 자기주장이 반드시 탈출보다 나은 전략은 아니라는 점이다. 어떤 경우는 숨 막힐 듯한 조직을 떠나는 것이 독창성을 발휘하는 데 더 나은 방법이 될지 모른다. 우리가 할 수 있는 최선의 방법은 자기 의견을 표명하고, 필요하다면 탈출할 준비를 하면서, 위험 포트폴리오를 안정적으로 유지하는 일이다. 잡스가 그랬듯이 상사가 생각이 변하게 된다면 조직에 그대로 남아서 자기주장을 하면 된다. 그러나 상사가 요지부동이고, 직원들도 방향 전환을 생각해볼 만큼 열린 사고를 지니지 못했다면 다른 데서 기회를 찾는 것이 나을지 모른다.

여전히 가시지 않는 의문이 있다. 메디나가 CIA를 그만뒀더라면, CIA 외부에서 투명한 정보 공유를 주장할 수 있었을까? 두빈스키가 애플에 그냥 남았더라면, 애플이 아이폰을 개발하거나 여러 가지 혁신적인 파생상품을 만들어냈을까?

이러한 역발상의 가설에 대한 해답은 찾아낼 수 없겠지만, 메디나와 두빈스키가 내린 결정으로부터 우리는 무언가 깨달을 수는 있다. 한 사람은 결국 자기 목소리를 내는 선택을 했고, 다른 한 사람은 출구를 선택했지만, 두 사람이 한 선택에는 한 가지 공통점이 있다. 두 사람 모두 묵묵히 있기보다는 자기 목소리를 내겠다고, 가만히 있기보다는 조치를 취하겠다는 선택을 했다는 사실이다. 그리고 긴 안목으로 보면, 사람들은 대체로 어떤 행동이 실수로 판명[51]이 나는 한이 있어도 행동을 해서 후회하는 경우보다 안 해서 후회하는 경우가 더 많다는 사실을 증명하는 연구 결과가 있다. 다시 기회가 주어진다면, 사람들은 대부분 자기 검열을 덜 하고 자신이 지닌 아이디어와 가치를 좀 더 적극적으로 표명하려고 할 것이다. 그게 바로 카멘 메디나와 도나 두빈스키가 한 선택이고, 그 덕분에 두 사람에게는 후회가 남지 않았다.

4장

서두르면
바보

"모레 해도 되는 일을 내일로 앞당기지 말라." [1]

—마크 트웨인Mark Twain

시기 포착, 전략적 지연,
그리고 선발 주자의 불리함

늦은 밤, 한 청년이 자신이 묵는 호텔방에서 책상에 놓인 텅 빈 백지 한 장을 뚫어지게 보고 있었다. 불안감에 휩싸인 듯한 그는 전화기에 손을 뻗었고, 같은 호텔 몇 층 아래에 묵고 있는 자신의 보좌관에게 전화를 걸어 몇 가지 아이디어를 의논했다. 새벽 3시가 되어서도 그 청년은 여전히 미친 듯이 일하고 있었고 "지칠 대로 지쳐서 거의 쓰러질 지경이었다." 1963년 8월이었다. 그리고 일자리와 자유를 위한 대행진이 다음 날 아침 워싱턴에서 열리기로 되어 있었다. 하지만 마틴 루서 킹은 아직 행사 마지막을 장식할 연설문을 완성하지 못했다.

"그이는 한숨도 못 자고 밤새 연설문과 씨름했다"[2]라고 킹의 부인 코레타Coretta는 회상했다. "그이는 마지막 연사였고, 그이의 연설은 미국과 전 세계 수백만 명에게 TV와 라디오로 전달될 예정이었다. 따라서 그이의 연설은 감동적이면서 지혜가 담겨 있어야 했다."

대행진 계획은 이미 두 달 전에 언론에 알려졌다. 킹은 대행진이 기념비적인 행사가 되리라는 사실을 알고 있었다. 수많은 언론이 취재하게 될 뿐만 아니라 적어도 10만 명의 인원이 참가할 것으로 예측되었다. 그리고 킹은 행사에 참석하여 지지를 표명해줄 유명 인사들도 많이 확보해두었다. 청중 가운데는 민권운동의 선구자인 로자 파크스와 재키 로빈슨, 영화배우 말론 브랜도^{Marlon Brando}와 시드니 포이티어^{Sidney Poitier}, 가수 해리 벨라폰테^{Harry Belafonte}와 밥 딜런^{Bob Dylan}이 있었다.

연설을 준비할 시간이 충분하지 않았기에, 킹으로서는 즉시 초안 작성에 착수하는 게 당연했을지도 모른다. 각 연사마다 처음에는 5분이라는 제한된 시간이 주어졌기 때문에, 킹은 어휘 선택에 있어서 특히 신중을 기해야 할 필요가 있었다. 벤저민 프랭클린^{Benjamin Franklin}에서부터 헨리 데이비드 소로^{Henry David Thoreau}, 마틴 루서 킹에 이르기까지 역사적으로 위대한 사상가들은 긴 연설보다 짧은 연설을 작성하는 데 더 오랜 시간이 걸린다는 사실[3]을 간파했다.

"10분짜리 연설문을 준비하는 데는 꼬박 2주가 걸린다. 시간 제약 없이 연설을 한다면 아무 준비도 할 필요가 없다"라고 우드로 윌슨^{Woodrow Wilson} 대통령은 말했다. 그런데 킹은 대행진 바로 전날 밤 10시가 되도록 연설문을 쓰는 데 시작조차 하지 못했다.

부모와 교사들은 어린이들에게 막판까지 미루지 말고 미리 숙제를 하라고 끊임없이 잔소리를 한다. 자기계발서 목록을 보면, 할 일을 미루지 말라는 충고를 하는 책들만으로도 소규모 산업이 형성될 만큼 많은 책들이 쏟아져 나온다. 그런데 바로 그 미루는 행위 자체가 킹이 생애 최고의 연설을 하게 된 이유라면 어떻게 생각하는가?

직장에서도 삶에서도 사람들은 "머뭇거리다가는 뒤처지게 되므로" 먼저 행동을 취하는 것이 성공의 열쇠라는 말을 귀가 따갑도록 듣는다. 사람들은 중요한 과업에 착수할 때, 완성하기로 예정된 날짜보다 미리 완성하라는 충고를 받는다. 상품을 발명하거나 창업할 독창적인 아이디어가 떠오른 사람에게는 옆에서 선발 주자가 되라고 부추긴다. 신속하게 행동하면 유리한 점이 분명히 있다. 그러나 놀랍게도 독창적인 사람들을 살펴보니, 신속하게 행동하고 첫 주자가 되는 데 따르는 유리한 점보다 불리한 점이 더 많았다. 일찍 일어나는 새가 벌레를 잡는 건 사실이지만, 일찍 일어난 바지런한 벌레는 잡혀 먹힌다는 사실을 간과해서는 안 된다.

이와 같이 4장에서는 독창적인 아이디어를 실행에 옮길 시기를 포착하는 문제를 다룬다. 물살을 거슬러 노를 저으려고 한다면, 날이 밝자마자 출발할지, 해가 중천에 떴을 때 출발할지, 땅거미가 내릴 때까지 기다릴지 결정해야 한다. 여기서 나는 과업에 착수하고 마무리하는 시기, 자신의 아이디어를 세상에 공표하는 시기를 미룸으로써 뜻밖에 얻게 되는 이득을 살펴보겠다. 그럼으로써 독창적인 사람들의 운명을 바꾸는 데 시기 포착이 어떤 역할을 하는지에 대해 흔히 알려진 통념을 뒤엎는 것이 목적이다. 꾸물거리는 것이 단점 못지않게 장점이 될 수도 있는 이유, 선발 주자가 된 기업가들이 힘겨운 싸움에 직면하게 되는 경우가 허다한 이유, 나이 지긋한 혁신가들이 이따금 파릇파릇한 혁신가들을 능가하는 이유, 그리고 효과적으로 변화를 이끌어내는 지도자들은 적당한 때를 참을성 있게 기다리는 사람들인 이유에 대해 논하겠다. 미루는 행동은 위험해 보일지 모르지만, 적당한 때를 기다리면 위험을 분산시키기 때문에 실제로는 위험이 줄어든다는 사실을 알게 된다. 반드시 선발 주자여야 독창적인 사람이 되는 것도 아니고, 가장 성공한 독창적인 인물들이라고 해서 늘 예정된 계획을 고수하지도 않는다. 그들은 다른 일에 정신을 팔면서 아이디어 실행을 미루고 미루다가 대박을 터뜨리곤 한다.

또 다른 다빈치 코드

최근 창의력이 비상한 박사 과정 학생 신지혜Jihae Shin 씨가 직관에 반하는 아이디어 하나를 제시했다. 미루는 행위가 독창성을 발휘하는 데 도움이 될지 모른다[4]는 얘기였다. 일을 미룬다는 행위는 의도적으로 해야 할 일을 지연시키는 행위이다. 해야 할 일에 대해 생각을 하고 있을지는 모르지만, 실제로 일을 진전시키거나 완성하는 것을 미루어놓고 덜 생산적인 일을 한다. 신지혜 씨는 할 일을 미루면 특정 아이디어에 매몰되지 않고 다양한 생각을 할 시간을 벌게 된다고 주장했다. 그 결과 보다 폭넓게 여러 가지 독창적인 개념들을 생각하게 되고, 궁극적으로 좀 더 색다른 방향을 선택하게 된다는 말이다. 그래서 나는 그녀에게 그 가설을 한번 증명해보라고 했다.

신 씨는 대학생들에게 대학 교정에 편의점이 있던 빈자리를 채울 사업 계획을 써보게 했다. 즉시 작업에 착수한 사람들은 또 다른 편의점 같이 상투적인 아이디어를 제안하는 경향이 있었다. 신 씨는 실험 참가자들 가운데 일부를 무작위로 뽑아 마인스위퍼Minesweeper, 프리셀FreeCell, 솔리테어Solitaire 같은 컴퓨터 게임을 하면서 사업 계획을 작성하는 작업을 미루게 했다. 그랬더니 그들은 조교 시설이나 보관 시설처럼 훨씬 색다른 사업 아이디어를 생각해냈다. 그리고 누가 즉시 작업에 착수한 사람이고, 누가 작업을 미룬 사람인지 알지 못하는 독립적인 평가단에게 최종 사업제안서를 심사하게 했더니, 일을 미룬 사람들이 28퍼센트 더 창의적이라는 평가가 나왔다.

우리는 이 같은 결과를 얻고 흥분했지만, 미루는 행동이 창의성을 발휘하게 만드는 진짜 이유는 아닐지 모른다는 생각이 들었다. 어쩌면 게임이 창의적인 사고를 자극하고 더 창의적인 생각을 할 에너지를 주었는지도 모른다. 아니면 단순히 해야 할 작업에 대한 생각을 떨쳐버릴 시간적 여유를 누렸기 때문일지도 모른다. 그러나 실험을 해보니, 단순히 게임을 하거나 휴식을 취한다고 창의성이 향상되지는 않았다. 사업 구상을 해보라는 작업 지시를 받기 전에 게임을 한 사람들은 더 색다른 제안을 하지 않았다. 제안을 머릿속에 담아둔 채로 게임을 하면서 할 일을 실제로 미루는 경우에만 창의성이 향상되었다. 한편 작업에 즉시 착수하고 나서 중간에 휴식을 취한 후에 작업을 재개한 사람들의 경우에는 이미 작업을 많이 진행시킨 후라 처음부터 다시 시작하기가 어려웠다. 작업에 대해 생각하기 시작한 후 의도적으로 작업을 미루게 된 경우에만 가능성이 좀 더 적은 아이디어를 고려해보고 훨씬 창의적인 아이디어를 생각해냈다. 작업을 진전시키지 않고 미루자, 특정한 하나의 전략에 '생각이 고정되지 않고' 작업을 완성할 다양한 방법들을 생각하게 되었다.

신 씨의 실험 결과가 현실에도 적용될까? 이를 알아보기 위해 신 씨는 한국의 한 가구 회사로부터 자료를 수집했다. 조사 결과, 작업을 미룬 직원들이 다양한 생각을 하는 데 시간을 더 많이 소비했고, 상사로부터 훨씬 더 창의적이라는 평가를 받았다. 지연 전술이 반드시 창의성에 불을 지피지는 않는다. 애초부터 중요한 문제를 해결하겠다는 동기부여가 되지 않은 직원이라면 꾸물거리면 뒤처지기만 한다. 그러나 새로운 아이디어를 내겠다는 열정이 있는 직원들의 경우 작업을 미루면 훨씬 창의적인 해법을 생각해냈다.

할 일을 미루면 생산성은 떨어질지 몰라도 창의력의 원천이 될 수 있다. 산업혁명이 일어나고 근면 성실을 중요시 여기는 청교도적 근로 윤리가 강조되면서, 근대에 인류가 효율성에 집착하게 되기 전까지만 해도 인류 문명은 게으름의 미덕을 인식했다. 고대 이집트에는 '미루는procrastination' 행위를 묘사하는 서로 다른 두 개의 동사가 있었다. 하나는 게으름을 의미하고, 다른 하나는 적당한 때를 기다린다는 의미이다.

역사상 가장 독창적인 사상가나 발명가들 가운데 몇몇 인물이 미루기의 달인이라는 점은 우연이 아닐지 모른다. 가장 두드러지는 사례가

레오나르도 다빈치이다. 그가 창의성을 발휘한 분야는 회화, 조각, 건축, 음악, 공학, 지질학, 지도 제작, 해부학, 식물학을 아우른다. 학자들은 레오나르도 다빈치가 〈모나리자^{Mona Lisa}〉를 그리기 시작한 해는 1503년이고, 그 후 몇 년 동안 그리다 말다를 반복하다가 미완성인 채로 남겨두었으며, 1519년 죽음이 임박해서야 완성했다고 추측한다. 당시 사람들은 그림은 완성하지 않고 광학 실험이나 다른 일에 정신이 팔려 시간을 낭비한다고 다빈치를 비난했다. 하지만 그가 이렇게 다른 일에 정신이 팔려 있었기 때문에 독창적인 그림이 탄생했다. 역사학자 윌리엄 패너패커^{William Pannapacker}는 다음과 같이 설명한다.

이를테면 다빈치는 빛이 구^球에 어떻게 굴절되는지 연구한 덕분에 〈모나리자〉와 〈세례 요한^{St. John the Baptist}〉을 끊임없이 수정 보완할 수 있었다. 광학 연구를 하느라 이 그림들을 완성하는 시기가 늦춰졌을지 모르지만, 최종적인 작품은 그가 행한 실험들로부터 덕을 많이 보았다 … 그와 동시대 사람들 대부분이 생각한 것처럼 다빈치가 실험을 하느라 정신이 산만해지기는커녕 이런 실험들은 평생 동안 끊임없이 영감이 떠오르게 하고, 공적인 작업을 할 때도 참신한 아이디어를 생각해내게 만드는 밑거름이 되었다. 다빈치가 다른 실험에 정신이 팔려 의뢰를 받은 작품을 제때 끝내지 못한 경우가 간혹 있다고 해도, 그것은 우주의 섭리를 이해하려고 애쓰는 위인에게는 하찮은 일이다. 그것을 트집 잡으려는 사람은 질보다 양이 미덕이라는 오늘날의 광풍에 완전히 사로잡힌 사람뿐일 것이다 … 그러나 천재는 다른 사람들이 통제할 수도 없고, 통제되

지도 않는다. 걸작은 예정대로 시한에 맞춰 태어나지 않는다.[5]

다빈치는 여러 가지 다른 프로젝트를 진행하면서, 동시에 〈최후의 만찬The Last Supper〉을 구상하는 데 15년을 보냈다. 이 걸작은 벤치에 앉아 있는 몇 사람을 그린 스케치에서 시작되었다. 그 스케치는 10여 년 후 식탁 앞에 열세 사람이 일렬로 앉아 있는 참신한 구도의 걸작이 탄생하게 되는 밑바탕이 되었다. 다빈치는 작업을 미루게 될 때마다 화가 치밀기도 했지만, 독창성은 서두른다고 달성되지 않는다는 점을 인식하고 있었다. 그는 "천재성을 지닌 사람들은 일을 가장 적게 할 때, 가장 큰 업적을 달성하는 경우가 간혹 있다. 그들은 독창적인 생각을 한 뒤, 머릿속에서 완벽해질 때까지 그 아이디어를 다듬기 때문이다"* 라고 지적했다.

---

*미루기가 특히 창의성을 발휘하는 데 효과가 있는 경우는, 문제에 정신을 집중하지 않고 있던 순간[6] 해결책이 떠오르는 때다. 심리학자 머레이크 위스(Mareike Wieth)와 로즈 잭스(Rose Zacks)는 학생들을 대상으로 아침형 인간인지 올빼미형 인간인지 조사한 뒤, 그들에게 분석적인 문제와 통찰력이 요구되는 문제들을 주고 오전 8시 또는 오후 4시 30분에 풀게 했다. 두 집단 모두 분석적인 문제를 풀 때는 시간에 관계없이 똑같이 잘 풀었다. 그러나 통찰력이 필요한 문제를 풀 때는 올빼미형은 아침 일찍 풀었을 때 더 잘 풀었고, 아침형 인간인 학생들은 오후 늦게 문제를 더 잘 풀었다. 학생들에게 제시한 통찰력이 요구되는 문제들 가운데 하나는 골동품상이 동전이 가짜인지를 어떻게 알아냈는지 설명하라는 문제였다. 그 동전 한 면에는 황제의 두상이 새겨져 있었고, 다른 면에는 544BC라는 날짜가 새겨져 있었다. 학생들은 정신이 명료할 때는 지나치게 잘 짜인 단선적 사고를 할 가능성이 높고, 따라서 이는 색다른 아이디어를 떠올리는 데 방해가 되었다. 그러나 정신이 몽롱할 때는 마구잡이로 생각이 떠올랐고 BC(Before Christ)가 기원전, 즉 예수가 탄생하기 전을 뜻한다는 사실을 불현듯 떠올리게 될 가능성이 20퍼센트 정도 높았다. 예수가 아직 탄생하지 않은 때인데 날짜에 BC가 쓰인 것으로 미루어볼 때, 그 동전이 실제로 발행된 시기는 동전에 찍힌 연도보다 500여 년 후라고 볼 수밖에 없었다. 정신이 또렷할 때 창의성을 요구하는 작업에 착수해야 하는 데 부담을 느낀다면 약간 졸음이 올 때까지 일을 미루면 좋을지도 모른다.

미루기의 효과

사고가 창의적이고 문제 해결에 뛰어난 사람들 사이에 미루는 습성은 흔한 것으로 나타났다.[7] 미국에서 고등학교 3학년을 대상으로 실시한 "과학의 슈퍼볼Super Bowl of Science"이라고 불리는 과학 영재 선발대회의 수상자들을 살펴보자. 심리학자 레나 수보트닉Rena Subotnik이 이끄는 연구팀은 대회 수상자들이 상을 받은 지 10여 년이 지나 30대 초반이 되었을 때, 그들을 인터뷰해 사회생활에서, 건강 관련 행동에서, 그리고 일상적인 일을 할 때와 창의적인 일을 할 때 시간을 끄는지 물어보았다. 조사 결과, 68퍼센트의 수상자들이 위의 네 가지 영역 중에 적어도 두 가지 영역에서 일을 미룬다고 대답했다. 미루기는 창의적인 업무를 할 때 특히 유용한 것으로 나타났다.

과학 영재[8]들은 "미루기를 과학적인 문제나 해결책을 너무 서둘러 선택하지 않고, 생각이 무르익도록 해주는 방편[9]으로 삼았다"라고 설명했다. 어떤 사람들은 "시간을 끄는 경우가 종종 있는데, 사실상 뭔가를 머릿속에 넣어두고 찬찬히 생각할 시간이 필요할 때 그렇게 한다"라고 말했다. 또 다른 누군가는 "과학적인 작업을 할 때는 아이디어가 숙성할 시간이 필요하다." 그리고 시간 끌기는 "설익은 해결책을 내리려는 충동을 억제하는 하나의 방편이다"라고 말했다. 수보트닉의 연구팀은 생각과 행동이 신중한 이들과의 인터뷰를 살펴보고 다음과 같은 기발한 결론을 내렸다. "공교롭게도 잃을 것이 가장 많은 사람들과 가장 적은 사람들이 창의성이 요구되는 영역에서 가장 시간을 끌 가능성이 높았다."

미국 역사상 마틴 루서 킹의 연설만큼 유명한 연설은 아마 딱 하나 있을 것이다. 바로 에이브러햄 링컨의 게티즈버그 연설[10]이다. 272단 어에 불과한 이 연설에서 링컨은 남북전쟁을 독립선언문에 명시된 자 유와 평등을 추구하는 행위로 재규정했다. 링컨은 연설을 해달라는 공 식적인 요청을 받은 후 2주 정도밖에 준비할 시간이 없었다. 게티즈버 그로 출발하기 전날까지도 링컨 대통령은 연설문의 절반 정도밖에 작 성하지 못했다. 그의 비서 존 니콜라이^{John Nicolay}는 "그런 문제를 다룰 때는 늘 그러했듯이 생각을 정리하고, 머릿속으로 연설문 문장들을 다 듬고 다듬어서 만족스러운 문장이 될 때까지 기다렸다가 쓰기 시작했 을 것이다"라고 말했다. 링컨은 결국 마무리 단락을 연설하기 전날 밤 에야 썼고, 연설 당일 아침에서야 최종적으로 완성했다. 그가 시간을 끈 이유는 가장 설득력 있는 주제를 생각해내고 싶었기 때문이다.

유명한 연설 "나에게는 꿈이 있습니다^{I Have a Dream}"를 하기 전 초여 름, 킹은 연설문에 어떤 내용과 어투가 적당할지에 대해 최측근 세 명 에게 자문을 구했다. 그러고 나서 킹은 자신의 변호사이자 연설문 작 성자인 클래런스 존스^{Clarence Jones}와 연설문을 두고 장시간 대화를 나누 었다. 그다음에 킹은 존스와 또 다른 민권운동가에게 초안을 작성해달 라고 했다.

그 후로 몇 주 동안 킹은 연설의 주제나 방향을 결정하려는 유혹을 참았다. 그는 대행진 당일로부터 나흘 전이 되어서야 본격적으로 연설 문을 작성하기 시작했다. 대행진 전날 밤, 킹은 보좌진을 모아놓고 처 음부터 연설문 작성을 다시 시작했다. 존스는 다음과 같이 회고한다.

킹은 "민권을 위한 우리의 투쟁에서 중요한 기념비적인 행사이므로" 민권운동의 핵심 인사들로부터 "최고의 아이디어를 얻어내기 위해 노력을 아끼지 말아야 한다"라고 말했다. 킹은 회의를 시작하면서 "지금까지 나온 아이디어들을 다시 검토하고 최상의 접근 방식을 채택하기를 바란다"라고 말했다.

킹이 연설 아이디어를 쏟아내고 확정하는 작업을 미룸으로써 존스는 자이가르닉 효과^{Zeigarnik effect} [11](미완성 효과–옮긴이)를 보게 되었다. 1927년 러시아 심리학자 블루마 자이가르닉^{Bluma Zeigarnik}은 사람들이 완성된 작업보다 미완성 작업에 대해 더 잘 기억한다는 사실을 증명했다. 사람들은 작업이 일단 마무리되면, 더 이상 그 작업에 대해 생각하지 않는다. 그러나 일을 중단한 채로 내버려둘 경우, 그 일에 대한 생각이 머릿속을 계속 맴돈다. 존스는 연설 초안을 그날 저녁 토론의 주제와 계속 비교하면서, "나의 깊은 잠재의식에서 뭔가가 떠올랐다"라고 말했다.*

넉 달 앞서 존스는 넬슨 록펠러^{Nelson Rockefeller} 주지사를 만났었다. 저명한 자선사업가인 그의 집안은 민권운동을 지지했고, 당시 버밍햄 교

---

*나는 이 장을 쓰는 동안 일부러 시간을 끌었다. 이 장을 어떻게 쓸지 계획을 세운 날, 이 장을 완성하지 않고 한 문장을 쓰다가 중간에 이메일에 답장을 보내는 등 다른 일을 하면서 미완성인 채로 내버려두었다. 다음 날 아침 자이가르닉 효과가 타당하겠다는 생각이 떠올랐다. 내가 하던 일을 끝마치지 않고 내버려둔 상태에서 미완성인 작업의 기억에 관한 자이가르닉의 연구를 떠올렸다는 사실을 그가 알면 무척 기뻐할지 모른다. 물론 미루기도 지나치면 좋지 않다. 더글러스 애덤스(Douglas Adams)는 "나는 마감일이 정말 좋다. [12] 마감일이 훅 하고 지나가는 소리가 정말 좋다"라고 말했다.

도소에 수감되어 있던 킹을 보석으로 풀려나게 하려고 기금을 모으고 있었다. 록펠러는 토요일에 은행을 열어, 존스에게 10만 달러가 담긴 서류 가방을 건넸다. 당시 금융 거래 규정에 따르면, 존스는 약속어음에 서명해야 했다. 록펠러는 그 어음을 매입했다. 킹이 연설을 하기 전날 밤, 존스는 그 일을 떠올리면서 어음이 강렬한 인상을 주는 은유법으로 쓰이겠다고 생각했다. 다음 날 킹은 어음에 대한 은유적인 표현을 연설 초반에 썼다. "우리 공화국의 설계자들이 헌법과 독립선언문의 장엄한 글귀를 기록할 때, 그들은 어음에 서명한 셈이었다. 오늘날 미국은 유색인종인 시민의 권리에 관한 한 명백히 그 어음을 이행하지 않은 셈이다."

킹이 존스를 위층으로 올려 보내 연설문 최종안을 쓰게 했을 때는, 존스가 쓸 수 있는 아이디어들이 폭넓게 마련되어 있었다. 그러나 연설문을 완성하기를 미룸으로써 얻은 것은 그뿐만이 아니었다.

진인사대천명(盡人事待天命)

마틴 루서 킹이 역사적인 연설을 한 지 반세기가 지났지만, 우리의 집단 기억 속에는 "나에게는 꿈이 있습니다"라는 세 단어가 생생하게 새겨져 있다. 이 구절은 인류 웅변의 역사를 통틀어 가장 잘 알려진 구절 가운데 하나로 보다 나은 미래의 모습을 생생하게 보여준다. 그런데 "꿈"이라는 개념은 연설문에 전혀 포함되지 않았다는 사실을 알고, 나는 깜짝 놀랐다. 꿈이라는 개념은 클래런스 존스가 작성한 초안에도 없고, 킹 자신이 만든 원고에도 포함되지 않았다.

킹이 연설을 하는 동안 그가 가장 좋아하는 가스펠 가수인 마할리아 잭슨Mahalia Jackson이 그의 등 뒤에서 "꿈에 대해 얘기해요, 마틴!"이라고 외쳤다. 그는 계속 원고대로 연설을 진행했고, 잭슨은 다시 한 번 킹을 종용했다. 25만 명의 군중 앞에서 그리고 수백만 명이 TV로 지켜보는 가운데, 킹은 연설문을 밀쳐놓고 즉흥적으로 미래에 대한 자신의 염원을 그리기 시작했다. "그 많은 사람들과 카메라와 마이크 앞에서 킹은 즉흥 연설을 했다"라고 존스는 회상한다.

작업의 완성을 미루면 참신한 아이디어를 생각해낼 시간을 얻을 수 있다는 이점 외에도, 또 다른 이득이 있다. 즉흥적인 사고를 하게 해준다. 미리 계획을 세우면 이미 만든 구조를 고수하기 일쑤여서, 우리의 시야에 갑자기 등장할지 모르는 창의적인 가능성을 배제하게 된다.

수년 전 버클리대학교 심리학과 교수 도널드 매키넌Donald MacKinnon은 미국에서 가장 창의적인 건축가들[13]은, 스스로를 자제력이 뛰어나고 성실하다고 평가하는 기술력은 뛰어나지만 창의력은 부족한 동료 건축가들에 비해 훨씬 즉흥적인 경향이 있다는 사실을 발견했다. 내가 프란체스카 지노Francesca Gino와 데이비드 호프만David Hofmann과 피자 체인점들에 대해 조사한 결과,[14] 가장 수익이 많은 가맹점들은 점주들이 자신을 가장 비효율적이고 제시간을 못 지킨다고 평가한 가맹점들이었다. 마찬가지로 전략 연구자인 수케타 나드카니Sucheta Nadkarni와 폴 허만Pol Herrmann이 인도의 200여 기업[15]을 조사한 결과, 금융 수익이 가장 높은 기업들은 CEO가 효율성과 신속함에 대해 자신을 가장 낮게 평가한 기업들이었다.

두 사례 모두 가장 성공적인 조직은 일에 착수하기 전에 시간을 허비하고 제때에 일을 끝마치지 못할 때가 있다고 인정한 지도자들이 이끄는 조직이었다. 이러한 습성은 작업의 진전을 방해하기도 하지만 전략적으로 훨씬 유연하게 만들어주기도 한다. 인도 기업들에 대한 연구에서, 각 기업의 고위 경영자들은 자기 회사의 CEO가 전략적으로 유연하다고 평가했다. 주도면밀하게 계획을 세우고, 일찍 행동을 개시하고, 성실하게 일하는 CEO들은 훨씬 전략적으로 경직된 사고를 지닌 것으로 평가되었다. 그런 유형의 사람들은 일단 전략이 수립되면 그 전략을 고수했다. 한편 업무를 미루는 CEO들의 경우 훨씬 융통성 있고 다재다능한 것으로 평가되었다. 그들은 전략을 바꿔 새로운 기회를 이용하고, 위협을 막아내는 임기응변에 강했다.*

킹은 연설을 하기 위해 연단으로 걸어가 마이크 가까이 자리를 잡고 서서도 여전히 연설문을 고치고 있었다. 《드림The Dream》이란 책에서 "킹

---

*새로운 지도자가 부서나 조직을 맡게 되면, 변화를 일으키려는 의욕이 넘치는 경우가 많다. 그러나 좀 참고 기다리는 것이 좋다. 한 실험에서 카네기멜론대학교 교수 아니타 울리(Anita Woolley)는 여러 집단에게 50분을 주고 레고로 집을 지으라고 한 뒤, 크기, 견고성, 미적 요소 등에 대해 점수를 매겼다. 그녀는 집단들을 무작위로 나누어 어떤 집단은 작업 초기에 레고 조립 전략을 서로 의논하게 하고, 어떤 집단은 25분 정도 지난 후에 전략을 의논하게 했다. 작업을 시작하고 중간에 전략을 의논한 집단은16 처음에 의논한 집단보다 80퍼센트 더 효율적으로 작업을 했다. 작업 초기에는 대화를 나누는 것이 별로 쓸모가 없었다. 작업이 생소하기 때문에 효과적인 전략을 세울 만큼 아는 게 없는 상태이기 때문이다. 방이 여러 개 있는데도 들어 올릴 수 있고, 뒤집을 수 있고, 떨어뜨려도 부서지지 않는 높고 아름다운 건축물을 완성한 집단은 작업 중간에 전략을 의논한 집단이라는 점은 특별히 시사

은 자기 차례가 되기 직전까지도 연설문 내용 일부를 지우고, 새로운 문장을 끄적거렸다"라고 정치가 드루 한센Drew Hansen은 말했다. 그는 킹이 "연단에 서서 연설을 하기 직전까지 계속 연설문을 수정하는 듯했다"라고 덧붙였다. 퓰리처상 수상작인 《십자가를 짊어지다Bearing the Cross》에서 역사학자 데이비드 개로우David Garrow는 킹이 "마치 재즈 음악가처럼" 즉흥적으로 연설했다고 말했다. 킹은 짧은 애드리브로 시작해 즉흥 연기를 한 셈이다. 미리 작성된 연설문 초반에는 헌법과 독립선언문을 "모든 인간에게 생명과 자유와 행복 추구라는 양도할 수 없는 권리를 보장한다는 약속"이라고 묘사했다. 연단에 선 킹은 이 구절을 더 확장시켜 다음과 같이 인종 평등을 강조했다. "모든 인간에게, 그렇습니다. 백인뿐만 아니라 흑인에게도 양도할 수 없는 권리를 보장한다는 약속입니다."

연설이 시작되고 11분이 지났을 즈음, 마할리아 잭슨은 킹에게 꿈을 말하라고 외쳤다. 킹이 잭슨이 외치는 소리를 들었는지 분명하지는 않지만, "갑자기 결심했다"라고 킹은 회상했다. 그는 순간적으로 느낀 감정을 좇아 자신의 꿈을 펼쳐보였다. 연설이 끝날 무렵 "킹이 준비한

하는 바가 있다. 예일대학교의 코니 거식(Connie Gersick)은 작업의 중간 지점[17]이 지도자가 변화를 꾀할 수 있는 최적의 시기라는 점을 발견했다. 그때가 집단이 가장 독창성에 열린 마음을 지니게 되기 때문이다. 아직 새로운 시도를 해볼 시간적 여유가 있기 때문에, 전혀 다른 접근 방식에 대해 수용적인 태도를 보이게 된다. 게다가 주어진 시간의 절반을 소비한 상태이기 때문에 훌륭한 전략을 선택하려는 동기부여가 된다. 바로 이런 이유 때문에 농구나 미식축구에서 중간 휴식(halftime)이 경기 결과에 큰 영향을 미친다.[18] 선수들이 새로운 전략에 대해 가장 열린 자세를 지니게 되는 중간 휴식 동안 코치들이 개입할 수 있기 때문이다.

연설문에 새로 덧붙인 내용이 너무 많아서 연설 시간이 예정보다 거의 두 배로 늘었다"라고 한센은 말한다.

독창성이 뛰어난 인물들은 일을 미루는 경향이 강하지만, 그렇다고 계획을 세우는 과정을 건너뛰지는 않는다. 그들은 전략적으로 꾸물거리면서 다양한 가능성을 시도하고, 수정·보완하면서 점진적으로 발전시킨다. 킹은 꿈에 대한 그 유명한 구절을 즉흥적으로 생각해냈지만, 이전부터 수많은 연설을 하면서 비슷한 다양한 내용들에 대해 예행연습을 한 셈이다. 킹은 거의 1년 전인 1962년 11월 올버니Albany에서 꿈에 대해 얘기를 했고, 뒤이은 몇 달 동안 버밍햄에서부터 디트로이트까지 연설을 다니면서 자주 꿈에 대해 언급했다. 꿈에 대해 연설한 그해만 해도 킹은 27만 5,000마일을 이동하면서 350차례 연설을 했다고 추측된다.

킹이 마지막 순간까지 꿈에 관한 내용을 연설에 넣기를 미루었을지 모르지만, 이미 즉흥적으로 꺼내 쓸 수 있는 자료들을 풍부하게 지니고 있었고, 그 덕분에 그의 연설은 훨씬 진정성 있게 들렸다. "킹은 자신이 한 설교 가운데 청중이 좋은 반응을 보인 구절들에서부터 다른 목사들의 설교, 일화, 성경 구절, 좋아하는 시인들의 시 구절 등 연설에 쓸 다양한 구절을 모아놓은 상태였다"라고 한센은 설명한다. 그리고 그는 다음과 같이 덧붙였다. "킹이 연설문을 작성했다고 하기보다는 예전에 여러 번 활용했던 자료들을 순서를 바꾸거나 각색해서 한데 모은 셈이다 … 그렇게 함으로써 킹은 연설을 하는 도중에 내용을 유연하게 바꿀 수 있었다 … 킹이 이미 작성된 연설문 내용에서 벗어나

즉흥 연설을 하지 않았더라도, 대행진에서 그가 한 연설이 사람들의 기억에 남는 연설이 되었을지 의문이다."

개척자와 정착자

100여 개의 기업을 창립하는 데 관여한 아이디어랩^{Idealab} 창립자 빌 그로스^{Bill Gross}는 무엇이 성공과 실패를 가르는지 분석했다. 그 결과, 가장 중요한 요인은 아이디어의 독창성도, 팀의 재능과 실행 능력도, 사업 모델의 질도, 가용 자금이 있는지 여부도 아니었다. "가장 중요한 요소[19]는 시기 포착이었다"라고 그로스는 말한다. 그리고 다음과 같이 밝혔다. "적절한 시기를 포착하는 일이 성공과 실패를 가름하는 데 42퍼센트의 비중을 차지했다."

미국인은 선발 주자가 유리하다[20]는 강한 믿음을 지니고 있다는 연구 결과가 있다. 미국인은 자신이 앞서서 이끌고 싶어 하지, 따르고 싶어 하지 않는다. 과학자들은 경쟁자들보다 먼저 과학적인 발견을 하려고 서두른다. 발명가들은 경쟁자들보다 먼저 특허를 출원하려고 서두른다. 기업가들은 경쟁자들보다 더 빨리 창업을 하고 싶어 한다. 신상품, 새로운 서비스 및 기술을 먼저 출시하면 남들보다 더 빨리 배우고, 가장 좋은 공간을 점유하고, 고객을 독점할 수 있다. 선발 주자는 이런 이점들 덕분에 경쟁자들을 저지할 수 있는 진입장벽을 만들 수 있다.[21] 경쟁자들이 아무리 혁신하려고 해도 선발 주자들은 특허나 우월한 능력으로 저지할 수 있고, 선발 주자의 고객들에게 거래처를 바꾸도록 설득하는 데는 많은 비용이 들기 때문에 경쟁자들이 성장하려는 노력은 좌절된다.

마케팅 연구자인 피터 골더^{Peter Golder}와 제라드 텔리스^{Gerard Tellis}는 권위 있는 한 연구에서 개척자^{pioneer}로 분류되는 기업들의 성공과 정착자^{settler}로 분류되는 기업들의 성공을 비교했다. 개척자는 선발 주자로서 특정 상품을 처음으로 개발하거나 판매한 회사이다. 정착자는 상품의 개발이나 판매를 늦추고 개척자들이 시장을 조성한 후에야 시장에 진입한 회사들이다. 골더와 텔리스가 수십 가지 서로 다른 부류의 상품들을 생산하는 수백 가지 브랜드를 분석한 결과, 실패율에서 엄청난 차이가 나타났다. 개척자들의 실패율은 47퍼센트인 반면, 정착자들의 실패율은 겨우 8퍼센트였다. 개척자들은 정착자들보다 실패할 확률이 여섯 배가 높았다. 개척자들이 살아남는다고 해도 시장점유율은 평균 10퍼센트에 불과했고, 정착자들의 시장점유율 28퍼센트와 차이가 났다.

놀랍게도 선발 주자가 되면 유리한 점들보다 불리한 점[22]들이 많았다. 개척자들이 더 높은 시장점유율을 보이는 경우가 더러 있기는 하지만, 그들은 생존 가능성뿐만 아니라 수익률도 더 낮았다. 마케팅 연구자인 리사 볼튼^{Lisa Bolton}은 "선발 주자들이 특정 산업 분야에서 유리한 점이 있기는 하지만, 학술적인 연구 자료들을 살펴보면 결과를 예측하기가 어렵고, 전체적으로 선발 주자가 유리하다는 주장을 뒷받침해주지도 않는다"라고 말한다.

사람들이 새로운 분야에 뛰어들고 싶은 유혹을 느껴도, 위의 연구 결과와 같은 지식을 갖추고 있다면 냉철하게 마음을 가다듬고 해당 분야에 뛰어들 가장 이상적인 때가 언제일지 진지하게 생각하리라고 짐작할 수 있다. 그러나 볼튼의 연구 결과를 보면 깜짝 놀랄 정도다. 사람들은 선발 주자가 유리하다는 증거가 없다는 사실을 알면서도, 여전히 선발 주자가 유리하다고 믿는다. 사람들은 성공 사례를 주로 접하기 때문에 가용성 편향^{availability bias}에 사로잡혀서 성공한 개척자들을 떠올리기가 훨씬 쉽다. 그러나 실패한 사례들은 곧 잊히기 때문에 사람들은 실패 사례는 드물다고 착각한다. 선발 주자가 유리하다는 낭설을 타파하는 가장 좋은 방법은 사람들에게 선발 주자가 불리한 이유를 물어보는 것이다. 당신의 경험에 비추어볼 때 개척자가 되면 불리한 점들이 무엇일까?

정착자들은 보통 모방꾼^{copycat}이라는 낙인이 찍히지만, 이런 고정관념은 논점을 빗나간다. 정착자들은 기존 요구에 순응하고 이를 충족시키는 대신, 시간을 두고 기다렸다가 준비가 갖춰지면 새로운 것을 제시한다. 정착자들은 혁명적인 상품, 서비스, 기술을 개발하느라 보통 시장 진입이 느리다. 가정용 비디오게임 콘솔 분야의 개척자는 1972년에 출시된 마그나복스 오디세이^{Magnavox Odyssey}였는데, 초보적인 수준의 스포츠 게임 기능이 대부분이었다. 정착자인 닌텐도^{Nintendo}는 1975년에 오디세이의 유통권을 인수한 뒤, 독창적인 닌텐도 엔터테인먼트 시스템을 만들어 〈슈퍼마리오 브라더스^{Super Mario Bros.}〉, 〈젤다의 전설^{The Legend of Zelda}〉과 같은 게임을 출시함으로써 10년 만에 마그나복스를 시장에서 퇴출시켰다. 닌텐도는 사용자 친화적인 컨트롤러, 정교한 캐릭터, 인터랙티브 롤플레잉interactive role-playing 등으로 게임을 변모시켰다. 독창적이기 위해서 반드시 선발 주자일 필요는 없다. 뒤늦게 시작한다고 해도 색다르고 더 나으면 그만이다.

독창적인 사람들이 개척자가 되려고 서두르면[23] 너무 앞서 나가기 십상이다. 인터넷 거품이 꺼지기 전, 골드만삭스Goldman Sachs의 젊은 금융가 조지프 박Joseph Park은 자기 아파트에 있다가 문득 영화를 대여하는 데 들여야 하는 수고에 짜증이 났다. 그는 '영화를 대여하려면 왜 블록버스터Blockbuster 대여점까지 직접 가야 하지?' 라고 생각했다. 이에 그는 웹사이트를 하나 만들어 영화를 고르고 집까지 배달시키면 되겠다고 생각했다.

조지프 박이 창업한 기업 코즈모Kozmo는 2억 5,000만 달러나 투자금을 조성했지만, 2001년에 파산했다. 그가 저지른 가장 큰 실수는 뭐든지 한 시간 안에 배달하겠다는 무모한 약속을 하고, 전국적인 운영 조직망을 구축하는 데 투자했지만, 이를 뒷받침해줄 만큼 수요가 늘지 않았다는 점이다. 3,000여 개의 신생 기업들을 조사한 자료를 보면, 기업들 넷 중 셋은 너무 일찍 규모를 확장해 실패했다.[24] 즉 시장이 아직 뒷받침할 준비가 되어 있지 않은데 투자를 많이 하는 실수를 범한 것이다.

조지프 박이 사업 진행 속도를 조금 더 늦췄더라면, 당시의 기술로 한 시간 이내 배달은 비현실적이고 수익률도 낮은 사업이라는 사실을 깨닫게 되었을지도 모른다. 그러나 온라인으로 영화를 대여하고 싶어 하는 수요는 엄청나게 높았다. 당시 넷플릭스는 막 도약하는 단계였고,

코즈모는 우편주문 대여 영역에서 경쟁한 후 온라인 영화 스트리밍 서비스 영역으로 진출할 수 있었을지도 모른다. 그리고 훗날 인스타카트 Instacart가 장을 본 물건들을 한 시간 내에 배달해주는 물류 서비스를 점점 확장해서 수익이 나도록 해준 기술적인 변화를 코즈모도 이용할 수 있었을지도 모른다. 정착자들이 시장에 진입할 때쯤 되면 시장은 이미 상당히 명확하게 규정되어 있으므로 정착자들은 무슨 상품을 제공할지 고민하는 대신에 상품의 품질을 향상시키는 데 집중하면 된다.

"차라리 두 번째나 세 번째로 시장에 진입해서[25] 선발 주자가 어떻게 하는지 살펴보고 더 나은 방법을 모색하는 것이 낫지 않겠는가?"라고 말콤 글래드웰은 한 인터뷰에서 질문을 던졌다. 그는 "아이디어가 정말 복잡해지고 세상도 복잡해지는데 가장 먼저 나선 사람이 모든 문제를 다 해결하리라고 생각하면 어리석다. 무엇이 좋은 것인지 파악해내는 데는 오랜 시간이 걸린다"라고 말했다.*

---

*너무 서두른 것이[26] 세그웨이가 크게 실패한 이유 가운데 하나다. 랜디 코미사는 "인내해야 한다고 조언했다"라고, 언론인 스티브 켐퍼는 《쓸데없이 시간을 낭비하다(Reinventing the Wheel)》에서 밝혔다. 코미사는 딘 카멘의 팀에게 "천천히 진행시키고 진전 상황을 축적하라"고 조언했다. 세그웨이가 출시되기 전 스티브 잡스는 카멘의 팀에게 디자인을 완전히 바꾸라고 종용했다. 그러고 나서 대학 교정과 디즈니 놀이공원에서 안전성과 유용성 조사를 실시해 사람들이 세그웨이가 어떻게 운용되는지 직접 보게 만들고, 시중에 판매되기 전에 갖고 싶은 마음이 들게 만들어야 한다고 잡스는 조언했다. 그러나 카멘은 잡스의 충고를 귀담아 듣지 않고 고객의 호응, 안전성, 법적 문제, 가격, 디자인의 결함 문제 등을 해결하지 않은 채 서둘러 세그웨이를 시장에 내놓았다. 하버드대학교에서 기업가정신을 연구하는 빌 살먼은 세그웨이 개발 초기부터 관여했는데, 오늘날까지도 그는 세그웨이 개발팀이 상품의 안전성을 증명하고 디자인을 개선하고 비용을 줄이고 주요 도시의 보도에서 탈 수 있도록 허가를 받는 등 천천히 진행시켰으면 어떻게 되었을까 생각한다. 살먼은 "세그웨이가 그렇게 촌스러워 보이지 않았더라면,[27] 무게가 25파운드에 불과하고, 가격도 700달러밖에 되지 않았다면 팔렸을지도 모른다"라고 말하면서 안타까워했다.

후발 주자가 되기를 선택하는 사람들이 성공하는 데 훨씬 적합한 이유가 있다. 위험을 추구하는 사람들은 최초가 되는 데 이끌리고 충동적인 결정을 하기 쉽다. 그러나 위험 회피 성향의 기업가들은 비켜서서 적당한 기회를 기다리며, 진입하기 전에 위험 포트폴리오를 안정적으로 관리한다. 전략 연구자인 엘리자베스 폰타익스Elizabeth Pontikes와 윌리엄 바넷William Barnett은 소프트웨어 창업 회사에 대한 연구[28]에서, 부화뇌동해서 후끈 달아오른 시장에 서둘러 진입하는 성향의 기업가들이 창업한 회사는 살아남아서 성장할 가능성이 더 낮다는 것을 알아냈다. 즉 시장 열기가 식을 때까지 기다렸다가 진입하는 기업가들이 성공할 확률이 더 높았다. "유행에 휩쓸리지 않고 독자적으로 판단하는 사람들이 시장에 살아남아 투자를 유치하고, 결국 기업공개까지 하게 될 가능성이 가장 높다"라고 두 사람은 말한다.

정착자들은 무모할 정도로 지나치게 야심만만하지 않다는 장점 외에도, 경쟁자들의 기술을 개선해서 더 나은 상품을 생산할 수 있다는 장점이 있다. 시장에 최초로 진입한 사람은 온갖 시행착오를 직접 겪어내야 한다. 반면 정착자들은 개척자의 실수를 지켜보면서 배울 수 있다. "선발 주자로 나서는 것은 전술이지 목표가 아니다"라고 피터 틸Peter Thiel은 《제로 투 원Zero To One》에서 말했다. 그는 "선발 주자라고 해도 누군가가 나타나 자리를 뺏으면 아무 소용이 없다"라고 밝혔다.

개척자들은 초기에 출시한 상품에서 벗어나지 못하는 경향이 있지만, 정착자들은 시장의 변화를 예의 주시하고 소비자의 취향이 바뀌는 상황을 감지하고 그에 따라 적응해 나간다. 거의 1세기에 걸친 미국의 자동차 산업의 변화에 대한 연구를 살펴보면, 개척자들은 신기술의 정당성을 확립하려고[29] 애를 먹었고, 시장에 맞지 않는 틀에 박힌 상품을 개발했으며, 소비자의 욕구가 분명히 드러나자 그들의 아이디어는 진부해졌다. 정착자들은 시장이 받아들일 준비가 될 때까지 기다리는 호사를 누릴 수도 있다. 와비파커가 창립되었을 때는 전자상거래 기업들이 이미 10년 넘게 급성장해오고 있었다. 그러나 안경을 온라인으로 판매하려는 기업들은 부진을 면치 못했다. "지금보다 일찍 창업했다면 절대 성공하지 못했을지 모른다. 우리는 아마존, 자포스, 블루나일Blue Nile 같은 기업들이 보통 온라인으로 주문하지 않던 상품들을 온라인으로 구매하는 데 사람들이 익숙해지게 만들 때까지 기다려야 했다"[30]라고 공동 최고경영자인 닐 블루멘털이 내게 말했다.

수많은 독창적인 사고를 지닌 사람들과 아이디어, 그리고 운동movement들이 시기상조로 실패하는 사례는 재계 외의 영역에서도 많이 있다. 1990년대 초 CIA에서 카멘 메디나가 처음으로 온라인으로 정보를 공유하자는 아이디어를 제안했을 때, CIA는 그런 개념을 고려해볼 준비가 되어 있지 않았다. 이후 전자통신이 점점 안전해지고 친숙해지면서 사람들은 그녀의 아이디어에 더 수용적인 태도를 지니게 되었다. 9·11테러 공격과 이라크가 대량 살상 무기를 보유하고 있다는 오판을 내린 이후 사람들은 정보 조직들 간에 효과적으로 정보를 공유하는 데 실패하면 얼마나 엄청난 대가를 치르는지 분명히 알게 되었다. "적절한 시기를 포착하는 것이 가장 중요하다"라고 메디나의 동료인 수전 벤저민은 말한다. 그녀는 "메디나가 처음 아이디어를 제안하고 나서 세월이 흐르는 동안, 철저하게 구닥다리 사고방식을 가진 직원들조차 업무 방식에 변화가 필요하다는 사실을 깨닫게 되었다. 변화를 시도할 때가 무르익은 것이다. 생각이 있는 사람이라면 메디나의 주장에 귀를 기울이지 않을 수 없었고, 그것이 우리가 나아갈 방향이라는 데 동의하지 않을 수 없었다"라고 말한다.

1840년대 헝가리의 의사 이그나즈 제멜바이스Ignaz Semmelweis[31]는 의대 학생들에게 손만 잘 씻게 해도 분만 시술을 할 때 사망율을 급격히 줄일 수 있다는 사실을 발견했다. 하지만 그의 동료 의사들은 그의 생각을 비웃었고, 그는 정신병원에 갇히는 신세가 되었다. 그로부터 20여 년이 지나 루이 파스퇴르Louis Pasteur와 로베르트 코흐Robert Koch가 세균학의 기반을 닦고 나서야, 제멜바이스의 주장은 과학적인 정당성을 얻게 되었다. 물리학자 막스 플랑크Max Planck가 지적한 바와 같이, "새로운 과학적 진리[32]는 반대자를 설득하고 깨닫게 한다고 입증되는 것이 아니라 반대자들이 결국 사망하기 때문에 입증된다."

그렇다고 최초가 되는 것이 현명한 경우가 전혀 없다는 뜻은 아니다. 사람들이 하나같이 남들이 먼저 행동하기를 기다린다면, 독창적인 것은 절대 창조되지 않을 수도 있다. 누군가는 먼저 나서서 개척자가 되어야 하고, 때로는 그렇게 해서 결실을 거두기도 한다. 선발 주자가 유리한 경우[33]는 특히 기술이 관련된 경우나 네트워크 효과Network effect(전화나 소셜 미디어처럼 사용자 수가 늘어날수록 상품이나 서비스의 가치가 증가하는 효과)가 강한 분야이다. 그러나 대다수의 경우 선발 주자로 성공할 확률은 높지 않다.[34] 게다가 시장이 불확실하고[35] 잘 알려지지 않았고,

개발이 덜 되었다면 개척자는 매우 불리하다. 여기서 우리가 깨달아야 할 핵심적인 교훈은 독창적인 아이디어가 있다고 해도, 오로지 경쟁자보다 먼저 결승점에 도착하겠다는 목적만으로 서두르는 것은 실수라는 사실이다. 작업을 미루면 사고가 유연해지듯이, 시장 진입을 미루면 새로운 정보를 얻게 되고 적응력이 길러지며 독창성과 연관된 위험도 줄일 수 있게 된다.

그렇다면 특정 과업을 완수하는 데 적절한 시간 계획과 상품의 수명보다 더 시야를 넓혀서 살펴본다면 어떻게 될까? 한 인간의 삶을 고려해볼 때, 너무 머뭇거리다가 행동에 옮기면 손해가 막심한 경우도 있지 않을까?

창의성의 생애주기: 참신한 천재와 노련한 거장

대개 독창성은 젊음의 분수에서 샘솟는다고 여겨진다. 유명한 벤처 투자자 비노드 코슬라Vinod Khosla의 말을 빌리자면, "35세 이하인 사람들[36]은 변화를 일으키는 사람들이다. 45세 이상인 사람들은 새로운 아이디어라는 측면에서 보면 죽은 사람이나 다름없다." 20대 중반에 상대성에 관한 혁명적인 논문을 처음 발표한 후 앨버트 아인슈타인도 비슷한 주장을 했다. 아인슈타인은 "30세가 되기 전에 과학의 발전에 기여하는 위대한 업적을 이루지 못하면,[37] 평생 위대한 업적을 남기지 못한다"라고 말했다. 유감스럽게도 혁신가들은 세월이 갈수록 독창성을 잃는 사례가 많다. 아인슈타인은 상대성에 관한 논문 두 편으로 물리학을 뒤바꿔놓은 후, 양자역학quantum mechanics에 반대를 했다. 하지만 물리학 분야에서 양자역학은 상대성이론 다음으로 일대 혁명을 일으킨 이론이 되었다. 아인슈타인은 "나는 권위에 도전한 벌로서,[38] 나 자신이 권위가 되는 운명을 맞게 되었다"라고 한탄했다.

그러나 독창성이 나이가 들면서 필연적으로 쇠퇴한다고 볼 수는 없다. 기업들이 직원들의 제안을 수집하는 우편함을 설치하면,[39] 상대적으로 나이가 많은 직원들이 젊은 직원들보다 훨씬 많은 아이디어를 제출하고 아이디어의 질도 훨씬 높으며, 가장 가치 있는 제안은 주로 55세 이상인 직원들로부터 나온다는 조사 결과가 있다. 그리고 벤처캐피탈을 유치하는 데 성공한 기술 분야 창업자의 평균 연령은 38세이다.[40]

예술과 과학 분야에서 살펴보면, 사람들은 일찍 절정기를 맞은 젊은 천재들은 잘 기억한다. 하지만 그보다 훨씬 늦게 절정기를 맞은 노련한 거장들도 많이 있다는 사실을 시카고대학교 경제학자 데이비드 갤런슨David Galenson이 증명했다. 의학 분야에서는 25세에 DNA의 이중나선 구조를 밝혀낸 제임스 왓슨James Watson이 있다면, 49세에 두뇌의 우반구와 좌반구가 서로 다른 기능에 특화되어 있음을 밝혀낸 로저 스페리Roger Sperry가 있다. 영화계에서는 25세에 첫 작품으로 걸작 영화 〈시민 케인Citizen Kane〉을 만든 오손 웰즈Orson Welles가 있다면, 감독에 입문하고 30년이 지나서야 자신의 작품들 가운데 가장 인기 있는 영화 세 편인 〈현기증Vertigo〉, 〈북북서로 진로를 돌려라North by Northwest〉, 〈사이코Psycho〉를 각각 59세, 60세, 61세에 만든 알프레드 히치콕Alfred Hitchcock이 있다. 시 분야에서는 22세에 처음으로 영향력 있는 시를 쓰고, 자신의 최고 걸작들 가운데 절반 이상을 불혹의 나이가 되기 전에 쓴 E. E. 커밍스E. E. Cummings가 있다면, 자신의 작품들 가운데 가장 많이 재출간된 작품의 92퍼센트를 마흔이 넘어서 창작한 로버트 프로스트Robert Frost가 있다. 이와 같이 천양지차인 창의성의 두 가지 생애주기는 무엇으로 설명해야 할까? 왜 어떤 사람은 일찍 절정기를 맞고, 어떤 사람은 대기만성일까?

사람들이 독창성의 절정을 맞는 시기와 절정기의 지속 기간은 사고 유형에 따라 결정된다. 갤런슨은 창의적인 인물들을 연구한 결과, 혁신에는 서로 크게 다른 두 가지 유형이 있다는 사실을 발견했다. 개념적 혁신가Conceptual innovator들은 대단한 아이디어를 생각해내고 그 개념을 실행하는 데 착수한다. 실험적 혁신가Experimental innovator들은 시행착오를 통해 문제를 해결하면서 지식을 축적하고 진화한다. 그들은 특정 문제를 다루면서도 처음부터 특정 해결책을 염두에 두지 않는다. 실험적 혁신가들은 미리 계획하는 대신 일을 진행시켜가면서 해결책을 찾는다. 작가 E. M. 포스터E. M. Forster[41]가 한 말을 재해석하자면, "내가 무슨 생각을 하는지 스스로 알려면, 우선 내가 하는 말을 스스로 이해해야 하지 않겠는가?"

갤런슨에 따르면, 개념적 혁신가들은 단거리 주자인[42] 반면, 실험적 혁신가들은 마라톤 주자이다. 갤런슨이 노벨상을 수상한 경제학자들[43]을 연구한 결과, 개념적 혁신가들은 가장 큰 영향을 미친 연구를 평균 43세 전에 한 반면, 실험적 혁신가들은 평균 61세에 한 것으로 나타났다. 또 유명 시인들의 작품 가운데 가장 자주 인용된[44] 시들을 분석했더니, 개념적 혁신가들은 최고의 작품을 28세에 지은 반면, 실험적 혁신가들은 39세에 지었다. 그리고 노벨상을 수상한 물리학자들을 일일이 분석한 독자적인 연구를 살펴보면,[45] 30세 이하의 천재들 가운데 정확히 절반이 이론적인 연구를 한 개념적 혁신가였다. 한편 45세 이상의 노련한 거장들 중에 92퍼센트가 실험적인 연구를 한 실험적 혁신가인 것으로 나타났다.

개념적 혁신가와 실험적 혁신가 사이에 존재하는 이런 근본적인 차이는 독창적인 인물들 가운데 일부는 일찍 절정기를 맞고, 일부는 대기만성인 이유를 설명해준다. 개념적 혁신은 비교적 빨리 달성할 수 있다. 수년 동안 철두철미한 조사를 할 필요가 없기 때문이다. 제임스 왓슨과 프랜시스 크릭Francis Crick이 DNA의 이중나선 구조를 발견했을 때는 자료가 축적되기를 기다릴 필요가 없었다. 그들은 3차원의 이론적 모델을 만들고 로절린드 프랭클린Rosalind Franklin이 제공한 엑스레이 사진만 살펴보면 됐다. 개념적인 통찰력이 인생의 초기에 꽃피는 이유는 신선한 시각으로 문제에 접근할 때 놀라울 만큼 독창적인 통찰력이 발휘되기 때문이다. "개념적 혁신가들은 보통 처음으로 해당 분야에 노출되고, 얼마 지나지 않아 그 분야에서 자신의 업적 가운데 가장 중요한 공헌을 하게 된다"라고 갤런슨은 말한다. 이런 이유 때문에 개념적 혁신가들이 문제에 접근하는 방식이 굳어지면 독창성이 떨어지게 된다. 이를 갤런슨은 다음과 같이 설명한다.

개념적 혁신가들이 나이가 들수록 젊은 날 이룬 뛰어난 업적에 버금가는 업적을 내지 못하는 이유는, 그들이 지닌 독창성이라는 마법의 묘약이 고갈되어서가 아니다. 경험이 축적되는 데 따른 결과이다 … 개념적 혁신가의 숙적은 경직된 사고방식이다 … 개념적 혁신가들은 젊은 시절 자신이 이룩한 중요한 업적의 포로가 되기 쉽다.

바로 이 점이 개념적 혁신가인 아인슈타인이 지닌 문제였다. 특수 상대성이론을 개발했을 때, 아인슈타인은 과학적 실험이 아니라 사고思考의 실험을 한 셈이다. 그는 자신이 빛줄기를 좇고 있다고 상상했다. 그가 과학에 가장 크게 기여한 점은 다른 사람들의 실험 결과를 설명할 아이디어와 이론을 개발했다는 점이다. 아인슈타인은 상대성이론을 자기 것으로 만들고 나서, 그런 이론들을 떨쳐버리고 양자역학을 이해하기 위해 악전고투했다.

시 분야에서 E. E. 커밍스도 비슷한 장애물을 만났다고 갤런슨은 지적한다. 20대 초반에 언어와 문법과 구두점에 관한 자신만의 법칙을 형성하고 나서, 50이 되어서도 "커밍스는 여전히 한 가지 실험을 하는 실험가였다. 커밍스와 관련해 기막힌 점은 그는 늘 성장해야 한다고 말하면서도 늘 제자리에 머물러 있다는 점이다"라고 한 평론가는 말했다. 훗날 커밍스가 65세가 되었을 때, 또 다른 평론가는 다음과 같이 말했다. "커밍스는 대단히 독창적인 시인이다. 하지만 그가 지은 책들은 모두 똑같다." 심리학자 에이브러햄 매슬로Abraham Maslow가 한 말을 재해석하자면, 망치를 쥐면[46] 모든 게 못처럼 보이는 법이다.

반면 실험적 혁신은 수년 또는 수십 년에 걸쳐 필요한 지식과 기술을 축적해야 달성할 수 있지만, 이렇게 축적된 지식과 기술은 세월이 흘러도 지속적으로 혁신의 원천이 된다. 로저 스페리는 수년에 걸쳐 고양이와 인간 환자의 뇌를 대상으로 실험을 하고, 좌우반구가 어떻게 작동하는지를 연구했다.

가장 많이 인용되는 로버트 프로스트의 시 가운데 그가 20대에 지은 시는 단 한 편도 없고, 30대에 지은 시는 겨우 8퍼센트이며, 40대에 가서야 마침내 재능이 활짝 꽃폈다. 그리고 60대에 다시 절정기를 맞았다. "프로스트는 차근차근 서로 다른 여러 지역과 사람들을 관찰하고 기다렸다가, 걸작 소설에 버금가는 훌륭한 최고 걸작 시들을 창작했다"라고 시인 로버트 로웰Robert Lowell은 말했다. 프로스트는 탐험가처럼 세상을 탐험하면서 시를 창작하는 데 쓸 재료들을 모았고, 사람들이 실제로 하는 대화에 귀를 기울였다. "내가 들어본 적이 없는 단어나 단어의 조합, 실제로 말할 때 쓰이지 않는 단어나 단어의 조합은 결코 사용하지 않는다"라고 프로스트는 인정했다. 각각의 시는 다양한 요소들을 한데 섞어놓는 실험이다. 프로스트는 "작가가 놀라지 않으면 독자도 놀라지 않는다"라고 즐겨 말하곤 했다. 그리고 이렇게 말했다. "나는 시를 짓기 시작할 때, 마무리를 어떻게 할지 정해놓고 시를 짓고 싶지 않다 … 나의 작품이 끝이 어떻게 될지 나중에 알게 되는 기쁨을 누리고 싶다."

개념적 혁신가들은 초창기에 독창적인 아이디어를 생각해내기는 하지만 그 아이디어를 똑같이 반복할 염려가 있다. 실험적인 접근 방식을 쓰면 결과물을 내는 데 시간이 오래 걸리지만, 이 방식은 끊임없이 새로운 아이디어를 생산하도록 해준다. 즉 실험을 하면 과거의 아이디어를 베끼지 않고 계속 새로운 아이디어를 발굴하게 된다. 마크 트웨인은 '시행착오 기법trial-and-error method'을 사용해 창작한 《허클베리 핀의 모험Adventures of Huckleberry Finn》을 마흔아홉 살에 출간했다. 학자들은 마크 트웨인의 작품에 대해 "결말이나 줄거리가 어떻게 될지 정해놓지 않고 소설을 진행해가면서 줄거리를 유연하게 수정해나갔다"라고 말한다. 트웨인 자신도 다음과 같이 말했다. "짤막한 이야기가 긴 이야기가 되면서 본래 의도(또는 모티프)는 폐기되고, 상당히 다른 내용으로 대체된다."

나이가 들고 전문성이 축적되어도 독창성을 유지하려면 실험적 접근 방식을 취하는 것이 최선의 방법이다. 창작하고자 하는 것이 있다면 미리 계획을 세우기보다는 여러 가지 잠정적인 아이디어나 해결책을 실험해보는 일부터 시작하자. 참을성 있게 기다린다면 결국 참신하고 쓸모 있는 뭔가를 생각해내게 될지 모른다. 레오나르도 다빈치도 실험적 접근 방식으로 덕을 봤다. 그는 마흔여섯 살에 〈최후의 만찬〉을 완성했고, 50대 초반에 〈모나리자〉를 그리기 시작했다. "다빈치는 그림을 그리기 시작하고서야 진정으로 자신이 원하는 것이 뭔지 깨달았고 목표가 분명해졌다"라고 한 학자는 말했다. 또 다른 학자는 "다빈치는 어떤 형태도 최종적인 형태로 받아들이지 않고, 본래 의도에서 벗어날 위험을 감수하면서조차 계속 진흙을 만지는 조각가처럼 작업을 했다"라고 밝혔다.

마틴 루서 킹도 실험적 혁신가였다. 꿈에 관한 연설을 했을 때, 그는 겨우 서른네 살이었지만 민권에 대해 대중 앞에서 연설한 지는 벌써 20년째였다. 킹은 열다섯 살에 민권에 대해 독창적인 연설을 해서 주州 결승대회까지 진출한 적이 있다. 그 후로 킹은 자신의 생각을 분명히 전달할 수 있는 다양한 구절들을 폭넓게 시도해보았다. 그는 수천 번의 연설을 하면서 끊임없이 색다른 운율과 후렴구를 시도해보았다. 노련한 거장처럼 경험을 축적한 그는 칼 웨이크Karl Weick의 말처럼 "기존의 것은 새롭게 조합하고, 새로운 것은 기존 방식으로 조합[47]함으로써" 독창성을 살렸다.

참을성 있게 기다리는 자에게는 복이 있고, 실험가들은 아무리 나이가 들어도 독창성을 발휘할 수 있다. 프랭크 로이드 라이트Frank Lloyd Wright는 그의 최고 걸작인 폭포 위에 지은 집 〈폭포Fallingwater〉를 설계하기로 계약한 뒤, 이따금 스케치를 하면서 거의 1년을 끌다가 마침내 예순여덟 살이 되어서야 디자인을 완성했다. 레이먼드 데이비스Raymond Davis는 쉰한 살에 착수해서 노쇠한 여든이라는 나이에 끝마친 실험으로 노벨물리학상을 공동 수상했다. 실험을 많이 할수록 과거에 내놓았던 아이디어의 제약을 덜 받는다. 실험가들은 청중들의 반응에서, 캔버스에서, 축적된 자료에서 새로운 것을 발견하고 거기서 배운다. 자신의 상상력에 갇히지 않고 세상을 내다봄으로써 시야를 넓힌다.

젊은 천재에게는 단거리 경주가 좋은 전략이지만, 노련한 거장이 되기 위해서는 참을성 있게 실험에 매진하는 마라톤 주자의 끈기가 필요하다. 둘 다 모두 창의력을 발휘하는 길이다. 그러나 어느 날 갑자기 기발한 생각이 번뜩 떠오르지 않는 우리 같은 사람들에게는 천천히 꾸준하게 실험을 계속하는 것이 독창성을 오래도록 발휘할 수 있는 방법이다. "물론 평생 아무 업적도 이룬 것이 없는 예순다섯 살의 사람들이 전부 흙 속의 진주는 아니다"라고 저자 대니얼 핑크Daniel Pink는 말하면서 이렇게 덧붙였다. "그러나 집요하게 호기심을 발동시키고 끊임없이 이런저런 시도를 해보면 더욱 강화될 수 있다. 쏜살같이 앞서간 토끼에게 굴하지 않고, 꿋꿋하게 자기 갈 길을 간 거북이처럼 말이다."[48]

5장

최적의 균형점과
트로이 목마

"별무늬 스니치는 배에 별무늬가 있었고[1]
민무늬 스니치는 배에 별무늬가 없었다.
별은 별로 크지 않았다. 아주 작았다.
그건 별 차이 아니라고 생각하겠지.
그렇지만 별무늬 스니치는 하나같이 허풍을 떤다.
"우리가 제일 잘난 스니치다."
그들은 콧대를 높이 쳐들고 킁킁 콧방귀를 뀐다.
"우리는 민무늬들하고 상대 안 해!"
─닥터 수스Dr. Seuss*

---

*동화 《스니치들(The Sneetches)》의 일부 내용이다. 노란색 동물 스니치들 가운데 일부는 배에 녹색 별이 있는데, 이들은 별무늬가 없는 스니치들을 차별한다. 어느 날 장사꾼이 나타나 돈을 받고 별을 그려주는 장사를 한다. 무늬 없는 스니치들이 너도나도 배에 별을 그리게 되자, 별무늬가 있는 스니치들은 자신들의 특별한 지위를 잃을 위험에 처한다. 그러자 장사꾼은 이번에는 돈을 받고 별을 지워주는 장사를 한다. 그러자 본래 별무늬가 있던 스니치들은 너도나도 별을 지운다. 결국 애초에 누가 별이 있었고, 누가 없었는지 구분할 수 없게 되었고, 스니치들은 빈털터리가 되고 장사꾼은 부자가 된다. 이와 같이 인종 간의 차별, 서로 다른 문화들 간의 차별을 풍자한 내용의 동화이다─옮긴이

연대를 결성하고
유지하기

루시 스톤 Lucy Stone 의 위대함을 기억하는 사람들은 많지 않지만, 미국에서 그녀만큼 여성의 참정권 운동에 큰 공헌을 한 사람은 없다.[2] 1855년 그녀는 여성의 권리를 주장했고,[3] 이에 감동받은 수천 명이 그녀를 따랐으며, 그녀에게 경의를 표하는 뜻에서 자신들을 '루시 스토너 Lucy Stoner' 라고 불렀다. 그 후 다음 세기에 걸쳐 자신을 루시 스토너라고 부르는 여성들이 줄을 이었는데 비행사 아멜리아 에어하트 Amelia Earhart, 시인 에드나 세인트 빈센트 밀레이 Edna St. Vincent Millay, 화가 조지아 오키프 Georgia O'Keeffe가 포함된다. 오늘날에는 비욘세 놀스 Beyoncé Knowles, 셰릴 샌드버그, 세라 제시카 파커 Sarah Jessica Parker, 스팽스 창립자 세라 블레이클리가 루시 스토너가 될 자격이 있는 여성들이다.

루시 스톤은 미국에서는 처음으로 처녀 때 성姓을 결혼 후에도 유지한 여성이다. 그 밖에도 그녀는 최초의 기록을 많이 보유하고 있다. 그녀는 매사추세츠 주에서 처음으로 학사 학위를 딴 여성이고, 여성의 권리에 대해 강의를 하는 정규직 강사가 된 최초의 미국인으로서 수많은 지지자들을 모았고, 수많은 적들을 우군으로 만들어 여성운동에 동참하게 했다. 그녀는 전국적인 회의도 수차례 주관했고, 그녀가 창간한 미국 최초의 여성신문 〈여성저널Woman's Journal〉은 무려 반세기 동안 발간되었다. 여성들에게 투표권을 부여한 헌법 수정안 제19조를 통과시키는 데 공헌한 여성 참정권 운동가 캐리 채프먼 캣Carrie Chapman Catt의 말을 빌리자면, "오늘날 여성 참정권을 쟁취한 쾌거는 〈여성저널〉의 역할 없이는 불가능했다."고 한다.

1851년 스톤은 여성의 권리 회의를 주관했는데, 다른 사람들이 그녀를 설득해 가까스로 회의 마지막 날 연설을 하게 만들었다. "우리는 사회의 부속품 그 이상의 존재가 되고 싶다"라며, 스톤은 여성들에게 각 주의 입법부에 여성의 투표권과 재산권을 인정하라는 청원을 해야 한다고 주장했다. 그녀의 연설은 여권운동에 불을 지피는 계기가 되었다. 스톤의 연설은 대서양 건너편까지 도달했고, 이에 영감을 받은 영국 철학자 존 스튜어트 밀John Stuart Mill과 해리엇 테일러 밀Harriet Taylor Mill은 여성 참정권에 대한 유명한 에세이를 출간했으며, 이는 영국에서 여성 참정권 운동가들을 동원하는 데 큰 힘이 되었다.

미국에서 스톤의 연설에 가장 큰 영향을 받은 사람은 로체스터에서 교사로 일하던 수전 B. 앤서니Susan B. Anthony일 것이다. 스톤의 연설에 감명을 받은 그녀는 참정권 운동에 동참했다. 2년 후 당대의 또 다른 위대한 여성 참정권 운동가 엘리자베스 캐디 스탠턴^{Elizabeth Cady Stanton}은 앤서니에게 보낸 서신에서 다음과 같이 스톤을 극찬했다. "그녀와 대적할 여성은 없다."

그 후 십 몇 년 동안 스톤, 앤서니, 스탠턴은 여성의 참정권 운동을 이끄는 지도자로서 서로 협력하게 된다. 그러나 여성의 동등한 투표권을 위한 공동의 목표를 실현하기도 전에, 그들의 제휴는 와해된다.

1869년, 앤서니와 스탠턴은 스톤과 결별하고, 따로 자기들만의 여성 참정권 조직을 결성했다. 과거에 동지였던 그들은 경쟁자로서 치열하게 싸웠고, 자신들의 신문을 발간하고 따로 청원 운동과 기금 모금을 했으며, 독자적으로 입법부에 로비를 했다. "그들이 분열하면서 안 그래도 수적으로 열세인 데다가 조직력도 약한 여성운동에 절실하게 필요한 에너지가 이중으로 낭비되었다"라고 역사학자 진 베이커^{Jean Baker}는 탄식했다. 게다가 그들이 분열하면서 여성들은 정치활동을 하는 데 적합하지 않다는 고정관념이 더욱 강해졌고, 신문들은 여성 참정권이라는 중요한 명분 자체보다는 "암탉들의 싸움^{Hens at War}"에 더 초점을 두고 보도했다. 앤서니는 스톤의 조직에서 사람들을 빼올 계략을 짰다. 그리고 앤서니와 스탠턴이 스톤에 대해 품고 있던 반감이 워낙 강한 나머지 두 사람은 참정권 운동의 역사에서 스톤의 조직을 삭제해 버리기까지 했다. 이러한 행동에 스탠턴의 딸조차 경악하게 되었고, 스탠턴의 딸은 직접 스톤의 노력에 대해 기록을 남겨 누락된 역사를 바로잡았다. 공동의 명분에 깊이 헌신한 세 지도자가 왜 그토록 맹렬

하고 파괴적인 갈등 관계에 처하게 되었을까?

5장에서는 독창적인 인물들이 자신의 목표를 달성하기 위해 어떻게 연대를 결성하고, 연대의 성공을 가로막는 장애물을 어떻게 극복하는지 알아보겠다. 현재 상태를 바꾸려는 노력은 대체로 정의상 소수 집단이 다수 집단에 도전장을 내미는 움직임과 관련된다. 연대를 하면 막강한 힘이 생기지만, 연대는 본질적으로 불안정하다. 개인 구성원들의 관계에 많이 의존하게 되기 때문이다. 수전 앤서니와 엘리자베스 캐디 스탠턴이 루시 스톤과 갈등을 겪으면서 참정권 운동의 가장 중요한 연합 세력이 와해되었고, 운동 자체가 거의 무산될 뻔했다. 나는 그들이 직면했던 문제들을 분석하고, 이와 더불어 재능 있는 한 기업가가 자신의 아이디어를 펼칠 기회를 달라고 사람들을 설득하기 위해 어떤 방법을 썼으며, 거의 제작되지 않을 뻔했던 디즈니 영화가 어떻게 흥행에 성공했고, 월스트리트 점령 운동the Occupy Wall Street movement은 왜 실패로 끝났는지도 살펴보겠다. 이를 통해 효과적인 연대 관계를 구축하려면 고결한 명분과 실용적인 정책 사이에 미묘한 균형을 잡아야 한다는 점을 제시하려 한다. 그 과정에서 〈오 캐나다O Canada〉를 부르면 연대를 형성하는 데 도움이 되는 이유를 알게 되고, 전술을 공유하는 것이 가치를 공유하는 것보다 훨씬 영향력을 발휘한다는 사실도 알게 된다. 또한 미국 서부에 위치한 주들은 동부와 남부의 주들보다 왜 더 빨리 여성에게 참정권을 부여하게 되었고, 애증이 교차하는 관계인 친적 frenemy(친구friend와 적enemy의 합성어-옮긴이)보다는 순수하게 적대적 관계인 사람들과 협력 관계를 맺는 것이 왜 훨씬 더 현명한지 그 이유를 알게 된다.

핵심 쟁점은 연대를 결성할 때 고려해야 할 황금률Goldilocks이다. 특정 운동을 시작하는 독창적인 인물들은 보통 가장 과격한 구성원일 경우가 많고, 그들이 지닌 아이디어나 이상은 그들을 따르는 다수의 취향에는 너무 과격한 경우가 많다. 반감을 가진 집단과 연대를 하려면, 운동의 대의명분에서 과격한 요소를 가능한 한 누그러뜨리는 것이 가장 좋다. 그러나 한편으로는 뜻을 같이하는 사람들을 대의명분에 동참하도록 끌어들이려면, 너무 과격하지도 너무 밋밋하지도 않은 알맞은 정도로 전달하고자 하는 메시지를 조정할 필요가 있다.

사소한 차이를 버리지 못하는 아집

사람들은 공동의 목표가 집단을 결속시킨다고 믿지만, 공동의 목표는 오히려 집단을 분열시킨다. 다트머스대학교Dartmouth College의 심리학자 주디스 화이트Judith White에 따르면, 이런 분열을 이해하는 열쇠는 수평적 적대감horizontal hostility이라는 개념[4]이다. 과격한 집단과 다수 집단이 근본적인 목적을 공유한다고 해도, 전자는 후자를 사기꾼이나 배신자로 여기며 경멸하는 경우가 많다. 지그문트 프로이트Sigmund Freud가 한 세기 전에 말한 바와 같이, "매우 비슷한 사람들 간에 이질감이나 적대감이 형성되는 이유는, 바로 아주 사소한 차이 때문이다."

화이트는 도처에서 수평적 적대감을 목격했다. 청각 장애인인 여성이 미스 아메리카에 선정되자, 청각 장애인의 권리를 위해 싸우는 운동가들은 청각 장애인에 대한 편견을 깬 그녀를 응원하기는커녕 항의를 했다. 그녀가 수화를 쓰지 않고 말을 했기 때문에 진짜 청각 장애인이 아니라는 주장이었다. 피부색이 비교적 옅은 흑인 여성이 한 대학의 법과대학 교수로 임명되자, 그 학교의 흑인학생연합은 그녀가 진정한 흑인이 아니라며 교수 임용에 반대했다. 한 급진적인 환경운동가는 보다 주류 성향인 그린피스Greenpeace를 "생태계 보존 운동으로 돈이나 벌고 수익이나 올리려는 생각 없는 괴물"이라거나 "녹색운동의 고결함을 훼손하는 위협적인 존재"라고 폄훼했다. 왜 이런 적대감이 발생하는지 알아보기 위해 화이트는 수많은 다양한 사회운동과 소수 집단을 대상으로 수평적 적대감에 대한 연구를 수행해 놀라운 사실을 밝혀냈다.

한 연구에서 비건vegan(고기는 물론 우유, 달걀도 먹지 않는 엄격한 채식주의자─옮긴이) 집단과 베지테리언vegetarian(일반적인 채식주의자로 동물성 식품의 섭취를 제한하는 사람들─옮긴이) 집단에게 일반 대중과 비교해서 자기 집단 구성원과 상대방 집단의 구성원을 평가하게 했다. 이때 비건이 베지테리언에 대해 갖고 있는 편견은 베지테리언이 비건에 대해 갖고 있는 편견의 거의 세 배에 달하는 것으로 나타났다. 보다 급진적인 채식주의자인 비건의 눈에는 주류인 베지테리언이 채식하는 척만 하는 사람들로 비춰졌다. 비건은 정말로 채식을 하는 명분을 중요하게 생각한다면, 달걀 같은 동물성 식품도 먹지 말아야 한다고 생각한다.

그리스에서 실시한 한 연구를 보면, 가장 보수적인 정당 당원들은 자신들과 가장 유사한 정당보다 진보 정당을 더 호의적으로 평가했고,

가장 민주적인 정당은 가장 보수적인 정당보다 진보 정당을 훨씬 가혹하게 평가했다. 정통 유대교인들은 일상생활에서 교리를 따르지 않고 종교에서 규정한 휴일을 지키지 않는 세속적인 유대인 여성보다 보수적인 유대인 여성들을 더 부정적으로 평가했다.

이들이 보내는 메시지는 분명하다. 진정으로 믿는다면 철저히 믿으라는 점이다. 사람들은 극단적인 집단과 자신을 동일시하는 경향이 강할수록[5] 자신이 믿는 가치를 위협하는 보다 온건한 집단과 자신을 차별화하려고 애쓴다.

바로 이런 수평적 적대감으로 인해 앤서니와 스탠턴은 스톤과 결별했다. 앤서니와 스탠턴은 비교적 급진적이었다. 스톤은 보다 주류 성향이었다. 1866년 그들의 사이가 멀어진 이유는, 앤서니와 스탠턴이 유명한 인종차별주의자인 조지 프랜시스 트레인George Francis Train과 손을 잡았기 때문이다. 트레인은 여성들이 미국 흑인들의 정치적 영향력을 저지하는 데 도움이 되리라고 믿었기 때문에 여성 참정권 운동을 지지했다. 스톤은 두 사람이 트레인과 함께 활동하고, 트레인에게서 운동 자금을 받는 모습을 보고 격분했다.

앤서니와 스탠턴이 흑인 남성에게 투표권을 부여하는 헌법 수정안 제15조에 반대하면서 두 사람과 스톤 사이의 골은 더 깊어졌다. 두 사람은 강경한 노선을 택했다. 여성에게 투표권이 주어지지 않는다면, 그 어떤 소수 집단에게도 투표권을 줘서는 안 된다는 주장이었다. 그들의 입장은 경직되었을 뿐만 아니라 헌법 수정안 제15조를 지지한 민주적인 유권자들에게 호소력을 갖기에는 지나치게 과격했다. 스톤은 노예제도 철폐 운동에 훨씬 공감했다. 평등권을 논의하는 대회의에서 스톤은 흑인 운동가들과의 지속적인 연대를 지지한다고 선언함으로써 흑인 운동가들과 앤서니, 스탠턴 사이에 가교 역할을 하려고 애썼다. 스톤은 다음과 같이 말했다.

> 양쪽의 주장이 모두 옳을지 모른다 … 여성이 받아온 부당한 대우는 대양의 심연처럼 깊이를 헤아리기 어렵고, 흑인들이 겪어온 부당함도 그 깊이를 가늠하기 어렵다 … 나는 헌법 수정안 제15조를 주신 하나님께 감사드린다. 그리고 이 수정안이 모든 주에서 채택되기를 희망한다. 나는 그 고통의 심연에서 빠져나오게 되는 사람이 누가 되든 내 영혼을 다해 감사드릴 것이다.

앤서니와 스탠턴은 흑인의 투표권을 지지하는 스톤을 여성운동을 저버린 배신자라고 여겼다. 그들은 1869년 5월, 함께 조직을 이끌어나가겠다는 약속을 철회한 지 일주일 만에 자체적으로 전국 여성 참정권 조직을 결성한다고 발표했다. 스톤과 그의 동지들은 보다 포괄적인 조직의 결성을 호소하는 서신을 공표했지만 소용이 없었다. 그해 가을이 되자, 스톤은 자체적으로 조직을 결성하는 수밖에 없었다. 그 후 20여 년 동안 양측은 서로 거리를 두고 경우에 따라 독자적으로 운동을 하기도 하고, 목적이 일치하는 경우 힘을 모으기도 했다.

여성 참정권 운동이 분열되자, 스톤은 새로 규합할 세력이 필요했다. 앤서니와 스탠턴도 마찬가지 처지에 놓였다. 그러던 중 그들은 모두 뜻밖의 집단으로부터 지지를 얻었다. 바로 기독교여성금주동맹 WCTU, The Woman's Christian Temperance Union이었다. 이 조직은 만취한 남성들이 아내를 학대하고, 가족을 가난으로 내몰았기 때문에 알코올중독 퇴치 운동을 하기 위해 결성된 조직이었다. 여성 참정권 운동 조직들과는 달리 기독교여성금주동맹은 강경한 보수 성향이었다. 이 조직의 회원 들은 중·상류층 여성들로서 강한 종교적 신념과 전통적인 가치를 고 수했다. 그런데 어떤 까닭인지 기독교여성금주동맹과 참정권 운동 조 직 간의 연맹이 미국의 거의 모든 주에서 결성되었다. 참정권 운동가 들이 기독교여성금주동맹과 손잡은 이유는 분명했다. 참정권 운동을 통해 입법부에 영향을 미치는 데 진전이 없었고, 여성 참정권에 반대 하는 조직들이 급증하면서 그들의 운동을 저지할 필요가 있었다. 또한 참정권 운동에 동참하는 사람들의 수도 줄어들고 있었기 때문이다. 1880년대 초가 되자, 스탠턴과 앤서니의 조직은 회원 수가 겨우 100명 으로 줄었다. 한편 기독교여성금주동맹의 회원 수는 폭발적으로 증가 해서 1874년에 몇천 명에 불과하던 회원 수가 1876년에는 1만 3,000 명으로 늘어났고, 1890년이 되자 10만 명을 족히 넘어섰다. 전국에서 가장 규모가 큰 여성 조직의 지지를 얻는다면 참정권 운동가들은 의미 있는 진전을 이룰 수 있었다. 문제는 기독교여성금주동맹이 왜 참정권 운동가들과 손잡는 데 동의하겠느냐는 것이었다.

이와 같은 문제와 관련하여 스탠퍼드대학교의 스콧 월터무스Scott Wiltermuth와 칩 히스Chip Heath는 기발한 실험을 했다. 사람들을 무작위로 세 사람씩 짝을 짓게 하고, 다양한 조건하에서 국가 〈오 캐나다〉를 들게 한 것이다. 통제 조건하에서 실험 참가자들은 노래가 흘러나올 동안 말없이 가사를 읽었다. 동시적 조건하에서 참가자들은 함께 소리 내어 노래를 불렀다. 비동시적 조건하에서는 모두가 소리 내어 노래를 하긴 했지만, 서로 보조를 맞추지는 않았다. 즉 참가자마다 다른 박자로 노래를 불렀다.

실험 참가자들은 자신의 노래 실력을 평가받는다고 생각했다. 그러나 반전이 있었다. 노래를 마치고 나서 그들은 또 다른 실험에 참가했는데, 연구자들은 그들에게 이번 실험은 노래 실험과 별개의 실험이라고 말해주었다. 이 실험에서 참가자들은 돈을 혼자 다 갖든지, 나머지 두 사람과 나누어 갖는 선택을 할 수 있었다. 겨우 몇 분 동안 함께 노래를 했을 뿐인데 돈을 가질 수 있다는 것이 그들의 행동에 영향을 미쳤을까? 그렇다. 영향을 미쳤다. 함께 보조를 맞춰 소리 내어 노래를 부른[6] 집단이 훨씬 많이 돈을 나누어 가졌다. 그들은 다른 조건하에서 실험에 참가한 집단들보다 훨씬 서로에 대해 동질감을 느꼈고, 한 팀이라고 여겼다.[*]

사람들은 자신과 가치를 공유하는 집단과 연대를 하려고 할 때,[8] 전략적인 기법을 공유하는 것이 중요하다는 점을 간과한다. 최근 노스웨스턴대학교의 사회학자 정우석Wooseok Jung과 브레이든 킹Brayden King, 그

---

[*]예일대학교의 심리학자 에리카 부스비(Erica Boothby)는 한 실험에서 사람들은 다른 사람과 함께 초콜릿을 먹을 때 더 맛있다고 생각한다는 결과를 얻었다. 나는 초콜릿을 싫어하기 때문에 이 실험은 나한테 통하지 않았을 것이다. 그런데 추가 실험에서 몹시 쓴 초콜릿을 다른 사람과 동시에 같이 먹을 경우, 더 맛있게 느껴진다는 결과가 나왔다. 긍정적인 경험과 부정적인 경험 둘 다 다른 사람과 함께 나누면 더 증폭되고,[7] 그로 인해 동질감도 높아지는 것이 분명하다.

리고 스탠퍼드대학교의 사회학자 세라 소울Sarah Soule은 내세우는 명분이 서로 다른 사회운동들 간에 결성된 이례적인 연대 관계를 추적해보았다. 이를테면 환경운동과 동성애자의 권리운동 간의 연대, 여성운동과 평화운동 간의 연대, 해병 기지와 아메리카 원주민 간의 연대 등이다. 연구자들은 이 연구에서 전술을 공유하는지 여부가 연대의 결성을 예측하는 중요한 지표라는 사실을 발견했다. 서로 추구하는 명분이 다른 집단들이라도 명분을 추진하는 방법이 같으면 서로 동질감을 느낀다. 오랜 세월 동안 시위에 참가하고 거리 행진을 했다면, 똑같은 방식으로 운영되는 또 다른 조직에 대해 자신들과 정체성이 같고 공동체라는 느낌을 갖기 쉽다.

루시 스톤은 연대 관계가 잘 유지되려면 공동의 목표만으로는 충분하지 않다는 사실을 알고 있었다. 그녀는 다음과 같이 지적했다. "무엇이 최선의 방법이고 수단인지에 대해서는 각자 생각이 다르다." 스탠턴도 "두 협회를 갈라놓는 '핵심적인 이슈'로 방법론의 차이를 지적했다." 스톤은 주 차원에서 운동을 하려고 한 반면, 앤서니와 스탠턴은 연방 헌법을 수정하고 싶어 했다. 스톤은 자신의 조직에 남성도 참가시켰지만, 앤서니와 스탠턴은 여성 회원만 받아들였다. 스톤은 연설과 회합을 통해 변화를 추구했지만, 앤서니와 스탠턴은 보다 공격적인 방법을 택했다. 이를테면 앤서니는 불법적으로 투표를 하고, 다른 여성들에게도 따라 하라고 부추겼다.

기독교여성금주동맹과 제휴를 결성한 참정권 운동가들은[9] 방법론적 측면에서 훨씬 온건했고, 그 덕분에 두 집단이 공통분모를 찾는 데 도움이 되었다. 기독교여성금주동맹이 각 지역에서 금주동맹클럽(지부)을 조직할 때면 스톤은 참정권 조직을 소개했다. 두 집단은 모두 오래전부터 로비와 출판을 해온 역사를 자랑했다. 두 집단은 힘을 모아 주의회 앞에서 연설을 하고 로비활동을 했다. 또한 기사를 발간하고 학술 자료들을 배포하고, 대중을 상대로 참정권 모임, 집회, 토론회를 개최했다.* 참정권 운동가들과 금주운동가들은 힘을 합해 여성에게 투표권을 부여하라고 몇 개 주를 설득했다. 그리고 그 과정에서 참정권 운동가들은 연대할 세력을 얻기 위해 고려해야 할 중요한 원칙을 발견했다. 이 원칙은 혜안을 지닌 한 젊은 기업가의 사례를 통해 극명하게 드러난다. 이 기업가는 자신이 내놓은 아이디어에 부정적이었던 사람들을 설득할 수 있는 놀라운 방법을 찾아냈다.

---

*전술을 공유한다고 해도 연대에 도움이 되는 데는 한계가 있다. 집단들 간에 전술의 중첩도가 61퍼센트 이상일 경우는 연대가 결성될 가능성은 줄어든 것으로 나타났다. 집단들이 거의 똑같은 방법을 쓴다면, 서로 상대방 집단으로부터 배우거나 얻을 것이 더 적어지기 때문이다. 그렇게 되면 노력이 중복될 가능성이 높아진다. 기독교여성금주동맹과 여성 참정권 운동가 집단은 많은 전술을 공유했지만, 서로 상대방에게 전수해줄 수 있는 독특한 방법을 각자 지니고 있었다. 참정권 운동가 집단은 거리 행진에 참가하고, 장이 열리면 부스를 설치했다. 기독교여성금주동맹은 청원 서명을 적극적으로 받았다. 지위의 격차도 중요하다. 두 집단이 지위가 똑같거나 차이가 큰 경우보다 한 집단이 다른 집단보다 약간만 지위가 높은 경우에 두 집단 간에 연대가 결성될 가능성이 더 높았다. 지위가 낮은 운동 집단은 지위가 높은 운동을 하는 협력자들이 누리는 사회적 이목을 활용할 수 있다. 그러나 지위가 높은 집단도 얻는 것이 있다. 이에 대해 정우석과 브레이든 킹, 세라 소울은 다음과 같이 설명한다. "기존 사회질서에 도전하는 사람들은 끊임없이 자신들이 추구하는 의제를 혁신하고 시대에 맞게 수정해야, 참신하고 진정성 있고 타당한 운동이라고 인정받게 된다. 운동을 혁신하는 데 실패하고 새로운 아이디어를 도입하지도 못한다면 그 운동은 진부해지고 본래 지지자들로부터 외면당하게 된다. 이런 이유 때문에 지위가 높은 운동들은 새롭게 부상하는 이슈나 이전에 묵살되었던 오래된 이슈를 흡수하려고 한다."

온건한 과격파와 트로이 목마

2011년, 대학 졸업반 학생인 메러디스 페리Meredith Perry는 현재 적용되는 기술에 아주 근본적인 문제가 있다는 사실을 깨달았다. 전화를 걸거나 인터넷에 접속할 때는 전선이 필요 없었다. 예전에 전선이 필요했던 것들은 이제 전부 무선으로 작동되고 있었다. 딱 한 가지만 빼고 말이다. 기숙사 방에 있던 그녀는 여전히 방 벽에 붙은 케케묵은 장치와 연결되어 있다는 사실을 깨달았다. 그것은 바로 충전해주는 전기였다. 전화나 컴퓨터를 사용하려면 플러그를 꽂아야 했다. 그녀는 무선으로 전력을 공급받았으면 좋겠다고 생각했다.

페리는 대기 중에서 에너지를 얻을 장치들을 생각하기 시작했다. TV 원격조정기의 신호는 너무 약했고, 전파는 너무 비효율적이었으며, 방사선은 너무 위험했다. 그러던 중 그녀는 물리적인 진동을 에너지로 변환할 수 있는 장치를 우연히 발견하게 되었다. 예를 들면 그 장치를 기차 밑에 놓으면 기차가 분출하는 에너지를 모을 수 있었다. 에너지를 모으기 위해 사람들이 기차 주위에 모여드는 것은 비현실적이지만 말이다. 하지만 그녀는 소리는 공기를 진동시킴으로써 전달된다는 사실을 깨달았다. 보이지도 않고 들리지도 않는 초음파를 이용해 공기를 진동시키고, 이를 무선 전력으로 변환시킬 수는 없을까?

페리의 물리학 교수들은 불가능하다고 했다. 초음파 공학자들도 교수들의 의견에 동의하며 불가능하다고 했다. 세계적으로 가장 존경받는 과학자들이 그녀에게 쓸데없는 일에 시간을 낭비한다고 했다. 그런

데 그녀는 발명 경진대회에서 상을 탔고, 한 기자가 그로부터 4주 후에 열리는 디지털 회의에서 그 기술을 시연해보라고 했다. 개념은 증명되었지만 시제품은 없는 상태였던 그녀는 닭이 먼저냐 달걀이 먼저냐의 문제에 봉착했다. 시제품을 만들려면 자금이 필요했다. 그러나 그녀의 아이디어는 너무 급진적이어서 투자자들은 먼저 시제품부터 보자고 할 게 뻔했다. 이에 그녀는 홀로 기술 창업을 하여 창업자가 되었다. 공학에 대한 지식이 없는 그녀는 아이디어를 진전시키는 데 도움을 받을 협조자들이 필요했다.

그로부터 3년 후 나는 구글이 주최한 한 행사에서 페리를 만났다. 마크 큐반Mark Cuban, 마리사 마이어Marissa Mayer, 피터 틸이 운영하는 파운더스펀드Founders Fund로부터 75만 달러의 종자돈을 지원받은 그녀의 팀이 첫 시제품을 막 완성한 후였다. 페리는 시제품이 유선보다 더 빨리 그리고 더 먼 거리에서 기기들을 충전할 수 있고, 2년 후에는 소비자에게 판매도 가능하리라고 했다. 2014년 말, 그녀가 설립한 기업 유빔uBeam은 18개의 특허를 출원하고, 벤처 기금으로 1,000만 달러를 모았다.

페리는 스눕 독Snoop Dogg, 노벨상 수상자, 빌 클린턴 전 대통령과 나란히 무대 위에 자리를 잡았다. 그런데 그 가운데 기립박수를 받은 사람은 그녀뿐이었다. 그 제품이 얼마나 잘 작동할지에 대한 논쟁은 계속되었지만, 페리는 그 기술의 실용성 입증을 가로막는 가장 근본적인 장애물을 이미 극복했다. "지금 이 회사에서 일하고 있는 사람들은 하나같이 그 기술이 가능하다고 생각하지 않았거나, 아주 회의적이었다"

라고 페리는 말했다.

독창적인 인물들은 누구든지 기존 상태에 도전장을 내밀면서 어려움을 겪게 되는데, 페리의 경우는 아주 극단적인 사례였다. 초기에 그녀의 노력은 무산되었다. 페리는 여러 기술 전문가들에게 도움을 청했지만, 그들은 페리의 아이디어가 지닌 수학적, 물리적 결함을 지적하는 데 급급했고 아무도 그녀와 협력하려 하지 않았다. 그들에게 계약직으로 일해달라거나, 급여를 지급하겠다는 제안을 해도 소용이 없었다. 그랬다가 실패하면 그들은 영원히 급여를 받지 못하게 될지도 몰랐기 때문이다.

마침내 페리는 사람들에게 영향을 미치는 방법에 대한 모든 기존의 조언들과 정면으로 배치되는 방법을 썼다. 그녀는 자기가 만들려는 것이 뭔지 전문가들에게 더 이상 얘기하지 않았다. 무선 충전기를 만들겠다고 설명하지 않고, 자신이 원하는 기술 사양만 주고 만들어달라고 했다. 이전에는 "공기 중으로 전류를 보내는 변환기를 만들려고 한다"라고 했다면, 이제는 본래 목적은 숨긴 채 다음과 같이 말했다. "이러한 조건을 갖춘 변환기를 디자인할 사람을 찾고 있다. 당신이 이 부분을 만들어주겠는가?"

이 접근 방식은 먹혀들었다. 페리는 음향 전문가 두 명을 설득해서 송신기를 만들었고, 또 한 사람에게는 수신기 제작을 의뢰했으며, 전기 기술자에게는 전자기기를 만들게 했다. "내 머릿속에서 부품들이 모두 잘 맞아 들어갔다. 최악의 경우 소송밖에 더 걸리겠는가"라고 그녀는 털어놓았다. 그리고 다음과 같이 덧붙였다. "그렇게 하지 않고서

내 지식과 기술만 가지고는 달리 방법이 없었다."

곧 옥스퍼드와 스탠퍼드대학교 출신 박사들이 합류해 페리와 협력하게 되었다. 그들의 수학 지식을 동원해 시뮬레이션을 한 결과, 그녀의 아이디어는 이론상으로 가능하다는 사실이 확인되었다. 이로써 1차로 투자 자금을 유치하게 되었고, 애초에 무척 회의적이었던 재능 있는 최고기술경영자를 영입하기에도 충분했다. 페리는 말했다. "우리가 출원한 특허를 전부 보여주었더니, 우리 최고기술경영자가 말했다. '어, 맙소사, 이거 정말로 되겠는걸' [10]이라고 말이다."

사이먼 사이넥Simon Sinek은 인기 있는 TED 강의와 저서에서 사람들을 고무시키려면, '왜'로 시작해야 한다고 주장한다.[11] 아이디어의 배경이 되는 비전, 상품을 만드는 목적을 이해시키면 사람들이 따른다는 뜻이다. 아주 훌륭한 조언이다. 다만 현상에 도전장을 내미는 독창적인 행동이 아니라면 말이다. 도덕적인 변화를 촉구하는 사람들은 변화가 필요한 이유를 설명하려면 뿌리 깊은 신념과 충돌할 위험을 감수해야 한다. 기존 체제에 순응하지 않는 창의적인 사람들이 자신들이 그런 행동을 하는 이유를 설명할 때는 무엇이 가능한가에 관한 일반적인 상식을 깨야 할 경우도 있다.

데브라 메이어슨Debra Meyerson과 모린 스컬리Maureen Scully는 독창적인 사람들이 자신의 목표를 달성하려면 온건한 과격파가 되어야[12] 하는 경우가 많다고 말한다. 그들은 전통과는 거리가 먼 가치들을 믿고, 시류를 거스르는 아이디어들에 대한 신념을 지니면서도, 주류인 대중에게 주는 충격은 줄이고, 호소력은 높이는 방향으로 그들의 믿음과 아이디어를 제시함으로써 과격한 성향을 완화시켜야 한다는 것이다. 페리는 온건한 과격파이다. 그녀는 자신의 아이디어가 지닌 가장 극단적인 특징을 감춤으로써 사람들이 받아들이기 어려운 아이디어를 그럴듯하게 만들었다. 페리는 자신의 아이디어를 한번 믿고 위험을 감수하자고 기술 전문가들을 설득하는 데 실패하자, 자신의 목적을 숨기고 단계적으로 조금씩 그들을 자신이 원하는 방향으로 유인하는 데 성공했다.

새로운 아이디어를 주장하는 이유에서 그 아이디어를 실현할 방법으로 초점을 전환하면 사람들은 덜 과격해진다. 일련의 실험에서 극단적인 정치 이념을 지닌 사람들[13]에게, 그들이 주장하는 그 정책을 내세우는 이유를 설명해달라고 했더니, 그들은 신념을 굽히지 않았다. 설명할 기회를 자신의 신념을 확인하는 기회로 삼았다. 그러나 그들이 선호하는 정책들이 어떻게 실현될지 설명해달라고 하자, 훨씬 온건해졌다. 실현 방법을 생각하게 만들자, 그들은 자신의 생각과 현실 간의 괴리에 직면하게 되고, 자신들이 지닌 극단적인 생각의 일부는 비현실적임을 깨닫게 된 것이다.

독창적인 사람들은 연대를 형성하기 위해 트로이 목마에 진짜 비전을 숨김으로써 자신의 급진적인 아이디어를 노출시키지 않는다. 미 해군 대위 조쉬 스타인먼Josh Steinman은 실리콘밸리 허브를 만들어 미군을 외부의 기술에 개방하려는 원대한 포부를 지니고 있었다. 스타인먼은 혁신에 관한 해군의 접근 방식을 전면적으로 바꾸는 파격적인 제안을 할 경우 저항에 부딪히게 되리라는 점을 잘 알고 있었다. 그래서 스타인먼은 보다 온건한 방식을 택했다. 그는 조너선 그리너트 Jonathan Greenert 해군 대장에게 공중에서 실시간 업데이트를 하는 신기술을 소개했다. 그러자 해군 운영을 총괄하는 그리너트 대장은 솔깃해져서 미래에 대한 전망을 물었고, 스콧 스티어니 Scott Stearney 해군 소장은 기술적으로 미래에 군이 나아가야 할 방향에 대해 넌지시 물었다. "바로 그때 우리는 직구를 날렸다."[14]라고 스타인먼은 회상했다. 그는 상사의 질문에 다음과 같이 대답했다. "대장님, 앞으로는 하드웨어가 아니라 소프트웨어가 중요한 시대가 옵니다. 따라서 우리 해군은 실리콘밸리에 해군시설을 두어야 합니다."

몇 달이 지난 후, 다른 하급 장교들이 소프트웨어의 중요성에 관해 유사한 제안을 연이어 하자, 그리너트 대장은 그 주장을 뒷받침하는 연설을 했고 이 사실은 미국 국방부 내에도 알려졌다. 얼마 지나지 않아 국방부장관은 실리콘밸리에 공관을 설치하겠다고 발표했다. 스타인먼은 심리학자 로버트 치알디니가 말한 "문간에 발 들이밀기 foot-in-the-door"기법[15]을 십분 이용했다. 즉, 작은 제안을 해서 승낙을 얻어낸 다음 더 큰 제안을 하는 기법 말이다. 과격한 제안 대신 온건한 제안을 함으로써 스타인먼은 자신의 포부를 지지해줄 원군을 얻었다.

사람들이 자신의 급진적인 성향을 완화하지 않으려 할 때 연대가 와해되는 경우가 종종 있다. 2011년에 경제적, 사회적 불평등에 항의하는 '월스트리트를 점령하라 Occupy Wall Street' 운동이 실패한 가장 큰 이유가 바로 이 때문이다. … 그해 여론조사에서 미국인 대다수가 그 운동을 지지한다고 답했지만 운동은 결국 와해되었다. 세르비아의 사회

운동가 스르디야 포포비치^{Srdja Popovic}는 그 운동이 극단적인 입장을 취하면서 잠재적인 우군들이 대부분 등을 돌렸다는 사실에 경악했다. 포포비치는 그 운동의 가장 치명적인 오류는 거의 아무도 호응하지 않는 '점령^{occupy}'이라는 과격한 전술을 인용해 운동을 명명한 점이라고 주장했다. 이를테면 그 운동을 단순히 "99퍼센트"[16]라고 이름을 붙였더라면, 아직도 그 운동은 계속되고 있을지 모른다. "점령이란 운동 명칭은 '당신이 이 운동에 가담할 수 있는 유일한 방법은 하던 일을 다 팽개치고 뭔가를 점령하는 길뿐'이라는 인상을 주었다"라고 포포비치는 말하면서 다음과 같이 덧붙였다. "점령은 평화적인 시위를 하는 데 사용되는 수많은 다양한 방법 가운데 하나일 뿐이다. 그리고 정확히 말하자면 시위에 아주 헌신적인 특정 유형의 사람들만 유인하는 방법이다 … 사회운동은 으레 힘겨운 싸움이 되기 마련인데, 성공하려면 보다 가볍게 참여할 사람들을 유인할 필요가 있다." '99퍼센트'는 포용적이다. 모두에게 참여를 권유하고 자신이 선호하는 전술을 쓰도록 허락한다. 운동의 명칭을 보다 온건하게 짓고 운동의 방식을 확대했다면, 보다 주류에 속하는 시민들의 지지를 이끌어낼 수 있었을지 모른다.

여성 참정권 운동 지도자들이 서로 사소한 차이에 대한 아집을 버리지 못해 일을 그르친 이유도 바로 이 때문이다. 1867년 앤서니와 스탠턴이 인종차별주의자인 조지 프랜시스 트레인과 손을 잡자, 스톤은 트레인이 여성 참정권을 지지하는 것만으로도 "아직 마음을 정하지 못한 사람들이 우리 운동에 완전히 등을 돌리게 만들기에 충분했다"라고 말했다. 그리고 스톤의 남편은 앤서니에게 트레인과의 연대는 "여성과 흑인의 참정권을 획득한다는 명분에 돌이킬 수 없는 치명상을 입히게 될 것"이라고 경고했다.[*]

그러나 앤서니는 여성이 투표권을 얻지 못한다면 흑인도 투표권을 얻어서는 안 된다는 과격한 신념을 조금도 굽히지 않았다. 앤서니는 트레인과 함께 캔자스 주 전역을 돌아다니며 운동을 했고, 참정권 관련 신문을 발행하기 위해 트레인으로부터 기부를 받았다. 스톤이 여성 참정권 운동 조직을 트레인과 연관시켜 평판에 먹칠을 했다고 앤서니를 몰아세우자, 앤서니는 변명을 늘어놓았다. "당신이 무엇 때문에 그러는지 압니다. 내게는 신문이 있고 당신에게는 없으니, 내가 부럽고 배 아프고 미워서 그러는 거죠." 스탠턴도 트레인과 손잡은 앤서니의 결정이 잘한 일이라며 앤서니 편을 들었다. "악마에게라도 도움을 받는 것이 옳고 현명한 일이죠. 우리를 더 낮은 수준으로 끌어내리지 않는 한 말이에요."

트레인과의 연대는 혹독한 대가를 초래했다. 캔자스 주는 여성 참정권을 채택하는 최초의 주가 될 수도 있었는데 법안이 부결되고 말았다. 그리고 흑인 참정권 법안도 부결되었다. 참정권 운동에 깊숙이 관

---

[*] 오랜 협력자인 윌리엄 로이드 개리슨(William Lloyd Garrison)은 앤서니에게 결정을 번복하라고 다음과 같이 간청했다. "충심으로 여권운동을 가장 높이 존중하는 사람으로서 당신과 스탠턴 여사가 상식을 저버리고 어릿광대이자, 반쯤 정신이 나간 조지 프랜시스 트레인 같은 자와 함께 여행하고 강연도 한다는 사실에 놀라움과 유감을 표하지 않을 수 없습니다 ⋯ 당신은 당신의 결정에 상응하는 조롱과 비난을 받게 될 뿐만 아니라 당신이 추진하는 운동을 경멸의 대상으로 변질시킬 것입니다 ⋯ 트레인은 청중의 이목을 끄는 데는 쓸모가 있겠지만, 그런 일은 캥거루나 고릴라, 하마도 할 수 있습니다."

여한 많은 사람들은 트레인과의 연대 때문에 두 법안이 모두 부결되었다고 생각했다. 몇 년 후 스탠턴과 앤서니가 스톤과 따로 조직을 결성했을 때, 그들은 과거의 실수로부터 교훈을 얻기는커녕 여성 참정권을 지지하기만 하면 누구든지 아군이라는 과격한 입장을 누그러뜨리지 않았다. 스탠턴은 당시 안 그래도 미래가 암울한 여성 참정권 운동에 설상가상으로 또 하나의 연대를 결성했다. 스탠턴은 빅토리아 우드헐Victoria Woodhull과 손잡았다. 그녀는 미국에서 최초로 대통령에 출마한 여성이지만 과격한 주장으로 참정권 운동을 훼손한 사회운동가였다. 과거에 매춘부이자 사기꾼 치료사로 일했던 우드헐은 성적인 자유를 부르짖었고, "나는 내가 원하는 사람과는 누구와도 사랑을 한다. 짧든 오래든 원하는 만큼 사랑을 하고, 원하면 매일 상대를 바꾸는, 양도할 수 없고 헌법에 보장된 천부적인 권리를 지녔다"라고 주장했다.

여성 참정권에 반대하는 이들은 우드헐의 입장을 증거로 내세우며, 참정권 운동의 목적은 투표권 획득이 아니라 성적인 방탕을 정당화하려는 꼼수라고 주장했다. 그 결과 앤서니와 스탠턴의 조직에서 회원들이 대거 탈퇴해 회의에 참석할 사람도 모자랄 지경에 이르렀다. 그들을 지지했던 의회 의원들조차 참정권 운동가들에게 투표권 쟁취를 포기하라고 조언했다. 참정권 운동가들은 우드헐의 주장은 "우리 같은 사람들을 경악하게 만드는 가장 효과적인 원인"이 되었고, "참정권 운동을 20년 후퇴시켰다"라고 지적했다. 우드헐과의 연대에 대해 "비난이 빗발쳤고" 앤서니의 전기 작가는 훗날 "트레인과의 연대에 쏟아진 비난이 여름 소나기라면, 우드헐과의 연대에 쏟아진 비난은 미주리 주 태풍이었다"라고 기록했다.

우드헐과의 연대를 유지한 스탠턴은 과격한 주장을 온건하게 전달하는 것이 얼마나 중요한지 깨닫는 데 실패했다. 그녀는 참정권 운동에 가담한 내부자가 연대를 보는 시각과 운동을 지켜보는 외부자가 연대를 보는 시각 사이에 엄청난 간극이 있다는 사실을 간과하는 바람에 스톤과 과거의 응원군, 그리고 잠재적 응원군들이 등을 돌리게 만들었다. 스탠턴의 실책은 최근 한 연구에서 재조명되었다. 경영 연구자인 블레이크 애쉬포스Blake Ashforth와 피터 레인겐Peter Reingen은 내부자와 외부자는 누가 연대를 대표하는지에 대해 분명히 다른 시각을 지니고 있다[17]는 사실을 발견했다. 내부자의 경우 핵심적인 대표자는 집단 내에서 가장 중심적이고 연고가 많은 인물이라고 보았다. 참정권 운동가들에게 그런 사람은 분명히 스탠턴과 앤서니였다. 그러나 외부자는 그 조직을 대표하는 사람은 가장 극단적인 생각을 지닌 사람이라고 보았다. 그 사람은 바로 우드헐이었다. 그녀의 사적인 추문은 여성 참정권의 명분을 훼손시켰고, 투표권처럼 비교적 온건한 주장에는 열린 마음을 지녔지만 여성의 성적 독립처럼 과격한 주장에는 동조하지 않는 많은 사람들이 등을 돌리게 만들었다. 외부자들이 앤서니와 스탠턴이 교류한 과격한 인사들을 기준으로 참정권 운동을 평가하게 되자, 스톤이 이끄는 조직은 두 사람의 활동으로부터 점점 더 거리를 둘 수밖에 없었다.

친적(親敵)보다 적(敵)이 낫다

〈대부 II The Godfather: Part II〉에서 마이클 콜리오네Michael Corleone는 다음과 같이 충고한다. "친구를 가까이 둬라.[18] 하지만 적은 더 가까이 둬라." 그렇다면 깔끔하게 어느 한쪽으로 분류되지 않는 사람들은 어떻게 해야 할까?

보통 사람들은 자신의 인간관계를 부정에서 긍정까지의 연속선상에서 판단한다. 가장 절친한 친구들은 우리를 지지해준다. 우리의 가장 커다란 적은 적극적으로 우리를 방해한다. 그런데 한 연구에서 이 연속선상에 두 개의 독립적인 축을 그릴 필요가 있다는 주장이 제기되었다. 하나는 얼마나 긍정적인 관계인지를 보여주는 축이고, 다른 하나는 얼마나 부정적인 관계인지를 보여주는 축이다. 순전히 긍정적인 관계와 완전히 부정적인 관계와 더불어 긍정적인 동시에 부정적인 관계들도 존재한다는 것이다. 심리학자들은 이런 관계를 양면적 관계[19]라고 부른다. 당신에게는 애증의 관계에 있는 친적들이 있을 텐데 양면적 관계란 바로 이런 사람들과의 관계를 말한다. 때로는 당신을 지지하지만, 때로는 당신에게 해를 끼치는 사람들 말이다(아래 표 참조).

		긍정성	
		낮음	높음
부정성	낮음	아는 사람: 무관심	친구: 지속적으로 지지
	높음	적: 지속적으로 방해	친적: 양면적

스톤과 두 사람 즉 스탠턴, 앤서니와의 관계는 매우 양면적이었다. 그들은 동지이자 적이었다. 스톤은 한편으로는 스탠턴의 기지와 앤서니의 성실함을 높이 샀고, 그들의 협력이 성과가 있음을 입증하기도 했다. 그러나 한편으로는 스톤은 두 사람이 "정신 나간 친구들"과 교류하고 "무모한 연대"를 하는 데 반대했다. 여성 참정권 운동에 대한 사람들의 존중심을 훼손할 위험이 있었기 때문이다. 게다가 스탠턴과 앤서니가 표리부동한 태도를 보인 적이 한두 번이 아니었다. 그들은 자신들과 연대하고 기부까지 한 인종차별주의자에게 찬사를 보내는 광고에 스톤의 허락도 없이 그녀의 서명을 썼다. 1869년 스톤은 스탠턴에게 보낸 서신에서 "여성 참정권을 지지하는 모든 친구들이 기꺼이 적극적으로 협력하기를 제안한다. 그렇게 하면 각자 따로 활동하는 것보다 훨씬 많은 일을 하게 된다"라며, 자신의 조직은 "절대로 당신의 적이 되거나 반대자가 되지 않을 것"이라고 다짐을 했었다. 그러나 스톤이 결성한 조직의 출범식에서 앤서니는 스탠턴을 그 조직의 회장으로 선출하는 쿠데타를 일으키려다가 실패했다. 스톤은 앤서니를 연단으로 불러냈고, 앤서니는 스톤이 자신의 조직을 "무산시키고 짓밟으려 한다"라고 비난하는 말로 연설을 마무리했다.

1872년 스탠턴은 스톤에게 화해의 손길을 내밀며, "지난 일은 잊자. 우리 모두 이견을 묻고, 우리 앞에 놓인 과업에 매진하자"라고 했다. 스톤도 신문에 게재된 스탠턴의 기고문과 연설문을 공유하는 등 화해의 조치를 취했다. 그리고 나서 앤서니로부터 편지가 왔다. 앤서니는 "서로 협력해서 체계적인 운동을 펼치자"라면서 "우리는 함께 하나로 움직이는 일심동체임을 보여주자"라며 스톤을 로체스터로 초청했다. 하지만 스톤은 초청을 거절했다. 지금 돌이켜보면, 스톤이 앤서니의 초청을 거절함으로써 자기 고집을 꺾지 않는 실수를 저질렀다고 판단하기 쉽다. 그녀가 초청을 수락했더라면 여성이 참정권을 얻는 시기가 몇 년 앞당겨졌을지도 모른다. 그러나 양면적인 애증의 관계가 얼마나 정신적으로 압박을 주는지 살펴보고 나면, 스톤이 그렇게 거절한 것이 어떤 면에서는 현명한 결정이었음을 깨닫게 된다.

애증이 엇갈리는 양면적 관계를 가장 현명하게 다루는 방법을 알아보기 위해 미네소타대학교의 경영학 교수 미셸 더피Michelle Duffy는 경찰관들을 대상으로 가장 가까운 동료들이 얼마나 자주 그들에게 병도 주고 약도 주는지, 그들이 받는 정신적인 압박의 수준은 어느 정도이고, 결근은 얼마나 자주 하는지 알아보았다. 당연히 부정적인 관계는 정신적으로 매우 큰 부담을 주었다. 경찰관들은 가장 가까운 동료가 자신을 깎아내린다고 느끼면, 일에 대한 헌신도가 떨어지고 규정에 없는 휴식을 더 자주 취했으며 결근도 더 자주 했다.

그럼 자신을 깎아내린 동료가 자신을 지지해줄 때는 어떨까? 그래도 달라지지 않았다. 오히려 더 악화되었다. 똑같은 사람에게서 병도 얻고 약도 얻으면, 당하는 사람은 직업에 대한 충성도가 더 떨어지고 결근 빈도도 더 높아졌다.[*] 부정적인 관계는 사람을 불쾌하게 만들기

---

[*]다행스러운 점은 한 사람은 자신을 깎아내리지만, 또 다른 사람은 자신을 지지해줄 경우 경찰관들의 상태는 훨씬 나았다. 동료나 상사로부터의 지지는 완충작용을 하는 효과를 발휘해서 경찰관들을 스트레스로부터 보호해주고, 결근도 줄었다.

는 하지만 예측 가능하다. 한 동료가 시종일관 당신을 깎아내리면, 그 사람과 거리를 두고 최악의 경우에 대비하면 된다. 하지만 양면적인 애증 관계에 있는 사람의 경우는 그 사람에 대한 경계를 늦출 수 없고, 그 사람을 정말 믿어도 될 경우가 어떤 경우인지 파악하느라 애써야 한다. 더피의 연구팀이 설명한 바와 같이, "일관성 없이 이랬다저랬다 하는 사람들을 상대하려면 감정적 에너지가 더 많이 소모되고, 상황을 타개할 방책들이 더 많이 필요하다."

일련의 획기적인 연구에서 심리학자 버트 우치노Bert Uchino는 양면적 관계는 부정적 관계보다 말 그대로 건강에 더 해롭다고 밝혔다.[20] 이 가운데 한 연구에서는 양면적 관계가 많은 사람일수록 스트레스지수, 우울증, 삶에 대한 불만이 높게 나타났다. 또 다른 연구에서는 성인들에게 자신의 삶에서 가장 중요한 열 명의 사람들과의 관계에 대해 점수를 매기게 하고, 불안감을 유발하는 두 가지 작업을 수행하게 했다. 준비할 시간을 거의 주지 않고 연설을 하라고 시켰고, 짧은 시간 안에 수학 문제를 풀게 했다. 실험 참가자들은 양면적 관계가 많을수록 두 작업을 할 때 심장박동이 더 빨라졌다.

루시 스톤은 애증의 관계에 있는 사람들과 연대를 결성하면 어떤 위험이 있는지 잘 알고 있었다. 1871년 스톤은 "그들과는 손잡지 않는 게 좋겠다 … 그들은 우리의 새로운 적이다. 그들이 우리 친구인지도 확실하지 않다"라고 기록했다. 미국학 전문가인 안드레아 무어 커Andrea Moore Kerr는 스톤은 "스탠턴이나 앤서니가 어떤 행동을 할지 예측할 수도, 그들의 행동을 제어할 수도 없었다"라고 지적한다. 진 베이커에 따르면, 이에 대한 대책으로 스톤은 "자신의 조직이 스탠턴, 앤서니 조직의 '끔찍한 몽마夢魔, incubus(잠든 여성을 덮쳐 성적 쾌락을 충족시켰다고 전해 내려오는 전설 속의 남자 악마―옮긴이)'에 오염되지 않도록 하려고 무척 애를 썼다"라고 한다.

사람들은 본능적으로 부정적인 관계는 청산하고, 애증의 관계는 복구하려고 한다. 그러나 이와 정반대로 해야 한다는 증거가 있다. 즉 친적과는 인연을 끊고, 적을 내 편으로 만들려고 노력해야 한다.

현상에 반기를 들 때 독창적인 사람들은 반대자를 무시하는 경향이 있다. 처음부터 변화에 저항하는 사람들을 설득하는 데 시간을 낭비할 필요가 없다는 논리다. 그럴 시간에 이미 나를 지지하는 사람들과의 관계를 강화하자는 논리다.

그러나 우리에게 가장 중요한 동맹은 지속적으로 우리를 지지해온 사람들이 아니다. 처음에는 우리의 주장에 반대했지만, 마음을 바꿔 우리 편을 들게 된 사람들이다.

반세기 전, 저명한 심리학자 엘리엇 애런슨Elliot Aronson은 일련의 실험에서 사람들은 자신이 어느 정도 존중을 받는지 그 수준 자체보다는 이미 받고 있는 존중을 얼마나 더 잃고 얻었는지에 훨씬 더 민감하다[21]는 사실을 밝혀냈다. 누군가가 우리를 늘 지지해주면 우리는 이를 당연하다고 생각하게 된다. 그리고 평가절하한다. 그러나 처음에 경쟁자로 시작된 관계지만 점점 열렬한 지지자가 된 사람의 경우 진정으로 자신을 지지해준다고 여긴다. "사람들은 언제나 자신에게 호감을 보인 사람보다는, 시간이 갈수록 자신을 점점 호의적으로 생각하는 사람들을 더 좋아한다"라고 애런슨은 설명하면서 다음과 같이 덧붙였다. "사람들은 상대방이 자신에 대해 처음부터 쭉 긍정적인 감정을 지녀온 경우보다 부정적인 감정을 지니고 있다가 점점 긍정적인 감정으로 변한 경우에 더 뿌듯함을 느낀다."[22]

우리에 대한 태도를 바꾼 경쟁자들에 대해 우리가 유독 강한 호감을 느낀다면 상대방도 우리에 대해 똑같이 느낄까? 그렇다. 바로 이 점이 반대자를 내 편으로 만듦으로써 얻게 되는 두 번째 장점이다. 반대자가 우리에 대해 호감을 지니게 되려면, 그 사람이 애초에 지녔던 우리에 대한 부정적인 인상을 극복하기 위해 무척 애를 쓰면서 '저 사람에 대한 내 생각이 분명히 틀렸어'라고 끊임없이 되뇌어야 한다. 그리고 그들은 앞으로 우리에 대한 감정을 또다시 바꾸는 인지 부조화cognitive dissonance를 겪지 않기 위해 긍정적인 관계를 유지하려고 유독 애를 쓰려는 동기가 부여된다.

가장 중요한 세 번째 이유는, 다른 사람들에게 우리가 하는 운동에 참여하라고 가장 효과적으로 설득할 수 있는 대상은 우리와 이전에 적대적 관계였던 사람들이라는 것이다. 그들은 우리가 하는 일에 반대하는 사람과 아직 마음을 정하지 못한 사람들이 품고 있는 의구심과 염려를 잘 이해하고 있기 때문에, 우리의 입장을 가장 논리적으로 주장할 수 있다. 게다가 그들은 훨씬 신뢰할 만한 조언자이다. 그들은 무조건적 낙천주의자였던 적도 없고, 무조건적 지지자였던 적도 없기 때문이다. 애런슨의 연구를 살펴보면, 사람들은 처음에 부정적이었다가 긍정적으로 돌아선 사람들이 설득을 하면 자신의 견해를 바꾸는 경우가 가장 많은 것으로 나타났다.[23] 최근의 한 연구를 보면, 고위 경영자들은 처음에는 자신들과 논쟁을 벌였지만 자신을 지지하게 된 이사회 이사들의 영향을 더 많이 받았다. 이는 "그들의 의견이 믿을 만하다고 여기기 때문이다".[*25]

그런데 루시 스톤은 적을 피하기는커녕 적극적으로 찾아 나서고 자신의 조직에 끌어들였다. 그녀는 〈공화국 찬가 The Battle Hymn of the Republic〉의 노랫말을 지은 뛰어난 시인 줄리아 워드 하우 Julia Ward Howe를 자기편으로 만들었다. 하우는 여성 참정권 회의에 참석해달라는 초청을 받고, "반감을 품은 채" 마지못해 참석했다. 하우는 스톤을 자신이 "싫어하는" 인물로 꼽았었다. 그러나 스톤의 연설을 듣고 난 뒤, 하우는 스톤의 가까운 동지이자 여성 참정권 운동의 위대한 지도자가 되었다.

1855년 한 사람이 참정권 운동 회합에 나타나 여성 참정권 운동가들을 결혼할 자격이 없는 사람들이라고 비난하고, 여성 참정권 운동을 "낙담한 몇몇 여자들"이 벌이는 운동이라고 폄하하며 난동을 부렸다. 스톤은 그 남자를 무시하기는커녕 자신의 연설에서 다음과 같이 직접 그를 거론했고, 청중은 우레와 같은 박수를 보냈다.

마지막 연사는 이 운동을 "낙담한 몇몇 여자들"의 한풀이라고 했습니다.

---

*물론 모든 부정적인 관계가 긍정적인 관계로 전환되지는 않는다. 수필가 척 클로스터맨(Chuck Klosterman)[24]은 평범한 적(nemesis), 즉 동맹이 될지도 모르는 적과 대적(大敵 archenemy)을 구분하는 것이 중요하다고 지적한다. 그는 다음과 같이 말한다. "우리는 평범한 적을 멸시하지만, 그럼에도 불구하고 그에 대해 어느 정도 호감을 지닌다. 그가 칵테일 한잔 마시자고 하면, 우리는 그러자고 할 것이다 … 그러나 우리는 대적과는 절대로 잔을 기울이지 않는다. 그의 잔에 독약을 타려는 계획을 세우지 않는 한 말이다."

내가 기억하는 한 아주 어렸을 때부터 나는 낙담한 여성이었습니다 …
직업을 구하려다가 낙담했습니다. 교사, 재봉사, 가정부를 제외하고는
모든 직업이 막혀 있었습니다. 교육에서, 결혼에서, 종교에서, 모든 분야
에서 낙담하는 것은 여성의 몫이었습니다. 나는 내 생을 바쳐 모든 여성
의 마음속에 이 낙담의 심정이 깊어져서 더 이상 참을 수 없게 만들겠
습니다.

스톤이 노예제도 철폐 연설회를 알리는 포스터를 붙이고 다니면, 청
년들이 그녀를 따라다니며 포스터를 찢어버리는 경우가 종종 있었다.
스톤은 그 청년들에게 어머니를 사랑하는지 묻곤 했다. 그들은 당연히
사랑한다고 대답했다. 여동생들은? 그들은 물론이라고 답했다. 그러
자 스톤은 남부에서 당신들 또래의 청년들은 노예로 팔려가 다시는 가
족들을 보지 못한다고 설명했다. 안드레아 무어 커의 설명에 따르면,
"그리고 나서 스톤은 그 청년들을 그날 저녁 강연에 '특별 손님'으로
초대했다. 그렇게 거리에서 모집한 사람들은 훌륭한 동맹군이 되어주
었고, 강연을 방해하려는 말썽꾼을 퇴치해주었다."

1859년 프랜시스 윌러드Frances Willard라는 대학생이 자기 일기에 루
시 스톤이 마을에 왔다고 기록하면서 이렇게 적었다. "나는 그녀의 주
장이 마음에 안 든다." 보수적인 성향인 윌러드는 기독교여성금주동맹
에 가입했다. 하지만 몇 년 후 여성 참정권 운동 지도자가 되어 큰 영
향을 끼쳤다. 윌러드는 자신이 마음을 바꾸게 된 계기는 스톤이었다
며, 다음과 같이 회상했다.

수전이 정말 끔찍하게 두려웠던 때가 기억난다. 루시도 두려웠다. 하지만 지금은 이 여성들을 존경하고 사랑한다. 나처럼 소심한 사람을 설득해 세상에서 중요한 일을 이루는 데 제 몫을 할 기회를 준 이 여성들과 함께한다는 것이 얼마나 큰 축복인지 말로 다 표현할 수 없다. 그들이 앞길을 가로막고 있는 나무들을 불태우고 길을 개척하지 않았다면, 우리는 감히 이 길을 갈 엄두를 내지 못했을지 모른다.

1876년 윌러드는 여성 참정권 운동가들과 금주동맹 운동가들 간에 공동전선을 구축하는 작업을 진두지휘했다. 훗날 발표된 연구를 보면, 그 후 20여 년 동안 윌러드가 방문한 주에서는 참정권 운동과 금주운동이 동맹을 결성하는 확률이 급증했다. 그녀는 어떻게 보수적인 기독교여성금주동맹 회원들을 설득해서 진보적인 여성 참정권 운동가들과 손잡게 만들었을까? 윌러드의 성공 비결은 할리우드에서도 찾을 수 있다. 시나리오 작가들이 제작사 간부들을 설득해서 자신들의 주장을 받아들이게 만드느냐에 따라 시나리오가 영화로 생명을 얻기도 하고, 사장되기도 하는 할리우드에서 말이다.

익숙할수록 호감이 간다

1990년대 초, 시나리오 작가 여러 명이 지금까지 한 번도 시도되어본 적 없는 것을 디즈니에 제안했다. 독창적인 줄거리를 바탕으로 한 애니메이션 영화를 만들자는 제안이었다. 그들은 《신데렐라》, 《백설공주》와 같이 유구한 역사를 자랑하는 동화들로 반세기 동안 흥행작을 만들어온 관행을 깨고, 무에서 유를 창조하겠다고 나섰다. 제프리 카젠버그Jeffrey Katzenberg는 이 제안에 대해 회의적이었다. 그는 그저 하나의 실험일 뿐이라고 동료들에게 말했다. "아무도 그 제안에 대해 확신하지 못했다"라고 롭 민코프Rob Minkoff 감독은 회상한다. 그는 "디즈니 내부에서는 그것을 B급 영화 정도로 치부했다"라고 말했다.

그 대본으로 만들어진 영화가 바로 〈라이언 킹The Lion King〉인데, 이 영화는 1994년에 최고 수익을 올린 영화가 되었다. 그리고 두 개 부문에서 아카데미상을 수상하고, 한 개 부문에서 골든글로브상을 수상했다. 카젠버그는 그 영화가 5억 달러만 벌어들여도 무릎 꿇고 감사하겠다고 말했다. 2014년 현재 그 영화는 10억 달러 이상을 벌어들였다.

수많은 다른 독창적인 아이디어들과 마찬가지로 〈라이언 킹〉도 거의 사장될 뻔했다. 처음에는 '아프리카에서 사자와 더불어 사는 밤비(주인공으로 사슴을 선택했었다)'로 만들어졌다. 그러나 첫 대본이 채택되지 않자, 작가 다섯 명이 다시 머리를 맞댔다. 그들은 이틀 동안 서로 아이디어를 주고받으면서 왕위 계승에 대한 서사적인 이야기를 지어냈고, 그 이야기를 디즈니 경영진에게 설명했다. 첫 반응을 보인 사람은 CEO 마이클 아이스너Michael Eisner였는데, 그는 이 영화 내용을 이해하지 못했다. 머리에 꽂힐 만한 뭔가를 찾던 그가 물었다. "이것을 《리어왕King Lear》으로 만들 수 있겠나?"

우연하게도 민코프는 몇 주 전 셰익스피어의 희곡을 읽었던 터라,

그는 왜《리어왕》개념이 맞지 않는지 설명했다. 그러자 사무실 뒤쪽에서 모린 돈리^{Maureen Donley}라는 제작자가 또 다른 셰익스피어 작품을 거론했다. "그게 아니라, 이 이야기는《햄릿^{Hamlet}》입니다."

그러자 곧바로 모두가 내용을 이해했다. "알겠다는 뜻의 '아하' 하는 소리가 모두의 입에서 흘러나왔다"라고 민코프는 말하면서 다음과 같이 덧붙였다. "당연히《햄릿》이었다.[26] 숙부가 아버지를 죽이자, 그 아들이 아버지의 죽음에 대해 복수를 하는 이야기니까 말이다. 그래서 그 자리에서 우리는 사자판《햄릿》으로 하기로 결정했다." 그 영화의 제작 승인이 떨어진 결정적인 순간이었다.

대체 무엇이 사장될 뻔한 영화의 운명을 바꿔놓았는지 알아내기 위해 나는 스탠퍼드대학교에서 창의성을 연구하는 전문가 저스틴 버그에게 조언을 구했다. 작가들이 처음부터 사자로 시작하는 것이 옳았다고 버그는 설명한다. 작가들이 처음부터《햄릿》을 염두에 두고 시나리오를 구상하기 시작했다면, 기껏해야 셰익스피어 작품을 모방한 만화가 되었을 것이라는 설명이다. 참신한 구상으로 시작하는 것이 독창성을 발휘하는 열쇠이기는 하지만 그렇게 하려면 극복해야 할 과제도 뒤따른다.

버그는 한 실험에서, 사람들에게 대학생들이 면접을 통과하는 데 도움을 줄 신제품을 디자인하게 했다. 버그는 그들에게 고리 세 개짜리 바인더^{binder}처럼 흔한 상품으로 출발해서 뭔가 참신한 것을 생각해내라고 했다. 서점 관리자들과 고객들은 그들이 생각해낸 아이디어들을 완전히 진부한 상품이라고 평가했다.

버그에 따르면, 아이디어를 창출하는 출발점은 화가가 캔버스에 찍는 첫 붓놀림과 같다. 첫 붓놀림은 나머지 그림이 나아갈 길을 정하고, 가능성을 상상력으로 바꾸는 데 제약을 가한다. 처음부터 고리 세 개짜리 바인더를 떠올린 사람들은 명함이나 이력서를 넣을 주머니가 달린 폴더 같이 철저히 진부한 상품을 제안했다. 전혀 기존 판을 뒤엎어 놓을 만한 상품이 아니었다. 독창적인 아이디어를 생각해내려면 보다 낯선 곳에서부터 시작해야 한다.

버그는 실험 참가자들 중 일부에게 고리가 세 개인 바인더 대신에 훨씬 참신한 출발점을 제시했다. 롤러블레이드를 탈 수 있는 인라인스케이트장이었다. 그러자 그들은 더 이상 진부한 아이디어에 묶이지 않았고 독창성 면에서 앞의 집단보다 37퍼센트 높은 아이디어를 생각해 냈다. 한 실험 참가자는 면접을 하다 보면, 시간이 얼마나 지났는지 알기가 힘들 때가 많지만 면접관에게서 눈을 떼고 시계를 보면 무례해 보인다고 지적했다. 그래서 그가 제안한 해결책은 물리적으로 보면 스케이트에 달린 바퀴같이 생겼는데, 시간이 흐르면 형태나 촉감이 바뀌므로 시간을 감지할 수 있는 그런 시계였다.

출발점이 참신하면 아이디어의 독창성을 높이는 데 도움이 되지만, 그렇다고 받아들이는 사람의 입장에서 반드시 딱히 마음에 들거나 실용적인 아이디어가 나오는 것은 아니다. 롤러블레이드 덕분에 눈에 띄지 않고 시간을 파악하는 창의적인 아이디어가 나오기는 했지만, 시계를 꽉 쥐는 행동은 이상해 보인다. 이 문제를 해결하기 위해서 버그는 인라인스케이트를 출발점으로 하되, 반전의 요소를 가미했다. 실험 참

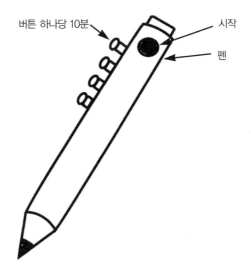

버튼 하나당 10분 / 시작 / 펜

가자들이 아이디어를 개발하고 나서, 그들에게 사람들이 보통 면접을 볼 때 사용하는 물건들의 사진을 보여주고, 추가로 몇 분을 더 주고 자신의 아이디어를 다듬게 했다. 특히 무례해 보이지 않고 시간을 보게 해주는 아이디어를 낸 사람에게 이 방법은 큰 변화를 가져왔다. 면접에서 익숙하게 쓰이는 상품들을 보고 난 후, 그는 촉감으로 시간을 감지하는 시계 대신에 촉감으로 시간을 감지하는 펜을 디자인했다(위 그림 참조).

참신함으로 시작해서 익숙함[27]을 더할 경우 가장 성공 가능성이 높은 아이디어가 나오게 된다. 그렇게 되면 앞서 우리가 살펴보았던 노출 효과의 덕을 볼 수 있다. 평균적으로 참신하게 시작해서 익숙함을 더한 아이디어가 독창성을 훼손하지 않고도 14퍼센트 더 실용적이라는 평가가 나왔다. 버그가 지적한 바와 같이, 인라인스케이트가 아니라 펜으로 시작했다면 기존 펜과 훨씬 비슷한 아이디어가 나왔을 것이다. 그러나 면접이라는 상황에서 인라인스케이트처럼 뜻밖의 것에서 출발한 후, 펜처럼 익숙한 것을 더하니 참신하고 실용적인 아이디어가 나오게 되었다.

〈라이언 킹〉의 경우 모린 돈리가 그 시나리오가 《햄릿》과 비슷하다고 했을 때 바로 이런 상황이 발생했다. 약간의 익숙함을 가미하자, 디즈니 경영진은 사바나 평원을 무대로 펼쳐지는 참신한 내용을 고전작품과 연결시킬 수 있었다. "익숙함을 가미하면 큰 집단의 사람들에게 단일의 준거점을 제공하게 된다"라고 민코프는 설명하면서 다음과 같이 덧붙였다. "독창성만으로는 사람들의 호응을 얻을 수 없다. 경영진은 고객들이 아이디어를 받아들이게 만들어야 하는데, 그러자면 경영진으로 하여금 그 아이디어가 팔리겠다고 생각하게 만들 뭔가가 필요하다." 〈라이언 킹〉 대본팀은 《햄릿》에서 단서를 얻어 작업을 진행했다. 햄릿이 독백에서 "사느냐 죽느냐"라고 했던 그 장면이 필요하다고 생각한 작가들은, 개코원숭이 라피키가 주인공인 새끼 사자 심바에게 자신이 누구인지를 기억하는 것이 얼마나 중요한지를 설명하는 장면에서 그 내용을 추가했다.

여성 참정권 운동에서도 금주 운동가들은 새로 부상한 지도자가 익숙한 요소를 더하고 나서야 참정권 운동에 동참하게 되었다. 밴더빌트 대학교Vanderbilt University의 사회학자 홀리 맥캐먼Holly McCammon은 참정권 운동가들이 투표권을 얻기 위해서 이용한 두 가지 논점을 규명했다. 바로 정의와 사회 혁신이었다. 정의라는 논점은 여성도 투표권이라는 양도할 수 없는 권리를 지녔다는 점을 강조하는 공정함에 초점을 두었다. 사회 혁신 논점은 인자하고 가정을 돌보고 도덕적인 성품을 지닌 여성들이 나라를 발전시키는 데 기여할 수 있다는 점을 강조하는 사회적 선善에 초점을 두었다. 당시 정의의 논점은 과격한 주장으로 여겨졌다. 여성과 남성이 모든 분야에서 동등하다는 주장을 함으로써 전통적인 성 역할에 대한 고정관념을 깼기 때문이다. 사회 혁신 논점은 보다 온건한 주장이었다. 보수 성향인 사람들이 이미 사적인 삶에서 소중하게 여기는, 여성만이 지닌 특징들이 공적인 삶에서도 기여할 수 있다는 주장을 함으로써 기존 성 역할에 대한 고정관념을 뒷받침해주었기 때문이다. 투표권을 얻은 여성은 '공적인 모성애public motherhood'[28]를 발휘해서 교육을 활성화하고, 정부의 부패를 막고, 가난한 사람들을 도움으로써 사회에 기여할 수 있다는 주장이었다.

맥캐먼과 그의 연구팀이 25년에 걸쳐 작성·배포된 여성 참정권 관련 연설문, 신문 사설, 깃발, 전단지에 담긴 내용들을 코드화했더니 정의 논점이 초기에 가장 빈번하게 나타났다. 전체적으로 보면, 여성 참정권 운동가들이 정의를 주장한 사례는 30퍼센트에 달하는 반면, 사회 혁신 논점을 거론한 사례는 가까스로 그 절반쯤 되었다. 그러나 정의 논점은 기독교여성금주동맹 회원들에게는 먹혀들지 않았다. 그들은 전통적인 성 역할을 고수했고 여성이 남성과 동등하다는 주장을 외면했기 때문이다. 사회 혁신 논점 또한 기존 가치를 고수하는 사람들에게 반향을 불러일으키지 못했다. 보수적인 금주 운동가들이 추구하는 목표는 변화가 아니라 안정이었다. 사회 혁신이라는 논점을 새로운 틀에 담아 폭넓게 수용되도록 만드는 지략을 발휘한 주인공은 기독교여성금주동맹의 새로운 지도자로 부상하고 있던 프랜시스 윌러드였다.

서부개척사

프랜시스 윌러드는 정의라는 논점도 사회 혁신이라는 논점도 사용하지 않았다. 그녀는 여성 참정권 문제를 투표권 문제로 제시하지도 않았다. 윌러드는 여성 참정권 문제를 "가정을 수호하기 위한 투표"로 규정했다.

그녀는 "여성의 투표권을 … 술이라는 폭군으로부터 보호하는 무기"로 규정했다. 그녀는 투표권을 "강력한 태양열 집열렌즈powerful sunglass"에 비유하면서 투표권을 행사함으로써 "술집을 불태워 잿더미로 사그라지게 만든 뒤, 안개처럼 증발시키고야 말겠다"라고 공언했다. 가정을 지킨다는 명분은 기독교여성금주동맹 회원들이 공감할 수 있는 목표였다. 여성 참정권은 그 바람직한 목표를 이루는 수단으로 이용될 수 있었다. 금주 운동가들이 알코올 남용과 싸우고 싶다면 투표를 해야 한다는 주장이었다. 역사학자 베이커는 다음과 같이 말한다.

> 윌러드가 택한 방식은 가정을 지킨다는 종교적인 주장을 바탕으로 참정권을 획득한다는 간접적인 접근 방식이었지만, 미국에서 가장 강력한 두 가지 여성 혁신 운동을 하나로 묶었다. 천부인권이라는 주장을 바탕으로 앤서니와 스탠턴이 주장했던 보편적 권리인 여성 참정권은 윌러드

에게는 보수적인 가정주부들의 호응을 얻기 위한 전술이었다.

맥캐먼은 기독교여성금주동맹과 여성 참정권 운동가들 사이의 40년에 걸친 동맹 관계를 연구한 결과를 보면, 참정권 운동가들이 특정 주에서 정의를 주장하면 다음 해에 그 주에서 기독교여성금주동맹과 연대를 맺을 가능성이 전혀 높아지지 않았다고 설명한다. 오히려 연대를 맺을 가능성이 약간 줄어든 것으로 나타났다. 그러나 참정권 운동가들이 가정을 보호하자는 주장으로 논거의 틀을 바꿔 제시하자, 그 주에서 기독교금주여성동맹과 힘을 합칠 가능성은 눈에 띄게 증가했다. 그리고 그 주가 결국 여성에게 참정권을 부여하는 법안을 통과시킬 가능성도 눈에 띄게 높아졌다.* 결국 윌러드의 지도력 덕분에 여성은 몇 개 주에서 투표권을 획득하게 되었고, 19개 주에서 학교 이사회 선출 투표권을 획득하게 되었다. 윌러드의 주장은 특히 서부 지역에서 효과를 발휘했다. 헌법 수정안 제19조를 통해 여성들이 명실상부한 투

---

*가정을 지키자는 윌러드의 주장은 일관성 있게 기독교여성금주동맹의 호응을 얻어내는 효과를 발휘했다. 하지만 얼마나 효과를 발휘했는지는 어떤 시기에 그런 주장을 했는지에 따라 결정됐다. 윌러드의 주장은 기독교여성금주동맹의 운동이 위기에 처했을 때 가장 큰 위력을 발휘했다. 금주법 통과가 무산되고 술집들이 더 확산된 후에, 윌러드가 방문한 주에서 기독교여성금주동맹과 참정권 운동가들이 연대를 맺을 가능성이 가장 높았다. 보수적인 금주동맹 회원들은 자신들이 추구하는 목표가 무산될 위기에 처하자, 알코올 남용과의 전쟁에서 참정권이 유용한 무기로 쓰일 수 있다고 보기 시작했다. "윌러드 덕분에 금주동맹 회원들은 자신들이 왜 정치적으로 패했는지 인식했고, 정치적으로 힘이 없기 때문이라고 실패 원인을 해석하게 되었다"라고 맥캐먼과 연구팀은 설명한다. 그들은 "여성이 투표권을 획득하면 금주법을 통과시키는 데 도움이 된다고 금주동맹 회원들을 설득하는 데 성공함으로써, 윌러드는 기독교여성금주동맹의 주장과 여성 참정권 운동가들의 주장을 하나로 묶을 수 있었다"라고 말했다.

표권을 얻게 되기 전, 서부 지역의 주와 영토 가운데 81퍼센트가 여성 참정권 법을 통과시켰다. 그러나 동부 지역에는 그런 주가 겨우 두 개 뿐이었고 남부 지역에는 전무했다.

윌러드가 여성의 참정권 운동을 시작했을 가능성은 희박하다. 저스틴 버그의 연구 결과에 따르면, 여성 참정권 운동가들이 가정을 지킨 다는 진부한 목표에서 출발했다면 투표권을 목표로 삼지 않았을지도 모른다. 과격한 생각을 실현하려면 본래 취지는 숨길 필요가 있다. 그러나 일단 투표라는 과격한 아이디어를 제시하고 나자, 참정권 운동가들은 보다 폭넓게 대중에게 다가갈 수 있는 온건한 중재자가 필요했다. 윌러드는 연설할 때 사람들에게 익숙한 아이디어를 차용했기 때문에 금주 운동가들로부터 신뢰를 받고 있었다. 그녀는 성경을 자주 인용하는 등 종교적인 색채가 짙은 연설을 했다.

윌러드는 그야말로 전형적인 온건한 과격파이다. "뭐든지 윌러드가 하면 과격해 보이지 않았다. 그녀가 보다 진보적인 주장으로 옮겨갈 때조차도 말이다"라고 진 베이커는 말한다.

윌러드의 사례는 잠재적인 협력자에게 힘을 모으자고 설득할 때 염두에 둬야 할 두 가지 교훈을 제시해준다. 첫째, 가치에 대해 달리 생각해야 한다. 상대방도 우리와 가치관이 같다고 여기거나, 우리의 가치를 채택하라고 상대방을 설득하지 말고, 우리의 가치를 상대방이 추구하는 가치를 실현시켜줄 수단으로 제시해야 한다. 다른 사람들의 가치관을 바꾸기는 어렵다. 우리의 목표를 상대방이 이미 지니고 있는 익숙한 가치와 연결시키는 방법이 훨씬 쉽다.

둘째, 무선 충전 기술을 개발한다는 본래 목적을 숨긴 메러디스 페리의 사례에서 보았듯이 투명성이 반드시 최선의 방책은 아니다. 잠재적인 협력자에게 최대한 솔직해야 하지만, 독창적인 아이디어를 실현하려면 때로는 자신의 아이디어가 듣는 사람에게 호소력을 발휘하도록 재구성할 필요가 있다. 윌러드는 알코올 남용이라는 트로이 목마에 여성 참정권을 몰래 숨겨 들여왔다.

하지만 윌러드의 주장이 그녀의 연설을 들은 모든 대상에게 먹혀들지는 않았다. 정의를 실현하자는 논점[29]은 동등한 성 역할을 주장하는 가장 과격한 성향의 여성들에게 호소력을 발휘했다. 매우 보수적인 금주 운동가들에게는 가정을 지키자는 가장 온건한 주장이 참정권 운동가들과의 연대 여부를 결정지었다. 그러나 가정을 지키자는 주장은 그 외의 다른 집단들을 참정권 운동에 동참하게 만들기에는 너무 온건했다.

맥캐먼의 연구 결과에 따르면, 단순히 다른 목적을 달성하는 수단으로서 참정권을 지지하는 것이 아니라 참정권 자체를 목적으로 여기도록 더 많은 여성들을 설득하려면, 주장하는 바를 미세하게 조정해서 최적의 균형점을 찾아내야 했다. 즉 온건한 사회 혁신 논점이 필요했다. 맥캐먼은 참정권 운동 지도자들은 "잠재적인 우군 세력을 성공적으로 규합하려면, 기존 문화적 정서에 부합하는 주장과 기존 체제를 바꾸자는 주장 사이에 적절한 균형점을 찾아야 했다"라고 설명한다. 여성 참정권 운동가들이 자신들의 주장을 정의 실현이나 가정 수호 관점으로 제시한 후에는 참정권 조직에 가입하는 회원수에 변동이 없었지만, 여성이 어떻게 사회를 발전시킬 수 있는지를 강조한 후에는 회

원수가 급증했고, 여성 참정권 법이 통과되는 사례도 급증했다.[30]

"누구나 독창성을 발휘하고 싶어 하는데, 여기에는 최적 지점이 있다"라고 롭 민코프는 말하면서 다음과 같이 덧붙였다. "독창성이 미흡하면 따분하거나 진부하게 느껴진다. 한편 독창성이 과하면 청중이 이해하기가 어렵다. 한계에 도전하는 것이 목표이지, 산통을 깨는 것이 목표는 아니다."

루시 스톤은 참정권 운동에 이미 동참한 여성들을 대상으로 연설할 때는 정의와 평등을 부르짖었다. 그러나 아직 운동에 동참하지 않은 청중을 대상으로 연설할 때는 훨씬 주의 깊게 사회 혁신 논점을 추가했고, 전통적인 성 역할을 존중했다. 1853년에 무질서한 청중이 여성의 권리에 관한 회합의 진행을 방해하자, 스톤은 연단에 나섰다. 그리고 그녀는 정의 실현을 주장하는 대신, 가정에서 여성이 기여하는 바를 다음과 같이 강조했다. "각 가정에서 주부라는 왕관을 쓰고 사랑과 자비와 평화를 베풀고, 세상 밖으로 나가는 남편들을 배웅하며 세상을 좀 더 살기 좋은 곳으로 만들려고 애쓰는 여성이라면 누구든지 왕관을 쓰고 권좌에 오른 그 어떤 사람보다도 높은 지위를 누려야 한다고 생각한다."

스톤은 여성이 사회에 더 많이 기여할 수 있다고 주장하며, 여성을 남성과 비교하지 않기 위해 조심해가면서 여성들이 어떻게 전문적인 직업을 가질 수 있는지 설명했다. 스톤이 목사가 된 여성을 거론하자 청중들은 야유를 보냈는데, 스톤은 다시 한 번 청중에게 다음과 같은 말로써 자신은 가정에서의 여성의 역할을 지지한다고 상기시켰다. "제대로 가르침을 줄 만한 어머니들이 없는 남자들이나 야유를 한다."

갈등을 넘어 연대와 협력의 길로

20년 동안 갈등을 빚은 끝에, 여성 참정권을 주장하는 두 조직은 마침내 철학과 전술 면에서 합의점을 찾기 시작했다. 엘리자베스 스탠턴과 수전 B. 앤서니는 10여 년 동안 과격한 집단과의 연대를 자제해온 끝에, 이제 대중을 교육시키는 데 에너지를 쏟고 있었다. 스탠턴은 참정권 운동의 역사를 기술하는 작업을 주도했다. 앤서니는 전국을 순회하면서 강연을 하고 로비활동을 했다. 그녀는 금주 운동가들과 연대를 맺을 필요와 다른 여성 관련 문제들 말고 오직 여성 참정권에만 초점을 둔 보다 온건한 운동을 전개할 필요가 있다는 점에서 스톤과 의견의 일치를 보았다.

수년 전 이스라엘과 팔레스타인 간의 갈등을 연구하던 하버드대학교의 심리학자 허버트 켈먼Herbert Kelman은 각 집단 내에서의 갈등이 두 집단 사이의 갈등을 야기하거나 증폭시키는 경우가 많다는 사실을 발견했다. 스톤의 조직 구성원들은 상대방 조직과 재결합한다는 데 의견의 일치를 보았지만, 앤서니와 스탠턴의 조직 내부에서는 의견이 엇갈렸다. 스탠턴은 금주 운동가들과의 연대와 참정권에만 초점을 둔 운동 방향에 대해 반대했다. 참정권 입법이 주 차원에서 이뤄져야 하는지 연방 차원에서 이뤄져야 하는지, 또 참정권을 부분적으로 인정해야 하는지 완전히 인정해야 하는지에 대해서도 의견이 분분했다.

스톤은 적대적인 사람을 동맹으로 바꾸는 데는 탁월했지만, 앤서니의 협상 대상자로는 부적합했다. 이 두 여성 사이에서처럼 두 조직 간에 불신의 골이 깊이 패여 있을 때는, 갈등 관계에 있는 당사자들은 지도자 역할이 아니라 충격을 흡수할 피뢰침 역할을 해야 연대가 가능해진다. 그랬더라면 블레이크 애쉬포스와 피터 레인겐이 지적한 바와 같이, 각 조직의 구성원들은 "운동이 분열된 원인"을 스탠턴의 과격한 입장 탓으로 돌리고, "각 진영은 상대방 진영의 과격파 때문에 갈등이 일어난다고 비난"하는 한편, "상대방의 진영에서 과격파를 제외한 나머지 구성원들과 협조"할 발판을 마련하게 되었을지도 모른다. 노선의 갈등을 초월해 연대를 구축하려 할 때[31] 강경파를 협상에 내보내서는 효과를 거두는 경우가 드물다는 사실을 허버트 켈먼은 알게 되었다. 각 조직의 온건파가 협상 테이블에 마주앉아서 상대방의 관점을 귀담아 듣고, 두 조직이 추구하는 공동의 목표와 실현 방법들을 규명하고 함께 문제를 해결해야 한다.[*]

---

[*]1990년 켈먼은 3년에 걸쳐 이스라엘과 팔레스타인의 영향력 있는 지도자들을 수차례 한자리에 불러모아 비공식적인 워크숍과 정기적인 회의를 열었다. 워크숍에는 각 나라에서 두 명에서 네 명 사이의 진행자와 세 명에서 여섯 명 사이의 대표들이 참석했다. 대표들은 자신이 지닌 관점을 상대방과 공유하고, 상대방을 비난하거나 자신의 주장을 정당화하는 발언을 자제했다. 그리고 그들의 회합이 양 진영의 갈등에 미칠 효과를 분석하는 데 집중했다. 모든 참가자들이 자신이 우려하는 바를 표명하고, 다른 사람들이 우려를 표명한 문제점들을 이해하고 인정한 후 함께 문제 해결에 착수했다. 1993년 워크숍이 끝난 직후 오슬로 협정(Oslo Accords)이 타결되었다. 이로써 이스라엘 정부와 팔레스타인 해방기구가 최초로 서로 직접 대면해서 합의에 도달했다. 양측 지도자들은 이 공로로 노벨평화상을 수상했고, 그 과정에 관여한 내부자들은 켈먼의 노력이 촉매 역할을 했다고 말했다.

스톤과 앤서니는 논의에서 강경파를 배제하는 것이 중요하다는 사실을 인식하고, 각자 자기 진영에서 일곱 명의 대표를 선정해 합동위원회를 구성했다. 그리고 그 위원회에서 통합에 필요한 합의 조건들을 협상하도록 했다. 그러나 스톤과 앤서니가 제시한 원칙만으로는 합의의 토대를 마련하기에는 충분하지 않았다. 앤서니 측 조직의 위원회 대표들 간에 불협화음이 너무 심각해서 그들을 도와줄 8인 위원회를 따로 구성해야 했다. 합동위원회는 마침내 합의에 도달했지만, 위원회의 제안은 애초에 스톤과 앤서니가 합의한 원칙의 범주에서 너무도 벗어나 있어서, 스톤 측 위원회는 그 제안을 승인할 권한이 없었다.

재결합하려는 노력을 기울인 지 3년째 되던 1890년, 스톤은 마침내 연대를 위해 극복해야 할 점들이 있음을 인정하고, 다음과 같이 운동의 주도권을 이양하기를 제안했다. "젊은 세대는 결합을 원하고, 분열의 원인이 무엇인지 기억하는 구세대는 곧 사라지게 된다." 스톤의 딸과 남편은 앤서니 측의 위원회와 연대의 조건에 대한 협상을 성공적으로 타결했고, 두 조직은 마침내 합병되었다. 온건한 급진주의의 가치를 인정하게 된 앤서니에 대해 스탠턴은 다음과 같이 불만을 터뜨렸다. "루시와 수전의 눈에는 오로지 참정권밖에 안 보인다. 그들에게는 종교적, 사회적 속박은 보이지 않는다. 양쪽 진영의 젊은 여성들도 마찬가지다. 이렇게 일치단결해서 한 가지 목적만 추구하니 두 진영은 차라리 합치는 것이 낫다."

앤서니와 스탠턴은 스톤과 결코 화해하지 않았다. 그러나 스톤이 세상을 떠나자, 스톤의 혁혁한 공을 인정하지 않을 도리가 없었던 두 사람은 다음과 같이 스톤에 대한 찬사를 아끼지 않았다. "루시 스톤만큼 사람을 감동시키는 이는 없다. 이 운동이 계속되어온 50년 역사를 통틀어 볼 때, 스톤처럼 청중 앞에 나서서 사람들 하나하나의 마음을 사로잡은 여성은 없었다. 그녀는 독보적인 존재였다."

스탠턴은 "미국에서 한 여성의 죽음에 대해 이토록 대중이 존경과 경의를 표했던 적이 없었다". 스톤은 "여성들이 겪는 부당함을 호소해서 온 나라 국민의 마음을 뒤흔든 최초의 여성이었다"라고 말했다. 그리고 수년 전 자신과 스톤이 이견을 보인 이유는, 스톤이 "여성이 겪은 부당함보다 노예들이 겪은 부당함에 더 마음 아파했기 때문"이며, 자신의 "철학이 훨씬 더 이기적이었다"라고 말했다.

철학자 조지 산타야나^{George Santayana}는 "과거를 기억하지 못하는 사람들은 과거를 되풀이하는 운명을 맞게 된다"라고 말했다. 미국의 여성 참정권 운동과 관련해 적어도 두 차례 그의 말은 맞는 것으로 드러났다. 1890년 앤서니가 전국적인 조직을 만들어 온건한 급진주의로 방향을 바꾸려는 전략을 꾀한다는 사실에 분노한 앤서니 조직의 회원 두 명은 조직을 이탈해 통합 움직임을 방해하는 별도의 조직을 결성했다. 앤서니와 스탠턴은 그 조직을 붕괴시켰지만, 자신들을 계승한 새 지도자들에게 사소한 차이에 매몰되는 편협한 태도가 얼마나 위험한지 경종을 울리지 못하고 물러났다. 20세기 초, 인생의 황혼기에 접어든 두 사람은 전국 여성 참정권 운동 조직의 지도자 자리를 금주 운동가이자 기독교여성금주동맹 회원인 캐리 채프먼 캣에게 물려주었다.

그러나 보다 과격한 성향의 앨리스 폴^{Alice Paul}이라는 여성은 강연하고 집필하고 로비를 하는 온건한 방법으로 참정권 운동을 추진하는 것이 성에 차지 않았고, 보다 대담한 방법을 선호했다. 그녀는 단식 농성을 시작했고, 캣의 초당적인 입장을 거부했으며, 여성의 참정권 획득을 실패한 탓을 민주당에게로 돌렸다. 폴의 행동이 너무 과격한 나머지 그녀는 전국 참정권 조직에서 축출되었고, 1916년에 자체적으로 자신의 조직을 결성했다. 1918년에 전국 참정권 조직은 100만 명 이상의 회원수를 자랑했지만, 폴의 조직 규모는 겨우 1만 명이었고, 그녀는 앞선 세대와 마찬가지로 흑인 운동과는 연대하기를 꺼렸다. 그녀의 조직은 백악관 앞에서 피켓을 들고 시위를 벌였고, 우드로 윌슨 대통령을 조롱했다. 폴의 이런 전술이 얼마나 상황을 변화시켰을지는 모르지만, "결국 윌슨 대통령이 헌법 수정안을 지지하게 만든 요인은 진보적이지만 과격하지는 않은 캣의 지도력 덕분이었다"라고 한 목격자는 기록하고 있다.

1893년 임종을 맞은 루시 스톤은 자신의 딸에게 "더 나은 세상을 만들어라"라는 네 마디 유언을 남겼다. 그로부터 27년이 지나서야 헌법 수정안 제19조가 통과되었다. 그러나 여성들이 전국적으로 완전한 투표권을 획득하기까지 온건한 급진주의를 표방한 스톤이 남긴 족적은 분명하고도 강력했다. 안드레아 무어 커는 이에 대해 다음과 같이 요약했다. "스톤이 제시한 조직 모델을 캐리 채프먼 캣이 채택해서, 마침내 1920년에 성공적으로 헌법이 수정되었다."

6장

이유 있는
반항

"우리는 형제를 지키는 자가 아니다.
우리는 크고 작은 수없이 많은 방법으로
형제를 만들어내는 창조주이다."[1]
—해리 · 보나로 오버스트리트Harry and Bonaro Overstreet

형제자매, 부모, 정신적 스승이 독창성을 길러준다

조금 전 그는 침착하게 3루에 서서 모자를 만지작거리고 있었다. 이제 그의 발은 3루에서 벗어나 좌우로 재빨리 오락가락하고 있다. 그는 본루本壘를 향해 돌진할 자세를 취한다.

그는 야구장 내야에 발을 들여놓은 선수들 가운데 가장 위대한 선수이고, 전에도 위와 같은 상황에 처했던 적이 있었다. 그는 자신의 소속팀을 네 차례 월드시리즈World Series 결승에 진출시켰고, 네 번 모두 그의 팀은 양키즈Yankees 팀에 패했다. 이번만큼은 이기게 해달라고, 그는 간절히 소망했다. 양키즈를 상대로 다섯 번째로 우승을 다투는 개막 경기에서 그의 팀은 8회에 6 대 4로 지고 있었다. 투아웃인 지금 그는 양자택일의 기로에 서 있었다. 자기 팀 선수의 도움으로 자신이 득점하게 된다고 믿어야 할까, 아니면 무작정 도루를 시도해야 할까?

도루는[2] 야구 경기에서 가장 위험도가 높은 동작이다. 도루로 자기 팀의 점수를 올릴 가능성은 3퍼센트가 채 되지 않는다. 게다가 도루에 성공하려면 보통 베이스를 향해 온몸을 던져야 하는데, 그러려면 외야수와의 물리적 충돌로 고통을 겪는 것이 불가피하다. 본루 도루는 훨씬 더 위험하다.[3] 2루나 3루로 도루하는 경우처럼 투수가 도루 주자에게 등을 돌리고 서 있는 것이 아니라 본루를 향해 서 있기 때문에 투수가 공을 던지기가 쉽다. 투수는 공을 60피트만 던지면 된다. 그러나 도루 주자는 90피트를 발로 뛰어야 한다. 간단히 말하면, 공보다 발이 빨라야 한다는 뜻이다. 게다가 본루 도루에 성공한다고 해도 물리적 충돌로 부상당할 확률[4]이 다른 베이스로 도루해서 부상당할 확률에 비해 네 배나 높다.

2012년 시즌 내내 통틀어 본루 도루를 시도한 선수는 고작 세 명이었다. 야구 역사상 가장 도루를 많이 한[5] 리키 헨더슨Rickey Henderson이 선수 생활을 통틀어 1,400회 도루에 성공했지만, 그중 순수하게 본루를 도루한 경우는 딱 한 번이었다. 야구선수 경력을 통틀어 두 번째로 도루를 많이 한 선수는 루 브록Lou Brock으로, 총 938회의 성공적인 도루 가운데 본루 도루는 단 한 번도 없었다.

그러나 이 남자는 달랐다. 그는 현대 야구 역사상 그 어떤 선수보다도 본루 도루에 여러 번 성공한 기록을 갖고 있었다. 모두 열아홉 차례였다. 거의 한 세기 동안 본루 도루에 성공한 횟수가 두 자릿수인 선수는 그 말고 딱 두 명밖에 없다.

그는 도루로 두 차례나 자기 팀을 결승에 진출시켰는데, 그가 본루 도루를 할지 여부를 속도에 의존해서 결정한다고 생각한다면 큰 오산이다. 서른여섯 살인 그는 전성기가 한참 지난 나이였다. 그는 부상 때문에 정기 시즌의 3분의 1이나 경기에서 빠졌다. 6년 전 그는 한 시즌에 37차례 도루에 성공했다. 하지만 바로 전 두 시즌을 합쳐 도루에 성공한 횟수는 그 절반 정도다. 그의 머리카락은 희끗희끗했고 체중도 늘었다. 스포츠 기자들은 그를 "늙고 뚱뚱한 노인"이라고 불렀다. 과거에 그는 누구나 선망하는 4번 타자였다. 이제 그는 타순에서 일곱 번째로 밀려났다. 그는 다음 해에 은퇴할 예정이었다.

이 선수의 속도는 이제 옛말이 되었지만, 그는 평생 동안 다른 선수들은 가만히 서 있는 동안에도 끊임없이 움직여왔고, 지금 와서 움직임을 멈출 생각도 없었다. 그는 적당한 기회를 엿보다가 내닫는다. 그가 본루로 몸을 날림과 동시에 포수가 그를 태그아웃 시키려고 팔을 뻗는다. 아직 판정이 나지 않았다. 드디어 심판이 판정을 내린다. 세이프.

결국 그의 도루는 팀을 승리로 이끌기에는 역부족이었고 너무 늦은 감이 있었다. 그의 팀은 첫 경기를 양키즈에게 내어주고 말았다. 그러나 그의 노력은 상징적인 의미를 지닌다. 한 스포츠 역사학자의 말을 빌리자면, 본루 도루는 그의 팀에게 "엄청나게 심리적으로 사기를 진작"시키는 역할을 한다. 본루 도루를 한 선수 자신도 그 점을 인지하고 있다. "내 도루 덕분이었는지 어쩐지는 모르지만 우리 팀은 다시 전의를 다졌다"라고 그는 말한다. 그의 팀은 마침내 월드시리즈에서 우승을 거머쥔다.

몇 년 후 그 선수가 남긴 유산에 대해 돌이켜보면서, 한 기자는 그가 본루 도루를 시도하기로 한 선택은 "그가 야구 경기에서 한 행동 가운데 두 번째로 대담한 행동임에 분명하다"라고 기록했다. 그리고 그가 한 가장 대담한 행동은 인종차별의 장벽을 허문 일[6]이다.

독창적인 인물이 되려면 어느 정도 위험을 감수해야 한다. 유구한 전통에 맞서 시류를 거스르겠다는 선택을 할 경우 절대로 성공하리라고 장담할 수 없다. 기자 로버트 퀼렌Robert Quillen이 기록한 바와 같이, "진전進展에는 늘 위험이 따른다. 한 발을 1루에 둔 채로 2루 도루에 성공할 수는 없다."

1947년 재키 로빈슨Jackie Robinson이 메이저리그 야구 사상 첫 흑인 선수가 된 그날부터, 그는 소속팀에서도 상대 팀에서도 경기를 하지 않겠다는 인종차별주의자 선수들과, 일부러 그에게 부상을 입히는 선수들, 그리고 증오의 편지와 살해 협박까지 감내해야 했다. 그는 이후 한 대기업에서 미국 최초로 흑인 부사장까지 승진했고, 미국 최초로 흑인 야구 해설위원이 되었다. 그가 사회 규범에 맞서 저항하고 감정적, 사회적, 신체적 위험에 직면하고도 꿋꿋하게 견뎌낼 수 있었던 용기는 어디서 나왔을까?

뜻밖의 장소에서 단서를 찾을 수 있다. 바로 재키 로빈슨처럼 도루의 달인이었던 야구선수들의 가정환경을 살펴보면 된다. 야구의 현대사를 살펴보면, 162경기가 치러진 이래로 두 개의 서로 다른 시즌에서 최소한 70개의 도루를 성공시킨 선수는 겨우 열 명에 불과하다. 다음 목록을 보라. 일관된 공통점이 보이지 않는가?[7]

야구선수	도루	출생지	출생 서열	형제자매수
리키 헨더슨	130, 108	시카고, 일리노이	4	7
루 브록	118, 74	엘도라도, 아칸소	7	9
빈스 콜먼	110, 109	잭슨빌, 플로리다	1	1
모리 윌스	104, 94	워싱턴 D.C.	7	13
론 르플로어	97, 78	디트로이트, 미시간	3	4
오마 모레노	96, 77	푸에르토 아르무엘, 파나마	8	10
팀 레인즈	90, 78	샌포드, 플로리다	5	7
윌리 윌슨	83, 79	몽고메리, 앨라배마	1	1
마키스 그리섬	78, 76	애틀랜타, 조지아	14	15
케니 로프턴	75, 70	이스트시카고, 인디애나	1	1

　왜 어떤 선수들은 다른 선수들보다 도루를 많이 하는지 그 이유를 밝혀내기 위해, 역사학자 프랭크 설로웨이Frank Sulloway와 심리학자 리처드 츠바이겐하프트Richard Zweigenhaft는 아주 기발한 조사를 했다. 그들은 야구선수로 활동한 400여 명의 형제들을 가려내서 조사 대상으로 삼았다. 조사 대상자들은 그들의 형제들과 DNA 절반은 공유한 데다가 비슷한 성장 환경에서 자랐기 때문에 같은 집안 출신인 개인들을 비교 조사할 수 있었다. 조사 결과, 놀라운 사실이 드러났다. 출생 서열로써[8] 어느 형제가 더 도루를 많이 할지 예측할 수가 있었다.

　나중에 태어난 형제들이 먼저 태어난 형제들보다 도루를 시도할 가능성이 10.6배나 높은 것으로 나타났다.

　서열이 낮은 형제들이 반드시 더 훌륭한 선수는 아니었다. 이를테면 서열이 낮은 형제들은 타율에서는 더 나은 실력을 보여주지 않았다. 게다가 투수인 형제들을 비교했더니, 서열이 높은 형제들이 오히려 공을 다루는 데 있어서 약간 더 실력이 좋았다. 즉 서열이 높은 형제들이 삼진 기록은 좀 더 높고, 타자를 걸어서 출루하게 하는 실책은 더 적었다. 핵심적인 차이는 위험을 감수하는 성향이 어느 정도 강한가 하는 점이었다. 서열이 낮은 형제들은 도루를 더 많이 시도했을 뿐만 아니라 투수가 던진 공에 맞을 확률이 4.7배 높은 것으로 나타났다. 아마도 그들이 플레이트에 더 가까이 다가설 정도로 배짱이 두둑하기 때문인 듯하다. 그러나 그들은 행동만 더 과감한 데 그치지 않았다. 그들이 성공할 확률도 서열이 높은 형제들보다 더 높았다. 서열이 낮은 형제들이 도루에 성공할 확률은 3.2배 더 높았다.

서열이 낮은 형제들은 위험을 무릅쓰는 성향이 있기 때문에, 애초에 야구선수가 될 확률은 더 낮았다. 8,000여 명을 대상으로 한 24개의 서로 다른 연구 자료를 보면, 나중에 태어난 형제들은 미식축구, 럭비, 권투, 아이스하키, 체조, 스쿠버다이빙, 활강스키, 스키점프, 봅슬레이, 자동차경주 등과 같이 부상당할 확률이 높은 운동경기에 관여할 가능성이 1.48배 높았다. 맏이들은 야구, 골프, 테니스, 육상, 사이클, 조정과 같이 보다 안전한 운동경기를 선호했다.

그런데 서열이 낮은 형제들이 일단 야구선수가 되면, 도루의 달인이 되었다. 현대 야구사에서 동료 선수들을 제치고 도루의 왕으로 군림한 세 선수의 기록을 살펴보라. 세 사람 모두 형이 최소한 세 명은 있었다. '현대 도루의 아버지'[9]로 불리는 재키 로빈슨은 형제자매 다섯 명 가운데 막내였다. 현대 야구사에서 두 번째로 도루를 많이 한 선수는 로드 커루Rod Carew인데, 그는 다섯 형제자매 가운데 넷째였다. 커루는 도루를 하려면 정확한 순간 포착 능력 외에도 "어느 정도 배짱이 필요하다"[10]라고 말했다. 본루 도루를 하려면 "내가 부상을 당하더라도 조금도 두려워하지 말아야 했다. 그리고 나는 두렵지 않았다. 내가 바라는 대로 되리라는 느낌이 들었기 때문이다"라고 커루는 설명했다. 도루왕 3위는 폴 몰리터Paul Molitor[11]인데, 그는 본루 도루를 "용기가 필요한 행위"라고 했다. 그는 형제자매 여덟 명 중에 넷째였다.

앞의 표에서 열거한 도루 주자 서열에서도 비슷한 유형이 나타난다. 두 개의 서로 다른 시즌에서 최소한 70개의 도루를 한 열 명의 선수들 가운데, 절반은 손위 형제자매가 적어도 네 명이고, 일곱 명은 손위 형제자매가 적어도 두 명이었다. 이 일곱 명의 도루 챔피언들은 집안에서 형제자매들 사이에 서열이 평균 6.9번째였고, 그들의 형제자매 가운데 71퍼센트는 그들보다 손위였다.

나중에 태어난 사람들이 위험을 무릅쓸 가능성이 더 높게 나타나는 분야는 야구뿐만이 아니다. 정치와 과학에서도 이런 차이가 나타나는데 이는 사회적, 학문적 발전에 매우 중요한 의미를 지닌다. 한 기념비적인 연구에서 프랭크 설로웨이는 코페르니쿠스의 천문학에서 다윈의 진화론, 뉴턴의 역학, 아인슈타인의 상대성이론에 이르기까지 수십 건의 과학적인 혁명과 획기적인 연구를 분석[12]했다. 설로웨이는 100여 명의 과학사학자들에게 4,000여 명의 과학자들의 입장을 기존 이론을 강력히 지지하는 성향부터 새로운 아이디어를 강력히 옹호하는 성향까지의 연속선상에 놓고 평가해달라고 의뢰했다. 그런 뒤, 설로웨이는 연구 대상인 과학자들이 기존 체제를 옹호할지 혁명적인 새 이론을 지지할지 예측하는 데 출생 서열이 어떤 역할을 하는지 추적해보았다. 총인구 가운데 맏이보다 나중에 출생한 사람의 수가 더 많다는 점, 사회계층, 가족 규모를 비롯해 그 밖의 분석 결과에 영향을 미칠 수 있는 요인들은 통제했다.

맏이로 태어난 과학자들과 비교해볼 때 나중에 태어난 과학자들은 뉴턴의 중력과 운동 법칙, 아인슈타인의 특수 상대성이론이 과격하다고 여겨지던 시기에 이 이론들을 지지할 가능성이 3배 이상이었다. 코페르니쿠스가 지구가 태양 주위를 돈다는 이론을 발표한 후, 반세기동안 손위 형제자매가 있는 과학자들은 맏이로 태어난 과학자들보다 코페르니쿠스의 이론을 지지할 확률이 5.4배 높았다. 갈릴레오가 망원경을 발명하고, 코페르니쿠스의 이론을 뒷받침하는 발견 자료를 발표한 후 그 비율은 1 대 1로 급락했다. 코페르니쿠스의 이론이 더 이상 과격한 주장이라고 여겨지지 않았기 때문에, 맏이 과학자들도 나중에 출생한 과학자들과 마찬가지 비율로 그의 이론을 받아들였기 때문이다.

형제자매들 가운데 나중에 태어난 아이들이 반항적 기질을 나타낸다는 사실을 가장 극명하게 보여주는 증거는 진화론에 대한 반응을 분석한 설로웨이의 연구이다. 설로웨이는 다윈이 그 유명한 연구 결과를 발표하기 전인 1700년부터 1859년까지의 기간 동안 진화라는 개념에 대해 수백 명의 과학자들이 어떤 반응을 보였는지 분석했다. 다윈이 연구를 발표하기 전에는 나중에 태어난 과학자들 117명 가운데 56명이 진화를 믿었는데, 맏이인 과학자들의 경우 103명 가운데 겨우 9명만이 진화를 믿었다. 다윈이 연구 결과를 발표하고 16년이 지난 후에는, 나중에 태어난 과학자들이 맏이 과학자들과 비교해서 진화를 믿는 확률이 9.7배에서 4.6배로 급락했다. 진화의 개념을 받아들이는 정서가 점점 보편화되면서 맏이 과학자들도 진화론을 지지하기가 훨씬 편해진 것이다.

사람들은 노장의 과학자들은 나이가 들면서 점점 보수적인 성향이 강해지고, 자신의 신념에 매몰되기 때문에 젊은 과학자들이 혁명적인 아이디어에 더 수용적인 자세를 보인다고 생각한다. 그러나 놀랍게도 나이보다는 출생 서열이 더 큰 영향을 미치는 것으로 나타났다. 설로웨이는 "출생 서열이 아래인 80세 노인이 맏이인 25세 청년보다 진화론에 대해 훨씬 열린 자세를 취했다"라고 말했다. 그는 "총인구 가운데 나중에 태어난 사람수가 맏이를 2.6 대 1의 비율로 앞서기 시작하고 나서야, 비로소 진화론이 역사적으로 현실이 되었다"라고 주장했다.

전체적으로 볼 때, 나중에 태어난 사람들이 중요한 과학적 변혁을 지지할 확률은 맏이들의 두 배였다.[13] "이러한 차이가 우연히 발생할 확률은 10억분의 1보다도 훨씬 낮다"라고 설로웨이는 말하면서 다음과 같이 지적한다. "출생 서열이 아래인 사람들은 급진적 혁신을 지지할 의향에 있어서 맏이들보다 반세기 앞서갔다." 31건의 정치 혁명을 대상으로 한 그의 연구에서도 비슷한 결과가 나타났다. 출생 서열이 낮은 사람들이 급진적 변화를 지지할 확률은 맏이들의 두 배였다.

자타가 공인하는 전형적인 맏이인 나는 이 연구 결과들을 보고 처음에는 망연자실했다. 그러나 출생 서열에 대한 연구를 살펴보면서, 위에서 나타난 유형들이 고정불변의 성향이 아니라는 사실을 깨달았다. 맏이라고 해서 동생들에게 독창적인 사람이라는 자리를 양보할 필요는 없다. 주로 출생 서열이 아래인 자녀들에게 적용되는 양육 방식으로 자녀를 기르면, 어느 아이든 훨씬 독창적인 사람으로 기를 수 있다.

이 장에서는 독창성의 집안 내력에 대해 살펴보겠다. 출생 서열이 낮은 자녀들의 특징은 무엇이고, 가족 규모는 어떤 영향을 미치며, 이런 사실들이 양육에 어떤 의미를 지니는지 알아보겠다. 더불어 이런 유형에 맞아떨어지지 않는 사례들(도루 선수 목록에 오른 세 명의 외둥이, 반항적 기질이 강한 맏이, 출생 서열이 낮지만 순응적 성향을 지닌 사람)은 어떻게 설명할 수 있는지도 알아보겠다. 또한 출생 서열을 바탕으로 위험을 감수하려는 성향에 형제자매, 부모, 롤모델이 되는 인물들이 어떤 영향을 미치는지 살펴보겠다.

형제자매들이 우리가 생각하는 만큼 서로 비슷하지 않은 이유를 알아보기 위해서, 재키 로빈슨의 성장 배경과 미국에서 가장 독창적인 코미디언들의 가정환경을 살펴보겠다. 이를 통해 자녀들이 건설적인 방향으로 반항할지, 파괴적인 방향으로 반항할지를 결정하는 요인은 무엇이고, 아이들에게 부정행위를 하지 말라고 하는 것이 왜 잘못된 가르침이며, 칭찬을 해도 효과가 없는 경우와, 백해무익한 책을 자녀들에게 읽어주고 있는 현실과, 유대인 학살이 자행되는 동안 자신의 목숨을 걸고 유대인을 구한 사람들의 부모에게서 어떤 점을 배울 수 있는지 알아보도록 하겠다.

타고난 반항아

로자 파크스가 몽고메리에서 당당하게 버스 기사에게 맞서는 영웅적인 행동을 하는 사건이 일어나기 10여 년 전인 1944년, 당시 육군 중위였던 재키 로빈슨은 버스 뒷좌석에 앉기를 거부했다는 이유로 군사법정에 회부되었다. 버스 기사는 "내가 버스 뒤쪽으로 이동하지 않으면 뜨거운 맛을 보여주겠다고 소리쳤다"라고 로빈슨은 회상하면서 다음과 같이 말했다. "나는 그러든 말든 관심 없다며 화를 냈다."

로빈슨은 월드시리즈 개막 경기에서 본루를 향해 미친 듯이 달리던 순간에 대해서도 비슷한 얘기를 했다. "나는 갑자기 확 뒤집어보자는 생각이 들었다"라고 그는 말했다. 그는 "우리 팀이 두 점을 뒤지고 있는 상황에서 본루 도루는 최고의 경기 전략은 결코 아니었다. 하지만 나는 그냥 뛰었고 성공했다. 성공하든 실패하든 개의치 않았다"라고 말했다.

"개의치 않았다"라든가 "그러든 말든 관심 없다"와 같은 말은 재키 로빈슨이 위험한 상황에 임하는 근본적인 자세를 보여준다. 스탠퍼드대학교의 석학 제임스 마치James March에 따르면, 사람들은 대부분 결정을 내릴 때 결과의 논리를 따른다. 즉 어떤 행동을 해야 가장 최상의 결과를 낳을지 고려한다. 당신이 로빈슨 같은 성향이라면 아마 끊임없이 기존 체제에 반기를 들고, 결과의 논리보다는 적절성의 논리를 바탕으로 달리 행동할 가능성이 높다. 주어진 상황에서 나라는 사람은 어떻게 행동할지를 고려할 것이다. 결과를 예측하기 위해 바깥으로 눈을 돌리지 않고, 자신의 정체성인 내면으로 눈을 돌린다. 자신이 어떤 사람인지를 바탕으로 또는 어떤 사람이 되고 싶은지를 바탕으로 결정을 내릴 것이다.

사람들은 결과의 논리를 바탕으로 결정을 내릴 경우,[14] 위험을 무릅쓰지 않을 구실을 늘 찾게 된다. 한편 적절성의 논리는 사람들을 자유롭게 만든다. 어떤 행동을 해야 내가 원하는 결과를 얻을지는 덜 생각하게 되고, 자신이 어떻게 행동해야 하는지에 대한 내면적인 느낌을 바탕으로 행동하게 된다. 그리고 이런 경향에 영향을 끼치는 요인은 출생 서열이다.

수년 동안 전문가들은 맏이의 장점[15]을 강조해왔다. 집안의 맏이는 자신을 애지중지하는 부모의 관심과 시간과 에너지를 한 몸에 받고 자라기 때문에 성공할 환경이 조성되어 있다는 주장이다. 맏이들이 노벨 과학상을 수상하고, 미국 의회에 진출하고, 네덜란드의 지역선거와 총선거에서 이길 가능성이 더 높다는 증거들이 있다. 또한 맏이들은 기업의 최고 자리에 오를 가능성이 가장 높다. 1,500여 명의 CEO들을 분석한 한 자료를 보면, 그중에 43퍼센트가 맏이였다.

최근의 한 연구에서 경제학자 마르코 베르토니Marco Bertoni와 조르지오 브루넬로Giorgio Brunello는 출생 서열이 직업적 성공에 미치는 영향을 면밀히 분석했다. 10여 개의 유럽 국가들에서 수십 년에 걸쳐 4,000명의 이력을 추적한 결과, 노동시장에 처음 진입할 때 맏이들은 출생 서열이 낮은 사람들보다 초봉이 14퍼센트 높았다. 맏이는 동생들보다 교육의 혜택을 더 많이 받으므로 이렇게 더 높은 연봉을 벌게 된다는 것이다.

그러나 초기에는 맏이들이 유리하지만, 30세가 되면 이런 장점의 효과가 사라진다. 출생 서열이 낮은 사람들이 연봉 증가율이 더 높은데,[16] 그 이유는 그들이 연봉이 더 나은 직업으로 바꾸려는 의향이 더 강하고 더 자주 일자리를 옮기기 때문이다. 베르토니와 브루넬로는 "맏이들은 출생 서열이 낮은 사람들보다 위험 회피 성향이 더 강하다"라고 말한다. 이들 경제학자들은 출생 서열이 낮은 사람들이 나쁜 음주 습관과 흡연 습관에 빠지기가 더 쉽고, 노후를 대비한 재무 설계를 할 확률과 생명보험에 들 확률은 더 낮다고 지적했다.

심리학자 딘 사이먼튼은 다음과 같이 설명한다. "출생 서열이 낮은 사람들이 표준화된 시험에서 성적이 더 부진하고, 학업 성적도 더 부진하며, 명망 있는 직업을 선호하지 않는 이유는 그들이 열등해서가 아니다. 출생 서열이 낮은 사람들은 맏이들이 명망 있는 직업에 집착하는 모습을 보면서 권위와 순응을 추구한다며 못마땅하게 여기기 때문일지도 모른다."

출생 서열에 관한 연구는 최근에 조금씩 정당성을 확보하고 있기는 하지만, 과거에는 서로 다른 결과가 많이 나왔고 오늘날에도 여전히 논란의 여지가 많다. 출생 서열이 당신이 어떤 사람인지를 결정하지는 않는다. 단지 당신이 특정 방식으로 자랄 확률에 영향을 줄 뿐이다. 생물학적 특성이나 인생 경험에서 수없이 많은 요인들이 한 인간의 정체성 확립에 영향을 미친다. 연구를 통해 출생 서열이 미치는 영향만을 가려내기란 본질적으로 지극히 복잡하고 어렵다. 무작위적이고 통제된 실험을 하기는 불가능하다.

한 가족 내의 구성원인 형제자매들 간에 보다 극명한 차이를 발견하기 위해, 서로 다른 가족에 속하는 형제자매들을 비교하는 연구는 미진한 경우가 수없이 많다. 그리고 이복 및 이부 형제자매, 의부 및 의모 형제자매stepsiblings, 입양된 형제자매, 고인이 된 형제자매, 같은 집에서 사는 사촌들은 어떻게 다루어야 하는지에 대한 합의도 이루어지지 않았다. 출생 서열을 연구하는 전문가들은 연구 결과에 대해서도 서로 여전히 근본적으로 이견을 보이고 있다. 따라서 기존 증거를 검토해보고 무엇이 사실일 가능성이 가장 높은지에 대한 나의 견해를 제시할 의무를 느낀다. 기존 자료들을 검토한 결과, 나는 출생 서열은 성격과 행동을 예측하는 데 있어서 기대했던 것보다는 나은 지표[17]라는 사실을 발견했다.

한 연구에서 사람들에게 자신의 형제자매와 자신의 학업 성취도 그리고 반항적인 성향을 평가하도록 했다. 학업 성취도가 높은 사람들은 막내보다 맏이일 확률이 2.3배 높았다. 반항아는 맏이보다 막내일 확률이 두 배 높았다.

그리고 평생 해본 일 가운데 가장 반항적이거나 관행을 벗어난 일을 적어보라고 하자, 출생 서열이 낮은 사람들이 더 긴 답변을 적어냈고 관행에서 훨씬 더 벗어나는 행동을 한 것으로 나타났다. 수백 건의 연구에서도 똑같은 결과가 나타났다. 맏이들은 지배 성향이 강하고 더 양심적이고 야심이 큰 반면, 출생 서열이 낮은 사람들은 위험을 무릅쓰고 독창적인 아이디어를 수용하는 데 더 열린 자세를 지니고 있었다. 맏이들은 기존 체제를 옹호하는 경향이 있는 반면, 출생 서열이 낮은 사람들은 기존 체제에 맞서는 경향이 있다.*

출생 서열이 나중인 사람들이 위험을 무릅쓰는 성향이 강한 이유를 설명하는 데 있어서 가장 유력한 해석이 두 가지 있다. 하나는 아이들이 형제자매간 경쟁에 어떻게 대처하는지와 관련되어 있고, 다른 하나는 부모가 나중에 태어난 자녀들을 맏이와는 다르게 기르는 점과 관련되어 있다. 우리는 출생 순서를 입맛대로 선택할 수는 없지만, 출생 순서로 인해 나타나는 양상은 바꿀 수 있다.

적소(適所) 찾기: 형제간 경쟁하지 않고 겨루기

수많은 형제자매들을 살펴보면 이해하기 어려운 사실을 발견하게 된다. 성격의 차이는 서로 다른 가족들 사이에서 보다는 같은 가족 내에서 더 극명하게 드러난다는 점이다. 같은 가정에서 자란 일란성 쌍둥이[18]는 출생 직후 헤어져서 각기 다른 가정에서 자란 일란성 쌍둥이 못지않게 서로 성격이 다르다. "쌍둥이가 아닌 형제자매들 사이에서도

---

*연구 결과와 상반된 예는 늘 있기 마련이다. 가족 내에서 맏이와 출생 서열이 낮은 사람들 사이에 나타나는 평균적인 차이에 초점을 둔 분석이 그것이다. 출생 서열이 중간인 자녀들에 대한 연구는 상대적으로 부진하다. 맏이나 막내와는 달리 누구를 중간 서열로 정의 내릴지에 대한 의견이 분분하기 때문이다. 설로웨이는 중간 서열인 아이들이 가장 외교적인 성향이 강하다고 주장한다. 지배적 성향이 강한 맏이를 상대해야 하고, 부모와 자신보다 서열이 높은 동기들 때문에 막내를 상대로 권위를 행사할 수도 없으므로 중간 서열인 아이들은 협상, 설득, 협력 구축의 기술을 터득하게 된다. 공교롭게도 중간 서열인 아이들에 대한 분석을 겨우 각주로 처리하게 되었지만, 이 같은 분석을 필자는 잊지 않고 있음을 알아주기 바란다.

마찬가지 결과가 나타난다. 따로 자라는 경우 못지않게 같이 자라는 경우에도 형제자매들은 서로 다르다"라고 하버드대학교의 심리학자 스티븐 핑커Steven Pinker는 말하면서 다음과 같이 덧붙였다. "입양된 형제자매들은 무작위로 길거리에서 선택한 두 사람 못지않게 성격이 다르다." 이는 독창성에서도 나타난다. 같은 부모 밑에서 자랐음에도 불구하고, 입양된 형제자매들은 성인이 되면 위험을 무릅쓰는 성향이나 비순응적인 성향에 있어서 서로 닮은 점이 전혀 없다.[19]

적소適所 찾기Niche picking는 이런 의문점을 해결하는 데 도움을 줄지 모른다. 적소 찾기라는 개념의 뿌리는 의사이자 심리상담가인 알프레드 아들러Alfred Adler의 연구로 거슬러 올라간다. 아들러는 부모의 양육법에 초점을 둔 지그문트 프로이트의 이론은 형제자매들이 성격 발달에 미치는 중요한 영향을 설명하지 못한다고 믿게 되었다. 아들러는 맏이들은 외둥이로 삶을 시작하기 때문에 어렸을 때 자신의 부모와 자신을 동일시한다고 주장했다. 동생들이 태어나면 맏이는 자신의 위치를 빼앗길 위험에 처하게 되는데, 바로 부모를 모방함으로써 그런 위기에 대응하는 경우가 종종 있다. 즉 맏이들은 동생들을 상대로 규율을 만들고 권위를 행사하려 하기 때문에 동생들이 이에 반항할 여건이 조성된다.

손위 형제자매들과 직접 경쟁하려면 지적으로도 신체적으로 극복해야 할 난관에 봉착하게 되는 손아래 형제자매들은 두드러져 보일 수 있는 다른 방법을 모색한다. "책임감이 강하고 성취도가 높은 자리[20]는 맏이가 차지할 가능성이 특히 높다"라고 설로웨이는 말하면서 이렇게 덧붙였다. "맏이들이 이 자리를 차지하고 나면, 손아래 형제자매들은 똑같은 자리를 두고 효과적으로 경쟁하기가 어려워진다."* 물론 이는 형제자매들 간에 몇 살 터울이냐에 따라 다르다. 두 아이가 한 살 터울인 경우, 동생은 자기 입장을 고수할 만큼 똑똑하거나 강할지도 모른다. 두 형제자매가 일곱 살 터울인 경우에도 동생은 같은 적소를 두고 손위 형제자매와 직접 경쟁하지 않고도 그 적소를 차지할 기회를 얻을 수 있다. 야구에서 보면, 나이가 두 살에서 다섯 살 터울인 형제들은 터울이 두 살 이하이거나 다섯 살 이상인 형제들의 경우보다 서로 다른 포지션에서 경기를 할 확률이 훨씬 높다. 재키 로빈슨은 대학에서 육상을 했지만, 그의 형인 맥Mack을 능가하지 못했다. 재키보다 다섯 살 위인 맥은 200미터 단거리 경주에서 올림픽 은메달을 땄다. 재키 로빈슨은 전미대학체육협회NCAA 멀리뛰기 우승을 함으로써, 그리고 UCLA에서 육상, 야구, 농구, 미식축구 네 팀에 적을 둠으로써 자신을 형과 차별화했다.

야구선수를 배출한 가정 말고, 다른 가정에서도 적소 찾기 현상이 두드러지게 나타나는지 궁금해진 나는 코미디 세계로 눈을 돌렸다. 코미디의 핵심은 반항이다. 코미디언들은 일반인보다 더 독창적이고 반항적인 경향[21]이 높다는 증거가 있다. 그리고 이 두 가지 측면에서 더

---

*한 초기 연구에서 심리학자 헬렌 코크(Helen Koch)는 교사들에게 출생 서열, 성별, 형제자매의 성별, 연령, 사회계층이 상응하는 두 자녀 가정에서 자란 300여 명의 아이들을 평가하도록 했다. 맏이들은 성별에 상관없이 자기주장이 분명하고, 지배적 성향을 강하게 보였다. 심리학자 프랭크 듀몬트(Frank Dumont)는 "맏이인 여아들은 실제로 둘째인 남동생들보다 평균적으로 훨씬 남성적이었다. 맏이인 여아들은 우두머리 수컷(alpha male)처럼 행동하는 경향이 있다"라고 말했다.

높은 점수를 보일수록 직업 코미디언으로서 성공할 가능성이 더 높다. 사람들은 기대를 벗어나거나 성역으로 여겨지는 원칙을 해롭지 않은 방식으로 파괴함으로써 수용 불가한 것을 수용 가능하게 만드는 농담에 박장대소한다.[22] 기대를 일축하고 핵심적인 가치에 의문을 제기하려면 코미디언들은 면밀히 계산된 위험을 무릅써야 한다. 청중을 불쾌하게 만들지 않으면서도 기존 가치에 반항하려면 창의력이 필요하다. 코미디언이 되겠다고 결심한다는 자체가 보다 안정적이고 예측 가능한 직업을 가질 가능성을 포기했다는 셈이 된다. 짐 케리[Jim Carrey]의 아버지[23]는 코미디언이 되려다가 더 안정적인 직업인 회계사를 택했다. 코미디언이라는 직업에 대해 제리 사인펠드는 이렇게 일갈했다. "난 직업을 가져본 적이 없다."[24]

나는 적소 찾기 이론에 비추어보면, 출생 서열이 낮은 아이들이 훌륭한 코미디언이 될 가능성이 더 높으리라고 짐작했다. 보다 평범한 직업들은 손위 형제자매들이 이미 모두 차지해버렸기 때문에, 손아래 형제자매들은 같은 영역에서 손위 형제자매들보다 더 똑똑하거나 강해지려고 애쓰는 대신 더 웃기는 길을 선택할 가능성이 크다. 다른 재능과는 달리 남을 웃기는 재능은 나이나 성숙함과는 관련이 없다. 가족의 규모가 클수록 형제자매들 사이에서 자신을 드러내 보일 대안이 줄어들고, 따라서 유머를 자신의 적소로 선택할 가능성이 높아진다.

그렇다면 위대한 코미디언들은 맏이보다 막내일 확률이 높을까? 이 질문에 대한 답을 찾기 위해 나는 코미디 센트럴[Comedy Central] 채널이 2004년에 선정한[25] 역대 최고의 100대 스탠드업[stand-up] 코미디언들을 분석해보았다. 이 명단에 이름을 올린 코미디언들은 사회적 규범과 정치 이념에 대항하는 반항적인 내용의 코미디를 한다는 정평이 나 있고, 조지 칼린George Carlin과 크리스 록Chris Rock에서 조안 리버스Joan Rivers와 존 스튜어트Jon Stewart에 이르기까지 독창성이 뛰어난 내로라하는 쟁쟁한 코미디언들이 포함되어 있다.

통계적으로 보면, 위의 명단에 포함된 맏이의 수와 막내의 수는 동등해야 한다. 그러나 위의 100명의 코미디언들의 출생 서열을 살펴보니,[26] 마흔네 명이 막내였고, 맏이는 겨우 스물한 명이었다. 이 코미디언들은 자녀 수가 평균 3.5명인 가정 출신이었고, 절반 이상이 막내였다.

평균적으로 볼 때, 위의 코미디언들이 출생 서열이 아래인 경우는 확률적으로 출생 서열이 아래일 확률보다 48퍼센트 높았다. 형제자매가 있는 코미디언들이 막내인 경우는 확률적으로 출생 서열이 막내일 경우보다 83퍼센트 높았다. 그렇게 많은 숫자의 위대한 코미디언들이 막내로 태어날 확률은 100만분의 2다.

구체적으로 막내인 코미디언들을 살펴보니, 그들의 손위 형제자매들은 보다 평범한 적소를 선택하는 경향이 높았다. 스티븐 콜버트Stephen Colbert는 열한 명의 동기 중 막내였다. 그의 손위 형제자매들 가운데는 지적재산권 변호사, 의회 후보, 정부 변호사 등이 있었다. 첼시 핸들러Chelsea Handler의 손위 형제자매 다섯 명은 기계공학자, 요리사, 회계사, 변호사, 간호사였다. 이 모든 직업들은 자격증을 취득해야 하는데, 그들은 안정적인 봉급이 보장된 직업에 종사하고 있었다. 루이스 C. K.Louis C. K.의 세 누나들은 의사, 교사, 소프트웨어 엔지니어였다. 짐

개피건[Jim Gaffigan]의 손위 형제자매들은 경영진이었다. 은행 경영자 세 명, 백화점 총지배인 한 명, 운영관리자 한 명이었다. 멜 브룩스[Mel Brooks]의 형 세 명은 화학자, 서점 주인, 공무원이었다.

적소 찾기는 형제자매들이 그다지 비슷하지 않은 이유를 알아내는 데 도움이 된다. 출생 서열이 낮은 아이들은 적극적으로 자신을 차별화할 방법을 찾는다. 그러나 여기에는 단순히 아이들이 두드러져 보이려고 애쓴다는 사실 이상의 의미가 내포되어 있다. 아무리 열 손가락 깨물어 안 아픈 손가락이 없다고 해도 부모는 출생 서열에 따라 자녀들을 다르게 대하는 것이 엄연한 사실이다. 그로 인해 형제자매들의 성격은 점점 서로 달라진다.*

처음에는 엄격했지만 점점 지쳐가는 부모

심리학자 로버트 자이언스는 맏이는 어른의 세계에서 보고 배우며 자라지만, 손위 형제자매들이 많은 어린이일수록 형제자매들에게서 배우

---

*출생 서열 효과[27]는 순전히 환경적인 효과는 아니다. 생물학적인 요소도 영향을 미친다고 믿을 만한 이유가 있다. 남자의 경우 형이 많을수록 동성애자일 가능성이 높은 것으로 나타났다. 남자는 자신의 형이 한 명씩 늘어날 때마다 동성애자일 확률이 33퍼센트 증가했는데, 이는 모친의 면역체계에서 남성호르몬인 테스토스테론에 대한 항체를 더 많이 분비해서 발달 중인 태아에 영향을 주기 때문일 가능성이 있다. 이러한 출생 서열 효과는 남성들에게서만 나타나고, 형이 몇 명인가에만 좌우되지, 남동생의 수나 누나의 수, 여동생의 수와는 관계없었다. 남성 동성애자 일곱 명 가운데 한 명은 동성애 성향이 형들이 있다는 점에 기인하며, 적어도 세 명의 형을 둔 동성애자 남성들의 경우 출생 서열은 다른 어떤 요인들보다 동성애자가 되는 데 강한 영향을 미친다고 학자들은 추측하고 있다.

는 시간이 더 많다고 지적했다. 재키 로빈슨이 맏이였다면, 주로 어머니 손에서 자랐을 것이다. 그러나 돌봐야 할 자녀가 다섯인 그의 모친 말리 로빈슨^{Mallie Robinson}은 일을 해야만 했다. 그 결과 재키의 누나인 윌라 메이^{Willa Mae}는 자신이 "어린 엄마 역할을 했다"라고 회상한다. 윌라는 재키를 씻기고 입히고 먹였다. 윌라가 유치원에 가게 되자, 동생인 재키를 유치원에 데려가게 해달라고 엄마를 졸라 허락을 받아냈다. 세 살이었던 재키 로빈슨은 1년 내내 하루 종일 유치원 모래 마당에서 놀았다. 그리고 교실에서 수업을 받는 윌라 메이는 이따금 창밖으로 머리를 내밀고 동생이 잘 놀고 있는지 살펴보았다. 한편 재키의 형인 프랭크^{Frank}는 싸움이 났을 때 기꺼이 동생인 재키를 보호해주었다.

손위 형제자매들이 부모를 대신하거나 롤모델이 되면, 동생들은 부모가 직접 양육할 때와는 달리 따라야 할 규칙이 많지도 않고 벌을 받는 빈도도 낮지만 보호는 똑같이 받는다. 게다가 위험을 무릅쓰는 행동도 훨씬 일찍 시작하게 된다. 신중하고 찬찬히 잘 생각한 끝에 결정을 하는 어른들을 모방하지 않고, 다른 아이들의 행동을 보고 배우게 된다.

부모들이 부모 역할을 다른 자녀들에게 맡기지 않는 경우라 해도, 부모들은 처음 자녀가 생기면 엄격하게 훈육을 하지만[28] 갈수록 너그러워진다. 부모들은 양육 경험이 늘어날수록 자녀 양육에 능숙해지기 때문에 긴장을 덜 하게 되고, 막내를 양육할 때는 막내의 손위 형제자매들의 도움을 받을 수 있기 때문에 첫아이를 키울 때만큼 할 일이 많지는 않다. 어린 시절 재키 로빈슨이 동네 깡패 집단에 어울리게 되면서 툭하면 도둑질을 하고, 가게에서 물건을 훔쳤다. 이때 로빈슨의 모친은 재키가 잡혀 있는 경찰서로 달려가서 재키를 야단치기는커녕 서장에게 자기 아들을 너무 거칠게 다루지 말라고 말한 적이 여러 번 있었다. "재키는 이런 말썽을 부리고도 야단을 맞지 않았다"라며 전기 작가 메리 케이 린지Mary Kay Linge는 다음과 같이 말한다. "재키는 막내인 터라 늘 식구들이 그의 응석을 다 받아줬고, 다른 형제자매들은 져야하는 책임을 재키는 져본 적이 없었다."*

리즈 윈스테드의 경험을 보면, 부모의 양육 유형이 변화한다는 점을 엿볼 수 있다. 그녀는 〈더 데일리 쇼〉를 공동 제작한 코미디언이다. 이 쇼는 기존 매체들이 시사 문제를 다루는 방식에 반기를 들고 코미디

---

*막내를 대하는 부모의 태도는 부정적인 방향으로 치달을 수도 있다. 이런 부모로 인해 가장 피해를 본 사람[29]이 남성 부문 최초로 네 개의 그랜드 슬램을 모두 석권하고 테니스 단식에서 올림픽 금메달을 딴 테니스 선수 앤드리 애거시(Andre Agassi)다. 그의 아버지는 자식 중에 한 명을 테니스 챔피언으로 키우고 싶었고, 첫 세 자녀들이 기대에 못 미치자 막내인 애거시에게 엄청난 압박을 가했다. 그의 아버지는 한 번에 몇 시간씩 애거시에게 연습을 시키고 그의 일과표를 정했다. 그리고 다른 운동은 못하게 할 만큼 애거시를 혹사시켰다. 앤드리는 "애거시 집안의 마지막 희망"이라는 중압감을 뼈저리게 느끼면서 자랐다. 애거시는 게임의 불문율을 보란 듯이 어기면서 반항했다. 예를 들면 양쪽은 빡빡 밀어버리고 가운데만 앞뒤로 길게 머리숱을 남긴 모호크(Mohawk)나 앞은 짧고 옆과 뒤는 기른 멀릿(mullet) 같은 스타일로 머리를 깎고, 귀고리도 했다. 또 전통적인 테니스 복장인 흰색 운동복이 아니라 데님 반바지를 입거나 분홍색 팬츠를 입고 경기를 했다. 또한 자기보다 스물여덟 살 많은 가수 바브라 스트라이샌드(Barbra Streisand)와 염문을 뿌렸다. "달리 선택의 여지도 없고, 무엇을 할지 어떤 사람이 될지 내 마음대로 결정할 수도 없는 현실이 나를 미치게 만들었다"라고 애거시는 회상했다. "매일 내가 선택할 수 있는 것이라고는 반항하는 일뿐이었다. 권위를 무시하고 내 인생을 내 마음대로 선택할 수 없다는 사실 때문에 화가 나 아버지에게 화풀이를 하는 메시지를 보내는 일밖에 내가 할 수 있는 일이 없었다." 그의 사연을 보면 부모가 자식을 반항아로 만드는 방법에는 두 가지가 있음을 알 수 있다. 자녀들에게 반항을 해도 괜찮도록 자율권을 주고 보호해주는 방법이 있고, 부모가 자녀의 자유를 너무 제약한 나머지 참다못한 자녀들이 반격하게 만드는 방법이 있다.

형식을 도입한 최초의 뉴스 프로그램으로서, 뉴스처럼 보이는 동시에 뉴스를 풍자한 프로그램이었다. "우리가 뉴스 진행자가 되어서 뉴스 진행자를 풍자하려고 했다.[30] 한 번도 시도되어본 적 없는 형태의 프로그램이었다"라고 윈스테드는 말했다.

미네소타에서 태어나 철저히 보수적인 부모 밑에서 다섯 형제자매들 중 막내로 자란 윈스테드는 다른 형제자매들보다 훨씬 자유를 누렸다. 윈스테드는 다음과 같이 말했다. "부모님이 연로하셨기 때문에 나는 부모님을 완전히 쥐락펴락했고, 내 마음대로 할 수 있는 여지가 많았다. 허락을 받지 않고 하고 싶은 대로 했다. 버스도 혼자 탔고, 밤새도록 나가 놀았다. 부모님은 내가 고등학교 다닐 때 집에 나만 남겨두고 여행을 떠나기도 했다. 부모님은 자녀 양육에 지쳤던 것 같다. 부모님은 깜빡 잊고 '그러면 안 돼'라는 말을 하지 않기도 했다." 그녀가 어렸을 때 수영을 할 줄도 모르면서 튜브를 타고 호수 가운데에서 놀기도 했는데, 그녀의 어머니는 그러다가 튜브에서 몸이 빠지면 어떻게 되는지 그녀에게 알려주지도 않았다. 이에 대해 그녀는 다음과 같이 말했다. "그렇게 놀면 위험하다는 사실도 몰랐다. 한마디로 그러했기 때문에 뭐든 달려들고 보는 성격이 되었다." 그녀는 다음과 같이 덧붙였다. "지금과 마찬가지로 그때도 삶에서 헤쳐 나가야 할 과제들을 힘겨운 투쟁이 아니라 해볼 만한 도전으로 여겼고, 결국 부모님이 나를 완전히 방임하고 직무 유기를 하는 바람에 부모님은 평생 내게 괴롭힘을 당하시게 되었다."

어렸을 적부터 그녀는 눈에 띄려면 튀어야 했다. 현재 시장인 그녀의 오빠 진Gene은 다음과 같이 회상한다. "온 가족이 늘 소리를 질러대니 꼬맹이인 리즈는 더 크게 소리를 질러대야 했다." 리즈는 열 살 때 천주교 신자인 교사에게 왜 개와 유대인은 천당에 못 가는지 물었다. 그녀가 어떤 행동을 할지 선택하는 기준이 되는 논리는 결과의 논리가 아니라 적절성의 논리였다. 열두 살 때는 한 신부가 그녀에게 여자아이는 얼터 보이altar boy (복사服事 : 사제의 미사 집전을 돕는 소년—옮긴이)가 될 수 없다고 하자, 그럼 얼터 걸altar girl을 시켜주면 되지 않느냐며 대들었다. 그리고 급기야 주교에게 그런 제안을 하는 편지를 써 보냈고, 그녀의 부모는 이런 행동을 말리지도 않았다. 그녀의 부모는 리즈가 주장하는 가치에 설사 동의하지 않는다고 해도, 리즈를 지지해주었다. 훗날 그녀가 낙태에 찬성한다고 공개적으로 말했을 때, 그녀의 아버지는 다음과 같이 말했다. "적어도 우리 딸은 생각하는 대로 말하고, 자기가 어떤 사람인지 숨기지 않는다. 나는 배짱이 두둑한 딸을 키운 것이 자랑스럽다."

가족 규모가 클수록 출생 서열이 낮은 자녀들의 경우, 지켜야 하는 규칙들이 완화되고 손위의 형제자매들이 저질렀다면 절대로 그냥 넘어가지 않았을 일을 하고도 아무 처벌도 받지 않는 경향이 있다. "우리 가족은 엄청난 대가족이다.[31] 부모만 아홉 명이다"라고 코미디언 짐 개피건은 우스갯소리를 했다. 그는 "대가족의 경우 막내가 십대쯤 되면 부모는 거의 제정신이 아닌 지경이 된다"라고 말했다.

우리는 독창적인 사람들이 위험을 무릅쓰는 성향을 두고, 가족의 막내로서 많은 자율권을 누리고 다른 자녀들의 보호를 받고 자라기 때문이라고 설명하지만, 이런 식으로 자녀를 양육하면 출생 서열에 관계없이 어느 자녀든 반항심을 키우게 될 것이다. 단지 그런 자녀 양육 방식이 막내를 키울 때 많이 쓰일 뿐이다. 흥미롭게도 설로웨이는 형제자매가 있는 아이들보다 외둥이인 아이들의 성격을 예측하기가 훨씬 어렵다는 사실을 발견했다. 맏이들과 마찬가지로 외둥이들도 어른의 세계에서 성장하고 자신을 부모와 동일시한다.[32] 막내들과 마찬가지로 외둥이들도 철저히 보호를 받고, "반항을 할 자유를 더 많이 누린다."

출생 서열에 대한 연구 자료에 따르면, 자녀들의 독창성을 길러주려면 자유롭게 해주는 것이 얼마나 중요한지를 극명하게 보여준다. 그런데 자녀를 자유롭게 풀어주면, 그 자유를 자신이나 다른 사람을 위험에 빠뜨리는 방식으로 반항하는 데 이용될 수도 있다. 출생 서열과 관계없이 일단 독창성을 발휘할 동기가 부여된 아이들이 그 독창성을 어느 방향으로 해소할지를 결정하는 요인은 무엇일까? 나는 재키 로빈슨이 깡패 집단 생활을 청산하고, 민권 운동가가 된 이유를 알고 싶었다. 그리고 아이들이 자신에게 주어진 자유를 영예롭고 능동적이고 창의적인 데 쓸지, 반사회적이고 수동적이고 파괴적인 데 쓸지를 결정하는 요인은 무엇인지 알고 싶었다.

새뮤얼 올리너Samuel Oliner와 펄 올리너Pearl Oliner는 평생 이 문제에 대한 해답을 찾는 데 몰두했다. 그들은 유대인 대학살이 이뤄지던 당시 자신의 목숨을 걸고 유대인들을 구해준 비유대인들에 관해 획기적인 연구를 했다. 그들은 이런 영웅적인 행동을 한 사람들과, 이들과 같은 마을에 거주했지만 유대인들에게 도움의 손길을 내밀지 않은 이웃들을 비교했다. 유대인을 구해준 사람들은 방관자들과 공통점이 많았다. 학력, 직업, 가정, 이웃, 정치적·종교적 신념이 유사했다. 유년 시절 반항적이었던 정도도 비슷했다. 유대인을 구한 사람들은 방관자들과 마찬가지로 부모님 말씀을 거역하거나, 물건을 훔치거나, 거짓말을 하거나, 남을 공격하거나, 시키는 대로 하지 않을 경우 벌을 받았다. 그렇지만 유대인을 구한 사람들을 방관자들과 차별화한 요인은, 부모들이 잘못된 행동을 꾸짖는 방법과 올바른 행동을 칭찬하는 방법에 있었다.

설명의 위력

수년 전, 두 살에서 열 살까지의 어린이들은 6분에서 9분마다 부모로부터 행동을 고치라는 훈육을 받는다는 연구 결과가 나왔다. 발달심리학자 마틴 호프먼은 이에 대해 다음과 같이 정리했다. "하루에 50차례,[33] 1년이면 1만 5,000차례 훈육을 받는 셈이다."

　유대인 대학살 당시 유대인을 구해준 사람들이 자신들의 어린 시절을 회상한 내용을 보면, 부모로부터 독특한 유형의 훈육을 받은 사실이 드러난다. "유대인을 구해준 사람들이 가장 좋아한 단어는 '설명'이었다"[34]라며, 올리너 부부는 다음과 같이 설명한다.

　유대인을 구해준 사람들의 부모가 보여준 가장 두드러진 차이점은 자녀들을 훈육할 때 논의reasoning와 설명, 잘못을 바로잡을 방법 제시, 충고에 의존했다는 점이다. 논의는 상대방을 존중한다는 메시지를 상대방에게 보낸다 … 자녀들이 조금만 더 잘 알았더라면 또는 이해했더라면 부적절한 행동을 하지 않았으리라는 뜻이다. 꾸중을 듣는 사람에 대한 존중의 표현이다. 자녀에게 이해하고 발전하고 나아질 능력이 있음을 믿는다는 뜻이다.

유대인의 고통을 방관한 사람들의 부모는 자녀를 훈육할 때 논의의 방법을 겨우 6퍼센트 사용했지만, 유대인을 구해준 사람들의 부모는 자녀를 훈육할 때 논의의 방법을 족히 21퍼센트는 사용했다. 이들 가운데 한 여성은 자신의 어머니가 "내가 잘못을 할 때면 잘못을 지적해주기는 했지만, 절대로 벌을 주거나 마구 꾸짖지 않으셨다. 어머니는 내가 무슨 잘못을 했는지 이해하도록 하려고 애쓰셨다"라고 말했다.

이러한 이성적인 훈육 방법은 범죄와 일탈 행위를 하지 않는 십대들의 부모들과 자신이 종사하는 전문직에서 기존 체제에 반기를 드는 독창적인 사람들의 부모들이 보이는 특징이다. 한 연구를 보면, 평범한 어린이들의 부모는 숙제할 시간이나 취침 시간 등과 같이 구체적인 규칙을 평균 여섯 가지 정도 자녀들에게 지키도록 하는 것으로 나타났다. 한편 아주 창의적인 어린이들의 부모[35]가 자녀들에게 지키게 하는 규칙은 평균 한 가지도 되지 않고, "구체적인 규칙보다는 도덕적 가치를 강조"[36]하는 경향이 있다고 심리학자 테레사 애머빌은 말한다.

자녀들이 지켜야 할 규칙이 많아야 한다고 생각하는 부모라면, 규칙을 자녀들에게 설명하는 방법이 대단히 중요하다는 점을 인식했으면

한다. 십대 청소년들은 소리치거나 벌주겠다고 협박하는 등 강압적인 방식을 사용하면 규칙을 무시한다는 연구 결과가 나왔다. 어머니가 많은 규칙을 제시하더라도 왜 그런 규칙이 중요한지를 분명하고 합리적으로 설명하면 십대들은 그 규칙을 내면화하기 때문에 규칙을 깰 확률은 현저하게 줄어든다.[37] 심리학자 도널드 매키넌은 미국에서 가장 창의적인 건축가들과, 기술은 뛰어나지만 창의성은 없는 건축가들을 비교 연구했다. 그랬더니 창의적인 건축가들을 차별화하는 요인[38]은 부모가 자녀들을 훈육할 때 설명하는 방법을 쓴 점이라는 사실이 드러났다. 그들의 부모들은 행동 기준을 제시하고, 그런 기준의 근거를 옳고 그름의 원칙에 의거해서 도덕성, 고결함, 존중, 호기심, 끈질긴 노력 등과 같은 가치를 거론해가며 설명했다.

부모는 "자녀의 윤리적 규범을 발달시키는 데 중점을 두었다"라고 매키넌은 말한다. 무엇보다도 중요한 점은 뛰어나게 창의적인 건축가를 길러낸 부모들은 자녀들에게 스스로 지킬 가치를 선택하도록 자율권을 주었다는 점이다.

논의는 모순된 결과를 낳는다. 규범을 더 잘 따르게 만들기도 하고, 반항심을 더 키우기도 한다. 도덕적 원칙을 설명함으로써 부모는 자녀들에게 중요한 가치와 일관되는 규칙을 자발적으로 지키도록 하고, 그렇지 않은 규칙에 대해서는 의문을 제기하도록 장려한다. 설명을 잘하면 자녀들은 보통 사회적 기대와 부합하는 윤리 규범을 만들게 된다. 자신의 윤리 규범과 사회적 기대가 일치하지 않을 경우에 자녀들은 규칙이라는 외부적인 지침을 따르지 않고 가치라는 내면적인 지침을 따른다.

자녀를 훈육할 때 특히 효과가 좋은 설명 방식이 있다. 올리너 부부가 유대인을 구해준 사람들의 부모가 어떤 지침을 자녀들에게 주었는지 보았더니, "왜 자녀의 행동이 부적절한지 설명하면서, 그런 행동을 했을 때 다른 사람들에게 어떤 결과를 초래하게 되는지를 거론했다." 방관자들의 부모는 규칙은 자녀 자신을 위해 지켜야 한다는 점을 강조한 반면, 유대인을 구해준 사람들의 부모는 자녀 자신의 행동이 다른 사람들에게 어떤 영향을 줄지 생각해보도록 했다.*

자신의 행동이 다른 사람들에게 미치는 영향을 강조하면, 자녀는 그 행동으로 인해 피해를 볼 사람이 겪을 고통에 관심을 갖게 되고, 피해를 볼 사람에 대한 공감을 하게 된다. 더불어 자녀들 자신의 행동이 피해를 야기하는 데 어떤 역할을 했는지 이해하게 만들고, 죄책감을 느끼게 만든다. 칼럼니스트 어마 봄벡Erma Bombeck의 말처럼, "죄책감은 한도 끝도 없다."[39] 공감과 죄책감이라는 두 가지 도덕적 감정이 들면, 잘못을 바로잡고 앞으로는 올바르게 행동해야겠다는 욕구가 발동한다.

자신의 행동이 다른 사람들에게 미칠 영향을 강조하는 방법은 성인에게도 효과가 있다. 의사와 간호사들이 병원에서 더 자주 손을 씻도록 권장하기 위해 나는 동료 데이비드 호프먼과 함께 화장실 비누와

---

*발달심리학자 마틴 호프먼에 따르면, 자신의 행동이 다른 사람에게 어떤 영향을 미치는지 설명할 때 자녀의 연령에 따라 방법을 달리해야 한다. 자녀가 아주 어리다면, 부모는 자녀의 행동이 가시적으로 남에게 어떤 피해를 주는지 우선 설명해야 한다. 이를테면 "네가 그 아이를 또 밀치면, 그 아이가 넘어져서 울지 않겠니." 또는 "네가 그 사람들 현관 앞에 눈을 던지면, 그 사람들은 눈을 다시 치워야 하잖니"

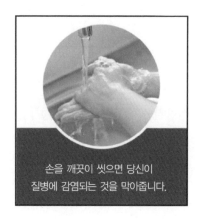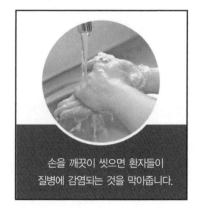

손을 깨끗이 씻으면 당신이 질병에 감염되는 것을 막아줍니다.

손을 깨끗이 씻으면 환자들이 질병에 감염되는 것을 막아줍니다.

물비누 분무기 근처에 위 그림과 서로 다른 표지판을 붙여놓았다(위 그림과 설명 참조).

그 후 2주에 걸쳐서 병원 내 각 부서마다 구성원 한 사람이 의료진이 환자와 접촉하기 전과 후에 손을 씻은 횟수를 셌고, 독립적인 팀은 소모된 비누와 물비누 양을 측정했다.

실험 결과, 위 그림의 왼쪽 표지판은 아무런 효과가 없었다. 한편 오른쪽 표지판은 상당한 변화를 일으켰다. "당신" 대신 "환자"라고 한 단어만 바꿨을 뿐인데,[40] 의료진은 10퍼센트 더 자주 손을 씻었고, 비누

라고 말하는 것이다. 자녀들이 철이 들면 부모들은 자녀의 행동이 다른 사람의 감정에 어떤 영향을 주는지 우선 설명하는 것이 좋다. 이를테면 "네가 정말 메리의 마음을 아프게 했구나. 네가 메리의 인형을 빼앗았으니 메리가 얼마나 슬펐겠어"라든가, "네가 그 아이하고 장난감을 같이 갖고 놀지 않으면, 그 아이가 얼마나 속상하겠어. 그 아이가 너한테 똑같이 그러면 너도 속상하지 않겠니"라고 말한다. 자녀가 좀 더 자라면 부모는 보다 미묘한 감정을 직접 언급하는 것이 좋다. 예를 들면 "그 아이가 자기가 만든 탑을 정말 자랑스러워했는데, 네가 그걸 무너뜨렸으니 얼마나 속상하겠어"라든가, "네가 조용히 해야 아기가 더 오래 잘 수 있고, 잠에서 깨었을 때 기분이 좋지 않겠니"라고 말하는 것이 좋다.

와 물비누는 45퍼센트가 더 소모되었다.

자신에 대해 생각하게 만들면 결과의 논리가 발동한다. '내가 병에 걸릴까?'라고 말이다. 의사와 간호사는 이 질문에 주저 없이 그렇지 않다고 답하는 것으로 나타났다. 즉 '나는 병원에서 많은 시간을 보내지만, 늘 손을 씻지는 않잖아. 그리고 거의 병에 걸린 적도 없어. 그러니 아마 괜찮을 거야'라고 생각한다. 일반적으로 사람들은 자신이 위험에 얼마나 취약한지를 과소평가하고 지나치게 자신만만한 경향이 있다. 그러나 환자를 생각하게 만들면 적절성의 논리가 발동한다. '나는 이런 상황에서 어떻게 해야 할까?' 이런 질문을 하게 되면 비용편익 효과 분석에서 가치, 옳고 그름의 판단으로 사고가 바뀐다. '나는 의료 전문가이고 환자를 돌볼 도덕적 의무가 있어'라고 생각하게 된다.

자신의 행동이 다른 사람들에게 어떤 영향을 미칠지 설명을 듣게 된 것은 재키 로빈슨의 삶에서 첫 번째 중요한 전환점이 되었다. 동네 깡패 집단의 우두머리로서 로빈슨은 지나가는 자동차에 흙을 집어던지고, 돌을 던져 창문을 깨고, 골프공을 훔쳐서 골프를 치는 사람들에게 되팔고, 동네 가게에서 음식과 필요한 물품들을 훔쳤다. 한 번은 보안관에게 걸린 적도 있었다. 그 보안관은 로빈슨에게 총구를 들이대고 체포해 감옥에 넣었다. 로빈슨이 우두머리인 깡패 집단의 난동을 목격한 칼 앤더슨Carl Anderson이라는 자동차 정비사는 로빈슨을 조용히 불렀다. "그는 내가 계속 깡패 짓을 하고 돌아다니면, 어머니 가슴에 못을 박게 된다는 사실을 깨닫게 해주었다"라고 로빈슨은 말하면서 다음과 같이 덧붙였다. "그는 내게 남들이 하는 대로 따라 하는 데는 용기가 필요 없다. 남들처럼 하지 않는 것이 정말 용기 있고 지성 있는 행동이라고 말했다. 나는 너무 창피해서 칼에게 당신 말이 옳다고 말하지도 못했다. 하지만 그 덕분에 나는 정신이 번쩍 들었다." 로빈슨은 자신의 행동이 어머니에게 어떤 영향을 미치게 될지 깨닫게 되자, 더 이상 어머니를 실망시키고 싶지 않았고 깡패 짓에서 손을 뗐다.*

명사에 대한 호감: 명사가 동사보다 나은 이유

부모가 자녀들에게 자유롭게 독창성을 발휘하도록 해주기로 결심했다고 가정하자. 그렇다면 옳고 그름을 구분하는 판단력을 길러주려면

---

*내가 이 장을 완성했을 때, 우리 딸들은 거실을 뛰어다니면서 아직 기어 다니는 막내아들을 위험하게 만들고 있었다. 나는 딸들에게 일곱 번이나 그만 뛰어다니라고 했지만 소용이 없었다. 자녀를 훈육할 때 자신의 행동이 다른 사람들에게 미칠 영향을 설명하라는 말을 해놓고, 정작 나 자신은 그 충고를 따르지 않고 있다는 사실을 깨닫고, 나는 전략을 바꿨다. 여섯 살짜리 딸을 불러 세워 놓고 다음과 같이 질문을 던졌다. "내가 너한테 뛰어다니지 말라고 하는 이유가 뭐지?" 딸은 걱정스러운 표정으로 바로 답했다. "그러면 동생이 다칠지 모르니까." 내가 물었다. "동생이 다쳤으면 좋겠어?" 딸은 고개를 가로저었고, 네 살짜리 딸은 소리를 질렀다. "아니!" 나는 새로운 규칙을 얘기해주었다. 거실에서는 뛰어다니지 않기, 아무도 다쳐서는 안 되니까 말이다. 나는 딸들에게 새로운 규칙을 집행할 책임을 맡겼다. 그러자 두 딸은 즉시 뛰어다니기를 중단했다. 그리고 딸들은 계속 얌전하게 행동했다. 그날 오후 내내 두 딸은 서로 상대방이 뛰어다니지 못하게 감시했다. 하지만 며칠 후 두 딸은 다시 뛰어다니기 시작했다. 그때서야 나는 비로소 자신의 행동이 다른 사람들에게 미칠 영향을 설명하는 훈육[41] 방법이 지속적으로 효과가 있으려면 원칙을 함께 설명해야 한다는 사실을 깨달았다. 이를테면 "저 아이가 네 장난감을 갖고 놀고 싶어서 울잖니"라고 말하는 것만으로는 효과가 없다. 더 효과적인 훈육을 하려면 다음과 같이 말해야 한다. "저 아이가 네 장난감을 갖고 놀고 싶어서 울고 있잖아. 우리 집에서는 뭐든지 나눠 갖잖니."

어떻게 해야 할까? 자녀들이 잘못했을 때, 부모가 반응을 보이는 것만으로는 가치관이 형성되지 않는다. 유대인 대학살 당시 방관자와 유대인들을 구해준 사람들을 대상으로 한 올리너 부부의 연구를 살펴보면, 부모에게서 배운 가치가 무엇인지 묻는 질문에, 모든 사람에게 적용되는 도덕적 가치라고 대답한 사람수가 방관자들보다 유대인을 구해준 사람들 사이에서 세 배가 높게 나왔다. 유대인을 구해준 사람들은 자신의 부모가 "모든 인간을 존중하라고 가르쳐주었다"라고 답했다. 방관자들도 도덕적 가치를 지니고 있었지만, 그들은 그런 가치를 구체적인 행동이나 자신이 속한 집단 내부의 구성원들에게 적용했다. 이를테면 학교에서 수업 시간에 "선생님 말씀을 잘 들어라", "친구들과 싸우지 마라", "이웃에게 공손하게 대하라", "친구들에게 정직하고 가족에게 충실해라" 등이다.

자녀들이 '올바른' 행동을 했을 때 부모들이 보이는 반응도 자녀들이 도덕적 기준을 형성하는 데 영향을 미친다. 당신은 자녀가 올바른 행동을 했을 때 어떤 반응을 보였는가? 아마 행동을 칭찬했지 자녀를 칭찬하지 않았으리라 추측된다. "정말 잘했어. 정말 착하다"라고 말했을 것이다. 행동을 칭찬함으로써 그런 행동을 강화해주면 자녀는 그 행동을 반복하게 된다고 생각할지 모른다.

그러나 속단은 금물이다. 조안 그루섹Joan Grusec이 행한 실험을 살펴보자. 아이들에게 친구들과 함께 유리구슬을 갖고 놀게 한 후, 아이들을 무작위로 두 집단으로 나눠 한 집단에게는 다음과 같은 말로 '행동'을 칭찬해주었다. "아이들에게 네 유리구슬을 나누어주다니 참 착하다. 아주 착하고 도움이 되는 행동이다." 다른 집단은 다음과 같이 '성품'에 대해 칭찬을 해주었다.[42] "너는 언제든 남을 돕는 아주 친절한 사람이구나. 너는 참 친절하고, 남에게 도움이 되는 사람이다."

이 실험에서 성품에 대해 칭찬을 받은 아이들[43]은 그 후에도 훨씬 너그럽게 행동했다. 남을 잘 돕는 사람이라고 칭찬을 받았던 아이들 가운데 2주 후 병원에 입원한 또래들을 즐겁게 해주려고 공작품을 만들 재료를 준 아이들은 45퍼센트에 달한 반면, 도와주는 행동을 칭찬받은 아이들 가운데 그런 행동을 한 아이들은 10퍼센트에 불과했다. 아이들은 성품에 대한 칭찬을 받으면, 그 성품을 자신의 정체성의 일부로 내면화하게 된다.

자신이 단발적인 도덕적 행동을 한다고 보지 않고, 도덕적인 인간으로서의 보다 통일된 자기개념을 형성하기 시작한다. 성품에 대한 칭찬은 아이들이 강한 정체성을 형성하기 시작하는 결정적인 시기에 가장 강력한 효과를 발휘한다.

이를테면 성품에 대한 칭찬은 8세 아동의 도덕적 행동은 증가시켰지만, 5세나 10세 아동에게는 그런 효과가 나타나지 않았다. 10세 아동들은 한 번의 칭찬이 큰 효과를 발휘하지 않을 정도로 자기개념이 이미 형성되었을지 모른다. 5세 아동들은 단발적인 칭찬이 실제로 효과를 발휘하기에는 너무 어릴 수도 있다. 이처럼 성품에 대한 칭찬은 정체성이 형성될 시기에 가장 지속적인 효과를 발휘하는 것으로 나타났다.*

그러나 아주 어린 자녀들도[45] 성품을 칭찬해주는 순간에는 효과가 있다. 심리학자 크리스토퍼 브라이언Christopher Bryan이 행한 아주 기발한 일련[46]의 실험을 살펴보자. 3세에서 6세 사이의 아이들은 도와달라고 말했을 때보다 도움을 주는 사람이 되라고 말했을 때 블록, 장난감, 크레용을 정리할 확률이 22퍼센트에서 29퍼센트 높아졌다. 이 아동들은 성격이 형성되려면 한참 먼 나이인데도 돕는 사람이라는 정체성을 형성하고 싶어 했다.

브라이언은 성인들도 성품을 칭찬해주면 효과가 있다는 사실을 발견했다. 그의 연구팀은 위의 실험에서와 마찬가지로, 다음과 같이 구절을 조금만 바꿔서 시험 부정행위를 절반으로 줄였다. "부정행위를 하지 마세요" 대신에 "부정행위자가 되지 마세요"라고 한 것이다. 부정행위를 하지 말라고 하면 부정행위를 하고도, 자신은 윤리적인 사람이라고 여길 수 있다. 그러나 부정행위자가 되지 말라고 하면, 부정을 저지르는 행위가 자신의 정체성에 흠집을 낸다고 생각하게 된다. 부도

---

*성품을 칭찬하는 데 따르는 효과에 관한 연구 결과와 노력을 칭찬하는 것이 중요하다는 잘 알려진 연구 결과 사이에는 흥미로운 논점이 있다. 스탠퍼드대학교의 심리학자 캐롤 드웩(Carol Dweck)은 《성공의 심리학(Mindset)》에서 자신의 획기적인 연구 결과를 설명하면서, 자녀들을 똑똑하다고 칭찬해주면 자녀들은 능력에 대해 고정된 시각을 형성하게 되고, 그렇게 되면 실패에 직면했을 때 포기하게 된다[44]는 사실을 보여주었다. 똑똑하다고 하지 말고 노력을 칭찬해주면 자신의 능력에 대해 유연한 생각을 지니게 되고, 난관에 직면하게 되면 극복하려고 애쓰게 된다는 것이다. 이 두 가지 주장을 어떻게 양립시킬 수 있을까? 말하자면 도덕적인 영역에서는 성품을 칭찬하고 기술적인 영역에서는 행동을 칭찬하는 것이 최선이라고 단정하지 말아야 한다. 성품을 칭찬하면 자녀들은 다음과 같이 생각할지도 모른다는 점을 염두에 두어야 한다. "난 착한 사람이야. 내가 나쁜 짓을 할 리가 없어." 또는 자녀가 다음과 같은 생각을 하게 되면 정말 큰일이다. "나는 착한 사람이야. 그러니 이런 행동이 나쁜 행동일 리가 있겠어?" 바로 이 때문에 위에서 설명한 바와 같이 훈육이 그토록 중요한 것이다. 훈육은 자녀들이 나쁜 행동을 자제하게 만들어주는 분명한 도덕적 기준과 감성을 발달시켜 준다. 자녀들을 훈육하는 동시에 성품을 칭찬해주면 가장 바람직한 도덕적 판단을 내리게 되리라고 생각한다.

덕함은 자신의 정체성과 연관되어 있기 때문에, 부정행위를 훨씬 바람직하지 못한 행동으로 인식하게 만든다. 부정행위는 단발적인 행동으로서 사람들은 이를 결과의 논리로서 평가한다. 즉 '걸리지 않고 부정행위를 할 수 있을까?' 라고 생각한다. 한편 부정행위자라고 말해주면 자신의 정체성을 떠올리게 만들고, 적절성의 논리가 발동되면서 다음과 같이 생각하게 된다. '나는 어떤 사람인가? 나는 어떤 사람이 되고 싶은가?'

이러한 증거에 비추어볼 때, 브라이언은 부모, 교육자, 지도자, 정책입안자에게 명사를 활용하라고 제언한다. 이를테면 "음주운전을 하지 맙시다"보다는 "음주운전자가 되지 맙시다"가 더 효과가 있다는 주장이다.

행동이 아니라 성품을 강조하면, 사람들은 자신이 하는 선택을 달리 평가한다. 결과의 논리를 적용해서 이 행동이 내가 원하는 결과를 낳을지 묻는 대신, 적절성의 논리를 적용하게 된다. 자신이 그런 행동을 하는 이유는 그게 옳기 때문이라고 판단한다. 유대인을 구해준 한 사람은 다음과 같은 말로써 정곡을 찔렀다. "종교적인 이유로, 특정 종교를 믿는다는 이유로, 유대인은 박해를 받아야 한다는 주장은 이해할 수도 없고 받아들일 수도 없었다. 누가 물에 빠져 허우적거리면 당연히 구해야 하지 않겠는가. 물에 빠진 사람한테 어느 신을 믿느냐고 물어보고 구해주는가? 그냥 가서 구해줘야 한다."

부모는 최적의 롤모델이 아닌 이유

부모가 자녀들의 행동이 다른 사람들에게 미치는 영향을 설명해주고, 도덕적으로 올바른 선택을 하는 것이 성품이 올바른 사람임을 보여주는 증거라고 강조해주면 부모로서 자녀들을 훨씬 자유롭게 만들어줄 여유가 생긴다. 이렇게 되면 자녀들이 자신의 충동을 일탈적인 행동이 아니라 도덕적 또는 창의적인 행동의 형태로 표현할 수 있는 직관을 발달시킬 확률이 높아진다. 그러나 아이들은 성장하면서 목표를 충분히 높게 잡지 않고 안주하는 경우가 종종 있다.

심리학자 페넬로페 록우드^{Penelope Lockwood}와 지바 쿤다^{Ziva Kunda}가 대학생들에게 앞으로 10년 동안 달성하고자 하는 목표가 무엇인지 목록을 만들게 했더니, 학생들은 지극히 평범한 목표만 나열했다. 또 다른 학생 집단에게는 그들 또래의 뛰어난 학생에 대한 신문 기사를 읽게 한 뒤, 이루고자 하는 목표들을 나열하게 했다. 그랬더니 이 학생들은 훨씬 높은 목표를 세웠다. 아이들은 롤모델이 있으면[47] 목표를 높게 설정한다.

롤모델은 아이들이 성장하여 창의성을 표현하는 방법에 지대한 영향을 미친다. 래드클리프칼리지^{Radcliffe College}를 졸업하고 30대가 된 여성 수백 명에게 자신의 삶에 가장 지대한 영향을 미친 사람들을 꼽아보라고 했더니, 대다수가 부모와 정신적 스승^{mentor}을 꼽았다. 그로부터 17년 후 빌 피터슨^{Bill Peterson}과 애비게일 스튜어트^{Abigail Stewart}는 그 여성들이 미래 세대를 위해 더 나은 세상을 만드는 일에 얼마나 헌신적인지 측정했다. 그랬더니 여성들이 의미 있는 변화를 추구하도록 동기를 부여해준 데 있어서 부모의 영향은 1퍼센트가 채 되지 않았다. 독창성을 추구하는 여성들에게 17년 전 영향을 준 인물은 부모가 아니라 정신적 스승이었다. 그 여성들이 세상을 더 나은 곳으로 만들고 싶게 된 데는 정신적 스승이[48] 14퍼센트 정도 기여한 것으로 나타났다.

부모는 자녀들에게 분명한 가치관을 형성하도록 장려함으로써, 공교롭게도 부모 자신의 영향력을 제한하는 효과를 야기한다. 부모는 자녀의 독창성을 북돋워줄 수 있지만, 자녀는 어느 시점에 다다르면 자신이 선택한 분야에서 자신만의 정신적 스승으로 삼을 수 있는 인물을 스스로 찾아내야 한다. 리즈 윈스테드는 코미디계에 입문하고 난 후, 코미디언 로젠 바Roseanne Barr로부터 많은 영감을 얻었다. 그녀는 무대 위에서는 뛰어난 재능을 발휘하고, 무대 밖에서는 여권운동을 하는 로젠을 존경했다. 윈스테드가 과격한 정치적 견해를 공개적으로 표명하자, 그의 아버지는 다음과 같이 일갈했다. "내가 잘못 키웠다. 너를 생각 있는 사람으로 키우면서, 그 생각이라는 것이 내 생각이어야 한다는 걸 깜박 잊고 말해주지 않았다."

자녀들의 독창성을 길러주는 가장 좋은 방법은 각기 다른 여러 명의 롤모델을 자녀들에게 소개해줌으로써 자녀들이 목표를 높이 설정하도록 해주는 방법이다. "내게 영향을 준 두 사람이 아니었다면, 나는 아마 명실상부한 비행청소년이 되었을지 모른다"라고 재키 로빈슨은 털어놓았다. 한 사람은 로빈슨이 깡패 짓을 하면 어머니의 가슴에 못을 박는다고 말해준 자동차 정비사였다. 그리고 다른 한 사람은 젊은 목사 칼 다운스^{Karl Downs}였다. 십대들이 부모의 강요로 억지로 교회에 다니다가, 결국은 나오지 않게 된다는 사실을 깨닫게 된 다운스는 파격적인 변화를 감행했다. 그는 교회에서 댄스파티를 열고, 배드민턴 구장을 마련했다. 교회 신자들 대다수가 과거의 전통을 고수해야 한다면서 항의했지만, 다운스는 버텼다. 아이들을 보듬어 안기 위해서라면 기꺼이 전통에 도전하기까지 하는 이 남자에게 감명을 받은 재키 로빈슨은 자원해서 일요일에 성경을 가르치는 교사가 되었다. 그리고 다운스가 자신을 위해 그랬듯이 다른 사람들에게 기회를 열어주겠다고 결심하게 되었다.

야구계에서 로빈슨은 브랜치 리키^{Branch Rickey}라는 또 다른 독창적인 롤모델을 만났다. 그는 다저스^{Dodgers} 구단주로서 로빈슨을 기용해 인종차별의 벽을 허물었다. 리키가 자신의 집무실로 로빈슨을 불렀을 때, 로빈슨은 이미 스물여섯 살이었다. 리키는 잘 달리고, 공을 잘 던지고, 공을 잘 치는 흑인 선수들을 모으고 있었다. 일단 엇비슷하게 뛰어난 능력을 지닌 후보군이 만들어지자, 리키는 흑인 선수들의 성품을 평가하기 위해 새로 흑인 리그를 결성한다는 거짓말로 후보들을 초대해서 만났다. 리키는 로빈슨을 뽑고 나서 야구장 내에서는 위험을 무릅쓰라고 다음과 같은 말로 로빈슨을 격려했다. "마구 달리게. 상대편 혼을 쏙 빼놓을 만큼 달려." 그러나 리키는 야구장 바깥에서는 신중한 언행을 하라며, 로빈슨에게 다음과 같이 당부했다. "누가 시비를 걸어도 상대하지 않을 만한 배짱이 있는 선수가 되어야 하네."

적합한 롤모델을 찾기가 늘 쉽지만은 않다. 그러나 생각보다 가까운 곳에서 롤모델을 찾아낼 수도 있다. 역사를 통틀어 위대한 독창적인 인물들의 이야기는 도처에 널려 있다. 2014년 노벨평화상을 수상한 인권운동가 말랄라 유사프자이[Malala Yousafzai 49]는 아프가니스탄에서 양성평등운동을 하는 미나[Meena]와 마틴 루서 킹의 전기를 읽고 감동을 받았다. 또 킹[50]은 넬슨 만델라[Nelson Mandela]처럼 간디의 영향을 받았다.[51]

경우에 따라서는 가상의 인물들이 훨씬 훌륭한 롤모델이 되기도 한다. 수많은 독창적인 인물들은 성장기에 자신이 가장 좋아하는 소설 속의 주인공을 첫 롤모델로 삼는 경우가 많다. 이야기들에 등장하는 가상의 인물들은 자신만의 목표를 달성하기 위해서 창의력을 발휘한다. 가장 좋아하는 책이 무엇이냐고 물었을 때 일론 머스크[Elon Musk 52](오늘날 가장 주목받는 기업가이자 모험가로 영화 〈아이언맨[Iron Man]〉의 실제 모델로도 알려져 있다. 테슬라모터스, 스페이스엑스의 CEO이며, 솔라시티의 회장이다—옮긴이)와 피터 틸[Peter Thiel 53](세계적인 벤처 창업가이자 투자자로, 2004년 아무도 페이스북의 진가를 알아보지 못할 때, 당시 대학생이던 마크 저커버그에게 최초로 50만 달러를 투자했다—옮긴이)은 반지가 지닌 위력을 파괴하기 위해 모험을 떠나는 호빗[hobbit]의 여정을 그린 서사적 이야기 《반지의 제왕[Lord of the Rings]》을 꼽았다. 페이스북 최고운영책임자[COO] 셰릴 샌드버그[54]와 아마존 창립자 제프 베조스[55]는 한 소녀가 물리적인 법칙을 거스르고 시간을 여행하는 방법을 터득하게 되는 《시간의 주름[A Wrinkle in Time]》을 꼽았다. 페이스북 창립자인 마크 저커버그[56]는 외계인의 침략으로부터 지구를 구하는 임무를 맡게 된 아이들의 이야기를 다룬 《엔더스 게임[Ender's Game]》을 아주 좋아했다. 알리바바를 창립한 마윈[馬雲 57]은 자신이 어렸을 때 가장 좋아한 어린이

동화는 자기 운명을 바꾸려고 애쓰는 나무꾼의 이야기를 그린 《알리바바와 40인의 도둑Alibaba and the Forty Thieves》이라고 말했다.

위에 언급한 사람들은 모두 어렸을 때 독창성이 뛰어난 아이들이었을 가능성이 높다. 애초에 그런 독창적인 아이들이었기 때문에, 독특한 목표를 달성한 주인공들의 신비로운 이야기에 매료되었을 것이다. 그러나 이런 이야기를 통해 자신이 달성하고자 하는 목표를 높이 설정하게 되었을 가능성도 있다. 어린이 동화에서 독창적인 성과를 강조하면,[58] 그다음 세대는 훨씬 혁신적인 성향을 보인다는 놀라운 연구 결과가 있다. 한 연구에서 심리학자들은 1800년에서 1950년까지의 기간 동안 미국에서 발간된 어린이 동화에 담긴 독창적인 목표 달성에 관한 이야기를 분석했다. 1810년에서 1850년 사이에 어린이 동화에 독창적인 목표 달성이라는 주제가 등장하는 비중이 66퍼센트 증가한 후, 1850년에서 1890년 사이에 특허출원 비율이 7배 급증한 것으로 나타났다. 어린이 동화는 발간 당시에 사회에 존재하는 가장 보편적인 가치를 반영하지만, 동시에 어린이들이 그런 가치를 배우는 데 도움을 주기도 한다. 동화에서 독창적인 성과를 강조하면,[59] 그로부터 20년에서 40년 후에 특허출원 비율이 솟구쳤다. 이에 대해 딘 사이먼튼은 다음과 같이 일목요연하게 정리했다. "학교에서 아이들의 성취감을 고취시킬 경우는, 아이들이 성장해서 새로운 발명을 하는 데 이르기까지 시간이 걸린다는 점이다."

전기에 등장하는 실존 인물들과는 달리 동화 속에 등장하는 인물들은 아무도 성공해본 적이 없는 일을 해내고 불가능을 가능하게 만든다.

오늘날의 잠수함과 헬리콥터를 만든 발명가들은 《해저 2만 리Twenty Thousand Leagues Under the Sea》와 《하늘을 나는 배The Clipper of the Clouds》에서 저자 쥘 베른Jules Verne이 보여준 상상력에 매료되었다. 초창기에 로켓을 만든 한 과학자는 H. G. 웰스H. G. Wells의 소설에서 영감을 받았다. 초창기의 휴대전화, 태블릿, GPS 내비게이터, 휴대용 디지털 저장 디스크, 멀티미디어 플레이어 등 가운데 일부는 미국의 대표적인 TV 공상과학 드라마 〈스타트렉Star Trek〉 주인공들이 비슷한 장치를 쓰는 모습을 본 사람들이 만들었다. 사람들이 역사 속에서, 가공의 이야기 속에서 독창성을 접하게 되면, 결과의 논리는 사라져버린다.[60] 그리고 실패하면 어떻게 될지 더 이상 걱정하지 않게 된다.

나는 다음 세대에 출현할 독창적인 인물들은 독창적인 아이디어로 가득한 《해리 포터Harry Potter》 시리즈에서 영감을 받으리라 믿어 의심치 않는다. 해리 포터는 볼드모트를 물리칠 수 있는 유일한 마법사이다. 해리 포터는 친구 헤르미온, 론과 더불어 독특한 마법을 익히고, 어둠의 마법에 대항하는 새로운 방법들을 생각해낸다. 어린이들은 이 인물들이 성공하면 환호하고, 실패하면 망연자실한다. 저자 J. K. 롤링은 이 이야기를 통해 한 세대에게 독창성의 롤모델을 제공하는 데 그치지 않고 도덕적 교훈도 제시했다. 최근 한 실험에서 《해리 포터》를 읽은 어린이들은 사회의 주변부로 밀려난 집단에 대한 태도가 향상되었다[61]는 결과가 나왔다. 해리와 헤르미온이 순혈 마법사 집안 출신이 아니라는 이유로 차별을 당하는 모습을 보면서 아이들은 그들과 공감하게 되고, 실제 자신의 삶에 존재하는 소수 집단에 대한 편견을 줄이게 된다는 것이다.

아이들이 어릴 적에 만나게 된, 독창성을 상징하는 영웅들과 자신을 강하게 동일시하게 되면, 적소 찾기의 작동 방식도 변하게 될지 모른다. 형제자매가 있는 경우, 나중에 태어난 아이들은 손위 형제자매들이 일반적인 자리를 모두 차지하고 난 연후에야 독창성을 발휘한다. 그러나 몇 번째로 태어나든지 상관없이 독창성이 뛰어난 강력한 롤모델이 있으면 생각지도 못했던 적소들이 눈에 보이게 된다. 사람들은 자신이 가장 좋아하는 이야기 속의 주인공들을 본보기 삼아 전통적인 길이 막혀 버렸다는 이유로 반항하고자 마음먹는 대신, 색다른 길을 향해 마음을 열고 독창성을 발휘하게 될지도 모른다.

7장

집단 사고를
재고하라

"사실 우리가 서로에 대해 절대로 용서하지 않는
유일한 죄는 의견 차이뿐이다." [1]
-랠프 월도 에머슨Ralph Waldo Emerson

강력한 문화, 컬트, 악마의 변호인이라는 낭설

홀린 듯한 청중을 앞에 두고, 무대 위에서 첨단기술의 아이콘인 그는 주머니에서 새로운 장치를 꺼내들었다. 그것은 경쟁 상품들보다 훨씬 크기가 작아서 장내에 있던 어느 누구도 자신의 눈을 믿지 못했다. 그의 명성은 무대 위에서 신제품을 극적인 방법으로 소개하는 연출 능력만으로 얻어진 것은 아니었다. 그는 독특하고 창의적인 비전을 제시한다고 널리 알려져 있었고, 과학과 예술을 접목하는 데 열정을 지녔으며, 디자인과 품질에 집착했고, 시장조사라는 방법을 매우 경멸했다.

"우리는 사람들에게 자신에게 필요한 물건인지조차 알지 못하는 상품을 만들어줘야 한다." 그는 셀피selfie(우리나라에서 흔히 말하는 셀카—옮긴이)를 대중화시키는 데 일조한 혁명적인 상품을 소개한 후에 이렇게 말했다.

그는 사람들에게 다르게 생각하라고 역설했다. 그는 자신의 회사를 크게 일구었고 수많은 산업들의 개념을 재정립시켰다. 하지만 결국 자기 회사의 이사회에 의해 강제로 물러나는 치욕을 겪었고, 자기가 일군 제국이 눈앞에서 무너져 내리는 모습을 지켜보게 되었다.

위의 사례는 스티브 잡스의 이야기기처럼 들리겠지만, 사실 주인공은 잡스가 우러러보는 영웅들 가운데 한 사람인 폴라로이드 창립자 에드윈 랜드Edwin Land**2**이다. 랜드는 오늘날 즉석카메라를 발명한 인물로 가장 잘 알려져 있다. 그가 발명한 즉석카메라 덕분에 아마추어 사진가 세대가 출현했다. 그리고 안셀 애덤스Ansel Adams가 그 유명한 풍경 사진을 찍었고, 앤디 워홀Andy Warhol이 유명인들의 초상화를 제작하게 되었으며 미국항공우주국NASA 우주인들이 태양의 모습을 포착했다.

그러나 랜드는 그보다 더 위대한 공헌을 했다. 지금도 여전히 선글라스와 디지털시계에서부터 휴대용 계산기와 3D영화용 안경에 이르기까지 수십억 개의 제품에서 쓰이고 있는 편광필터Polarizing light filter를 발명한 주인공이 바로 랜드다. 또한 랜드는 아이젠하워 대통령 시절에 U-2 정찰기를 고안하고 디자인하는 데 핵심적인 역할을 했다. 이 정찰기는 냉전의 물줄기를 바꾸어놓았다. 랜드는 모두 535개의 특허를 출원했는데, 랜드 이전의 발명가 가운데 토머스 에디슨을 제외하면 아무도 그보다 특허를 많이 낸 사람은 없었다.

1985년 애플에서 쫓겨나기 몇 달 전, 스티브 잡스는 랜드에 대한 존경심을 다음과 같이 털어놓았다. "우리 시대의 가장 위대한 발명가 중한 사람이다 … 랜드는 국보國寶다."

랜드는 독창성이 뛰어난 위대한 인물이지만, 자기 기업의 문화에 독창성을 불어넣는 데는 실패했다. 폴라로이드는 디지털카메라를 개척한 기업들 가운데 하나지만, 공교롭게도 결국 그 디지털카메라 때문에 파산했다. 일찍이 1981년에 벌써 폴라로이드는 전자영상을 개발하는 데 있어서 중요한 진전을 이룩하고 있었다. 1980년대 말 즈음, 폴라로이드사가 개발한 디지털 감지기는 경쟁 업체들의 상품보다 네 배 높은 해상도로 피사체를 포착할 수 있었다. 폴라로이드사의 고품질 디지털카메라의 시제품은 1992년에 준비되었지만, 전자영상을 담당하는 팀은 1996년에 이르러서야 가까스로 동료 직원들을 설득해 그 시제품을 출시하게 되었다. 폴라로이드사의 상품은 뛰어난 기술을 인정받아 상도 많이 받았지만 시장에서는 고전했다. 40여 경쟁 업체들이 이미 디지털카메라를 출시한 뒤였기 때문이다.

폴라로이드사는 잘못된 가정 때문에 실패했다. 회사 내에는 고객들은 반드시 찍은 사진의 하드 카피를 간직하고 싶어 한다는 공감대가 광범위하게 형성되어 있었고, 핵심적인 의사결정권자들은 이 가정에 의문을 제기하는 데 실패했다. 전형적인 집단 사고의 사례다. 반론을 활성화시키지 않고 합의를 추구하는 경향 말이다. 집단 사고는 독창성의 적이다. 사람들은 사고의 다양성을 추구하는 대신, 가장 지배적인 기존 사고방식에 순응하라는 압력을 느낀다.

한 유명한 연구에서 예일대학교 심리학자 어빙 재니스Irving Janis는 피그스 만Bay of Pigs 침공과 베트남전쟁을 비롯해 수많은 미국의 외교 정책에 있어서 대참사를 야기한 주범은 집단 사고라고 주장했다. 재니스에 따르면, 사람들이 "유대감이 강한 집단에 깊이 관여되어 있을 때" 그리고 "만장일치로 결정하고자 하는 열망이 현실적인 대안을 모색하고자 하는 동기보다 강할 때" 집단 사고가 일어난다.

피그스 만 침공 결정이 내려지기 전, 당시 국무부 차관 체스터 보울 즈Chester Bowles는 쿠바인 망명자들을 보내 피델 카스트로Fidel Castro를 축출하는 정책에 반대하는 메모를 작성했지만 패배주의적이라는 이유로 묵살되었다. 존 F. 케네디의 보좌관 가운데는 사실 쿠바 침공에 대해 유보적인 입장을 지닌 사람들이 많았다. 이들 가운데 일부는 집단 구성원들의 압력으로 입막음을 당했고, 일부는 자기 의견을 말하지 않고 침묵을 지켰다. 최종적으로 결단을 내리기 위해 열린 회의에서 단 한 사람만이 반대 의견을 표명했다. 케네디 대통령이 즉석에서 행한 여론 조사에서 대다수는 침공 제안에 찬성표를 던졌고, 대화의 주제는 침공을 실행하기 위한 전술 수립으로 신속히 전환되었다.

어빙 재니스는 케네디 행정부의 구성원들이 "너무 모진 소리를 한다고 할까 봐" 또 "우리끼리 좋은 게 좋은 것이라는 분위기"를 깰까 봐 노심초사했다고 주장한다. 회의에 참석했던 내부자들은 집단 사고를 부추긴 것은 이런 유대감이었다는 시각에 공감한다. 케네디 대통령과 린든 존슨Lyndon Johnson 부통령 사이에 연락을 담당했던 빌 모이어스Bill Moyers는 다음과 같이 회상한다.

국가 안보 문제 담당자들은 서로 지나칠 정도로 가까워졌고, 사적으로도 서로 너무 친해졌다. 그들은 국가의 대사를 다룰 때 마치 남성 친목회에서 일처리를 하듯 했다 ··· 서로 너무 가까워지면 토론에 비유하자면, 자신의 의견에 반대되는 의견을 가진 사람을 끝까지 몰아붙이기를 꺼리고, 누가 의견을 표명해도 이견을 제시하지 않으며, 이의를 제기한다고 해도 핵심은 문제 삼지 않고 적당히 넘어가는 경우가 많다.

집단 구성원들의 유대감이 그 정도로 끈끈하면[3] 강력한 문화가 형성된다. 사람들은 같은 가치관과 규범을 공유하고, 자기 스스로에 대해 강력한 믿음을 지니게 된다. 강력한 문화와 소수만 추종하는 컬트cult는 종이 한 장 차이다.

거의 반세기 동안 지도자, 정책결정자, 언론인들은 재니스가 주장한 집단 사고 개념을 받아들여왔다. 유대감은 위험하고, 강력한 문화는 치명적이다. 문제를 해결하고 현명한 결정을 내리려면 집단은 독창적인 아이디어를 내고, 이의를 제기할 수 있어야 하고, 그래야 구성원들끼리 지나치게 친해지는 것을 막을 수 있다. 케네디의 보좌관[4]들이 그렇게 유대감이 강하지만 않았어도 소수 의견을 존중하고, 집단 사고를 방지하고, 피그스 만 침공이라는 대실책을 저지르지 않았을지도 모른다.

그런데 '유대감cohesion'이 집단 사고를 유발한다는 이론에는 아주 사소한 문제[5]가 하나 있다. 그 이론은 틀렸다는 사실이다.

재니스가 1973년 위의 분석을 끝냈을 때만 해도, 피그스 만 침공과 관련된 비밀문서와 회고록들이 아직 공개되지 않았을 때였다. 그 사건의 실체를 파악하는 데 결정적인 중요 문서들을 살펴보면, 유대감이 강한 몇몇 소수가 핵심적인 결정을 하지 않았음이 드러났다. 정치학자이자 대통령 보좌관을 지낸 리처드 노이슈타트Richard Neustadt는 케네디 대통령이 "서로 다른 보좌관들로 구성된 소규모 집단들과 돌아가며 임시 회의를 연달아 열었다"라고 설명했다. 후에 발표된 연구들에서도 유대감이 조성되는 데는 시간이 걸린다는 사실이 증명되었다. 회원 구성이 안정적인 집단에서는 친밀감과 동지애가 형성될 기회가 없다. 토론토대학교의 글렌 화이트Glen Whyte는 피그스 만 공격(1961년-옮긴이)이 일어나고 1년 후, 케네디 대통령은 1년 전에 자신을 보좌했던 바로 그 보좌관들로 구성된 유대감이 강한 소수 집단과 더불어 쿠바 미사일 위기(1962년-옮긴이)를 효과적으로 해결했다. "쿠바를 침공하는 데 합의가 이뤄진 이유는 집단의 유대감을 유지하려는 욕구가 낳은 결과가 아니라는 사실"을 이제는 알게 되었다고 스탠퍼드대학교 심리학자 로더릭 크레이머Roderick Kramer는 설명한다.

정치뿐만 아니라 다른 영역에서도 유대감은 집단 사고를 유발하지 않는다. 재니스의 분석에는 또 하나 치명적인 결함이 있다. 그는 주로 유대감이 강한 집단이 잘못된 선택을 한 사례들을 연구했다. 그들이 잘못된 선택을 한 이유가 유대감이 너무 강해서인지 어떻게 알 수 있는가? 그런 잘못된 결정을 하게 된 이유가 모두가 아침에 똑같은 시리얼을 먹거나, 모두 끈이 달린 구두를 신었기 때문인지 어떻게 아는가? 유대감에 대해 정확한 결론을 내리려면 재니스는 잘못된 선택을 내린 사례들과 올바른 선택을 내린 사례들을 비교한 후 유대감이 강한 집단이 집단 사고에 매몰될 가능성이 더 높은지 판단을 내렸어야 한다.

〈포천〉 선정 500대 기업 가운데 일곱 기업의 최고경영진이 내린 성공한 전략적 결정과 실패한 전략적 결정을 살펴보았더니, 유대감이 높은 집단이 합의를 추구하고 다양한 의견을 묵살할 가능성이 더 높지 않다는 결과가 나왔다. 오히려 많은 경우에 유대감이 강한 집단이 더 나은 사업 결정을 하는 경향을 보였다. 정치에서도 마찬가지 결과가 나왔다. 샐리 리그스 풀러Sally Riggs Fuller와 레이 얼대그Ray Aldag는 자료들을 광범위하게 분석해본 결과, "집단 사고 현상을 일으키는 원인이라고 알려져 있는 유대감이 일관되게 집단 사고를 유발한다는 실제 증거는 발견되지 않았다"라고 말했다. 그들은 또한 "집단의 유대감이 강하면 소통이 활발해지는 장점"이 있고, 유대감이 강한 집단의 구성원들은 "서로의 의견에 대해 이의를 제기할 수 있을 만큼 충분히 자신의 역할에 대해 자신감을 지닐 가능성 높다"라고 주장한다. 자료를 면밀히 분석한 결과, 글렌 화이트는 "집단 사고 모델의 방정식에서 유대감은 빼야 한다"라고 밝혔다.

7장에서 나는 무엇이 집단 사고를 야기하고, 어떻게 하면 집단 사고를 방지할 수 있는지 살펴보겠다. 왜 유대감이 강한 집단들 가운데 어떤 집단은 잘못된 결정에 취약하고, 어떤 집단은 그렇지 않은 것일까? 컬트 집단처럼 변질되지 않고 강한 조직문화를 유지하려면 어떻게 해야 할까? 나는 집단 사고를 퇴치하고 독창적인 의견을 활발히 표현하도록 하려면 어떻게 해야 하는지 알아보기 위해 폴라로이드사가 저지른 실책을 분석해볼 것이다. 그리고 직원들이 집단에 순응하라는 압력을 받지 않게 하기 위해서 파격적인 접근 방식을 채택한 한 억만장자 창립자가 운영하는 조직을 깊숙이 파고들어가 보도록 하겠다.

이를 통해 다른 의견을 사람들이 귀담아 듣지 않는 이유는 무엇이고, 대부분의 집단들이 악마의 변호인devil's advocate(어떤 사안에 대해 의도적으로 반대 의견을 말하는 사람—옮긴이)을 효과적으로 이용하지 못하는 이유는 무엇이며, 사람들에게 문제를 해결하라고 권장하기보다는 문제를 제기하라고 권장하는 편이 훨씬 나을 때도 있는 이유는 무엇이고, 집단 구성원들의 선호도가 같으면 소수 의견이 채택될 확률이 떨어지는 이유는 무엇인지 알게 된다. 그리고 평범한 집단이나 조직이 초창기에 독창성을 싹트게 만드는 데 그치지 않고, 시간이 흐름에 따라 독창성을 포용하는 분위기를 조성하려면 어떻게 해야 하는지 알게 된다.

청사진에서 탈피하기

1990년대 중반, 일단의 전문가들은 기업 창립자들이 기업의 운명을 어떻게 좌우하는지 알아보고 싶었다. 사회학자 제임스 배런James Baron의 주도로, 그들은 실리콘밸리에 있는 거의 200여 개에 달하는 첨단기술 기업의 창업자들을 면담했다. 면담 대상에는 컴퓨터 하드웨어와 소프트웨어에서부터 통신과 네트워킹, 의료장비에서 생명공학 연구, 제조업에서 반도체까지 망라되었다. 배런과 그의 연구팀은 창업자들에게 "기업을 창립할 때 어떤 조직 모델을 염두에 두었는가?" 라고 창업 당시에 염두에 둔 본래의 청사진에 대해 물었다.

산업 부문을 불문하고 청사진에 대해서는 세 가지 두드러진 유형이 있었다. 바로 전문가professional, 주역主役, star, 헌신commitment이다. 전문가형 청사진을 선택한 창립자들은 특정 기술을 보유한 직원을 채용하는 데 중점을 두었다. 즉 자바스크립트나 C++를 다룰 줄 아는 엔지니어들이나, 단백질을 합성하는 방법에 대해 심층적인 지식이 있는 과학자들을 채용했다. 주역형 청사진을 선택한 창립자들은 현재 보유하고 있는 기술에서 미래의 잠재력으로 초점을 옮겨, 가장 뛰어난 능력 보유자들을 채용하거나 다른 회사에서 빼내왔다. 이 유형을 채택한 창립자들은 특정 분야에서 현재 전문성은 못 미치지만, 미래에 전문성을 습득할 수 있는 두뇌를 갖춘 인재들을 선호했다.

헌신형 청사진을 염두에 둔 창립자들은 다소 다른 방식으로 직원을 채용했다. 회사가 표방하는 가치, 규범과 어울리는 사람들을 최우선적으로 고용했다. 헌신형 청사진을 선택한 창립자들은 직원들에게 동기를 부여하는 방식도 독특했다. 전문가형이나 주역형 청사진을 채택한 창립자들은 직원들에게 자율권을 주고 도전해보려는 의욕을 불러일으키는 작업을 맡겼다. 한편 헌신형 청사진을 채택한 창립자들은 직원들과 조직 간에 강한 감성적 유대감을 조성하는 데 중점을 두었다. 그들은 조직 내의 동료애를 설명할 때 "가족"이나 "애정" 같은 단어들을 자주 사용했고, 직원들은 조직이나 조직이 추구하는 사명에 대해 매우 열정적인 태도를 지니고 있었다.

배런의 연구팀은 어느 청사진이 가장 큰 성공을 거두었는지 알아보기로 했다. 그들은 1990년대 말 인터넷 붐이 일었던 시기와 2000년 거품이 꺼진 후를 기점으로 이 기업들을 추적해보았다. 그 결과, 한 청사진이 나머지 두 가지 청사진에 비해 월등한 결과를 가져온 것으로 나타났다.[6] 바로 창립자들이 헌신을 강조하는 조직문화를 조성한 기업들이었다.

창립자들이 헌신형 청사진을 선택한 기업은 실패율이 '0'이었다. 단 한 기업도 파산하지 않았다. 다른 청사진을 선택한 기업의 미래는 그리 밝지 않았다. 주역형 청사진을 선택한 기업의 실패율은 상당했고, 전문가형 청사진을 선택한 기업의 실패율은 그보다도 세 배 이상 더 높았다. 헌신형 청사진을 선택한 기업의 경우, 주식을 상장하는 단계까지 도달할 가능성도 더 높아서 기업공개를 할 확률이 주역형 청사진의 세 배 이상, 전문가형 청사진의 네 배 이상이나 되었다.*

창립자들이 경영하던 기업들은 새로운 CEO로 교체된 경우가 많았기 때문에, 배런과 연구팀은 그 CEO들도 면담을 해서 그들이 생각하는 청사진에 대해서도 알아보았다. CEO들의 청사진이라는 변인을 통

---

*제임스 배런과 그의 공동 연구자인 마이클 해넌(Michael Hannan)과 다이앤 버튼(Diane Burton)은 각 청사진 유형이 얼마나 선택되었는지도 추적했다. 전문가형 청사진이 가장 흔한 유형으로 창립자의 31퍼센트가 이 유형을 선택했다. 헌신형과 주역형이 그다음으로 각각 14퍼센트와 9퍼센트를 나타냈다. 이외에도 두 가지 유형의 청사진이 더 있는데, 독재형(autocracy)과 관료형(bureaucracy)으로 각각 6.6퍼센트를 차지했다. 이 두 유형은 모두 기술을 바탕으로 직원을 채용하지만, 독재형의 경우 직원들이 일을 제대로 하도록 만들기 위해서 금전적인 보상과 직접적인 감독에 초점을 두었고, 관료형은 구체적인 규칙과 절차가 동반되는 난해한 업무에 더 초점을 두었다. 당연히 독재형과 관료형이 실패할 확률이 가장 높았다. 나머지 3분의 1의 창립자들은 이런 청사진들을 혼용했다. 독재형 청사진이 실패할 확률이 가장 높았는데, 주역형의 실패율보다 여덟 배나 높았다. 혼합형과 관료형 청사진을 선택한 기업의 생존율은 전문가형과 주역형 중간이었다.

제한 후에도, 창립자의 청사진은 여전히 영향을 발휘했거나, 적어도 CEO들의 청사진 못지않게 중요했다. 창립자들의 영향은 오래 지속된다. 전문가형과 주역형 기업들은 덧없이 사라진다. 반면에 헌신형 기업들은 존속된다.

폴라로이드사의 초창기에는 헌신형 청사진을 바탕으로 집중, 독창성, 품질이라는 핵심적 가치를 위주로 형성된 조직문화가 기업 발전에 도움이 되었다. 에드윈 랜드는 즉석카메라를 개발할 당시 옷도 갈아입지 않고 18일 동안 계속 일한 적도 있다. "즉석카메라에 담긴 모든 개념이 새로운 개념이다. 사진, 영상 제작, 사진 체계, 현상하는 법, 찍는 법 모두가 새로웠다"라고 랜드는 최종 상품에 대해 평가했다.

코닥Kodak은 과학 분야 학위를 소지한 고학력자들을 고용한 반면, 랜드는 예술 분야에 종사한 여성이나 해군에서 막 제대한 남성 등 다양한 분야에서 직원들을 채용했다. 헌신형 청사진을 바탕으로 창업한 실리콘밸리 창립자들과 마찬가지로, 랜드도 자신이 고용하는 사람들이 특정 기술을 지녔는지, 회사의 주역이 될 자질이 있는지는 상관하지 않았다. 랜드는 참신한 아이디어를 창출하겠다는 그의 가치에 동의하고 그 가치에 헌신할 수 있는 사람인지에 초점을 두고 사람을 채용했다. 같은 열정과 목표를 공유한 사람들에 둘러싸인 랜드의 직원들은 강한 소속감과 유대감을 느꼈다. 자신이 몸담은 조직과 동료들에 대해 그 정도로 강한 결속력과 유대감을 느끼게 되면 다른 조직에서 일한다는 것은 상상조차 하기 어렵다.

즉석카메라 외에 폴라로이드사가 초창기에 성공을 거두는 데 기여한 핵심적인 발명 두 가지는 필름 기술의 발전에서 비롯되었다. 첫 번째는 폴라로이드가 첫 출시될 당시 선택한 세피아^{Sepia}색 필름이다. 흑백 즉석 사진은 시간이 지나면 바래기 때문이다. 사진이 바랜다는 문제점을 해결하는 데 핵심적인 역할을 한 실험실 담당자는 메로에 모스$^{Meroë\ Morse}$였다. 모스는 대학에서 물리학이나 화학 강의는 받아본 적도 없는 미술사를 전공한 직원이었다. 그는 훗날 색각^{色覺}(빛의 파장을 느껴서 색채를 식별하는 능력−옮긴이)에 대한 획기적인 발견을 하는 기틀을 마련했다. 모스는 하루 24시간 연구실을 가동하고, 기술자들을 3교대로 일하게 할 만큼 헌신적이었다. 두 번째 발명은 즉석 컬러사진이었다. 사진 분야에서 정식으로 교육을 받은 적도 없는 자동차 정비사 하워드 로저스$^{Howard\ Rogers}$는 컬러 코드$^{color\ code}$를 풀기 위해 15년 동안 밤낮으로 일했다.

성장통: 헌신형 조직문화가 품은 양날의 칼

조직의 생애주기의 초창기에는 헌신형 문화가 결실을 거둘 수 있지만, 시간이 지날수록 효력이 떨어지는 경향이 있다. 실리콘밸리 기업들을 대상으로 행한 연구를 보면, 창립자가 헌신형 청사진을 바탕으로 설립한 기업들이 생존 가능성과 기업공개 가능성이 더 높았지만, 일단 살아남아 기업공개를 하고 나면 주식가치의 상승률이 하락하는 것으로 나타났다. 헌신형 청사진을 채택한 기업들의 주식가치는 주역형 청사진을 채택한 기업의 주식보다 140퍼센트 느리게 성장했고, 전문가형 청사진을 채택한 기업의 주식보다는 25퍼센트 느리게 성장했다. 심지어 관료형 청사진을 채택한 기업의 주식가치 성장률이 헌신형 청사진을 채택한 기업의 경우보다 더 높았다. 경영 코치 마셜 골드스미스Marshall Goldsmith[7]의 말처럼 지금까지 통했다고 앞으로도 통하라는 법은 없다. 조직이 나이가 들어가면 헌신형 문화에 무슨 문제가 생기는 것일까?

"헌신형 기업들은 다양한 인재를 유치하고, 보유하고, 통합시키는 데 훨씬 어려움을 겪는다"라고 제임스 배런과 그의 연구팀은 주장한다. 그들의 주장을 뒷받침해주는 자료도 있다. 심리학자 벤저민 슈나이더Benjamin Schneider는 조직은 시간이 흐를수록 동질화되는 경향이 있다[8]는 사실을 발견했다. 조직은 비슷한 사람들을 뽑고, 비슷한 사람들과 교류하고, 비슷한 사람들을 보유하기 때문에 사실상 사고나 가치의 다양성을 솎아내게 된다는 것이다.

이러한 경향은 강한 헌신형 조직문화를 지닌 기존 기업들에게서 특히 나타날 가능성이 높다. 이러한 기업들에서는 유사성이 직원 채용의 기준이 되고, 직원들은 조직문화에 순응하라는 강한 압박에 직면하거나 견디지 못하고 그만두게 된다.

스탠퍼드대학교의 사회학자 제스퍼 소렌슨Jesper Sørensen에 따르면, 안정적인 산업계[9]에서는 이런 형태의 강한 조직문화를 지닌 대기업들이 경쟁자들보다 훨씬 안정적인 재정적 실적을 보인다. 이러한 헌신형 기업들은 직원들이 공동의 목표와 가치를 추구하는 데 헌신하기 때문에 예측 가능한 환경에서 효과적으로 전략을 실행할 수 있다. 그러나 컴퓨터, 우주, 항공 분야처럼 부침이 심한 산업 분야에서는 강한 조직 문화로 얻을 수 있는 혜택이 사라져버린다. 일단 시장이 역동적으로 변하면 강한 조직문화를 지닌 대기업들은 지나치게 외부로부터 고립된다. 이런 기업들은 변화의 필요성을 인식하기도 어렵고, 다른 생각을 지닌 사람들의 주장에 저항감을 보일 확률이 높다. 그 결과 이런 기업들은 학습하고 적응하는 데 실패하고, 경쟁자들보다 더 나은 재정적인 실적을 보여주지 못한다.

이 같은 연구 결과는 폴라로이드사의 흥망성쇠를 정확히 설명해준다. 1948년 랜드가 즉석카메라를 발명한 후 폴라로이드사는 일취월장했고, 매출은 1950년에 700만 달러에서 1960년에는 1억 달러로 증가했다. 그리고 1976년 즈음에는 9억 5,000만 달러에 달했다. 이 기간 내내 사진 산업은 안정적이었다. 고객들은 고품질 즉석카메라를 원했다. 그러나 디지털 혁명이 시작되면서 사진시장은 부침이 심하고 불안정해졌고, 한 시대를 구가했던 폴라로이드사의 조직문화는 산산조각이 났다.

1980년 소니의 창업자 모리타 아키오盛田昭夫는 랜드에게 만나자고 청했다. 그는 랜드에게 필름을 화학약품으로 처리하는 방식은 미래의 물결이 아닐지 모르니, 전자카메라 개발에 협력하는 것이 어떻겠냐고 제안했다. 랜드는 세상을 화학과 물리학으로 이해했다. 세상을 0과 1로 보지 않았다. 그는 모리타의 제안을 일축하면서 고객들은 인화된 사진을 원할 것이고, 디지털 사진의 품질은 화학적으로 처리한 사진의 품질에 절대로 근접하지 못한다고 주장했다.

지각변동이 일어나면서 폴라로이드사는 고전하기 시작했고, 랜드는 외부의 의견에 더더욱 귀를 기울이지 않았다. "그는 자신의 주장을 대변할 충직한 추종자들로 주위를 에워쌌다"라고 오래 회사에 몸담았던 한 직원이 말했다. 랜드가 애착을 갖고 추진한 프로젝트는 즉석 영화카메라 폴라비전Polavision이었다. 폴라로이드 사장 윌리엄 매큔William McCune이 이 상품의 개념에 의문을 제기하자, 랜드는 이사회에 불만을 제기했고 그 프로젝트를 총괄할 전권을 얻어냈다. 이후 랜드는 별도의 층에 연구실을 마련해 부정적인 견해를 지닌 사람들의 출입을 금지시켰다. "그는 어떤 일이 성공할 수 없는 엄연한 이유와 온갖 반대가 있더라도 그 일을 밀고 나간다. 그는 파격적이고 위험천만한 일을 추진할 때 자신에게 비판적인 사람들을 멀리한다"라고 매큔은 말했다.

랜드가 보인 반응은 그야말로 전형적인 반응이다. 전략 연구자 마이클 맥도널드Michael McDonald와 제임스 웨스트팰James Westphal은 한 연구에서 기업의 실적이 악화될수록 CEO들은 자신과 같은 시각을 지닌 친구와 동료들로부터 자문을 구한다는 사실을 발견했다.[10] 그들은 이견을 제시하는 사람들을 상대하기 불편해하고, 대신 합의라는 편안함을 택했다. 사실은 정반대로 했어야 한다. 기업의 실적은 CEO들이 자신의 친구가 아닌 사람들로부터 적극적으로 자문을 구하고, 다양한 의견들을 회의 의제로 올리고, 실수를 바로잡고 혁신을 추구하고 나서야 개선되었다.*

집단 의사결정에 관한 세계적인 전문가이자 버클리대학교의 심리학자 찰런 네메스$^{Charlan\ Nemeth}$는 "소수의 의견[13]이 중요하다. 그들의 의견이 결국 옳다고 판명되는 경향이 있기 때문이 아니라 다양한 측면에 관심을 갖게 하고, 사고를 촉진시키기 때문이다"라고 말하면서 이렇게 덧붙였다. "그 결과 소수 의견이 틀리다고 해도, 의견이 다른 소수는 기발한 해결 방법을 찾아내고 질적으로 더 나은 결정을 내리는 데 기여하게 된다."

소수 의견은 심지어 그 의견이 '틀릴 때조차' 쓸모가 있다는 말이다.

네메스는 이런 사실을 1980년대에 처음으로 증명해보였고, 그의 연구 결과는 수차례 재확인되었다. 한 실험에서 연구원들은 사람들에게 세 후보들 가운데 한 명을 채용하라고 했다. 존^{John}은 객관적으로 봤을 때 월등한 후보였지만 사람들은 이를 깨닫지 못했고, 모두가 엉뚱하게 링고^{Ringo}라는 후보에 대해 호감을 갖고 실험에 돌입했다. 그런데 누군

---

*창의성은 비판을 자제할 때 꽃핀다는 것이 일반적인 통념이지만, 이는 틀린 것으로 나타났다. 이러한 통념은 1950년대 광고의 전성기에 널리 퍼졌다. 당시 알렉스 오스본(Alex Osborn)은 브레인스토밍(brainstorming: 자유로운 토론으로 창조적인 아이디어를 끌어내는 일—옮긴이)이라는 개념을 도입했는데, 여기에는 "비판은 자제할 것"이라는 두 번째 규칙이 첨부되었다. 비판을 하면 사람들이 파격적인 아이디어를 제안하기 꺼린다는 것이 이유였다. 하지만 독창성이 높은 획기적인 아이디어는 비판을 적게 받아서가 아니라 많이 받은 덕에 나온다. 미국과 프랑스에서 행한 한 실험에서 사람들에게 창조적인 브레인스토밍을 하라고 말한 후, 무작위로 "비판 금지" 집단과 "자유롭게 토론하고 비판까지도 허용"하는 집단에 배치했다. 토론과 비판이 허용된 집단은 거리낌 없이 서로 아이디어를 나누었고, 비판이 금지된 집단보다 16퍼센트 더 많은 아이디어를 내놓았다.[11] 흥망이 걸린 창의적인 환경에서는 토론과 비판은 아이디어의 질도 향상시킨다.[12] 가장 성공적인 한 미생물 연구실에서는 일부 과학자들이 새로운 증거를 제시하면, 회의를 품은 동료들은 환호하는 대신 증거의 해석에 이의를 제기하고 대안을 제시한다. 병원에서도 마찬가지다. 이견을 내는 사람들이 가장 많은 팀이 최선의 결정을 내린다. 단, 집단 구성원들이 동료들이 자신을 지켜봐주고, 자신이 잘되기를 바란다고 느낀다는 전제가 필요하다.

가가 또 다른 엉뚱한 후보 조지^{George}를 뽑아야 한다고 주장하자, 제대로 된 후보를 채용할 확률이 네 배나 높아졌다. 조지를 후보에 포함시켜서 합의를 깨버렸더니, 집단 구성원들이 다양한 사고를 하게 되었다. 의견이 분분해지자 사람들은 채용 기준과 모든 후보의 자격을 다시 검토했고, 결국 존을 채용하기로 했다.

반대 의견을 묵살하고 추진한 랜드의 즉석 영화카메라는 완전한 실패였다. 기술적으로는 기발한 상품이었지만, 시중에서 이미 성공적으로 팔리고 있던 캠코더는 몇 시간이고 촬영이 가능한 반면, 이 상품은 촬영분을 겨우 몇 분 길이밖에 담을 수 없었다. 이 제품 개발에 6억 달러가 소모되었고, 결국 이사회는 랜드의 직위를 해제했다. 랜드는 폴라로이드사와 인연을 끊었지만, 그의 신념은 회사의 DNA에 확고하게 뿌리를 내린 채 존속되었고, 그의 신념을 공유하는 직원들만 채용되고 서로 어울렸다. 그는 세월이 흘러도 굳건하게 유지되는 기업을 세우고자 했지만, 그가 품은 청사진은 부지불식간에 회사가 사라지는 운명을 맞게 만들었다. 랜드는 남들과 다르게 생각하는 법을 터득하고 있었지만, 그가 만든 기업은 그렇지 못했다.

연구나 실험에서 나타난 증거들을 보면, 사회적 유대감이 집단 사고를 유발하는 것이 아니다. 지나친 자신감을 갖고 남의 평판을 의식하는 것이 집단 사고를 유발하는 주범이다. 폴라로이드사에서는 랜드의 청사진에 발맞춰, 경영진은 고객들이 인쇄된 사진을 원할 것이라고 과신하고 필름을 팔아 수익을 올리기 위해 값싼 카메라를 생산했다. 이는 마치 면도칼을 팔아 돈을 벌자고 싸구려 면도기를 파는 것이나 마찬가지였다. 디지털카메라 얘기만 나오면 경영진은 "필름은 어디에 넣지? 필름이 필요 없다고?"라는 질문만 되풀이했다. 디지털카메라를 팔면 이윤폭이 38퍼센트라고 하자, 의사결정권자들은 코웃음을 치며 필름의 이윤폭은 70퍼센트라고 지적했다. "끊임없이 싸워야 했다"라고 전자영상팀의 한 직원은 회상하면서, 다음과 같이 말했다. "우리는 당시 회사의 사업 모델과 주력 사업이 낡고 시대에 뒤떨어졌고 미래로 나아가기 어렵다고 끊임없이 이의를 제기했다."

이의를 제기한 직원들은 순식간에 주변부로 밀려났다. 경영진은 즉석사진을 찍어 그 기록을 영원히 간직한다는 개념의 소중한 가치를 반대자들은 모른다고 생각했다. 칼 얀코우스키Carl Yankowski라는 엔지니어는 폴라로이드사의 기업 이미지를 관리하는 부사장으로 채용되자, 전자영상 기술을 보유한 벤처 기업을 인수하자고 제안했다. 그러나 CEO 맥 부스Mac Booth는 그의 제안을 일축했고, "폴라로이드는 자체적으로 발명한 것이 아니면 팔지 않는다"라며 논의 자체를 막아버렸다. 그의 이런 태도로 미루어볼 때, 폴라로이드사가 미래를 내다보고 최고의 상품을 제작한다고 지나치게 자신했음을 알 수 있다. 1987년에 부스는 "나는 즉석 필름이 전자 사진의 가장 중요한 요소가 되리라고 생각하며, 그에 관한 한 우리 회사가 세계 그 어느 회사보다도 잘 알고 있다"라고 말하면서 다음과 같이 덧붙였다. "즉석 사진의 시대가 저물고 있다고 주장하는 사람은 누구든 현실을 외면하려는 것이다."

얀코우스키는 외부에서 전자 분야 전문가를 영입해 회사를 디지털 시대로 이끌도록 하자고 제안하자, 부스가 다음과 같이 반박했다고 회상한다. "코를 한 대 쳐줘야 할지, 아니면 해고해버려야 할지 모르겠군." 회사 분위기가 이러하니 이견을 제시하려면 자신의 평판을 훼손할 위험을 무릅써야 했다. 결국 얀코우스키는 포기하고, 소니로 옮겼다. 그리고 그곳에서 그는 플레이스테이션^{PlayStation}을 출시하고 4년 만에 매출을 두 배로 성장시켰다. 얀코우스키는 이후 위기에 빠진 리복^{Reebok}을 회생시켰고, 팜^{Palm}의 CEO가 되었다. 이렇게 혁신을 추진하고 죽어가는 회사를 살려낸 그도 "폴라로이드에 만연한 조직문화의 패러다임을 깰 수는 없었다"라고 한탄했다. 그리고 그는 '편협한 사고'와 핵심적인 의사결정권자들의 '끼리끼리' 사고를 성토했다.

폴라로이드사에서 27년간 근무한 밀턴 덴치^{Milton Dentch}는 "경영진뿐만 아니라 직원들 대부분이 뭔가에 홀려 제정신이 아니었던 게 틀림없다"라고 말하면서 다음과 같이 덧붙였다. "수세대에 걸쳐 폴라로이드 경영진 사이에 깊이 뿌리내린 문화 때문에 폴라로이드를 성장시킬 엔진은 하드 카피^{hard-copy}라는 전략을 고수하게 되었다 … 진짜 원인은 폴라로이드의 독특한 문화였다."*

폴라로이드사는 디지털 사진의 선구자가 될 문턱까지 갔고, 쉽게 안

---

*그렇다면 헌신형 문화로 시작해서 다른 청사진으로 전환하는 것이 안전한 전략이라고 생각할지 모른다. 이는 당연한 해결책처럼 보이지만 효과가 없다. 기업의 청사진을 바꾼다는 것은 어렵기도 하고 위험하기도 하다. 실리콘밸리 기업들을 대상으로 한 연구에서, 조사 대상인 기업의 절반이 청사진을 바꿨는데, 그렇게 청사진을 바꾼 기업들은 실패할 확률이 두 배로 높다는 결과가 나타났다. 창립자의 본래 청사진에서 일탈한 기업들은 창립자의 청사진을 고수한 기업들보다 실패할 확률이 2.3배 높았다. 청사진을 약간 수정하기만 해도 큰 문제가 발생했다. 청사진을 바꾼 기업들 가운데 절반 이상은 단 한 가지만 바꾸었다. 이를테면 기술보다는 잠재력을 보고 직원을 채용하는 식이다. 하지만 그래도 소용이

착할 수 있었을지 모른다. 그런데 경영진은 회사가 망해가는 동안 노닥거리고 있었다. 그들이 하드 카피를 화학적으로 인화하는 방법을 고수한 랜드의 신념에 매달리지 않고 독창적인 아이디어를 포용했더라면, 폴라로이드사는 살아남았을지도 모른다. 그렇다면 다른 의견을 포용할 줄 아는 강한 조직문화를 조성하려면 어떻게 해야 할까?

색다른 생각을 장려하는 문화

내가 기업 경영자들과 학생들을 대상으로 지금까지 본 조직들 가운데 가장 강렬한 문화를 지닌 조직을 꼽아보라고 했더니, 브리지워터 어소시에이츠Bridgewater Associates(이하 '브리지워터')가 압도적인 지지를 받았다. 코네티컷 주의 한 마을에 본부를 둔 브리지워터는 정부, 은행, 기업, 대학교, 자선단체를 위해 1,700억 달러의 자산을 운용하는 회사이다. 이 회사의 철학은 창립자가 만든 200여 가지 원칙에 요약되어 있다. 이 회사는 자금 운용 회사이지만, 이 회사가 표방하는 200여 개의 원

없었다. 새로운 청사진을 도입하자, 이직률은 25퍼센트 이상 증가했다. 자신이 조직의 일원이라고 여겼던 직원들이 더 나은 회사로 옮겨갈 때가 되었다고 결심했다. 그리고 청사진을 바꾸고도 여전히 성공 가도를 달려 기업공개까지 하게 된다고 해도, 그 후 3년 동안 주가 성장 속도는 본래 청사진을 고수한 기업들의 주가 성장 속도의 3분의 1밖에 되지 않았다. 전체적으로 볼 때, 청사진을 바꾸면 창립자를 교체하는 경우보다 훨씬 더 부정적인 효과를 낳았다. 여기서 가장 주목할 만한 점은, 청사진을 바꿈으로써 부정적 효과가 가장 두드러지게 나타나는 기업은 헌신형 청사진을 채택했다가 바꾼 기업들이었다는 점이다.

칙에는 투자에 관한 단어는 한마디도 없다. 그 원칙들은 의미 있는 일을 하고, 의미 있는 인간관계를 형성하려면 직장이나 삶에서 어떤 상황에 처했을 때 어떻게 생각하고, 어떻게 행동해야 하는지에 대한 지침들이다.

이 원칙들은 다운로드 횟수가 200만 회에 달하는데, 철학적인 원칙(예컨대 "진실하다면 아무것도 두려워할 것이 없다." 등)에서부터 실용적인 지침(예컨대 "행동을 수정하려면 보통 18개월 동안 그 행동을 끊임없이 강화해야 한다는 사실을 기억하라." 등)까지 광범위하다. 신입 사원들은 이런 원칙에 잘 맞는 사람인지에 대한 평가를 바탕으로 채용된다. 신입 사원들은 군대를 모방한 집중 신병훈련소에서 훈련을 받는다. 여기서 신입 사원들은 회사의 원칙들에 대해 생각하고 토의하며 원칙들을 실천할 수 있는 감정적으로 격앙된 상황에 놓이고, 원칙들을 자신의 행동과 얼마나 잘 일치시키는지에 따라 평가를 받는다. 브리지워터 내에서는 늘 격렬한 토론이 벌어지지만, 직원들이 조직을 가족이라고 부르고 수십 년 동안 근무한 직원들도 흔할 만큼 구성원들 간에 유대감이 강하고 친밀한 공동체이다.

브리지워터는 부침이 심한 금융 산업계에서 강한 헌신형 문화를 지니고 있지만, 그 실적은 세월이 흘러도 저조해지지 않았다. 이 기업은 두 개의 주요 자금을 운용하고 있는데, 둘 다 20년 동안 지속적으로 탁월한 수익을 올렸다. 이 두 개의 주요 운용 자금은 금융계의 역사상 그 어떤 헤지펀드 hedge fund 보다도 고객들에게 많은 돈을 벌게 해줬다. 2010년 브리지워터가 올린 수익은 구글, 이베이, 야후, 아마존의 수익을 모두 합한 수익을 능가했다.

브리지워터가 이렇게 승승장구한 비결은 독창적인 아이디어의 표현을 장려하는 데 있다. 브리지워터는 혁신적인 투자 전략을 실행해 찬사를 받아왔는데, 그중에는 일반적인 투자 자금 운용 회사보다 훨씬 분산투자의 정도를 높여서 투자 위험을 줄인 전략도 있다. 2007년 봄, 브리지워터는 자사의 고객들에게 금융위기가 임박했다고 경고했다. 배런은 브리지워터에 대해 "세계 금융시장의 폭락에 브리지워터만큼 잘 대비한 회사는 없었다"라고 말했다.

투자세계에서 돈을 벌 수 있는 유일한 방법은, 다른 모든 사람들과는 '달리 생각하는' 방법뿐이다. 브리지워터는 사내의 모든 직원에게 색다른 의견을 제시하라고 장려함으로써 집단 사고를 막아왔다.[14] 직원들이 다수의 의견에 순응하지 않고 독자적인 의견을 서로 주고받으면, 브리지워터는 아무도 생각하지 못했던 투자 결정을 내리고 아무도 포착하지 못했던 금융 추세를 포착할 가능성이 높아진다. 그렇게 되면 투자 분야의 다른 기업들은 잘못을 저지르더라도 브리지워터는 옳은 결정을 할 수 있게 된다.

나의 목표는 브리지워터의 뛰어난 투자 판단력을 분석하는 것이 아니라 그런 판단력의 저변에 깔린 문화를 심층적으로 들여다보는 것이다. 그리고 브리지워터의 억만장자 창립자 레이 달리오Ray Dalio가 그 출발점이다.

그는 투자계의 스티브 잡스로 불려왔지만, 그의 직원들은 그와 대화할 때 그를 특별한 사람처럼 여기지 않는다. 고객에게 자문을 해주는 짐^{Jim}이라는 직원이 중요한 잠재적인 고객과의 회의를 끝내고, 달리오에게 보낸 이메일을 소개해보겠다.

> 레이, 오늘 당신이 보인 실력으로는 'D⁻' 점수밖에 안돼요 … 50분 동안 횡설수설하더라고요. 우리가 보기에 당신은 전혀 준비를 안 한 게 분명했어요. 그렇지 않고서야 어떻게 처음부터 그렇게 두서없이 말을 할 수가 있어요. 그 고객은 우리가 "무슨 일이 있어도 유치해야 하는 고객"이라고 말씀드렸잖아요 … 오늘 정말 엉망진창이었어요. 다시는 이런 일이 있어서는 안 돼요.

보통 회사 같으면 직장에서 쫓겨나려고 작정하지 않고서야, 자기 상사를 이 정도로 비판하는 이메일을 보내기란 불가능하다. 그러나 달리오는 방어적으로 반응하지 않고, 그 회의에 참석했던 다른 사람들에게도 솔직하게 평가해달라며 자신에 대해 A부터 F 사이에 점수를 매겨달라고 했다. 그러자 브리지워터의 공동 최고경영자는 달리오의 실책을 무마하려 하거나, 위의 이메일을 보낸 직원을 질책하기는커녕 달리오와 짐이 주고받은 이메일 전체를 전 직원들에게 보내 모두가 교훈을 얻도록 했다.

대부분의 조직에서 부정적인 평가는 비공개적으로 전달된다. 코미디언 잭 핸디^{Jack Handey}가 〈새터데이 나이트 라이브〉 프로그램에 나와 자신이 맡은 코너 '깊은 생각^{Deep Thoughts}'에서 말했듯이,¹⁵ 다른 사람을 비판하려면 그 사람 신발을 신고 1마일을 걸어봐야 한다(영어에서 "walk a mile in one's shoes"는 "~의 입장이 되어본다"는 뜻이지만, 여기서는 문자 그대로 남의 신발을 신고 1마일을 걷는다는 의미이다—옮긴이). 그러면 당신이 비판받는 사람의 신발을 신고 있으니, 신발이 없는 그 사람은 당신을 쫓아오지 못할 테고, 당신은 그 사람으로부터 1마일쯤 떨어져 있게 되니 당신이 무슨 말을 하는지 그 사람에게 들리지 않게 된다.

브리지워터에서 직원들은 우려되는 점이나 비판할 점이 있으면, 당사자에게 직접 말하게 되어 있다. "'의리^{loyalty}'가 진실이나 솔직함을 가로막아서는 안 된다"라는 원칙은 달리오가 내세운 원칙들 가운데 하나다. "비판적인 의견을 지닐 자격이 있으려면 당당하게 의견을 말할 줄 알아야 한다." 틀에 박힌 조직 안에서는 이견을 제시하는 직원은 처벌을 받는다. 브리지워터에서는 직원들이 당당하게 자기 의견을 말하는지 여부로 평가를 받는다. 게다가 기존 체제를 비판하지 못하면 해고될지도 모른다.

직원들이 공동의 가치와 규범에 매우 헌신적인 경우, 그 조직에는 강력한 문화가 존재하지만 가치와 규범이 어떤 것인지에 따라 결과는 달라진다. 강력한 문화를 조성하려면 다양성^{diversity}을 핵심 가치에 포함시키는 것이 중요하다. 바로 이 점이 브리지워터의 강력한 문화와 컬트의 차이점이다. 다른 의견을 권장해야 헌신적인 문화를 조성할 수 있다. 브리지워터는 직원을 채용할 때 유사성을 기준으로 조직문화에 적합한지[16] 판단하지 않고 조직문화에 얼마나 기여할 수 있는지를 평가한다.*

달리오는 직원들이 독자적으로 생각할 능력을 바탕으로 조직문화를 풍성하게 만들어주기를 바란다. 달리오는 직원들에게 다른 의견을 낼 책임을 부여함으로써 사람들이 결정하는 방식을 근본적으로 바꾸어놓았다.

컬트에서 핵심적인 가치는 독단성이다. 브리지워터에서는 직원들이 원칙을 비판하도록 되어 있다. 신입 사원 연수에서 직원들은 회사가 표방하는 원칙들을 배우면서 끊임없이 질문을 받는다. "그 원칙에 동의하는가?"라고 말이다. "우리는 오랜 세월에 걸쳐 증명되어온 기준들이 있다. 그 기준들을 따르든지, 이의를 제기하든지, 더 나은 기준을 위해 싸우든지 선택해야 한다"라고 달리오와 함께 회사의 원칙들을 설정한 잭 위더 Zack Wieder 는 말한다.

중요한 결정을 지위나 근무연수가 가장 높은 사람들에게 맡긴 폴라로이드사와는 달리, 브리지워터는 의견의 질을 바탕으로 결정을 내린다. 최고의 아이디어가 보상을 받는, 아이디어 실력주의 문화를 조성하는 것이 목적이다. 애초에 좋은 아이디어가 논의의 대상이 되도록 하려면 파격적일 만큼 투명성이 보장되어야 한다.

나중에 나는 달리오의 원칙들 가운데 일부에 대해 이의를 제기할 것

---

*조직문화에 어울리는 사람을 채용하면 서로 다른 의견을 두고 갑론을박하는 사람들이 아니라 서로 상대방의 의견에 동조해주는 사람들로만 조직이 구성된다. "조직문화에 적합한지 여부가 새로운 형태의 차별이 되어버렸다."라며 노스웨스턴대학교 사회학자 로렌 리베라(Lauren Rivera)는 다음과 같이 말한다. "의사 결정권자들이 자신과 비슷한 사람을 뽑고 그렇지 않은 사람은 탈락시키는 채용 방식을 정당화하기 위해 전가(傳家)의 보도(寶刀)처럼 휘두르는 게 조직문화 적합성이다." 애플사의 마우스를 디자인한 혁신적인 컨설팅 회사 아이디오(IDEO)[17]에서는 경영진이 직원을 채용할 때 조직문화에 적합한지를 따지는 대신 조직문화를 풍성하게 만들 사람인지에 초점을 맞춘다.

이다. 우선은 달리오가 집단 사고와의 전쟁에서 사용한 무기들에 대해 설명하도록 하겠다.

나와 친분이 있는 악마

피그스 만 침공이라는 대실책을 범한 존 F. 케네디 대통령은 자신의 동생인 로버트 케네디에게 다수의 의견을 반박할 수 있는 가능한 모든 아이디어를 생각해보라고 했다. 어빙 재니스는 집단 사고라는 질병을 분석하면서 악마의 변호인devil's advocate을 지명하는 방법을 치유책으로 제안했다. 이 방법이 처음 도입된 때는 1587년으로 거슬러 올라간다. 당시 교황 식스투스 5세Sixtus V는 로마 가톨릭교회에서 성인품에 오를 후보들을 심사할 때 따를 새로운 절차를 마련했다. 그는 '신앙의 수호자promotor fidei'를 임명해서 그로 하여금 후보들의 성품을 비판적으로 평가하고, 그들이 행했다고 알려진 기적들이 설득력 있는 주장인지 이의를 제기함으로써 시성諡聖에 반대하는 역할을 하도록 했다. 이처럼 신앙의 수호자는 '신의 대변인advocatus Dei'의 주장을 반박하는 역할을 했기 때문에, '악마의 변호인'이라고 불리게 되었다. 가톨릭교회에서 사용된 이 절차는 그로부터 500여 년이 지난 오늘날 다른 의견을 제시하도록 권장하기 위해서 사실상 대부분의 지도자들이 사용하고 있다. 즉 다수의 의견에 반대하는 사람을 영입하는 방법이다.[18] 그런데 찰런 네메스는 우리가 이 절차를 제대로 적용하지 못하고 있다는 사실을 보여준다.

네메스의 연구에서 착안한 한 연구에서 독일의 기업 경영자들과 정부의 고위 관료들 200여 명에게 생산 시설을 해외로 이전할 회사의 대표를 맡도록 하고, 그들에게 두 나라(페루와 케냐라고 하자)를 제시하고, 관련된 자료를 읽게 한 후 한 나라를 선택하게 했다. 페루를 선호한 사람들은 마찬가지로 페루를 선택한 다른 두 명과 함께 한 집단을 만들게 하고, 각 나라에 대해 더 구체적인 정보를 담은 10여 개의 자료를 보게 했다. 자료의 절반은 페루를, 나머지 절반은 케냐를 추천하는 내용이 었지만, 그들은 자료를 모두 읽을 시간이 없었다.

조사 결과, 페루를 선호한 실험 대상자들은 페루를 추천한 자료를 26퍼센트 더 많이 읽은 것으로 나타났다. 이것은 심리학자들이 말하는 확증 편향confirmation bias 현상이다. 즉 사람은 자신에게 어떤 선호도가 있을 때, 자신의 선호도를 뒷받침해주는 정보만 받아들이고 자신의 의견에 반박하는 정보는 무시한다.

그렇다면 같은 집단 구성원 가운데 한 사람을 무작위로 선정해 악마의 변호인 역할을 하게 하면 편향성에 변화가 있을까? 그 사람의 역할은 페루를 선호하는 다수의 의견을 반박하면서 페루의 단점을 규명하고, 다수가 내린 가정에 의문을 던지는 일이다.

악마의 변호인이 있는 경우, 실험 대상자들은 이전보다는 좀 더 균형 잡힌 시각을 지니게 되었다. 그들은 케냐를 추천하는 자료보다 페루를 추천하는 자료를 2퍼센트 더 많이 읽었다. 그러나 악마의 변호인의 주장은 그들의 생각을 바꾸는 데는 역부족이었다. 실험 대상자들은 읽을 자료들을 고루 선택함으로써 표면적으로는 악마의 변호인의 의견을 존중하는 척했지만, 본래 지니고 있던 선호도에 대한 확신은 겨우 4퍼센트 하락했다. 확증 편향에 사로잡힌 그들은 자신의 의견을 뒷받침하는 주장을 더 설득력 있다고 받아들이고, 그렇지 않은 주장은 평가절하했다. 다수의 편견을 극복하려면 다수의 의견을 뒷받침하는 자료가 아니라 반박하는 자료를 더 많이 읽어야 한다.

악마의 변호인을 지정하는 방법도 효과가 없다면, 어떤 방법이 효과가 있을까?

연구자들은 페루를 선호한 실험 대상자 두 명과 한 팀이 될 사람을 달리 선정했다. 페루를 선택한 사람 중에 케냐를 변호할 사람을 선정하는 대신, 실제로 케냐를 선호한 사람을 세 번째 구성원으로 선정했다. 그랬더니 집단들은 다수의 선호도를 뒷받침하는 자료보다 반박하는 자료를 14퍼센트 더 많이 선택했다. 그리고 그들이 자신의 본래 선택에 대해 지닌 확신이 15퍼센트 감소했다.

악마의 변호인을 지정하는 방법도 유용하지만, 그들을 찾아내면 훨씬 더 효과가 크다. 내부에서 반박하는 역할을 하도록 누군가를 지정하면 그 사람은 단순히 그 역할을 하는 척하게 된다. 여기서 두 가지 문제가 발생한다. 그렇게 지정된 사람은 소수 의견을 더 강력하고 일관되게 주장하지 않고, 집단 구성원들도 그 사람의 주장을 진지하게 받아들이지 않는다. "반대를 위한 반대는 효과가 없다. '반대하는 척하는 것' [19], 이를테면 역할을 하는 척하는 것도 효과가 없다"라며 네메스는 다음과 같이 설명한다. "진실을 추구하기 위해서라든지, 최고의 해결책을 찾기 위해서가 아니라 다른 어떤 이유 때문에 악마의 변호인 역할을 할 경우에는 효과가 없다. 그러나 반대하는 사람이 진정성이 있다고 여겨지면 생각이 활성화된다. 생각이 분명해지고 대담해진다."

옛말에 이런 말이 있다. 성공의 비결은 진정성이다. 진정성을 가장할 수 있으면 다 된 셈이다. 그러나 실제로 진정성을 가장하기란 쉽지 않다. 악마의 변호인이 최대한 효과를 거두려면, 악마의 변호인 자신이 자기가 내세우는 주장을 진심으로 확신해야 한다. 그리고 집단도 그가 정말로 확신을 갖고 주장한다고 믿어야 한다. 네메스의 한 실험에서, 진정성 있는 반론자가 포함된 집단은 집단 내에서 지목한 악마의 변호인이 포함된 집단보다 문제에 대한 해결책을 48퍼센트 더 많이 내놓았고 해결책도 질적으로도 훨씬 우수하다는 결과가 나왔다. 악마의 변호인이 다수 의견에 공감한다는 사실을 그 집단이 알고 있었는지, 또는 그 사람의 실제 생각이 무엇인지 확실히 몰랐는지에 상관없이 이런 결과가 나왔다. 게다가 악마의 변호인이 진정으로 소수의 시각을 믿는 사람이라고 해도, 그가 지정된 악마의 변호인이라고 집단의 구성원들에게 알리기만 해도 변호인의 설득력이 충분히 약화되었다.[*] 지정된 반론자는 사람들로 하여금 의구심을 품게 만들지만, 진정성 있는 반론자는

---

[*]진정한 반론자가 가장 큰 효과를 발휘한다는 증거에 비추어볼 때, 나는 네메스에게 쿠바 미사일 위기 때 악마의 변호인으로 지정된 로버트 케네디에 대해 어떻게 생각하는지 물었다. "각 가능성에 의문을 제기하는 절차를 진행시키는 것이 로버트 케네디의 역할이었다고 생각한다"라고 그는 대답하고 다음과 같이 덧붙였다. "그가 한 역할은 최소한 여러 입장을 재검토하는 과정을 거치도록 하고, 적어도 입장을 옹호하는 일이었다. 진정한 반론자와 똑같은 효과를 발휘했다고 생각하지는 않지만 성급히 판단을 내리는 방법보다는 그래도 훨씬 진전된 결정 방법이었다." 로버트 케네디는 순수한 의미에서 악마의 변호인이었다고 하기보다는 하버드대학교의 정치학자 로저 포터(Roger Porter)가 말하는 정직한

사람들로 하여금 자신의 견해에 대해 의구심을 갖게 만든다.

지정된 반론자는 진정한 반론자에 비해 효과가 떨어지지만, 반론자에게 보호막을 만들어주기 때문에 솔깃한 방법이기는 하다. 소수 의견을 가진 사람의 입장에서는 기존 체제에 진정으로 반론을 제기하는 것에 대해 불안감을 느낄 수 있다. 하지만 단순히 악마의 변호인 역할을 한다고 주장하면 집단의 비판이나 적대감으로부터 자신을 보호할 수 있다. 그러나 네메스의 실험은 이런 주장을 반박한다. 지정된 반론자와 비교해볼 때 진정한 반론자가 집단 구성원들을 훨씬 더 분노하게 만들기는커녕 오히려 집단 구성원들은 그를 약간 더 좋아했다. 진정한 반론자는 적어도 원칙을 지키는 사람이니까 말이다.

브리지워터는 악마의 변호인을 지정하기보다 진정한 반론자를 찾아낸다. 2012년, 레이 달리오는 전 직원에게 자신의 의견을 솔직하게 밝히지 않는 사람들이 누군지 묻는 설문을 보냄으로써 진정한 반론자를 찾아냈다.

당신이 자주 함께 일하는 사람들 가운데 몇 퍼센트나 자기 의견을 당당하게 밝히고, 어려움을 무릅쓰고라도 옳은 일을 위해 싸울 사람이라고 생각하는가?
당신 자신은 그런 사람인가?

중재자(honest broker)였다는 생각이 든다. 즉 서로 다른 다양한 의견을 의제에 올리고, 각 의견을 평가하는 효과적인 결정 절차를 유도하는 역할을 했다.

당신의 솔직함을 한번 시험해보자. 같이 일하는 사람들 가운데 옳은 일을 위해 싸워야 하는 소임을 다하지 않는 사람이 누군가?(정확히 세 명을 거명하라)

당신이 위에서 거명한 사람들에게 그런 사실을 얘기해주었는가? 아니라면 그 이유는 무엇인가?

달리오는 직원들이 주관식으로 답변을 입력할 수 있도록 프롬프트prompt 형식으로 만들어 보냈다. 쏟아져 들어오는 답변을 보니, 회사가 표방하는 원칙에 대해 강한 합의가 형성된 기업 치고는 의견이 양극단으로 갈렸다. 어떤 직원들은 실명을 거론하는 방식에 반대했다. 어떤 직원들은 설문 형식을 보고 주저했다. 한 직원은 "아이디어 실력주의에 반하는 완전히 나치 독일 같은 방식이다"라고 했다. 또 다른 직원은 "오늘 설문은 정말 말도 안 된다. 매우 구체적이고 아주 민감한 내용의 설문에 답변을 하면서 세 사람의 실명을 거명하게 하고, 형식도 인간미가 없고 의도가 불순한 느낌마저 든다"라고 했다.

그러나 정반대의 반응을 보인 직원들도 있었다. 그들은 브리지워터가 드디어 자체적으로 표방하는 원칙을 실천하고 있다고 느꼈다. 자신의 의견을 당당하게 말하지 않는 사람들이 있다면 조직문화의 핵심을 위태롭게 만든다고 했다. 한 사람은 이 설문을 통해 "반성하는 계기"가 되었고 "서로 대화하는 계기가 마련되었다. 누가 내게 이메일을 보내 옳은 일을 위해 싸우지 않는 사람으로 내 이름을 적었다고 했다. 우리는 의견의 합의를 보았다"라고 했다. 또 한 사람은 "2년여 만에 가장 어렵고 가장 중요한 숙제를 한 기분이다"라고 했다.

달리오는 회사가 들썩이는 것을 보고 흐뭇했다. 양쪽 모두 뭔가를 깨달을 기회를 얻게 되었다. 악마의 변호인을 지정하는 대신, 달리오는 실제로 직원들 사이에 이견이 있는 영역을 찾아냈다. "인류의 가장 큰 비극은 사람들이 진실이 무엇인지 알아내기 위해 사려 깊게 반박하지 못하는 데서 초래된다"라고 달리오는 말한다. 달리오는 개방형 토론의 절차를 통해서 직원들이 서로의 이견을 해소하기를 기대한다. 일부는 지나치게 확신이 강하고 일부는 당당하게 자기 의견을 밝히기 두려워해서 그 결과 직원들이 합의에 도달하기 보다는 서로 공개적으로 논쟁을 해서 합의에 도달하기를 바란다. 미래학자 폴 사포^{Paul Saffo}의 말을 빌리자면, "분명한 견해를 지니되, 자신의 주장에 대해 의구심을 품는 겸허함"[20]이 필요하다.

설문에 대해 서로 상반된 견해를 보인 직원들이 합의에 도달하도록 하기 위해 달리오는 토론회를 열었다. 균형 있는 대화를 활성화시키기 위해 달리오는 설문에 강한 반대 의견을 지닌 직원 세 명과 설문을 열렬히 환영한 직원 세 명을 선정했다. 달리오는 비판적인 직원 한 명에게 그의 견해를 물었다. 그 직원은 "매카시즘처럼 사람을 단죄하는 문화가 조성될까 봐 걱정이 된다"라고 말했다. 또 다른 직원도 그 말에 동의하면서 "실명을 거론하는 것은 다른 사람을 배려하지 않는 행동"이라고 주장했다.

달리오가 다음과 같이 반론을 제기했다. "나는 그런 의견을 본인에게 전달해주지 않는 게 배려심이 없다고 생각한다." 설문 결과는 직원의 40퍼센트가 비판적인 생각을 당사자에게 얘기해주지 않는다고 나타났다. 그런데 직원들은 하나같이 다른 사람들이 자신에 대해 비판적인 생각을 하고 있다면 알고 싶다고 했다. 수십 명의 직원들이 참가한 토론회는 한 시간 이상 활기 있게 진행되었다.

투자 자금을 운용하는 기업의 창립자로서 달리오는 실명을 거론하는 방식에 대해 직원들이 대화를 나누도록 하는 데 왜 그렇게 오랜 시간을 투자했을까? 누구든지 틀림없이 자신의 생각을 당당하게 밝힌다는 공감대가 직원들 사이에 형성되면 집단 사고에 빠질까 크게 염려할 필요가 없게 된다. 달리오는 자신이 의견을 제시할 때마다 고개를 끄덕이고 미소 지어야 한다는 압박감을 직원들이 느끼지 않는다는 사실을 확신하게 된다. 달리오가 시장 상황에 대해 내린 추측에 대해 전 직원이 투명하게 반론을 제기하게 되고, 직원들끼리도 서로에게 그렇게 반론을 제기하게 된다.*

전체적으로 고려해볼 때, 브리지워터 직원의 97퍼센트는 직원들이 서로에게 지나치게 솔직할까 봐 걱정한 것이 아니라 솔직해야 한다는

---

*투명성을 중요시한다고 해서 직원들이 모든 사안에 대해 자기 의견을 말하라는 것은 아니다. "목표와 관련이 있어야 한다"라고 브리지워터의 한 직원은 설명한다. "다른 사람이 입은 청바지 흉을 보면 그는 비난을 받게 된다. 그것이 목표와 무슨 관련이 있는가?" 직원들이 투명하게 자기 견해를 공개하도록 만들기 위해서 브리지워터에서는 거의 모든 회의와 통화를 녹화한다. 누군가 자신을 비판하면 비판을 받는 당사자는 그 사람이 어떤 비판을 하는지 알 권리가 있다. 어차피 자기가 하는 말이 모두 기록되기 때문에, 누군가를 비판하려면 당사자에게 솔직하게 말해주게 된다. 직접 얘기해주지 않아도 어차피 알게 될 테니까 말이다. 브리지워터 직원이 당사자가 안 보는 곳에서 누군가를 비판하면 다른 직원들은 그 직원의 면전에 대고 비열하고 치사한 인간이라고 할 것이다. 그런 짓을 한 번 이상 하면 짐을 싸서 나가라는 말을 듣게 될지 모른다.

원칙을 잘 지키지 않을까 봐 걱정했다. 이 문제에 대해 한 시간 이상 토론하면서 직원들은 독창적인 아이디어를 공유하기 위해 서로를 더욱 독려해야 한다는 합의에 도달했다. 이러한 투명성은 집단 사고로부터 집단을 보호해주고, 오랜 세월 동안 헤아릴 수 없을 정도로 많이 잘못된 결정을 내리지 않도록 해준다. 구성원들에게 서로 이견을 제시하도록 끊임없이 독려하는 문화를 조성함으로써, 달리오는 순응성에 맞서 싸울 강력한 무기를 지니게 되었다. 그러나 달리오가 추구하는 반론의 문화는 대부분의 지도자들이 추구하는 것과 정반대다.

탄광 속 카나리아를 발견하기

당신이 한 조직의 지도자로서 직원들에게 지시를 내리고 있다고 가정한다면, 다음 문장의 빈칸을 어떻게 채우겠는가?

나한테 ＿＿을(를) 갖고 오지 마시오.
나한테 ＿＿을(를) 갖고 오시오.

이 질문은 조직심리학자 데이비드 호프먼이 알려줬는데, 이는 브리티시페트롤륨British Petroleum의 석유 시추 시설 딥워터 호라이즌Deepwater Horizon이 폭발해 원유가 유출된 사고를 조사하던 조사위원회 일원으로서 그가 제기한 질문이었다. 이 질문을 알게 된 이후로 나는 수천 명의 지도자들을 여러 집단으로 나누어 만나면서, 이 질문을 제시하고 빈칸을 채워 문장을 완성하고 큰소리로 외쳐보라고 했다. 그랬더니 어느 집단이든 하나같이 이전에 수없이 여러 번 같이 합창 연습이라도 한 듯이 한목소리로 다음과 같이 외쳤다. "나한테 문제를 갖고 오지 마시오. 나한테 해결책을 갖고 오시오."

이는 지도자가 지닐 만한 현명한 철학으로 보일지 모른다. 지도자들은 직원들이 불평만 하길 바라지 않는다. 잘못된 점이 보이면 주도적으로 그 문제점을 해결하려고 노력하길 바란다. 경영 연구자 제프 에드워즈Jeff Edwards의 말처럼, 임금님에게 벌거벗었다고 직언을 하려면 직언을 하는 본인은 훌륭한 재단사인 것이 신상에 좋다. 수없이 많은 연구 결과를 보면 지도자들은 직원들이 문제점을 거론할 때보다는 해결책을 제시할 때[21] 더 긍정적으로 반응한다.

그러나 집단 사고의 측면에서 생각해보면 해결책을 종용하는 방법에는 단점이 있다. 호프먼은 실수를 찾아내고, 바로잡고, 방지하는 조직문화를 조성하는 문제에 있어서 세계적인 석학이다. 2003년 대기권 재진입 도중에 우주왕복선 컬럼비아호가 폭발했을 때 그의 연구는 미국 항공우주국NASA의 안전과 관련된 조직문화를 평가하고 개선하는 데 핵심적인 역할을 했다. 그가 만든 조직문화 관련 설문을 NASA의 전 직원이 작성했고, 그 이후에도 수천 개의 기업에서 20만 명 이상이 이 설문을 작성했다. 호프먼은 해결책에 지나치게 집중하는 문화는 철저한 조사를 가로막고, 주장만 제기하는 문화로[22] 변질된다는 사실을 밝혀냈다. 직원이 늘 해결책을 준비하기를 기대하면, 직원들은 회의에 참석할 때 이미 진단을 끝낸 상태로 오기 때문에 다른 사람들로부터 다양한 견해를 듣고 배울 기회를 놓치게 된다. 컬럼비아호가 발사되고 하루가 지났을 때, '신비로운 물체'가 궤도에서 떠다니는 것이 포착되었다. 그때 철저한 조사가 시작되었더라면 그 신비로운 물체가 컬럼비아호의 왼쪽 날개에 구멍을 냈다는 사실을 발견했을 테고, 그랬다면 뜨거운 가스가 우주선에 유입되기 전에 우주선을 고칠 수 있었을지 모른다.

재판이 진행되는 법정에서 배심원 역할을 한다면 주장을 해도 좋다. 배심원 열두 명 모두 사건의 전모와 주장을 양측으로부터 듣고 나면, 피고가 유죄인지 무죄인지 서로 열띤 토론을 할 수 있다. 그러나 조직의 생리는 법정과는 다르다고 호프먼은 주장한다. 조직에서는 열두 명의 배심원들이 12시간 동안 진행되는 재판을 각자 한 시간씩만 방청하는 것과 마찬가지고, 같은 시간대를 방청하는 배심원들은 없다. 한 집단의 구성원들이 하나같이 서로 다른 정보를 갖고 있으면 주장을 하기에 앞서 조사가 먼저 이루어져야 한다. 즉 해결책을 마련하기 전에 문제부터 제기해야 한다는 뜻이다. 문제가 제기되도록 하려면 지도자들은 반론자들을 찾아낼 장치를 마련해야 한다.

2007년 구글의 인사 담당 최고책임자 라즐로 복Laszlo Bock은 해마다 실시하는 인사고과 시기를 명절을 피해 12월에서 3월로 옮기기로 했다. 그의 팀은 수십 명의 직원에게서 의견을 듣고 변동 사항을 금요일에 전 직원에게 고지하기로 했다. 목요일 늦은 오후, 라즐로가 관리자들에게 변동 사항을 미리 알려주자 강력한 반대가 쇄도했다. 오후 6시부터 자정까지 수백 통의 이메일을 받고 40통의 전화통화를 한 라즐로는 결국 인사고과 심사를 10월로 앞당기기로 했다. 관리자들에게서 의견을 받기 전에는, 라즐로의 팀은 생각이 비슷한 사람들에게서 새 아이디어에 찬성한다는 의견만 수집했기 때문에 집단 사고에 매몰되어 있었다. "그 일을 겪고 나서는 단순히 다른 사람들의 말을 귀담아 듣는 게 중요한 것이 아니라 결정을 내리기 전에 일찌감치 신뢰할 만한 경로를 통해서 의견을 청취할 필요도 있다는 사실을 깨닫게 되었다"라고 라즐로는 자신의 저서 《구글의 아침은 자유가 시작된다Work Rules!》에서 말했다.

진정성 있는 반론자들이 일찍이 자기 목소리를 내도록 하기 위해서 라즐로의 팀은 카나리아 팀[23]을 구성했다. 그들은 사내에서 다양한 시각을 대변하는 신뢰받는 엔지니어들로서 험악한 분위기에 잘 대처하고 기꺼이 자기 생각을 말한다는 평판을 얻은 사람들이었다. 이 팀의 명칭은 19세기에 탄광에 인체에 치명적인 유독가스가 차 있는지 탐지하기 위해서 카나리아를 탄광에 들여보냈던 관행에서 따왔다. 구글의 인사부에서 정책적으로 중요한 변화를 도입할 때, 인사부는 카나리아 팀에게 먼저 의견을 구한다. 카나리아 팀은 자문단 역할, 포커스 집단 역할을 하고, 직원들의 의견을 수렴하는 필수적인 존재가 되었다. 라즐로 팀의 한 구성원은 카나리아 팀에게 미리 자문을 구함으로써 "가장 불만의 목소리가 컸던 사람들이 우리의 가장 강력한 대변자가 되었다"라고 설명했다.

폴라로이드사는 이렇게 체계적으로 반론자들이 문제를 제기하도록 한 적이 없었다. 반대로 브리지워터는 사내 전 직원이 카나리아 역할을 하는 체제를 갖추고 있다. 브리지워터 관련 조사를 시작했을 때, 나는 이 회사에서 하급 직원으로 근무했던 전 직원과 대화를 나눈 적이 있다. 그는 재직 시 사내에서 비공식적으로 탄광의 카나리아로 알려졌었던 직원이었다. 나는 그런 역할로 그가 경력상 불이익을 받았으리라고 기대했다. 그러나 오히려 그 점이 인사고과에서 중요한 장점으로 강조되었고, 그 덕분에 그는 고위 관리자들로부터 조직문화의 창달에 공헌하는 일꾼으로 신뢰를 얻었다.

레이 달리오는 직원들이 자신에게 해결책을 들고 오기를 바라지 않는다. 문제를 제기하기를 바란다. 그가 가장 처음 고안해낸 방식은 이슈 로그issue log라는 개방형 데이터베이스인데, 직원이라면 누구든지 자기가 발견한 문제점과 그 문제가 얼마나 심각한 문제인지를 기록하는 체계이다. 문제를 인식하게 만들면 집단 사고와의 전투에서 절반은 이긴 셈이 된다. 나머지 절반은 문제를 해결할 방법에 대해 올바른 의견을 귀담아 듣는 데 있다. 브리지워터가 해결 방법을 모색하는 절차는 신임이 높은 직원들로 집단을 구성해 문제점을 진단하고 의견을 교환하고 원인을 규명하고 가능한 해결책을 강구하는 방법이다.

누구든지 의견을 낼 수는 있지만, 모든 의견이 똑같은 가치를 지니지는 않는다. 브리지워터는 민주주의가 아니다. 투표로 결정하게 되면 소수의 의견이 더 낫다고 해도 다수가 원하는 대로 결정된다. "민주적인 의사결정(즉 1인 1표)은 어리석은 방법이다. 모든 사람이 똑같은 정도로 신뢰를 받는 것이 아니기 때문이다"라고 달리오는 설명한다.*

브리지워터에서는 각 직원이 여러 가지 차원에서 신뢰도 점수를 받는다. 이를테면 운동경기에서는 각 선수의 과거 성적에 대한 통계가 공개된다. 야구에서는 구단주가 선수를 영입하기 전에 타율, 홈런, 도루 기록을 살펴보고, 장단점을 평가하고 그 결과에 따라 결정을 내린다. 달리오는 브리지워터도 그처럼 운영되기를 바랐고, 따라서 각 직원의 평가 기록 통계치를 담은 평가표를 만들어 회사 내의 누구든지 볼 수 있도록 했다. 예를 들면 브리지워터 직원 한 명이 회사 동료 몇 명과 처음으로 업무상 만나게 되는 경우 고차원적 사고, 실용적 사고, 높은 기준을 유지하는 능력, 결연한 의지, 열린 마음과 확고한 자기 의견 겸비, 일의 우선순위 정립 능력과 신뢰도 등 77가지 측면에서 그 동료들이 얻은 점수들을 열람할 수 있다.

정기적인 인사고과 시기가 되면 직원들은 고결함, 용기, 언행일치, 정면 돌파, 문제를 용납하지 않음, 기꺼이 쓴소리를 함, 합의에 도달하

---

*다수결 투표 절차가 의사결정 절차로서는 무용지물이라는 점은 피그스 만 대실책 이후로 명백해졌다. 당시 케네디 대통령은 비공식적으로 보좌진의 의사를 타진하는 바람에 반대 의견을 침묵시켰다. 실수에서 교훈을 얻은 케네디는 쿠바 미사일 위기 때는 반론에 훨씬 적극적으로 귀를 기울였다. 위원회가 정치적인 이유 때문에 케네디를 흡족하게 해줄 선택지를 고르지 않도록 하기 위해서 케네디는 의사결정 과정에서 자신의 역할을 제한했고, 그 덕분에 위원회는 폭넓은 대안들을 놓고 보다 균형 잡힌 평가를 할 수밖에 없었다. 심리학자 안드레아스 모이치쉬(Andreas Mojzisch)와 스테판 슐츠하르트(Stefan Schulz-Hardt)는 "다른 사람의 선호도를 알면[24] 집단 의사결정의 질이 저하된다"라는 사실을 발견했다. 그다음 미사일 위기를 다루는 위원회는 한 번에 한 가지 대안을 놓고 토론하는 대신, 여러 가지 대안을 한꺼번에 비교 분석했다. 집단이 한 번에 한 가지 대안을 놓고 의논하면[25] 다수가 선호하는 안이 너무 일찍 부상한다는 증거가 있다. 대안들에 순위를 매기는 것이 좋다. 세 번째 대안과 네 번째 대안을 비교해보면, 전체적인 결정을 뒤바꿀 정보가 표면화될지도 모르기 때문이다. 심리학자 안드레아 홀링스헤드(Andrea Hollingshead)는 집단에게 대안들의 순위를 정하게 하면 가장 인기 있는 대안을 선택하기보다는 각 대안에 대해 논의하고, 지지가 낮은 대안들에 대한 정보를 공유하고 바람직한 결정을 내리게 된다는 사실을 발견했다.

려고 애씀, 사람들에게 책임을 묻기를 주저하지 않음 등 다양한 자질을 바탕으로 서로에 대해 점수를 매긴다. 인사고과 시기가 아닐 경우에는 직원들은 사내의 누구에게든 직접 솔직한 의견을 말할 수 있다. 직원들은 언제든 자기가 관찰한 바를 바탕으로 의견을 제출할 수 있다. 즉 직원들은 자신의 동료, 상사, 부하 직원에 대해 회사에서 마련한 기준에 따라 평가를 할 수 있고, 자신이 관찰한 바를 짤막하게 적어서 제출할 수 있다. 직원들에 대한 평가표는 수많은 직원들이 낸 다양한 평가와 인사고과 자료들을 총체적으로 고려해서 만들어진다. 마치 점묘화에 찍힌 점 하나하나는 무의미하지만 그 점들이 모여 형체가 드러나는 것과 마찬가지다. 시간이 흐르면서 평가표의 내용도 바뀌는데 어느 직원에게 어떤 장점이 있고, "신뢰"할 만한 인물인지 "요주의" 인물인지 식별할 수 있게 된다.

한 직원이 의견을 내면 그 직원이 관련 영역에서 신뢰도를 얻었는지를 바탕으로 그 의견에 얼마나 비중을 둘지가 결정된다. 직원의 신뢰도는 과거에 그 직원이 보인 판단력, 논리, 행동을 바탕으로 볼 때 현재 그가 하는 주장이 옳을 확률이다. 직원은 자기 의견을 제시할 때 청중에게 자기 의견에 대해 얼마나 확신하는지 알려줌으로써 자신의 신뢰도를 스스로 참조하도록 되어 있다. 자기주장에 회의가 들고, 해당 영역에서 신뢰도가 높지 않으면 애초에 의견을 내지 않는 것이 좋다. 그럴 경우는 오히려 질문을 하고 배워야 한다. 강한 확신이 들면 자기 의견을 솔직하게 표명해야 한다. 단, 동료들이 자신의 논리가 타당한지 집요하게 파고들 것임을 인식해야 한다. 게다가 자기 의견에 대해 확신을 갖는 동시에, 다른 의견에도 열린 자세를 지녀야 한다. 경영학자 칼 웨이크Karl Weick가 충고한 바와 같이, "자기주장을 할 때는 자신이 옳다는 태도[26]로, 남의 의견을 경청할 때는 자신이 틀리다는 태도로 임하라."

원칙들이 서로 충돌할 때

신뢰도가 높은 직원들이 서로 이견을 보이면 어떻게 할까? 2014년 여름, 브리지워터는 사내에서 아직 표명되지 않은 이견이 있는지 알아보려고 익명의 설문을 실시했다. 공동 최고경영자 그레그 젠슨Greg Jensen이 설문 결과를 논의하기 위해 전 직원이 참가한 가운데 회의를 열었다. 이 회의에서 애슐리Ashley라는 직원은 일부 직원들이 브리지워터의 원칙을 오해하고 있다고 발언했다. 그레그는 애슐리에게 그런 직원들의 잘못을 정정해주었는지 물었고, 애슐리는 최근에 그런 사람에게 오해라고 얘기해주었다고 대답했다.

자신의 의견을 당당하게 표명했다는 점에서 애슐리는 브리지워터의 원칙을 지킨 셈이다. 그러나 그레그는 애슐리가 한 발언의 내용에 대해 언급하는 대신, 나무와 숲을 구분하고 그 사이를 잘 헤쳐 나가라는 브리지워터의 또 다른 원칙을 애슐리가 어겼다고 했다. 그레그는 애슐리에게 구체적인 사례가 아니라 그런 상황을 총체적으로 어떻게 처리했는지 알고 싶다고 했다.

고위 관리자인 트리나 소스키^{Trina Soske}는 그레그가 지도자로서 잘못된 판단을 했다는 생각이 들었다. 그레그는 브리지워터의 원칙을 지키려고 그런 말을 했겠지만, 그레그가 그런 반응을 보임으로써 애슐리와 다른 직원들이 앞으로 자신의 의견을 말하기 꺼리게 될지 모른다는 걱정이 들었다. 다른 조직 같았으면 그레그는 트리나보다 직위가 높았기 때문에 트리나는 회의에서는 잠자코 있다가 집에 가서 그레그 흉을 봤을지 모른다. 그러나 트리나는 자신의 솔직한 견해를 그레그뿐만 아니라 전 사원들에게 전달했다. 트리나는 애슐리가 용기를 내서 당당하게 의견을 밝혔다고 칭찬했고, 그레그에게는 "CEO로서 본보기가 되어야 할 사람이 그런 반응을 보이면 직원들에게 잘못된 인식을 심어주게 된다"라고 주의를 주었다.

보통 조직 같았으면 서열이 높은 그레그의 의견이 트리나의 의견을 제치게 되고, 트리나는 그레그를 비판했다는 이유로 직장에서의 생명이 위태로워졌을지도 모른다. 그러나 브리지워터에서 트리나는 처벌받지 않았고 문제의 해결 방식도 권위, 서열, 다수의 힘, 또는 목소리가 가장 크거나 자기주장이 가장 강한 사람을 위주로 정해지지도 않았다. 일단 이메일을 통해 논의가 시작되었다. 그레그는 트리나의 의견에 동의하지 않았다. 그는 자신이 열린 마음으로 솔직하게 자신의 의견을 밝혔다고 생각했다. 회사의 세 번째 원칙에 따르면, 비판적인 의견이 있다면 솔직하게 밝혀야 한다. 그러나 트리나는 두 직원이 사적인 대화에서 그레그의 행동을 비판하는 것을 들었다. "당당하게 자기 의견을 밝히는 문화에 찬물을 끼얹는 효과가 당신에게는 보이지도 들리지도 않는다"라고 트리나는 그레그에게 적어 보냈다. 트리나는 그레그의 행동이 집단 사고를 촉발하고 직원들로 하여금 상사의 의견에 이의를 제기하기보다는 잠자코 있게 만들까 봐 걱정이 되었다. 그레그도 자기 의견을 굽히지 않았다. 그레그의 등 뒤에서 비판을 하도록 내버려 둠으로써 트리나는 직원들이 정정당당하게 비판적인 의견을 밝히도록 하는 데 실패하고 있다고 맞섰다. 트리나가 직원들에게 브리지워터의 원칙을 위반하도록 내버려두는 행동은 "비열하고 음흉하다"는 것이었다.

고위 지도자가 이런 식으로 대놓고 진지하게 이견을 표출하는 일도 극히 드물지만, 그레그가 그다음에 한 일은 더욱 드문 일이었다. "우리끼리는 이 문제를 해결하지 못할 것 같다"라고 트리나에게 이메일을 보내면서, 그레그는 이 이메일을 참조로 경영위원회(지도자로서 신뢰도를 얻은 직원들로 구성된 집단) 전원에게도 보냈다. "판사나 중재자를 누구로 할지 합의하는 셈이다"라고 달리오는 설명한다. 의견 차이를 위원회에 회부함으로써 그레그는 아이디어 실력주의 방침을 통해 누가 옳은지 가려보자는 생각이었다.

그러나 달리오는 경영위원회에 결정을 맡기는 대신, 그레그와 트리나에게 두 사람 사이의 갈등을 브리지워터 전 직원이 교훈을 얻을 수 있는 사례로 삼기 위해 협조할 것을 당부했다. 두 사람의 토론을 투명하게 공개하는 한편, 두 사람이 단순히 자신의 견해를 주장하는 데 그치지 않고 상대방의 입장에 대해서도 질문할 수 있도록 했다. 두 사람 사이의 토론이 끝나고 나서 질의 과정을 계속하기 위해 그레그와 트리나는 전 직원들에게 물어볼 질문들을 작성했다.

이 이슈가 처음 제기되고 일곱 달이 지난 후에도, 이 문제는 여전히 논의되고 있었고 분석팀은 직원들이 보인 반응에 대한 자료를 만들어 전 직원들이 공유할 수 있도록 준비하고 있었다. 그러나 "문제를 해결하는 것 자체는 어떤 면에서 보면 앞으로 그런 문제를 어떻게 해결해야 하는지 그 방안을 마련하고, 그에 대해 동의를 이끌어내는 일보다 덜 중요하다"라고 잭 위더Zack Wieder는 말한다. "(CEO를 비롯해) 어느 누구도 진실을 독점할 수 없다."

나는 다음과 같은 생각이 들지 않을 수가 없었다. 폴라로이드사 경영진이 즉석 영화카메라의 문제점에 대해 에드윈 랜드의 등 뒤에서 비판을 한 직원들을 비열하고 음흉한 인간들이라고 했더라면, 그 회사가 오늘날 여전히 승승장구하고 있을까? NASA의 문화가 공개적인 비판과 이의 제기를 허락하는 분위기였더라면 컬럼비아호의 일곱 우주인들은 여전히 살아 있을까?

지도자인 당신의 언행이 일치하지 않으면 직원들에게 반대 의견을 내라고 권장해도 먹혀들지 않는다. 당신의 조직이 현재 상향식으로 반론을 제기하는 방법을 수용하지 않는다고 해도 간부들을 자유롭게 비판할 수 있는 기회를 마련하면 효과적으로 문화를 바꿀 수 있다. 소프트웨어 회사 인덱스 그룹Index Group[27]의 최고경영자 톰 게러티Tom Gerrity는 전 직원 100명이 모인 자리에서 한 컨설턴트에게 자신이 잘못한 일을 낱낱이 말해보라고 했다. 지도자 스스로 다른 직원의 의견을 수용하는 본보기를 보여줌으로써 전 사원들이 그에 대해, 또 서로에 대해 좀 더 자유롭게 반론을 제기하게 되었다. 나도 내 강의 시간에 이와 비슷한 방법을 쓰게 되었다. 강의가 시작되고 한 달이 지나면 학생들에게서 의견을 수렴한다. 학생들의 의견은 건설적인 비판과 개선 방안들이 주를 이룬다. 그러고 나서 나는 전 수강생들에게 내가 받은 의견들을 문구 하나도 고치지 않고 모조리 그대로 이메일로 보낸다. 그다음 강의에서 나는 내가 생각하기에 핵심적이라고 여겨지는 제안들을 요약하고 내 해석에 대한 학생들의 견해를 구한 다음 이러한 문제들을 해결하기 위해 어떻게 바꿀지를 제시한다. 학생들은 이런 식으로 대화를 하니 훨씬 편안한 마음으로 적극적으로 강의 개선 제안을 하게 된다고 말한다.

직원들이 거리낌 없이 고위 관리자들에게 소신을 말하게 된 요인은 단순히 달리오의 개방적인 태도 때문만이 아니다. 입사 초기에 신입사원 연수를 받으면서 직원들은 회사가 내세우는 원칙들에 의문을 던지라고 장려한다. 브리지워터는 직원들이 경험을 쌓기 전에, 입사한 첫날부터 독창성을 북돋워 준다. 대부분의 조직에서 신입사원의 연수 교육은 수동적이다. 신입사원들은 업무 요령을 익히고 조직문화에 적응하느라 바쁘다. 일이 손에 익을 때 즈음이면, 이미 업무에 파묻혀 회사 방식대로 세상을 바라보기 시작한다. 직원들이 기업 문화를 향상시킬 기회에 주목할 최적의 시기는 입사 초기다.

몇 년 전 나는 골드만삭스로부터 의뢰를 받았다. 골드만삭스는 내게 근무 환경을 개선해서 재능 있는 투자은행 애널리스트들과 어소시에이츠들을 유치하고 보유할 대책을 마련해달라고 했다. 우리가 도입한 여러 가지 제도 가운데 하나가 입사 후 면접 제도^{entry interview}였다. 이미 이직을 결정한 직원들에게 조직을 개선할 아이디어를 내달라고 요청하는 퇴사 전 면접^{exit interview}을 하지 말고 입사 초기에 회의를 열어 신입사원들에게서 아이디어를 얻으라고 제안했다. 이미 닫혀버린 문을 억지로 열려고 하기보다는 문이 열려 있을 때 관계를 수립하기가 훨씬 쉽다.

진실의 순간

나는 레이 달리오가 에드윈 랜드와 비슷한지 직접 알아보고 싶었다. 달리오도 자신이 만든 청사진에 지나치게 집착하고 있을까? 달리오는 자신이 세운 원칙에 대한 반론을 어떻게 처리했을까? 나는 브리지워터에 대한 조사를 충분히 했기에, 이제 내 나름대로 비판적인 견해를 밝히겠다. 악마의 변호인을 찾아내고 철저한 조사 절차를 거치고 나서야 변론을 하는 체제를 갖춘 브리지워터는 내가 본 어떤 강력한 문화보다도 집단 사고를 방지하는 데 뛰어났다. 그러나 그렇다고 해서 브리지워터가 완벽하다는 뜻은 아니다.

얼마 지나지 않아, 나는 달리오의 아파트에서 식탁에 그와 마주앉게 되었다. 과거 같았으면 나는 내 의견을 말하기 꺼렸을지 모른다. 나는 갈등 상황을 좋아하지 않았지만, 브리지워터를 연구하면서 변했다. 나는 비판적인 의견을 보다 솔직하게 전달하게 되었다. 게다가 내 이견을 제시할 대상으로서 파격적인 투명성을 원칙으로 내세운 창시자보다도 더 안성맞춤인 인물이 어디 있겠는가? 나는 당당하게 말하지 않으려거든 비판적인 의견을 지닐 자격도 없다는 원칙을 믿게 되었다. 그리고 그것이 브리지워터의 문화가 표방하는 원칙이므로 비판할 때 살살 하지 않겠다고 달리오에게 말했다. "나를 불쾌하게 만들기는 불가능하다"라고 대답하면서, 달리오는 내게 비판을 허락했다.

내가 회사 수장이라면 브리지워터의 원칙들을 가장 중요한 원칙에서부터 가장 덜 중요한 원칙까지 순서를 정하겠다는 말로 비판을 시작했다. 그레그와 트리나의 의견 차이도 두 가지 서로 다른 원칙에 집중했기 때문에 생긴 일이었다. 비판적인 의견이 있으면 당당하게 공개하라는 원칙과 다른 사람들에게 자기 의견을 당당하게 공개하도록 권장하라는 원칙 말이다. 이 두 가지 원칙은 목록에 포함되어 있지만 어느 원칙이 더 중요한지는 명시되어 있지 않았다. 40여 년 동안 가치를 연구해온 끝에 샬롬 슈워츠^{Shalom Schwartz}는 가치를 통해 달성하고자 하는 중요한 목적은 사람들이 서로 상충되는 선택지들 가운데 어떤 것을 선택할지 도움을 주는 것이라는 사실을 밝혀냈다. "여러 가지 가치들이 상대적으로 얼마나 중요한가를 바탕으로 행동이 이루어진다"라고 슈워츠는 설명한다.

나는 달리오에게 조직이 표방하는 원칙들의 우선순위를 정하지 않으면 실적도 부진해진다고 지적했다. 재니 보스^{Zannie Voss}, 댄 케이블^{Dan Cable}, 글렌 보스^{Glenn Voss}가 100개의 전문 극단[28]을 대상으로 한 조사에서, 극단 지도자들은 다섯 가지 가치를 중요도에 따라 우선순위를 매겼다. 예술성(혁신적인 연극), 오락성(관객의 만족), 지역사회에 공헌(연극 관람의 기회 제공, 지역 주민과의 교감, 교육), 성과(우수함을 인정받는 일), 재정적으로 도움이 되는 공연(재정적 건전성)이 그 다섯 가지 가치다. 극단 지도자들 간에 이런 가치들의 상대적 중요도에 대해 이견을 보이는 정도가 강할수록 그 극단의 표 판매 실적과 순수익은 낮았다. 지도자들 간에 극단이 표방하는 원칙들의 중요한 정도에 대해 합의가 이루어져 있는 한 내세우는 원칙이 무엇인지는 상관없었다.

나는 조직이 표방하는 원칙의 수가 많을 때는 특히 원칙들의 상대적인 중요도를 정하는 일이 중요하다고 덧붙였다. 와튼 경영대학원의 드루 카턴Drew Carton 교수가 150개 병원을 대상으로 조사한 연구를 보면, 강력한 비전은 환자의 건강을 지키고 병원의 재정 건전성을 유지하는 데 필수적인 조건이지 충분조건은 아니다. 병원이 내세우는 핵심적인 원칙들의 수가 많을수록[29] 분명한 비전이 도움이 되지 않았다. 병원이 내세우는 핵심 가치가 네 가지 이상인 경우 병원이 표방하는 목적은 더 이상 심장병 재입원율을 낮추고, 자산에 대한 수익을 증가시키는 데 기여하지 못했다. 표방하는 원칙의 수가 많을수록 직원들은 서로 다른 가치에 초점을 맞추거나, 같은 가치를 달리 해석할 확률이 높다. 다섯 가지에서 열 가지 원칙을 표방하는 조직에서도 이런 문제가 발생한다면 200가지 이상의 원칙을 내세우는 조직에서는 이 문제가 더 심각하지 않겠는가? 이에 대해 달리오는 다음과 같이 말했다.

"당신 의견에 동의한다. 원칙에 우선순위가 있다고 분명하게 느껴지지 않았을 수도 있겠다. 이 200여 가지 원칙들이 모두 똑같지는 않으니까 말이다. 하나의 원칙은 끊임없이 반복해서 일어나는 사건의 한 유형일 뿐이다. 살다보면 헤아릴 수 없이 많은 사건들이 일어나는데, 그 수없이 많은 사건들을 250가지로 나누면, 어떤 사건이 일어났을 때 그 사건과 원칙 가운데 하나를 연관시킬 수 있다. '이 경우는 그 원칙에 적용되는 것이구나' 하고 말이다."

그때 불현듯 이런 생각이 들었다. 사람의 개성을 분류할 때는 수없이 많은 범주가 있는데, 수없이 많은 상황을 몇 가지 범주로 분류할 수 있을까? 이제 왜 그렇게 브리지워터가 내세우는 원칙의 수가 많은지는 이해가 되었지만, 여전히 어느 원칙이 가장 중요한지 알고 싶었다.

몇 년 전 달리오에게 모든 사람이 그 원칙들을 지키며 살게 만드는 것이 그가 개인적으로 품고 있는 꿈인지 물었던 적이 있다. "아니, 아니, 절대로 아니오. 세상에, 아니오." 그는 강력하게 부인했다. "내 꿈은 그것이 아니오. 가장 중요한 원칙은 스스로 생각할 줄 아는 사람이 되라는 것이오."

각자가 독자적으로 진실을 추구하라는 것이 원칙의 우선순위에서 가장 높은 위치를 차지한다는 말이었지만, 나는 달리오가 거기서 한 발 더 나아가 나머지 원칙들에 대해서도 우선순위를 정하기를 바랐다. 지도자 스스로 비판적인 견해를 거리낌 없이 밝히는 것이 더 중요한가, 아니면 그렇게 하면 부하 직원들이 주눅이 들어 자기 의견을 당당하게 밝히기 꺼릴 위험이 있을 때는 지도자는 비판을 자제하는 것이 더 중요한가? "그 점을 분명히 할 필요는 있다"라고 달리오는 인정했다. 나는 달리오를 불쾌하게 만들었을까 봐 걱정이 되었지만, 그는 웃으면서 말했다. "그게 다요? 그 정도밖에 못해요?"

내가 달리오에게 전하고 싶은 또 한 가지 의견은 밝히기가 더 힘들었다. 사람들에게 옳은 일을 위해 싸우고 진실을 추구하라는 아이디어 실력주의의 핵심을 찌르는 의견이었기 때문이다. 브리지워터에서 어느 아이디어가 가장 우수한지 결정하는 방식은 내가 생각하는 엄정함의 기준에 미치지 못했다. 그레그와 트리나가 의견 차이를 보인 사건과 같은 문제들을 해결할 때 달리오가 사용한 방법은 양측에서 강한 의견을 지닌 신뢰도 높은 직원 세 명을 찾아내서 합의에 도달할 때까지 토론을 하게 만드는 방법이었다. 그러나 이런 방법을 사용하면 주관적인 의견을 바탕으로 결정이 내려지는데, 이는 진실을 뒷받침하는 증거로 내세우기에는 결함이 매우 많다. 직원들의 신뢰도는 테스트 결과, 인사고과, 그 밖에 평가 자료를 바탕으로 결정되지만, 가장 중요한 요소는 다른 직원들의 판단이다.

브리지워터의 한 직원은 내게 다음과 같이 말했다. "신뢰도가 높은 다른 직원들이 '당신 믿을 만해'라고 하면 그 사람은 신뢰를 얻게 된다."

로마 가톨릭교회가 신의 변호인에 맞서는 주장을 할 진실의 변호인을 지정한 이후로 수세기 동안 인류는 이견을 해소하는 수단으로서 토론보다 더 강력한 수단을 개발해왔다. 바로 과학이다. 의료계에서는 증거의 질을 1에서 6까지로 분류할 수 있다는 합의가 전문가들 사이에 폭넓게 형성되어 있다고 내가 달리오에게 말했다. 최고의 증거는 무작위로 통제된 상황에서 객관적인 결과를 얻는 일련의 실험이다. 가장 질이 떨어지는 증거는 "그 분야의 존경받는 권위자들이나 전문가로 구성된 위원회"이다. 새롭게 떠오르고 있는 증거를 바탕으로 한 경영[30] 분야에서도 의료계에서 쓰이는 증거 분류 방법이 쓰이고 있다. 이 분야의 지도자들도 논리, 경험, 직관, 대화에만 의존하지 말고 실험을 고안하고 자료를 수집한다.

내가 브리지워터를 경영한다면 그레그와 트리나의 이견을 해소하기 위해서 간략한 일련의 실험을 했을 것이다. 다양한 회의에 직원들을 무작위로 배치해서 의견을 말하게 하는 것이다. 어떤 회의에서는 지도자들이 의견 발표자가 의견을 전달하는 방법을 비판한다. 그레그가 애슐리를 비판했듯이 말이다. 또 어떤 경우는 직원들이 의견을 표명하는 사람의 용기를 꺾지 말아야 한다고 한다. 트리나가 그레그에게 바랐던 것처럼 말이다. 그리고 두 가지 모두 하는 회의도 있고, 둘 다 하지 않는 회의도 있다. 그러고 나면 후속으로 진행된 회의에서 회의 참석자들이 얼마나 자주 얼마나 거리낌 없이 자신의 의견을 표명했는지를 추적해본다. 실행하기 어려운 실험이기는 하지만 적어도 그레그가 트리나를 비판하는 모습을 지켜본 직원들(또는 그런 모습에 부정적인 반응을 보인 직원들)이 자기 의견을 표명하기를 더 꺼리게 되었는지를 측정할 수 있다.

이번에 달리오는 내 의견에 동의하지 않았다. "내가 틀릴지도 모르지만"이라고 단서를 달기 했지만, 달리오는 신뢰도 높은 직원들 간에 토론을 하는 형태가 더 좋다고 했다. 가장 신속하게 올바른 해답을 찾는 방법이고, 직원들이 상대방의 논리로부터 뭔가를 배우게 해주기 때문이라고 했다. 그는 브리지워터에서 수년 동안 다양한 실험을 해보았는데, 비록 통제된 실험은 아니었지만, 어떤 방법이 효과가 있는지 판단할 수 있을 만큼 충분히 겪어봤다고 했다. 그는 전문가들 사이에 진지하게 이견을 보이면 효율적인 아이디어 시장이 형성되고, 시간이 흐르면서 가장 뛰어난 아이디어가 등장하게 된다고 믿는다. 이 부분에서 달리오와 나는 서로 생각이 다르다는 점에 의견의 일치를 보았다. 달리오는 신뢰도 높은 전문가 세 명의 견해에 대해 나보다 훨씬 더 믿음을 주고 있었다. 나라면 신뢰도 높은 직원들 간의 토론에 일부 직원들을 참석시키고 일부는 실험을 하도록 해서 어느 쪽이 더 나은 결정을 내리는지 비교해보겠다. 그리고 나면 서로 방법을 바꿔서 시도해보게 하고, 그 결과를 다시 분석해보겠다. 사회과학자로서 예측을 하자면, 평균적으로 볼 때 실험을 바탕으로 결정을 내린 집단이 전문가들 사이의 토론을 지켜본 사람들보다 훨씬 우수할 것이다. 그러나 그 해답을 알려면 실제로 실험을 해서 얻은 자료가 있어야 한다.

세상을 바꿀 힘이 있는 인물들

레이 달리오도 나름대로 실험을 해왔다는 점은 인정한다. 세상을 변화시키는 사람들에게 매료된 그는 그런 인물들에게 어떤 공통점이 있는지 알고 싶어 했고, 따라서 우리 시대에 가장 뛰어난 독창적인 인물들을 만나고 벤저민 프랭클린에서부터 앨버트 아인슈타인, 스티브 잡스에 이르기까지 역사적인 인물들을 연구해왔다. 물론 모두가 추진력이 강하고 상상력이 뛰어난 인물들이었지만, 달리오가 만나고 연구해온 독창적인 인물들이 지닌 세 가지 또 다른 특성이 나의 호기심을 끌었다.

그들은 호기심이 많고, 대세에 순응하지 않았고, 반항적이었다. 그들은 잔인하리만큼 정직했고, 위계질서에 맞설 만큼 정직했다. 그리고 그들은 위험을 무릅쓰고 신념을 실천했다. 성공하지 못할까 봐 두려운 마음이 실패할까 봐 두려운 마음보다 컸기 때문이다.

달리오도 이런 특성을 갖고 있다. 그리고 지금 그가 넘어야 할 장애물은 그의 뒤를 이을 또 다른 혁신가를 찾는 일이다. 그가 그런 후계자를 찾지 못하면 브리지워터는 폴라로이드사의 즉석 사진처럼 사라져버릴지 모른다. 그러나 달리오는 집단 사고를 막으려면 한 지도자의 비전 이상의 뭔가가 필요하다는 사실을 알고 있다. 위대한 혁신가들은 이 세상에 독창성을 도입하는 데 그치지 않는다. 그들은 다른 사람들이 독창성을 발휘할 문화를 조성한다.

8장

평지풍파 일으키고
평정심을 유지하기

'나는 용기란 두려움이 없는 것이 아니라
두려움을 이겨내는 것임을 깨달았다 …[1]
용감한 인간은 두려움을 느끼지 않는 사람이 아니라
두려움을 극복하는 사람이다.'

—넬슨 만델라Nelson Mandela

불안감, 무관심, 엇갈리는 감정, 분노 다스리기

2007년 루이스 퓨Lewis Pugh라는 변호사가 몸에 착 달라붙는 스판덱스 수영 팬티에 수영 모자와 고글만 쓰고 북극해에 뛰어들었다. 얼음이 녹아 빙점이 넘었고, 그는 북극해에서 가장 오랫동안 수영을 한 최초의 인물이 되는 것이 그의 계획이었다. 영국과 남아프리카공화국을 오가며 나고 자란 퓨는 영국 공수특전단Special Air Service에서 복무했고, 지구 상에서 최북단 장거리 수영 최고 기록을 세우기 전까지는 해상 전문 변호사로 일했다. 2년 앞서 그는 최북단 장거리 수영의 세계 기록을 경신했었다. 같은 해 말, 그는 남극해에 있는 빙벽에서 뛰어내려 1킬로미터를 수영함으로써 최남단 장거리 수영 기록도 경신했다.

인간 북극곰이라고 불리는 퓨는 다른 인간에게서는 발견된 적이 없는 특징을 지니고 있다. 수영하기 직전 그의 심부 온도(뇌를 비롯한 오장육부의 온도-옮긴이)는 화씨 98.6도에서 화씨 101도로 상승한다. 그의 체력을 관리하는 스포츠과학자는 이런 현상에 "예기 발열anticipatory thermo-genesis"이라는 명칭을 붙였다. 이러한 현상은 수십 년 동안 파블로프의 조건반사가 반복되면서 형성되는 것으로 보인다. 얼음장처럼 차가운 물속으로 뛰어들 때가 되면, 그의 몸이 자동적으로 준비 태세를 갖춘다. 퓨는 이를 자가 발열self-heating 기술이라고 부른다. 그러나 다른 수많은 세계적인 운동선수들과는 달리, 세계 최고가 되거나 인간의 가능성을 증명해 보이는 것이 그의 목적이 아니다. 그는 해양보호 운동가로서 기후 변화에 대한 대중의 인식을 고취시키려고 노력하는 환경보호 운동가이다.

타이타닉호의 승객들은 화씨 41도의 바닷물 속에서 얼어 죽었다. 퓨가 남극을 헤엄칠 때 수온은 담수가 얼기 시작하는 화씨 32도였다. 북극에서 헤엄칠 때는 훨씬 생명에 위협이 컸다. 화씨 29도 이하였다. 그 정도 수온에 뛰어들었던 한 영국 탐험가는 3분 만에 동상으로 손가락들을 잃었다. 퓨의 팀은 퓨가 세운 목표를 달성하려면 거의 20분 동안 수영을 해야 한다고 예측했다. 거사巨事를 이틀 앞두고, 퓨는 연습 삼아 5분 동안 해수에 몸을 담가보았는데, 그러고 나서 왼손 전체와 오른손 손가락 일부가 감각을 잃었다. 그 뒤 퓨는 넉 달 동안 해수에 들어가지 못했다. 손가락의 세포들이 파열되었고, 숨이 가빠졌다.

퓨는 성공을 떠올리는 대신[2] 실패를 상상하기 시작했다. "수심은 두렵지 않은데, 이번엔 다르다"라고 그는 생각했다. 실패하면 그는 목숨을 잃을 테고, 그의 시신은 북극해 2.5마일 깊이의 바닥에 가라앉게 된다. 두려움에 휩싸인 그는 자신이 살아남을지 자신이 없어졌다. 최상의 경우를 상상했다면 그에게 더 도움이 되었을까?

8장에서는 시류를 거스를 때 나타나는 감정을 다룰 것이다. 의료기관을 대상으로 한 연구에서 나는 감정을 다스리는 효과적인 전략[3]에 대해 직원들이 얼마나 알고 있는지 조사하고, 그 결과를 직장에서 강등되었을 때, 중요한 발표를 앞두고 떨릴 때, 실수의 당사자로 지목받았을 때, 같은 팀원들이 일을 엉망으로 했을 때 등과 같이 어려운 상황에 처했을 때 감정을 잘 다스리는 방법에 대해 전문가들이 제시한 방법들과 비교해보았다. 감정 다스리기 테스트에서 가장 높은 점수를 받은 사람들은 자신의 의견을 당당하게 밝히고, 기존 체제에 반론을 제기하는 사람들이었다. 그리고 상사들은 그런 직원들을 자기 감정을 가장 효율적으로 다스리는 직원들로 평가했다. 그런 직원들은 평지풍파를 일으킬 용기도 있고, 평정을 유지하는 기법도 터득한 사람들이었다.

이러한 기법을 이해하기 위해 퓨가 얼음장 같은 바닷물에 뛰어들기 전에 어떻게 자신의 몸에 열이 나게 만들었고, 마틴 루서 킹은 민권운동가들이 평정심을 잃지 않도록 하기 위해 어떤 방법을 썼는지 알아보도록 하겠다. 또한 일단의 정치 운동가들이 어떻게 독재자를 축출했고, 스카이프의 최고경영자가 어떻게 엔지니어들을 설득해 상품을 파격적으로 바꾸게 만들었는지 알아보겠다. 감정을 효과적으로 다스리는 전략을 살펴보면, 낙관론자처럼 계획을 세워야 할 때와 비관론자처럼 계획을 세워야 할 때를 구분하게 된다. 자신을 진정시키면 두려움에 맞서 싸우는 데 도움이 되는지, 화를 폭발시키면 분노를 해소하는 데 도움이 되는지, 그리고 성공 가능성이 희박할 때 결연한 의지를 잃지 않으려면 어떻게 해야 하는지 그 비결을 알게 된다.

부정적인 사고가 발휘하는 긍정적인 힘

독창적인 인물들은 겉으로는 확신과 자신감이 넘쳐 보이지만, 그들도 우리와 많이 다르지 않다. 그들도 내심으로는 감정이 교차하고, 자신에 대해 회의를 품는다. 미국 정부의 뛰어난 지도자들[4]은 가장 힘든 결단을 내렸을 때를 설명하면서, 문제가 복잡하고 풀기 어려워서가 아니라 결단을 하려면 용기를 내야 했기 때문에 힘들었다고 토로했다. 라이스대학교의 스콧 소넨샤인Scott Sonenshein 교수는 가장 신념이 투철하고 헌신적인 환경운동가들[5]도 자신이 추구하는 목표를 달성할지 여부에 대해 끊임없이 확신이 흔들리는 경험을 한다고 한다. 기존 체제에 반기를 드는 일은 힘겨운 투쟁이고, 투쟁을 하다 보면 실패하기도 하고 장애물을 만나기도 하고 물러나야 할 때도 있다.

심리학자 줄리 노럼Julie Norem은 이런 감정을 다스리는 두 가지 전략을 연구한다. 바로 전략적 낙관주의와 방어적 비관주의다.[6] 전략적 낙관주의자들은 최상의 결과를 예측하면서 마음을 차분하게 가라앉히고 기대 수준을 높이 설정한다. 방어적 비관주의자들은 최악의 경우를 상정하고 불안감을 느끼면서 잘못될 가능성이 있는 모든 상황을 상상한다. 방어적 비관주의자는 중요한 연설을 앞두고 틀림없이 연설을 망칠 것이라고 확신한다. 그냥 망치는 것도 아니고 무대에서 넘어지는 바람에 연설문 전체를 완전히 잊어버릴 것이라고 걱정한다.

사람들은 대부분 방어적 비관주의자보다 전략적 낙관주의자가 되는 것이 훨씬 낫다고 생각한다. 그러나 노럼은 분석적, 언어적, 창의적인 작업에서 방어적 비관주의자는 전략적 낙관주의자보다 훨씬 불안해하고 자신감도 덜 하지만, 성과는 전략적 낙관주의자 못지않게 달성한다는 사실을 발견했다. "처음에는 방어적 비관론자들에게 비관주의에도 불구하고 어떻게 그렇게 성과를 올리는지 물어보았다. 그리고 머지않아 나는 그들이 바로 그 비관주의 덕분에 성과를 올린다는 사실을 깨닫기 시작했다."라고 노럼은 말한다.

한 실험에서 노럼과 동료 학자들은 사람들을 무작위로 세 집단으로 나누어 각각 완벽한 경기를 상상하거나, 실패한 경기를 상상하거나, 마음을 차분하게 진정시키라고 하고 다트를 던지게 했다. 방어적 비관주의자들은 긍정적인 결과를 상상하거나 마음을 진정시켰을 때보다 부정적인 결과를 상상했을 때 다트를 30퍼센트 더 정확하게 던졌다. 또 다른 실험에서는 방어적 비관주의자들에게 집중력과 정확도가 요구되는 그림 베끼기를 하도록 하고 잘할 것이라고 격려해주었더니, 격려를 받지 않았을 때보다 정확도가 29퍼센트 떨어졌다(똑같은 격려의 말을 들은 전략적 낙관주의자들의 정확도는 14퍼센트 증가했다). 덧셈과 뺄셈을 암산(예컨대 23-68+51 등)으로 하는 시험을 준비하면서 방어적 비관주의자들에게는 또 다른 작업을 시켜서 불안한 생각을 하지 못하도록 정신을 분산시켰더니, 시험에서 발생할 수 있는 최악의 상황들을 상정하고 그렇게 되면 어떤 기분이 들지 상상했을 때보다 25퍼센트나 낮은 점수를 얻었다.

"방어적 비관주의는 특정 상황에서 불안감, 두려움, 걱정스러운 마음을 다스리는 데 사용되는 전략이다"라고 노럼은 설명한다. 자신에 대한 회의가 들 때 방어적 비관주의자들은 두려움에 사로잡히지 않는다. 그들은 일부러 처참한 실패의 상황을 상상함으로써 불안감을 강화하고 더 강렬해진 불안감을 통해 동기를 부여받는다. 일단 최악의 경우를 상정하고 나면, 그들은 그런 상황을 피하고자 하는 동기가 생기고, 실패하지 않도록 모든 구체적인 사항을 치밀하게 준비해서 자신이 상황을 장악했다는 자신감을 얻는다. 그들의 불안감은 실행 직전에 최고조에 달하고, 실행하기 시작하면 성공할 마음의 준비가 갖추어진다. 그들의 자신감은 앞으로 겪게 될 어려움에 대한 무지나 환상에서 솟아나오지 않고 현실적인 평가와 철두철미한 계획에서 나온다. 그들은 불안감을 느끼지 않으면 안이해진다. 긍정적인 말로 격려를 받게 되면 철저하게 계획을 세우지 않게 된다. 방어적 비관주의자인 사람이 훌륭한 성과를 올리지 못하게 방해하려면, 그 사람을 기분 좋고 행복하게 만들어주면 된다.

루이스 퓨는 대체로 낙관주의자였다. 그는 다른 사람들은 불가능하다고 생각하는 것을 가능하다고 생각했고, 다른 사람들은 포기할 때 끈질기게 계속했다. 그러나 중요한 수영을 몇 주 앞두고 그는 방어적 비관주의자처럼 생각하는 때가 잦아졌다. 그는 자신의 팀이 자신에게 큰 기대를 걸고 있다는 데서 용기를 얻는 게 아니라, 그의 계획에 회의적인 사람들의 비관적인 시각에서 동기부여가 되는 사람이었다. 2년 앞서 최북단 수영 기록을 경신할 때, 퓨는 그의 계획이 절대 성공 불가능하고 목숨을 잃을지도 모른다고 한 어느 야외 스포츠 애호가의 말에 자극을 받았다. 또 다른 수영 전에 퓨는 자신의 계획에 회의적인 견해를 보였던 사람들을 떠올리면서 자기가 실패하면 그 사람들이 자기 친구들에게 그럴 줄 알았다고 말하며 얼마나 고소해할지 상상했다. "극해 수영을 처음으로 시도하는 것은 두 번째로 시도하는 것보다 몇 배는 더 어렵다. 무슨 일이 일어날지 장담을 못하기 때문이다. 두려움에 완전히 사로잡히게 될지도 모른다"라고 퓨는 말한다.

퓨가 덜덜 떨며 북극에 섰을 때, 그는 본능적으로 '앞으로 펼쳐질 재앙'을 떠올렸다. 그러나 부정적인 생각은 용기를 북돋워주기는커녕 잘못될 일만 떠올리게 하고 평정심을 앗아가버렸다. 최악의 경우를 상정함으로써 퓨는 더 철저하게 준비하고 발생 가능한 모든 위험한 상황에 대비책을 강구하게 되었다.* 퓨는 수영을 시작하기 전에 얼음 위에서 대기하는 시간을 줄이고, 수영을 마친 후 즉시 배로 귀환할 수 있는 계획을 세우기 시작했다. "두려움을 친구로 만드는 것이 비결이다. 두려움을 느끼게 되면 더 철저히 준비하게 되고, 잠재적인 문제들을 더 빨

---

*미국의 역대 대통령 취임 연설문을 분석해본 결과, 미래에 대한 긍정적인 내용이 많을수록 그 연설을 한 대통령의 재직 기간 동안 취업률과 국내총생산(GDP)은 더 하락했다는 결과가 나왔다. 대통령이 지나치게 낙관적이면[7] 경제 상황은 악화될 수 있다는 것이다. 부정적인 생각을 하면 잠재적인 문제에 관심을 기울이게 되고, 그런 생각을 하지 않으면 예방적인 조치나 문제를 바로잡는 조치를 취하지 못하게 된다는 것이다.

리 포착하게 된다"라고 그는 말한다. 중요한 깨달음이긴 하지만 그것만으로는 퓨가 계속 계획을 추진하기에 충분하지 않았다. 앞으로 알게 되겠지만, 목표 달성에 대한 의지가 확고할 때는 방어적 비관주의가 중요한 추진력이 되지만, 확신이 흔들릴 때는 그것이 역으로 불안감과 회의를 야기할 수 있다.

믿음을 버리지 마라

보통 사람들에게 무엇이 두려운지 열거해보라고[8] 하면, 죽음보다 두렵다고 하는 것이 있다. 바로 남들 앞에서 말하기public speaking다. 제리 사인펠드 말처럼 "장례식에 참석해서 조사弔詞를 하느니, 관에 들어가 있는 게 낫다."

사람들이 두려움을 어떻게 다스리는지 이해하려면 목숨을 위협할 필요도 없다. 무대에 세우겠다고 협박하기만 하면 된다. 하버드 경영대학원의 앨리슨 우드 브룩스Alison Wood Brooks 교수는 대학생들에게 다른 사람들과 협력해서 일할 때 자신이 훌륭한 협력자인 이유에 대해 설득력 있는 연설을 하라고 했다. 실험을 실시한 연구자가 청중석에 앉아 있었고, 연설은 모두 비디오 녹화를 했다. 동료 학생들로 구성된 위원회를 선정해 나중에 각 연설자의 설득력과 자신감을 평가하도록 했다. 준비할 시간이 2분밖에 없었던 학생들은 불안한 모습이 역력했다.

당신이 이런 상황에 처하게 되었다면 두려움을 어떻게 다스리겠는가? 브룩스 교수가 직장인 300명에게 이 문제와 관련해 조언을 부탁했더니, 가장 흔한 조언이 "긴장을 풀고 마음을 편안하게 먹어라"였다. 이는 가장 뻔한 조언이었고, 전문직 종사자 90퍼센트 이상이 이 같은 조언을 했다. 그러나 이는 최상의 조언은 아니다.

대학생들이 연설을 하기 전에 브룩스 교수는 그들을 무작위로 나누어, 한 집단에게는 "침착하자"를, 다른 집단은 "신난다"를 소리 내어 말하게 했다.

'침착'과 '신난다'라는 한 단어의 차이[9]만으로도 그들의 연설의 질이 상당히 달라졌다. 자신의 감정을 신난다고 정의한 학생들은 자신이 침착하다고 다독인 학생들보다 설득력은 17퍼센트, 자신감은 15퍼센트 높다는 평가를 받았다. 두려움을 흥분(신난다)으로 달리 규정하자, 연설자에게 동기가 부여되었고, 그들의 연설은 평균 29퍼센트 길어졌다. 즉 이 학생들은 37초나 더 무대 위에 머무를 용기를 얻었다. 또 다른 실험에서는 어려운 수학 시험을 보기 전에 불안해한 학생들은 "침착하자"라는 말보다 "신난다"라는 말을 들었을 때 점수가 22퍼센트 더 높게 나왔다.

그런데 두려움을 흥분이라는 감정으로 재규정하는 것이 불안감을 다스리는 최선의 방법일까? 불안감을 그냥 인정하는 것이 더 좋은 방법인지 여부를 알아보기 위해 브룩스 교수는 학생들에게 또 한 가지 두려움을 불러일으키는 일을 시켰다. 학생들에게 남들이 보는 앞에서 80년대 록 노래를 불러보라고 했다. 그것도 반주 없이 말이다.

학생들은 또래 학생들 집단 앞에 서서 마이크에 대고 그룹 저니 Journey의 노래 〈믿음을 버리지 말아요 Don't Stop Believin'〉를 목청껏 불렀다.

닌텐도 Wii에 들어 있는 음성 인식 프로그램은 0에서 100퍼센트까지 정확도를 측정하는 척도로 음량, 음감, 박자 등 여러 가지 면을 고려해 그들의 노래에 자동으로 점수를 매겼다. 높은 점수를 얻은 학생은 보너스도 얻게 되어 있었다. 학생들이 노래를 시작하기 전에 브룩스 교수는 학생들을 무작위로 나누어 "떨린다(불안)"와 "신난다(흥분)"를 소리 내어 말하게 했다. 노래하기 전에 아무 말도 하지 않은 통제 집단은 평균 69퍼센트 정확도를 보였다. 자신의 감정을 불안으로 규정한 학생들의 정확도는 53퍼센트였다. 불안감을 받아들이도록 돕기는커녕 그들이 느끼는 두려움을 더 강화한 셈이다. 자신의 감정을 흥분으로 규정한 학생들은 정확도가 80퍼센트로 치솟았다.

침착해지려고 애쓰기보다 흥분하는 것이 두려움을 극복하는 데 더 효과적인 이유는 무엇일까? 두려울 때는 심장이 두근거리고 피의 흐름이 빨라지는 것이 느껴진다. 그런 상태에서 침착해지려고 애쓰는 행동은 시속 80마일로 달리는 자동차를 갑자기 브레이크를 밟아 급정거시키려는 행동이나 마찬가지다. 자동차에는 아직 움직이려는 관성이 남아 있게 된다. 강렬한 감정을 억누르려고 애쓰기보다 그 감정을 다른 감정으로 전환시키기가 더 쉽다. 종류는 다르지만 강도는 비슷한 다른 감정으로 바꿔서 계속 가속기를 밟게 만드는 것이다.

생리학적으로 볼 때, 사람에게는 멈춤 장치stop system와 동력 장치go system[10]가 있다. "멈춤 장치[11]는 속도를 늦추고 신중하게 주변을 살피게 해준다. 동력 장치는 추진력을 주고 흥분하게 만든다"라고 《콰이어트Quiet》의 저자 수전 케인Susan Cain은 말한다. 멈춤 장치를 누르는 대신

동력 장치를 가동시키면, 두려움에 직면한 상황에서도 자신에게 동기를 부여하게 된다. 우리는 미래가 불확실하기 때문에 두려워한다. 뭔가 좋지 않은 일이 일어날까 봐 걱정이 되는 것이다. 그러나 아직 일어나지 않은 일이기 때문에, 아무리 희박하더라도 결과가 긍정적일 가능성도 있다. 우리는 앞으로 나아가야 할 이유에 집중함으로써 동력 장치를 밟는 용기를 내게 된다. 두려움을 떨쳐버리고 마음껏 노래를 부를 때 느끼게 될 희열감에 실낱같은 희망을 걸게 된다.

구체적으로 특정한 행동을 하겠다고 결심한 상태가 아니라면 방어적인 비관주의자처럼 생각하는 것이 해로울지도 모른다. 앞으로 나아가겠다고 마음을 정한 상태가 아니기 때문에, 끔찍한 실패를 떠올리게 되면 불안감만 더해 멈춤 장치를 밟아 급정거하게 된다. 이 경우에는 낙관적으로 생각해야 의욕이 생기고 동력 장치를 힘껏 밟게 된다.

그러나 일단 어떤 행동을 하겠다고 마음을 먹은 상태에서 불안감이 엄습해오면 방어적인 비관주의자처럼 생각하고 불안감을 직시하는 것이 훨씬 낫다. 이 경우에는 걱정과 회의를 긍정적인 감정으로 전환하지 말고 두려움을 받아들임으로써 동력 장치를 더 힘껏 밟게 된다. 이미 앞으로 나아가겠다고 결심했기 때문에 최악의 경우를 상정하게 되면, 불안감에 철저히 대비해서 성공하고야 말겠다고 다짐하는 동력으로 승화된다. 신경과학 연구를 살펴보면, 불안할 때는 미지의 것이 부정적인 것보다 훨씬 두려움을 느끼게 만든다.[12] 노럼이 설명한 바와 같이, 사람들은 일단 최악의 경우를 상정하고 나면 훨씬 더 "자신이 상황을 장악하고 있다고 느끼게 된다."[13] 어떤 면에서 보면 방어적 비관주의자들의 불안감은 계획된 일을 실행하기 직전에 최고조에 달했다고 볼 수 있다. 실행해야 할 순간이 닥쳤을 때 그들은 이미 거의 모든 상황에 대비해 만반의 준비를 갖춘 상태로 임하게 된다.

루이스 퓨는 예전에는 얼음물에서 수영할 때마다 자신이 성공하리라고 흔들림 없이 확신했기 때문에 방어적인 비관주의자 전략이 효과를 발휘했다. 잠재적인 위험 상황을 분석함으로써 더할 나위 없이 철저하게 준비를 했다. 퓨는 북극에서 그 접근 방식은 처음에는 먹혀들었지만 시험 수영이 실패로 끝나자, 다음과 같은 생각이 들었다고 털어놓았다. "내 믿음의 체계가 산산조각이 났다. 물속에서 겨우 5분 있었는데도 내 손에 이렇게 엄청난 고통을 느끼고 손상을 입었다면, 20분이나 있게 되면 무슨 일이 벌어질까?" 그는 수영을 하다 죽을지도 모른다는 두려움을 떨쳐버릴 수 없었다며, 다음과 같이 말했다. "그 시험 수영을 하고 나서 받은 느낌은 전에는 한 번도 겪어보지 못한 느낌이었다. 나는 이번에는 해내지 못할 것 같았다."

확신이 흔들리자 방어적 비관주의자 전략을 버리고 성공할 수 있는 이유에 초점을 맞추는 동력 장치를 작동시킬 때가 되었다. 한 친구가 그에게 신바람이 나야 할 세 가지 이유를 말해주었다. 첫째, 이번에 수영을 가능하게 해준 10개국 출신의 스물아홉 명의 사람들을 퓨에게 상기시켜주기 위해서 퓨가 가는 경로를 따라 핵심적인 지점에 스물아홉 명의 출신국 국기들을 꽂아두기로 했다. 예전에 수영할 때는 "네 시도에 대해 회의적이었던 사람들로부터 동력을 얻었지만, 이제는 너를 믿는 사람들, 네게 용기를 준 사람들에게 집중해야 한다"라고 그의 친구는 말했다. 둘째, 친구는 퓨에게 옛 시절을 돌이켜보고 부모님이 환경을 보호해야 한다며 그를 어떻게 가르쳤는지 떠올리라고 했다. 셋째, 미래를 내다보고 기후 변화에 맞서 싸우기 위해 그가 남길 업적에 대해 생각해보라고 했다. "친구의 얘기를 듣고 나자, 수영을 포기하겠다는 생각이 사라졌다"라고 퓨는 회상한다. 퓨는 얼음장 같은 찬물에 뛰어들었고 물살을 거슬러 헤엄치기 시작했다. 18분 50초 만에 그는 수영을 마쳤고 신체적인 손상도 입지 않았다. 3년 후, 그는 에베레스트 산 위에 있는 세계에서 가장 높은 곳에 있는 호수를 수영해서 건넜다.

퓨가 극복해야 했던 가장 큰 장애물은 자신의 두려움을 다스리는 일이었던 반면, 다른 수많은 독창적인 인물들이 극복해야 했던 것은 다른 사람들의 감정이었다. 다른 사람들이 두려워서 행동에 나서지 않을 때, 어떻게 해야 그들의 동력 장치를 작동시킬 수 있을까?

2009년 여름, 청년 여행객 열다섯 명이 세르비아의 수도 베오그라드로 여행을 갔다. 도시 광장을 둘러본 후 30대에 호리호리한 체격의 세르비아인 여행 가이드는 그 청년들에게 폭등한 감자 가격, 무료 록 콘서트, 이웃 나라들과의 전쟁 등 세르비아의 근대사에 대해 설명해주었다. 여행 가이드가 몬티 파이선^{Monty Python}(영국의 코미디 그룹으로 그들이 제작, 출연한 〈몬티 파이선의 비행 서커스〉는 BBC에서 큰 성공을 거두었다. 몬티 파이선이 코미디에 미친 영향은 비틀스가 음악에 미친 영향에 비견될 만큼 그들의 코미디는 혁신적이라고 평가받고 있다−옮긴이)식 농담과 《반지의 제왕》에서 발휘된 톨킨^{Tolkien}적 상상력을 동원해가며 세르비아의 얘기를 하자 여행객들은 점점 초조해졌다. 그들은 단순한 여행객이 아니었다. 그들은 자기 나라의 독재자를 축출하기 위해서 베오그라드로 온 것이었다.

폭군에 맞설 방법을 찾던 그들은 여행 가이드에게 세르비아 국민들이 세르비아의 독재자 슬로보단 밀로셰비치Slobodan Milosevic를 어떻게 패배시켰는지 물었다. 큰 위험을 무릅쓸 필요가 없다고 여행 가이드는 그들에게 말했다. 아주 사소한 일에서부터 저항하면 된다고 했다. 이를테면 정상 속도보다 느리게 운전을 한다든지, 탁구공을 길에 뿌린다든지, 식용색소를 분수에 풀어 넣어 물 색깔을 바꾼다든지 하는 방법이었다. 외국인 여행객들은 그의 조언에 코웃음을 쳤다. 그런 하찮은 방식으로는 철의 장막에 흠집도 내지 못한다고 생각했다. 자기 나라에서는 절대 그런 식으로 성공할 수 없다고 한 여행객은 주장했다. 또 한 여성은 우리가 그런 식으로 맞서면 우리나라 독재자는 우리를 쥐도 새도 모르게 처치해버릴 것이라고 장담했다. 세 사람 이상만 모여도 불법인데 혁명을 일으킬 모의를 어떻게 하겠느냐고 반문했다.

여행객들은 모르고 있었지만, 이 여행 가이드는 그들이 제기한 반론들을 예전에도 많이 겪어보았다. 2003년 그루지야에서 온 정치운동가들, 2004년 우크라이나 운동가들, 2005년 레바논 운동가들, 2008년 몰디브 운동가들도 하나같이 똑같은 반론을 제기했었다. 그러나 그들은 하나같이 두려움과 냉소주의를 극복하고 각자 자기 나라에서 독재자를 끌어내렸다.

이 여행 가이드가 그들을 모두 훈련시킨 셈이었다.

이 여행 가이드의 이름은 스르디야 포포비치Srdja Popovic이다. 그는 밀로셰비치를 축출하자는 풀뿌리 청년 비폭력운동인 오트포르Otpor!(저항)

의 주모자 가운데 한 사람이었다. 그보다 10여 년 앞서 그는 인종 청소와 계엄령을 겪었고, 모친이 살던 건물이 폭파되는 끔찍한 광경을 지켜봐야만 했다. 그는 체포, 감금되어 폭행을 당한 적이 있다. 경찰관이 그의 입에 총구를 쑤셔 넣었을 때는 삶이 주마등처럼 눈앞을 스쳐지나갔다.

심리학자 댄 맥애덤스^{Dan McAdams}와 동료 학자들이 성인들에게 자신의 인생사를 털어놓고 세월이 흐르면서 겪었던 감정적 변화의 궤적을 그리게 했더니, 두 가지 서로 다른 바람직한 유형이 나타났다. 일부 사람들은 지속적으로 유쾌한 삶의 궤적을 그렸다. 그들은 인생의 중요한 시기마다 만족감을 표했다. 한편 지역사회에 독창적인 아이디어로 기여한 공로를 인정받은 사람들의 경우 출발은 부정적이었지만 전화위복이 된 경험담들을 많이 털어놓았다. 그들은 초기에는 고군분투하다가 나중에 결국 이겨냈다. 그들은 부정적인 사건들에 직면한 경우가 더 많았음에도 불구하고 자신의 삶에 더 큰 만족을 표했고, 더 강한 목적의식을 지니고 있었다. 그들은 단순히 행운으로 점철된 삶을 누려온 것이 아니라 고군분투해서 전화위복을 이루어냈고, 그런 삶을 보다 보람 있는 삶으로 여겼다. 독창성을 추구하면 삶의 여정에서 더 많은 장애물과 맞닥뜨리지만, 더 많은 행복감과 더 큰 삶의 의미를 느끼게 된다. "바람직한 혁명은 지각변동을 유발하는 대폭발이 아니라 잘 조절해서 오랜 시간 꾸준히 타오르는 불길이다"라고 포포비치는 지적한다.

포포비치는 동지들과 함께 밀로셰비치를 축출하는 운동을 전개해 세르비아에 민주주의를 도입한 후 다른 운동가들도 비폭력혁명을 이끌도록 돕는 데 삶을 바쳤다. 2010년 포포비치가 한 해 전에 훈련시킨 열다섯 명의 외국인들은 그가 가르쳐준 방식으로 이집트 독재자를 축출했다. 그가 훈련시킨 집단이 모두 성공하지는 않았지만 두려움을 떨쳐버리고 냉소주의를 극복하고 분노를 다스리는 그의 접근 방식[14]에서는 배울 점이 많다. 포포비치가 취한 첫 조치는 한 기술 전문 기업의 경영자가 직원들이 지닌 두려움을 극복하게 만든 방법과 똑같다.

외부의 힘을 빌려 고무시키다

2008년 2월, 조쉬 실버만Josh Silverman이 스카이프Skype의 조타수가 되었을 때 이 기업은 큰 어려움에 직면하고 있었다. 전화와 컴퓨터 사이에 저렴한 장거리 전화가 가능하도록 만들고, 컴퓨터와 컴퓨터 간에 무료 통화를 가능하게 한 선구자가 된 이래로 스카이프는 폭발적인 수요의 성장을 지속시키는 데 실패하면서 직원의 사기는 추락하고 있었다. 실버만은 원조 상품에 크게 명운을 걸기로 했다. 전체 화면을 이용한 화상통화였다. 4월이 되자, 그는 그해 말까지 비디오 기능을 갖춘 스카이프 4.0을 출시한다는 야심 찬 목표를 발표했다. "많은 직원들의 정서는 아주 부정적이었다. 너무 큰 변화이고, 회사가 망하게 된다고 생각하는 직원들이 많았다"라고 실버만은 회고한다. 직원들은 시간이 너무 촉박하고 비디오 화질은 엉망이었으며, 사용자들은 전체 화면을 이용하는 포맷을 싫어할 것이라고 생각했다.

실버만은 직원들의 그런 감정을 진정시키는 대신, 새 비디오 상품에 대해 직원들이 고무되도록 스카이프의 미래상[15]을 제시해 직원들의 사기를 진작시켜보기로 했다. 전 직원이 참석하는 일련의 회의에서 그는 이 상품이 사람들의 삶에 어떤 영향을 주는지 강조했고, 회사가 미래에 나아갈 방향을 역설했다. 이 비전은 훗날 배우이자 기술 투자가인 애쉬튼 커처Ashton Kutcher와 대화를 나누면서 틀이 잡혔다. "이 상품의 취지는 저렴한 가격으로 통화를 하자는 것이 아니다. 서로 떨어져 있는 사람들을 함께 있도록 해주자는 것이 목적이다"라고 실버만은 말했다.

독창적인 인물들은 불안감을 신바람으로 승화시키는 비전을 제시할 때, 보통 그 비전을 자신이 직접 나서서 전달하고자 하는 대상에게 전달한다. 그러나 아이디어를 낸 당사자가 반드시 동력 장치를 가동시키는 데 적임자라는 뜻은 아니다. 데이비드 호프먼과 나는 비전을 전달하는 가장 감동적인 방법[16]은 실제로 그 비전의 혜택을 받은 사람들에게 전달을 맡기는 방법이라는 사실을 발견했다. 대학에서 기금을 모금하는 사람들은 종종 동문들에게 전화를 하는 과정에서 그들의 식사를 방해하고 기부를 요청하는 일을 무척 어려워한다. 어느 기금 모금 부서의 두 관리자가 모금 담당 직원들에게 그들이 전화를 해서 얻는 기부금이 얼마나 큰 도움이 되는지 열변을 토하며 설명했지만, 직원들이 조성하는 기부금에는 큰 변화가 없었다.

그러나 모금 직원을 설득하는 일을 장학금 수혜자인 학생들에게 맡겨서 그 학생이 기금을 모금한 사람들이 수고한 덕분에 학비도 내고 중국에 유학도 갔다 왔다는 사연을 털어놓자, 평균적으로 모금 담당자가 조성하는 기금의 규모가 세 배로 늘어났다. 학생의 사연을 알기 전에는 평균적으로 한 모금 담당자가 조성하는 기금이 2주에 2,500달러에도 못 미쳤는데, 학생의 사연을 알게 되고 2주 후에는 9,700달러로 늘어났다.* 모금 담당자들은 두 관리자들을 미심쩍어했고, 관리자들이 열심히 기부를 받으라고 자신들을 격려하는 데는 분명히 다른 의도가 있을 것이라고 확신했다. 그러나 똑같은 메시지를 장학금을 받은 학생으로부터 전달받고 나서는, 그 메시지가 훨씬 진정성 있고 정직하고 진실하다고 평가했다. 모금 담당자들은 그 학생과 공감했고, 전화를 걸어 기부를 요청하는 일을 꺼리는 대신, 그런 학생을 더 많이 도우려면 기부금을 더 많이 받아야겠다며 고무되었다.

그렇다고 해서 지도자들에게 완전히 손을 떼라는 뜻은 아니다. 후에

---

*우리는 메시지 내용이 동일해도 지도자보다 수혜자의 설득이 더 효과적인지 알아보고 싶었다. 그래서 그다음 실험에서 우리는 실험 대상자들에게 해외 유학생인 대학원생이 작성한, 사소한 문법적 오류가 많이 포함된 보고서를 교정하게 했다. 그리고 이 일의 취지는 해외 유학생들이 제출하는 보고서의 질을 개선해서 그들이 일자리를 얻도록 도와주는 일이라고 설명했다. 그들의 교정 작업에 얼마나 큰 변화가 일어나는지 보여주기 위해서 우리는 실험 대상자들을 무작위로 두 집단으로 나누고, 이 프로그램의 교정 작업 덕분에 세 군데에서 채용 제안을 받은 학생에 대해 얘기를 하는 여성을 찍은 두 종류의 비디오를 각각 보여주었다. 한 비디오에서는 그 여성이 자신을 교정 프로그램을 책임진 담당자 프리야 파텔(Priya Patel)이라고 소개했고, 다른 비디오에서는 그 프로그램의 혜택을 받은 학생 프리야 파텔이라고 소개했다. 모금 담당자가 프로그램의 효과에 대해 설명하는 비디오를 시청한 집단에서는 변화가 없었다. 그 집단은 평균적으로 25개 이하의 문법적 오류를 잡아냈는데, 이는 비디오를 시청하지 않은 통제 집단이 보인 성과와 마찬가지였다. 그러나 비디오 속의 여성이 자신이 교정 프로그램의 혜택을 받은 학생이라고 소개한 내용을 시청한 집단은 앞의 집단의 찾아낸 오류의 수보다 34퍼센트 높은 평균 33개의 오류를 찾아냈다. 우리는 또한 두 집단에게 수혜자인 학생에게 하고 싶은 말을 써서 내도록 한 후 독립적으로 내용을 해독할 전문가들에게 이들이 적은 내용이 얼마나 건설적이고 도움이 되는 내용인지 평가하도록 했다. 그 결과 수혜자 비디오를 본 집단이 적은 내용이 모금 담당자 비디오를 본 집단이 적은 내용보다 21퍼센트 나았다.

실시한 여러 가지 연구에서 나는 지도자들이 비전을 제시한 후에 고객의 개인적인 사연으로써 그 비전에 생명을 불어넣을 경우, 직원들이 최고의 기량을 발휘하도록 고무된다[17]는 사실을 발견했다. 지도자의 메시지가 총체적인 비전을 제시함으로써 자동차에 시동을 거는 역할을 한다면, 고객의 사연은 감성적인 호소력을 통해 가속기를 밟게 만든다.

스카이프의 조쉬 실버만은 직원들의 동력 장치를 가동시키는 가장 좋은 방법은 자신의 말이 아니라는 사실을 알고 있었다. 그는 전 직원이 참석하는 회의에서 스카이프 덕분에 서로 멀리 떨어져 사는 자신의 부모와 자녀들이 친밀한 관계를 유지할 수 있다는 얘기를 한 후, 스카이프를 사용하는 고객들의 사연을 소개함으로써 자신이 제시한 비전에 생명을 불어넣었다. 한 부부는 약혼 기간 동안 1년이라는 긴 시간을 서로 떨어져서 지냈지만, 매일 연락을 주고받으며 견뎌낼 수 있었던 것은 "전적으로 스카이프 덕분"이라고 했다. 한 군인은 이라크에 파병되어 있는 동안 스카이프 덕분에 자녀들과 친밀한 관계를 유지하게 됐다고 말했다. 그는 자녀와 함께 동시에 크리스마스 선물을 풀어보기까지 했다. "고객을 회의에 참석시킴으로써 직원들에게 회사의 비전을 받아들이게 하고, 그들의 마음을 움직였다. 직원들은 우리가 이 세상에서 어떤 변화를 일으킬 수 있는지 깨닫게 되었다"라고 실버만은 말한다.

직원들이 스카이프의 목표는 사람들을 이어주는 일이라는 점을 깨닫게 되자, 그들의 불안감은 신바람으로 바뀌었다. 고객들이 더 뜻깊은 대화를 나누도록 해줄 비디오 기능을 만들자는 데 고무된 직원들은 고화질 전체 화면 비디오 화상통화 기능을 갖춘 스카이프 4.0을 예정대로 출시했다. 스카이프는 곧 하루에 사용자가 38만 명씩 증가했고, 그해 4/4분기가 끝나갈 무렵에는 스카이프를 통해 컴퓨터에서 컴퓨터로 연결된 총 통화 시간 361억 분 가운데 3분의 1 이상은 화상통화로 이루어졌다. 실버만이 자신이 품은 비전을 직원들에게 제시하고, 고객의 사연으로 직원들의 사기를 고취시킨 지 3년이 채 안 되어 마이크로소프트는 스카이프를 85억 달러에 인수했고, 주식가치는 300퍼센트 뛰었다.

세르비아에서는 스르디야 포포비치와 그의 동지들이 대중을 고무시키는 일을 외부의 영향에 의해 오트포르 혁명이 시작될 수 있도록 했다. 그들은 카리스마 있는 지도자의 말만으로는 폭력적인 독재자가 야기하는 공포를 극복하는 데 충분하지 않다는 사실을 알고 있었다. 혁명을 이끌 자질이 있는 많은 지도자들이 두려움에 질려 자신의 목숨을 걸려고 하지 않았다. 설사 그런 사람을 찾아낸다고 해도 밀로셰비치가 그런 용감한 인물을 쥐도 새도 모르게 처치함으로써 저항운동을 무산시킬지도 모르는 일이었다. 따라서 포포비치는 대중의 사기를 고취시키는 임무를 동력 장치를 가동시킬 지도자가 아니라 하나의 상징에 맡겼다. 바로 움켜쥔 검은 주먹이었다(373쪽 그림 참조).

혁명은 1998년 가을, 포포비치와 그의 동지들이 대학생일 때 시작되었다. 그들은 베오그라드 시내 광장 곳곳에 움켜쥔 주먹 300개를 분사식 페인트로 그렸고, 움켜쥔 주먹 스티커를 만들어 베오그라드 시내 곳곳에 있는 건물들에 붙였다. 그 주먹이 아니었더라면 혁명은 결코 일어나지 않았을지 모른다고 포포비치는 말한다.

2010년 봄, 이집트 운동가들을 훈련시킨 지 1년이 지났을 무렵, 포포비치는 신문 가판대에서 발걸음을 멈췄다. 오트포르 혁명의 상징인 움켜쥔 주먹이 신문 1면에 실려 있었다. "주먹이 카이로를 흔들다!"라는 표제하에 여성이 포스터를 들고 있는 사진이 실렸는데, 그 포스터 속에 움켜쥔 주먹이 그려져 있었다. 이집트의 운동가들도 대중의 사기를 고취시키는 임무를 포포비치가 사용한 것과 똑같은 상징에 맡김으로써 동력 장치를 가동시키는 방법을 택했다. 도대체 그 주먹에는 무슨 힘이 있었던 걸까?

소수의 힘

심리학자 솔로몬 애쉬Solomon Asch는 사람들에게 서로 다른 선들의 길이를 판단[18]하게 했다. 당신이 다른 일곱 명의 사람들과 함께 다음과 같은 그림을 보았다고 상상해보라.

A B C

    왼쪽에 있는 선을 보고 A, B, C 가운데 왼쪽 선과 같은 길이인 선을 골라보라. 정답은 엄연히 B고, 다른 사람들도 모두 B를 고른다. 그다음 문제에서도 모두가 같은 답을 고른다. 그러고 나서 다음과 같은 세 번째 문제를 풀게 된다.

A B C

    이 경우 왼쪽에 있는 선과 같은 길이의 선은 분명히 C다. 그런데 이상하게도 당신이 속한 집단에서 첫 번째로 답을 말한 사람이 정답이 B라고 우긴다. 두 번째로 답을 말한 사람도 B를 고르자, 당신은 아연실색한다. 세 번째, 네 번째 사람도 전부 B가 정답이라고 외친다. 당신은 어떻게 하겠는가?

    당신과 같은 집단에 속한 사람들은 모두 연구팀과 한통속이다. 총

열여덟 번의 실험이 진행되었고, 연구팀과 한통속인 사람들은 이 가운데 열두 번의 실험에서 일부러 틀린 답을 말하라는 지침을 받았다. 당신이 옳지 않은 줄 알면서도 다수의 의견을 따르는지 알아보기 위한 실험이다. 실험 참가자들은 열두 번 가운데 3분의 1 이상 다수의 의견을 따랐다. 그들은 정답이 아닌 줄 알면서도 나머지 사람들이 선택했다는 이유만으로 그들이 고른 선을 선택했다.

사람들에게 혼자 실험을 받게 했더니, 틀리는 경우가 거의 없었다. 집단에 동조하는 경우에는 틀린 답인 줄 알면서도 다른 사람들로부터 조롱당할까 봐 두려워 틀린 답을 골랐다. 두려움을 불어넣어 사람들을 침묵시키는 데는 폭군까지 필요하지도 않았다. 혼자서 다른 견해를 지녔다는 이유만으로도 독창적인 사람이 두려움 앞에 무릎을 꿇고 다수에 순응하도록 만들기에 충분하다.

반항을 고취시키는 가장 쉬운 방법은 단 한 명의 반론자를 내세우는 방법이다. 기업가 데릭 시버스Derek Sivers의 말처럼, "첫 추종자[19]가 외톨이 괴짜를 지도자로 변모시킨다." 당신이 다른 일곱 명과 함께 있는데, 여섯 명은 틀린 답을 골라도 나머지 단 한 명이 정답을 고르면, 다수의 의견에 순응하는 정도는 급격히 떨어진다. 오답률이 37퍼센트에서 5.5퍼센트로 급락한다. "지지해주는 동료가 있으면 다수로부터 받는 압박을 해소해준다"라고 애쉬는 지적한다.

저항하는 사람은 당사자가 자기 혼자가 아니라는 사실을 알기만 해도 대중의 주장을 거부하기가 훨씬 쉬워진다. 소수라도 감성적인 강인함을 유지하게 된다. 마거릿 미드Margaret Mead의 말을 따르자면, "사려 깊은 소수의 시민들이 세상을 바꿀 수 있다는 사실을 의심하지 말라.[20] 실제로 세상을 바꾼 사람들은 소수의 시민들이다." 혼자가 아니라고 느끼기 위해서 많은 사람들이 내 의견에 동조할 필요는 없다. 시걸 바르세이드[Sigal Barsade]와 하칸 오즈셀릭[Hakan Ozcelik]의 연구에서는 기업과 정부 조직에서 친구가 단 한 사람만 있어도[21] 외로움을 훨씬 덜 느낀다는 결과가 나왔다.

사람들이 위험을 무릅쓰게 만들고 싶다면, 그들에게 혼자가 아니라는 점을 보여주어야 한다. 바로 이 점이 오트포르 혁명을 비롯해 수많은 혁명들이 성공한 첫 번째 비결이다. 포포비치와 그의 동지들이 베오그라드 전역에 주먹을 그리고 다닐 때, "저항한다, 세르비아를 사랑하기에", "체제를 물어뜯어라", "승리할 때까지 저항!"과 같은 슬로건도 포함시켰다. 이전에는 세르비아인들이 마음속으로 밀로셰비치의 독재에 반대해도 공개적으로 반대 의견을 표명하기 두려워했다. 하지만 오트포르 주먹을 보고 나서는 기꺼이 반대를 표명하는 누군가가 있다는 사실을 알게 되었다. 후에 그 운동에 가담한 사람들이 체포되자 경찰은 그들에게 누가 책임자인지 물었다. 포포비치와 그 일당들은 그 사람들에게 자신을 "오트포르 운동의 지도자 2만 명 가운데 한 사람"이라고 소개하도록 훈련을 시켰다.

전 세계적으로 저항운동을 이끈 사람들은 아주 사소한 행동을 통해 사람들에게 더 많은 사람들이 저항을 지지한다는 신호를 보냄으로써 사람들이 두려움을 극복하고 동력 장치를 가동하게 만드는 방법을 썼다. 포포비치는 이집트 운동가들을 훈련시킬 때 1983년 칠레의 광부들이 어떻게 독재자 피노체트Pinochet에 저항했는지 들려주었다. 그들은 파업을 감행하는 대신, 전 국민을 대상으로 불을 켰다 껐다 하는 행동으로 저항 의사를 표명해달라고 호소했다. 국민들은 그 정도의 행동을 하는 것은 두려워하지 않았고, 이웃들이 행동하는 것을 보자 자신들도 동참했다. 광부들은 사람들에게 저속 운전을 해달라고 호소했다. 택시 운전수들이 속력을 늦춰 운전했다. 버스 기사도 동참했다. 곧 보행자들도 천천히 걷기 시작했고 자동차나 트럭 운전수들도 마치 빙하가 움직이듯 천천히 차를 몰기 시작했다. 포포비치는 감동적인 저서《혁명의 청사진Blueprint for Revolution》에서 광부들이 활동을 전개하기 전의 상황을 다음과 같이 설명한다.

사람들은 공개적으로 피노체트를 비판하기 두려워했다. 따라서 독재자를 증오하는 사람이 있다고 해도, 그 사람은 증오심을 품은 사람이 자기 하나뿐이라고 생각했을지 모른다. 광부들이 택한 전술을 통해 칠레 사람들은 "우리가 다수고, 저들은 소수"라는 사실을 깨닫게 되었다. 금상 첨화는 위험을 무릅쓰지 않아도 된다는 사실이었다. 북한 같은 나라에서조차도 자동차를 천천히 모는 것은 불법이 아니다.

폴란드에서는 운동가들이 뉴스가 정부의 거짓말로 도배된다며, 이에 저항하는 의미에서 TV를 꺼버리는 방식만으로는 자신들이 저항한다는 사실을 국민에게 알릴 수 없음을 인식하고 있었다. 그래서 그들은 집에 있는 TV를 수레에 싣고 거리를 돌아다녔다. 그러자 곧 폴란드 전역에서 그런 사람들이 보이기 시작했다. 결국 반정부 집단이 권력을 쟁취했다. 시리아에서는 운동가들이 다마스커스 전역에 있는 분수에 빨간색 식용색소를 풀어 넣었다. 시민들이 독재자 아사드^{Assad}의 유혈통치를 받아들이지 않겠다는 의지를 상징하는 행동이었다. 홀로 저항하는 두려움에 직면하는 대신, 사람들은 자신을 저항운동을 하는 집단의 일원으로 인식했다. 다른 사람들과 함께한다고 느끼면 반항하기가 훨씬 쉬워진다. 다른 사람들도 하는데 우리도 동참하자는 의식도 생긴다.

세르비아에서는 오트포르 운동이 아주 기발한 방법으로 대중의 동력 장치를 가동시켰다. 세르비아는 처절할 정도로 절박한 상황에 처해 있었기 때문에 신바람이라는 감정을 불러일으키기가 쉽지 않았다. 포포비치와 그의 동지들은 두려움을 강렬한 긍정적인 감정인 환희로 승화시키는 데 성공했다. 마하트마 간디와 같은 위대한 도덕적 지도자들이 보여준 엄숙하고 결연한 태도를 벗어던지고, 오트포르는 유머로써 우군을 얻고 적을 굴복시켰다. 그들은 밀로셰비치에게 생일선물을 보냈다. 전범 재판을 받기 위해 국제사법재판소가 있는 헤이그로 갈 편도 항공 티켓, 수갑, 죄수복이었다. 그들은 일식을 기념하자며 시내에서 쇼핑하던 시민들을 초청해 망원경으로 일식을 보여주겠다고 하고는, 밀로셰비치의 얼굴이 가려진 모습을 보여주었다. 후에 오트포르는 밀로셰비치의 얼굴이 그려진 티셔츠로 광고도 만들었다. "10년 동안이나 이 얼룩을 빼려고 온갖 방법을 써봤어요"라고 한 여성이 세탁기 옆에 서서 말한다. "정말이에요. 안 해본 게 없다니까요. 그런데 새 기계가 나왔어요. 이 얼룩도 완전히 빼주고, 그 비슷한 얼룩도 다 빼주는

기계라네요." 또 다른 광고에서는 사람들이 몰려들자, 오트포르 운동
가가 마이크를 잡고 다음과 같이 발표한다.

니치Niš 경찰서 앞에서 알려드립니다. 세르비아와 몬테니그로 국경을 배
회하는 테러분자의 인상착의를 알려드립니다. 그 테러분자는 키가 6피
트 정도이고, 테러 조직 오트포르의 티셔츠를 입고 있습니다. 그는 안경
을 쓰고 있는데 아마도 책을 많이 읽는 사람인 것으로 추측됩니다. 이
나라에서는 책을 많이 읽으면 위험합니다. 그러니 조심들 하세요.

포포비치는 혁명가들을 훈련시키는 워크숍에서 두려움에 맞서는 무
기로, 유머를 활용하라고 가르친다. 그가 이집트 운동가들과 지낸 지
얼마 지나지 않아 이집트 전역에 다음과 같은 그림이 퍼지기 시작했
다. 마이크로소프트의 윈도우 프로그램을 설치할 때 나타나는 화면을
풍자한 그림이다.

*2010년 튀니지에서는 독재 정권에 반대하는 민중혁명이 일어나, 24년 동안 철권통치를 하던 대통령
이 사우디아라비아로 망명했고, 튀니지혁명은 아프리카 지역과 아랍권의 민주화 운동을 촉발시켰다-
옮긴이

위의 그림에는 다음과 같은 오류 메시지가 동반되었다.

위의 그림이 점점 인기를 얻자 두려움이 서서히 사라졌다. 저항하는 대상을 조롱하게 되면 자기 의사 표현을 두려워하기 힘들어진다.

유머를 효과적으로 활용하는 전술을 포포비치는 진퇴양난 전술이라고 부른다. 억압자가 이래저래 지게 되어 있는 전술이기 때문이다. 시리아에서는 운동가들이 "자유Freedom"와 "이제 그만Enough"과 같은 단어가 새겨진 탁구공 수천 개를 다마스커스에 쏟아부었다. 시리아 국민들은 길거리에서 탁구공이 서로 부딪치는 소리가 들리자 "비폭력적인 저항운동의 손가락이 아사드 정권의 눈을 찌르고 있다"라고 생각했다고 포포비치는 말했다. 곧 경찰이 거리에 나타났고 "경찰들은 씩씩거리면서 도시를 돌아다니며 탁구공을 일일이 주웠다. 그런데 경찰들이 깨닫지 못한 것은 이 우스꽝스러운 코미디에서 탁구공은 소품에 불과하고, 어릿광대 역할을 한 주인공은 정권의 억압 정책을 집행하는 경찰관 자신들이라는 사실이었다"라고 포포비치는 설명한다.

농담을 농담으로 받아들이지 못하는 독재자들을 대상으로 한 이런 유머가 대중의 호응을 얻는 사례는 심심치 않게 있다. 그러나 평상시에도 이런 유머는 효과가 있다. 스탠퍼드대학 교수 로버트 서튼Robert

Sutton은 담당 의사로부터 언어적 폭력을 수시로 받은 젊은 의사 집단의 사례를 설명한다. 그들은 담당 의사로부터 언어적 폭력을 너무 심하게 당한 나머지[22] "이번 주에 뽑은 개○○ 담당 의사"를 선정하기 시작했고, 선정된 의사를 약자를 따서 '이.주.뽑.개.'라고 부르기 시작했다. 젊은 의사들은 매주 금요일마다 휴식 시간에 모여 후보군을 선정하고 우승자를 뽑았다. 그들이 특히 증오한 어느 의사의 경우에는 따로 적용되는 규칙을 만들었다. 동점인 경우에는 이 의사가 우승자로 선정된다는 규칙이었다. 그 주에 결승에 진출하지 않았더라도 말이다. 그들은 가죽 양장본 다이어리에 최악의 가학자들 이름을 기록하고, 결승에서 떨어진 사람들이 우승하려면 어떤 자질을 갖춰야 하는지 세세한 행동들을 요약해서 적었다. 저항에 유머가 가미되면서 젊은 의사들은 주눅이 덜 들게 되었고, 결국 저항의 두려움을 떨쳐버리게 되었다. 그들은 그 기록부를 해마다 새로 들어오는 레지던트 대표에게 물려주었다. 20년이 지난 지금도 여전히 그 기록부는 그 병원 레지던트들이 이용하고 있다. 그 기록부를 만든 의사들은 전국적으로 흩어져 각자 근무하는 병원에서 힘 있는 자리에 올랐고, 자신들이 겪었던 그런 처우를 용납하지도, 되풀이하지도 않겠다고 다짐했다.

포포비치는 두려움이 만연해 있는 곳이라면 어디서든지 유머가 할 수 있는 역할이 있다고 본다. 멈춤 장치를 가동시키는 대신 웃음을 이용해 동력 장치를 가동시키는 것이다. 힘없는 사람은 강렬한 부정적인 감정을 긍정적인 감정으로 승화시킴으로써 힘을 얻을 수 있다. 포포비치의 워크숍에 참가한 어떤 학생들은 자신들이 다니는 대학이 어마어

마한 학비를 청구하는 데 분개했다. 포포비치의 이야기를 들은 한 집단은 대학총장을 만나서 저녁을 라면으로 때우는 모습을 찍은 사진을 보여주고, 매주 한 번씩 저녁을 먹으러 총장 집에 쳐들어가자고 제안했다. 이 제안에 대해 포포비치는 동의하는 의미에서 미소를 띠고 고개를 끄덕였다. 그 학생들이 제안을 실행에 옮겼는지 여부와는 상관없이 포포비치는 그들에게 두려움을 유머로 극복하는 법을 가르쳐준 셈이다. 대학총장이 그들을 저녁식사에 초대하지 않으면 총장에게 먹다 남은 음식이라도 달라고 하라고 포포비치는 제안했다.*

그러나 포포비치는 엄혹한 현실도 전한다. 자유를 쟁취하려는 투쟁의 과정은 순탄하기만 하지는 않다. 겉으로 보기에 포포비치는 낙관주의자이다. 다른 사람들은 냉소주의에 빠져 있을 때, 그는 세르비아의 보다 나은 미래를 추구했다. 다른 사람들은 두려움에 휩싸여 옴짝달싹

---

*불안감을 다스릴 때, 동력 장치를 가동시키는 긍정적인 감정은 흥분(신바람)과 웃음 말고도 또 있다. 미국 군 당국에서 엘비스 프레슬리(Elvis Presley)의 신상 기록을 작성하던 시절에, 정부 공무원은 수동 타자기를 이용해 서식을 채워 넣었다. 1980년대 즈음 IBM의 셀렉트릭(Selectric)이 구식 수동 타자기를 대체했지만 큰 변화는 일어나지 않았다. 데스크톱 컴퓨터가 등장해 서식 입력 절차를 자동화할 때가 되자, 이런 서식을 입력하는 일을 담당하는 공무원들은 컴퓨터가 자신이 하던 일을 대체해 일자리를 잃게 될까 봐 지레 겁을 먹고 있었다. 관리자들은 그들을 안심시키느라 애쓰는 대신 호기심을 유발해 그들의 동력 장치를 가동시켰다. 관리자들은 그들이 애지중지하는 타자기 옆에 컴퓨터를 설치하고, 나중에 시험 프로그램을 실시한다고 발표했다. 그러나 공무원들은 컴퓨터 플러그도 꼽아보지 않았다. 약 일주일 후 관리자들은 컴퓨터에 간단한 게임 몇 가지를 설치하고, 공무원들에게 쉬는 시간에 한번 해보라고 권했다. 결국 공무원들은 게임에 흠뻑 빠졌고, 몇 달 후에 공식적으로 컴퓨터 사용법 훈련을 시작했을 때 그들은 이미 중요한 작동 방법들을 스스로 익힌 상태였다. 당시 이 일에 관여한 고위 관리자인 브라이언 고센(Brian Goshen)은 다음과 같이 회상한다. "새 지침을 시행할 준비가 되었을 즈음[23], 그들은 더 이상 두려워하지 않았다. 신기술에 이미 익숙해져 있었다."

못할 때, 그는 웃음을 선사했고, 자신을 포함한 학생 몇 명이 막강한 독재자를 무찌를 수 있다고 믿을 만큼 희망에 차 있었다. 그러나 내가 포포비치에게 자신감이 흔들린 적이 없는지 묻자, 그는 주저 없이 있다고 답했다. "나 자신에 대한 회의가 든 적이 있냐고 물었는가? 10년 동안 내내 그랬다." 혁명을 성공적으로 이끌고 수없이 많은 운동가들을 훈련시켜 독재자들을 축출하게 해준 그는 지금 이 순간에도 운동 과정에서 희생된 사람들을 생각하고, 그들에게 충분히 가르쳐주지 못한 데 대해 책임감을 느끼고 있다.

사람들에게 길거리로 나와 TV를 실은 수레를 밀고 다니게 만드는 일은 별개의 문제다. 그들에게 더 의미 있는 행동을 취할 용기를 불어넣는 일은 훨씬 더 어렵다. 독창적인 사람들이 동력 장치를 가동해 더 많은 세력이 동참하도록 하려면 어떻게 해야 하는지 내가 포포비치에게 묻자, 그는 사람들은 대부분 잘못된 방법을 쓰고 있다고 답했다.

절체절명의 위기

2000년 새해를 앞둔 섣달그믐날, 포포비치와 그의 친구들은 공화국 광장에서 축제를 열었다. 세르비아에서 가장 인기 있는 록 밴드들을 초청하고, 자정에는 레드 핫 칠리 페퍼스^{Red Hot Chili Peppers}(세계적으로 크게 화제가 되었고, 세르비아에서도 엄청난 인기를 모으고 있던 그룹)가 라이브 공연을 한다는 말을 퍼뜨렸다. 수천 명의 세르비아인들이 베오그라드에 있는 광장을 가득 메웠고, 국내 밴드의 음악에 맞춰 춤을 추면서 그날 밤의 중요한 행사에 대한 기대에 부풀어 있었다. 자정이 되기 1분 전, 광장을 밝히던 불이 모두 꺼졌고 사람들은 카운트다운을 하기 시작했다. 그러나 시계가 열두 번 타종하고 나서도 유명한 록 밴드는 나타나지 않았다.

들리는 소리라고는 우울한 음악 소리뿐이었다. 충격에 빠진 청중들이 말없이 음악 소리에 귀를 기울이고 있을 때 보리스 타디치Boris Tadic 라는 심리학자가 무대 뒤에서 분명한 목소리로 메시지를 전했다. "우리는 축제 기분에 젖을 아무런 이유가 없습니다. 지난 한 해는 전쟁과 억압으로 점철된 한 해였습니다. 그렇지만 앞으로도 그럴 것이라는 법은 없습니다. 올해는 반드시 보람 있는 한 해로 만듭시다. 2000년이 바로 그해입니다"라고 말했다. 그리고 그는 군중에게 집으로 돌아가서 어떤 행동을 취할지 생각해보라고 했다.

경영 전문가인 린 앤더슨Lynne Andersson과 토머스 베이트먼Thomas Bateman 교수의 연구는 위의 방법이 어떤 효과가 있는지를 밝혀준다. 자신의 회사에서 환경 문제를 공론화하려고 애쓴[24] 수백 명의 관리자들과 직원들을 대상으로 한 조사를 보면, 성공한 경우와 실패한 경우는 많이 다르지 않았다. 그들이 표출한 감정, 은유적 표현이나 논리적 주장, 핵심 이해당사자들과의 논의, 녹색운동을 기회로 간주하거나 위협 요소로 간주하는 논리의 틀을 만드는 것 등에서 대동소이했다. 성공과 실패를 판가름하는 요소는 절박함이었다. 지도자들에게 환경 문제를 지원하고, 대책위원회를 만들고, 시간과 자금을 투자하라고 설득하려면, 왜 환경 문제를 지금 당장 다루어야 하는지를 환경보호 활동가들은 분명히 밝혀야 한다.

하버드 대학교 존 코터 교수는 중요한 변화를 도입하려고 애쓰는 100여 개 기업들을 조사했는데, 이 기업들이 가장 첫 번째로 하는 실수가 절박감[25]을 조성하는 데 실패했다는 점이었다. 조사 대상 기업들 가운데 50퍼센트 이상이 변화가 필요하며, 변화는 당장 일어나야 한다고 직원들을 설득하는 데 실패했다. "사람들을 안락한 환경에서 끌어내는 일이 얼마나 어려운지를 관리자들은 과소평가한다"라며, 코터는 다음과 같이 말했다. "사람들은 절박감을 느끼지 않으면 희생을 하려고 하지 않는다. 오히려 사람들은 현재 상태에 매달리고 저항한다." 오트포르 지도자들은 "때가 되었다"라든가 "그는 끝났다" 같은 슬로건으로 절박감을 전달했다. 그들이 "올해가 바로 그해"라고 선언했을 때 세르비아인들은 당장 행동을 개시해야 한다는 절박한 필요성을 절감했다.

섣달그믐날 모두를 집으로 돌려보내는 행동이 얼마나 효과가 있는지 더 알아보기 위해서 한 분야를 변모시키고 새 분야를 탄생시킨 뒤, 결국 노벨상을 수상한 한 가지 연구에 대해 살펴보자. 당신이 자동차회사 경영자이고, 경제적인 어려움 때문에 공장 3개를 폐쇄하고 직원 6,000명을 해고해야 한다고 생각해보라. 당신은 다음 두 가지 선택지 가운데 한 가지를 선택할 수 있다.

- 계획 A는 공장 세 군데 중에 한 군데를 살리고 2,000명의 직원을 살릴 수 있다.
- 계획 B는 공장 세 군데 모두를 살리고 직원 6,000명도 모두 살릴 확

률이 3분의 1이지만, 공장 한 군데도 못 살리고 직원도 하나도 못 살릴 확률이 3분의 2이다.

위 경우 사람들은 대부분 계획 A를 선호한다. 본래 연구에서는 실험 대상의 80퍼센트가 위험을 감수하기보다 안전한 방법을 택했다. 그런데 당신이 다음과 같이 위와는 다른 선택지를 받았다고 가정해보자.

- 계획 A는 공장 세 군데 중에 두 군데를 폐쇄하고 직원 4,000명을 잃게 된다.
- 계획 B는 공장 세 군데를 모두 잃고 직원 6,000명도 모두 잃을 확률이 3분의 2이지만, 공장 한 군데도 잃지 않고 직원도 한 명도 잃지 않을 확률이 3분의 1이다.

논리적으로 생각해보면, 이 선택지들은 앞서 제시한 선택지들과 똑같다. 그러나 심리적으로는 같다고 느껴지지 않는다. 후자의 경우 82퍼센트가 계획 B를 선호했다. 선택이 뒤집힌 것이다.

첫 번째 선택지들의 경우 선택지를 이득으로 규정했다. 사람들이 계획 A를 선호한 이유는 이득의 영역에서 볼 때 사람들은 위험 회피적이기 때문이다. 사람들은 이미 지니고 있는 이득이 있는 경우, 그것에 매달리고 그것을 지키고 싶어 한다. 모두가 일자리를 잃을 위험을 감수하는 대신 2,000명의 일자리는 보장된 안전한 선택을 한다. 결국 손에 쥔 새 한 마리가 수풀 속의 두 마리보다 낫다는 이야기다.

그러나 두 번째 선택지들의 경우 손실을 기정사실화하고 있다. 이 경우 사람들은 무슨 수를 써서라도 손실을 피하려고 한다. 더 큰 손실을 보는 위험을 감수해야 하더라도 말이다. 어차피 수천 명의 일자리를 잃어야 한다면, 신중이고 뭐고 내팽개치고 크게 한 판 벌여보게 된다. 아무것도 잃지 않게 되기를 바라면서 말이다.

이와 같은 연구를 한 주인공은 심리학자 아모스 트버스키Amos Tversky와 대니얼 카너먼Daniel Kahneman이다. 이들의 연구는 행동경제학이라는 분야를 탄생시켰고, 카너먼에게 노벨상을 안겨주었다. 몇 단어만 바꿔서 이득 대신 손실을 강조함으로써 위험 선호도를 극적으로 바꿔놓을 수 있다[26]는 사실이 이 연구를 통해 드러났다. 이는 사람들에게 위험을 감수하도록 동기를 부여하는 방법을 이해하는 데 중요한 의미를 지닌다.

사람들의 행동을 수정하게 만들고 싶을 때, 행동을 바꾸면 얻게 되는 이득을 강조하는 것이 나을까, 아니면 행동을 바꾸지 않으면 겪게 되는 손실을 강조하는 것이 나을까? 감성 지능emotional intelligence 개념의 창시자들 가운데 한 사람이자 예일대학교 교수인 피터 샐로베이Peter Salovey는 사람들이 새로운 행동을 안전하다고 인식하는지, 위험하다고 인식하는지[27]에 따라 다르다고 답한다. 사람들이 새로운 행동을 안전하다고 인식하는 경우에는 행동을 바꿀 경우에 일어날 온갖 좋은 일들을 강조하는 것이 좋다. 사람들은 행동 변화를 통해 얻을 수 있는 이득을 누리기 위해 당장 행동을 개시할 것이다. 그러나 사람들이 새로운 행동을 위험하다고 믿으면 그 접근 방식은 통하지 않는다. 사람들은 이미 현재 상태에 만족하기 때문에 변화로써 얻는 이득에 솔깃해하지 않고 멈춤 장치가 작동한다. 따라서 이 경우에는 변하지 않으면 어떤 나쁜 일들이 일어날지 강조함으로써 현재 상태를 불안정하게 만들어야 한다. 위험을 감수하지 않을 경우 기정사실화될 손실에 직면하게 되면 위험을 무릅쓰는 일에 좀 더 솔깃해진다. 바꾸지 않으면 분명히 손실을 겪는다고 생각하면 동력 장치가 작동하게 된다.

거대 의약업체 머크^{Merck}의 CEO 케네스 프레이저^{Kenneth Frazier}는 경영진이 혁신과 변화를 주도하는 데 좀 더 적극적인 역할을 하도록 동기를 부여해야겠다고 마음먹었다. 그는 경영자들에게 파격적인 일을 시켰다. 머크를 망하게 만들 만한 아이디어를 내라고 한 것이다.

두 시간 동안 경영진은 여러 집단으로 나뉘어 자신들이 머크의 경쟁업체라고 가정하고 논의를 시작했다. 경영진은 자기가 몸담은 회사를 망하게 만들 약품에 대한 아이디어를 내고, 그동안 머크가 놓쳤던 핵심적인 시장들을 공략할 아이디어를 내면서 열기가 달아올랐다. 그런데 그다음으로 경영진에게 주어진 임무는 역할을 바꿔서 자신들이 생각해낸 아이디어를 방어할 방법을 생각해내는 일이었다.*

"회사를 쓰러뜨려라^{kill the company}"라는 이 훈련[29]은 이득이 된다고 규

---

*이 훈련은 방어할 때와 공격할 때의 심리적인 차이를 이용했다.·[28] 카네기멜론대학교 교수 아니타 울리(Anita Woolley)가 정보 조직들 내에 대(對)테러 팀들을 대상으로 한 조사에 따르면 대테러 팀들은 방어 태세일 때는 안전을 추구하면서 모든 위협으로부터 방어하려고 애쓴다. 그들은 온갖 정보를 수집하다가 버거워진 나머지 자신감도 줄어든다. 한편 팀들이 공격 태세일 때는 여러 가지 다양한 창의적인 방법을 생각해내지만, 결국 한두 가지 공격 계획으로 수렴시킨다.

정된 행동을 손실로 재규정하기 때문에 위력을 발휘한다. 혁신할 기회를 논할 때, 지도자들은 위험을 감수하지 않으려 한다. 그러나 경쟁자들이 자사를 퇴출시킬지도 모른다는 위기감을 느끼면 혁신하지 않는 것이 위험하다는 사실을 깨닫게 된다. 혁신이 절실히 필요하다는 사실이 명백해진다.

냉소주의를 타파하고자 할 때, 대부분의 변화의 주역들은 감동적인 미래상을 제시하는 데 초점을 맞춘다. 이러한 메시지를 전달하는 일도 중요하지만 우선적으로 제시해야 할 내용은 아니다. 사람들이 위험을 무릅쓰게 만들고 싶다면, 가장 먼저 현재 상태에서 무엇이 잘못되었는지 보여주어야 한다. 사람들을 안전지대에서 몰아내고 싶다면, 현재 상태에 대한 불만, 좌절, 분노를 느끼게 만들어야 한다. "가장 뛰어난 소통의 달인[30]은 현재 상태를 먼저 규정하고 나서 이를 가능한 미래의 상태와 비교하고, 그 괴리를 가능한 한 최대한으로 만든다"라고 역사적인 연설들을 연구한 소통 전문가 낸시 두아르테Nancy Duarte는 말한다.

미국 역사상 가장 위대한 두 개의 연설에서 이런 순서가 엿보인다. 그 유명한 취임 연설에서 프랭클린 루스벨트Franklin D. Roosevelt 대통령은 현재 상태를 인정함으로써 말문을 열었다. "온전한 진실을 솔직히 담대히 털어놓겠다"라고 약속한 뒤, 그는 대공황The Great Depression의 절박한 현실을 묘사하고 나서야 비로소 도달 가능한 미래상을 언급하면서 새로운 일자리들을 창출하고자 하는 희망을 피력했다. 그리고 "이 위대한 나라[31]는 … 변모하고 번영할 것이며 … 우리가 두려워해야 할 대상은 두려움 그 자체뿐이다"라고 역설했다.

마틴 루서 킹 목사의 장중한 연설을 떠올려보면, 가장 두드러지는 내용은 보다 밝은 미래의 눈부신 모습이다. 그러나 16분 동안 계속된 연설에서 그는 11분이 지나고 나서야 비로소 자신의 꿈에 대해 얘기했다. 킹은 도저히 받아들일 수 없는 현실을 강조했다. 연설 도입부에서 그는 노예해방 선언문에서 서약했음에도 불구하고, "그로부터 100년이 지난[32] 오늘날 흑인은 여전히 인종분리 정책의 족쇄와 차별의 사슬에 묶인 채 절름발이의 삶을 살고 있다"라고 토로했다.

당시 흑인들이 겪고 있는 고통을 토로함으로써 긴박감을 조성한 킹 목사는 가능한 미래상을 제시했다. "그러나 우리는 정의의 은행이 파산했다고 믿지 않을 것이다." 그는 연설 전체의 3분의 2 이상을 이러한 원투펀치one-two punch에 할애했다. 즉 현실에 대한 분노와 미래에 대한 희망을 표명하면서 현실과 미래상을 번갈아 제시했다. 사회학자 패트리샤 와질류스키Patricia Wasielewski에 따르면, "킹 목사는[33] 현존하는 불평등에 대해 군중이 분노를 표출하고 현재 상태를 바꿔야 한다는 결의를 다지게 만들었다." 청중은 킹이 악몽 같은 현실을 고발하고 나서야 미래에 대한 그의 꿈에 감동받을 마음의 준비가 되었다.

심리학자 구민중Minjung Koo과 에일렛 피시바흐Ayelet Fishbach는 사람들이 목표를 성취하기 위해 나아가는 도중에 회의를 느끼게 될 때,[34] 뒤를 돌아볼지 시선을 앞을 향할지 결정하는 요인은 결의라는 사실을 발견했다. 결의가 흔들릴 때 마음을 다잡는 가장 좋은 방법은 지금까지 이룩해온 진전에 대해 생각해보는 일이다. 그동안 투자해온 노력과 달성한 업적들을 생각해보면 이제 와서 포기하는 것은 낭비라는 생각이 들고 자신감과 결의가 다시 솟구치게 된다. 오트포르 운동 초기에 스르디야 포포비치와 그의 동지들은 사람들을 웃게 만들고, 사소한 일들에 성공하게 만듦으로써 회의와 두려움을 다스렸다. 그렇게 하면 사람들은 지나온 여정을 돌이켜보고 진전이 있었다고 생각하게 된다. 그리고 그것은 사람들이 불안감을 열정으로 승화시키고 다시 목표 달성에 헌신하게 만든다.

일단 결의가 굳건히 다져지면, 과거를 돌아보는 대신 앞으로 해야 할 일을 강조함으로써 시선을 미래로 향하게 하는 것이 좋다. 일단 목표를 달성하겠다는 결심이 서면 현재 상태와 바라는 상태 사이의 괴리가 사람들의 열정을 불타오르게 만든다. 세르비아에서 오트포르 운동이 두려움을 떨쳐버린 충직한 추종자들을 확보했을 때가, 바로 그들에게 앞으로 갈 길이 얼마나 먼지 제시할 적기였다.

포포비치와 그의 동지들이 섣달그믐날 음악회를 중단하고, 베오그라드 시민들을 집으로 돌려보낸 것도 바로 그런 이유에서다. 2년이 채 못 되는 짧은 기간 동안 오트포르는 130개의 지부를 만들고 7만여 명의 회원을 확보했다. 그러나 실제로 밀로셰비치를 축출하려면 수백만 명의 표가 필요했다. 몇 년 앞서 밀로셰비치는 비교적 민주적인 선거를 치르는 데 동의했었고 선거에서 이겼다. 그의 졸개들이 투표를 조작했기 때문이다. 세르비아인들이 선거를 통해 그를 권좌에서 축출한다고 해도 그가 순순히 받아들일까? 포포비치와 그의 동지들은 전국적으로 국민들이 행동에 나서게 만들려면 강렬한 감정을 불러일으켜야 한다고 생각했다. 현재 상태를 불안정하게 만들고 동력 장치를 가동시킬 때가 온 것이다. 사람들에게 견뎌내기 어려운 엄혹한 현실 속에서 축제 기분에 젖을 아무런 이유가 없다는 사실을 상기시켜줌으로써 말이다. "용기를 내라고 하는 대신,[35] 현실에 대한 분노를 불러일으켜서 잠자코 있을 수 없다는 생각이 들게 만들어야 한다"라고 경영의 권위자 톰 피터스[Tom Peters]는 조언한다.

중단 없는 전진

분노는 냉소주의를 불식한다. 부당한 대우를 받았다는 느낌이 들면 싸우지 않을 수 없게 된다. 분노는 단순히 동력 장치를 가동시키는 데 그치지 않는다. 가속기를 힘껏 밟게 만든다. 분노는 사람들이 당당하게 자기 의견을 표명하고 행동에 옮기게 만든다. 그러나 그렇게 하는 과정에서 효과가 떨어지게 만들기도 한다. 운동가들에 대한 연구를 한 데브라 메이어슨[Debra Meyerson]과 모린 스컬리[Maureen Scully]는 "마음은 뜨겁되 머리는 냉철하게 유지하는 것"[36]이 비결이라고 말한다. "열정은 행동과 변화를 촉발한다. 냉철함은 행동과 변화를 합법적이고 실현 가능한 형태로 만든다." 그런데 일단 열정이 뜨겁게 달아오른 상태에서 어떻게 냉철함을 유지할까?

버클리대학교의 사회학자 알리 호크쉴드[Arlie Hochschild]에 따르면, 불안감이나 분노처럼 강렬한 감정을 느낄 때 그 감정을 다스리는 두 가지 방법이 있다. 표면 행위[surface acting]와 내면 행위[deep acting][37]가 그것이다. 표면 행위는 가면을 쓰는 행위이다. 감정의 동요가 없는 듯이 보이기 위해 말투, 몸짓, 표현을 조정하는 행위이다. 당신이 항공기 승무원인데 화가 난 승객이 당신에게 고함을 지르기 시작한다면, 당신은 친절을 가장하기 위해 미소를 짓는다. 당신은 겉으로 표현을 자제하지만 속으로는 부글부글 끓는다. 당신은 그 승객으로 인해 분노가 치밀고, 승객도 아마 그런 사실을 알고 있을지 모른다. 러시아 극단 단장 콘스탄틴 스타니슬랍스키Constantin Stanislavski는 표면 행위를 할 때 배우들은 그 역할에 완전히 심취하지 못한다고 지적했다. 그런 배우들은 항상 관객을 의식하고, 따라서 그들의 연기에서는 진정성이 느껴지지 않는다. 스타니슬랍스키는 "사람의 영혼을 움직이지도 영혼에 깊이 침투하지도 못한다 … 섬세하고 심오한 인간의 감정은 그런 기법에 흔들리지 않는다"라고 말했다.

내면 행위는 극단계에서는 메소드 연기method acting [38]로 알려져 있는데, 표현하고자 하는 역할의 주인공이 실제로 되어보는 방법이다. 내면 행위는 겉으로만 표현하는 데 그치지 않고 실제로 내면적인 감정을 바꾸는 행동이다. 당신이 위의 사례에서 언급한 승무원이라면 난동을 부리는 승객이 스트레스에 시달리고 있거나, 비행 공포증이 있거나, 힘든 이혼 절차를 밟고 있다고 상상하면 그 승객에 대해 공감하게 되고, 그러면 자연스럽게 입가에 미소가 떠오르면서 좀 더 진정성 있게 친절함을 나타나게 된다. 내면 행위는 실제 자신과 자신이 하는 역할 사이의 경계를 허무는 일이다. 당신은 더 이상 연기를 하는 것이 아니라 실제로 그 인물의 생각과 느낌을 경험하고 표현하게 된다.

루이스 퓨는 극해 수영을 시작하기 전 내면 행위에 돌입한다. 에미넴 Eminem과 피 디디P. Diddy의 노래를 들으면서 영국 공수특전단 시절 비행기에서 뛰어내렸던 생생한 기억을 되살린다. 그는 다시 경험하고 싶은 강렬한 흥분감을 되살린다. 아카데미상을 수상한 대니얼 데이 루이스 Daniel Day-Lewis는 한술 더 뜬다. 아서 밀러Arthur Miller의 희곡을 영화화한 〈크루서블The Crucible〉에서 그는 자신이 맡은 역할에 몰입하기 위해서 17세기에 사용된 연장들을 이용해 집을 짓고 수돗물과 전기가 없이 생활했다. 〈나의 왼발My Left Foot〉에서 뇌성마비 작가 역할을 할 때는 영화 제작 기간 내내 휠체어를 타고 떠듬떠듬 사투리로 말했으며, 영화 제작 스태프들이 숟가락으로 그에게 음식을 떠먹여주기까지 했다. 연기자이기에 궁극적으로는 여전히 연기를 하고 있지만, 그에게 내면 행위의 목적은 표현하고자 하는 감정을 직접 느끼는 것이다.

내면 행위는 감정을 조절하는 데 있어서 표면 행위보다 더 유효한 전략이라는 사실이 증명된다. 표면 행위는 사람을 지치게 한다[39]는 연구 결과도 있다. 느껴지지도 않는 감정을 가장하면 스트레스에 시달릴 뿐 아니라 지친다. 감정을 표현하려면 실제로 그 감정을 경험하는 편이 낫다.

포포비치와 그의 동지들은 운동가들을 훈련시킬 때 역할 수행 연습을 통해 내면 행위를 가르친다. 이를테면 몰디브에서는 사람들에게 사업가, 호텔 주인, 지역 어른, 인도 이주자들, 경찰관, 경비원 등의 역할을 하게 했다. 이 방법을 통해 사람들은 다른 사람들이 어떻게 행동할지 예측하고, 그에 대해 자신들은 어떻게 반응할지 예행연습을 할 기회를 얻는다.

불난 집에 부채질하기

로자 파크스가 몽고메리에서 버스 안에서 자신이 앉아 있던 자리를 백인에게 양보하지 않고 뒷좌석으로 옮기지 않으려고 했다는 이유로 체포된 지 채 1년이 지나지 않아, 대법원은 인종분리 정책을 금지했다. 인종에 따라 좌석을 구분하지 않은 버스 안에서 생길 인종 갈등 상황에 대해 시민들을 대비시키기 위해[40] 마틴 루서 킹 주니어는 제임스 로슨James Lawson, 베이야드 러스틴Bayard Rustin, 글렌 스마일리Glenn Smiley와 같은 비폭력운동 전문가들과 협력해서 앨라배마 흑인들 수천 명을 위해 워크숍을 열었다. 의자들을 정렬시켜 버스 안의 상황을 설정한 뒤, 청중 가운데 여러 사람을 선정해 운전수와 승객 역할을 지정해주었다. 이 연습에서 '백인 승객들'은 흑인들에게 욕설을 퍼부었다. 그들은 흑인 승객들에게 침을 뱉고, 흑인들 머리에 씹던 껌을 던지고 담뱃재를 떨었으며, 흑인들 머리에 우유를 퍼붓고 통에 든 케첩과 겨자를 짜서 얼굴에 뿌렸다.

이러한 내면 행위 연습을 통해 킹은 흑인들이 이런 부당한 처우에 맞설 정도로 분노하되, 폭력을 행사할 정도로 분노하지는 않게 만들려고 했다. 분노를 다스리는 최선의 방법은 무엇일까? 분노를 다스리는 가장 흔한 방법은 감정 표출이다. 상담사들은 베개를 치거나[41] 소리를 질러서 화를 풀라고 충고한다. 억누른 분노를 표출하면 심리적 압박을 해소하고 감정의 정화를 경험하게 된다고 프로이트는 주장했다. 영화 〈애널라이즈 디스Analyze This〉에서 빌리 크리스털Billy Crystal은 조폭 두목 로버트 드 니로Robert De Niro가 분노를 조절하도록 도와주는 정신과의사 역할을 한다. 크리스털이 드 니로에게 화가 날 때는 베개를 치라고 조언하자, 드 니로는 총을 꺼내들고 소파를 겨냥하더니 소파 위에 놓여 있던 쿠션에 총알을 퍼붓기 시작한다. 아연실색한 크리스털은 부들부들 떨면서 드 니로에게 묻는다. "기분이 좀 풀렸어요?" "그렇소, 기분이 풀렸소"라고 드 니로가 대답한다.

감정 표출이 화를 다스리는 데 도움이 되는지 알아보기 위해[42] 심리학자 브래드 부시먼Brad Bushman은 사람들의 화를 돋우는 기발한 실험을 고안해냈다. 실험 대상자들에게 낙태에 반대하는지 찬성하는지에 대해 에세이를 작성하게 했다. 그리고 나서 에세이 작성자와 다른 의견을 지닌 사람에게서 혹독한 평가를 받도록 했다. 평가자는 횡설수설이다, 독창성이 없다, 글 솜씨가 형편없다, 불분명하다, 설득력이 없다, 수준이 낮다 등의 혹평을 하고 "내가 그동안 읽어본 에세이 중 최악이다!"라고 덧붙였다.

그다음 이런 평가를 받고 화가 난 작성자들을 무작위로 세 집단으로 나누어 각각 다른 반응을 보이게 했다. 감정 표출, 기분 전환, 감정 조절 세 가지 반응이었다. 감정 표출 집단은 자신의 에세이를 혹평한 사람을 떠올리며 그의 사진을 보면서 분이 풀릴 때까지 마음껏 펀칭백을 치게 했다. 기분 전환 집단은 펀칭백을 치되 신체를 단련해서 튼튼해지는 상상을 하게끔 운동하는 사람의 사진을 보여주었다. 감정 조절 집단은 컴퓨터를 수선할 2분 동안 말없이 앉아 있으라고 했다. 자신에게 모욕을 준 사람에 대해 가장 공격적인 태도를 보인 집단은 어느 집단이었을까?

이를 알아보기 위해 부시먼은 각 집단에게 소음기를 주고 분이 풀릴 때까지 마음껏 음량을 높여 소음을 내라고 했다. 그 결과 감정을 표출한 집단이 가장 공격적인 태도를 보였다. 그들은 기분 전환 집단과 감정 조절 집단보다 음량도 훨씬 높이고 소음을 내는 버튼을 더 오래 누르고 있었다. 한 사람은 에세이에 대한 혹평을 생각하면서 너무도 화가 난 나머지 펀칭백으로는 성에 차지 않아 실험실 벽을 쳐서 구멍을 내고 말았다.

감정을 표출한다고 분이 풀리지는 않는다. 오히려 화를 돋운다. 분노를 표출하게 되면 사람들은 동력 장치의 가속기를 힘껏 밟아 자신을 화나게 만든 대상을 공격한다. 그러나 화나게 만든 상대를 생각하지 않고 펀칭백을 두드리면 동력 장치는 가동하지만, 다른 대응 방법을 모색하게 만든다. 잠자코 앉아 있으면 멈춤 장치가 작동한다.*

또 다른 여러 가지 연구에서 부시먼은 감정 표출이 도움이 된다고

---

*정화(catharsis)는 일정 시간이 경과한 후에 가장 효과를 발휘한다.[43] 9·11테러 공격을 받은 후 9,000명이 넘는 상담사들이 뉴욕에 몰려와 피해자들이 외상 후 스트레스를 겪지 않게 하고 불안, 우울증, 슬픔을 달래주려고 애썼다. 심리학자 티모시 윌슨(Timothy Wilson)은 상담사들이 사람들에게 중대 사건이 일어난 후 겪는 스트레스를 털어놓게 하는 CISD(Critical Incident Stress Debriefing)를 수없이 실시했고, 피해자들과 목격자들에게 몇 시간에 걸쳐 가능하면 빨리 자신의 생각과 감정을 표출하라고 권장했다고 설명했다. 그러나 유감스럽게도 이 지역 시민들, 소방관들, 그리고 이 비극에 가까이 있었던 사람들에게 큰 도움이 되지 않았다. 심각한 화상을 입은 사람들을 대상으로 한 연구를 보면 CISD를 한 사람들이 1년 후에 외상 후 스트레스 장애, 우울증, 불안감을 겪을 확률이 더 높았다. 심리학자 제임스 페네베이커(James Pennebaker)는 고통스럽고 충격적인 사건에 대한 생각과 감정을 표출하는 방법은 사건이 발생하고 어느 정도 시간이 경과해서 분노와 비탄한 감정이 진정되었을 때라야 가장 효과가 크다는 사실을 증명했다.

생각할 때조차 (기분은 풀리겠지만) 도움이 되지 않는다는 사실을 증명했다. 감정 표출을 한 뒤 기분이 풀릴수록 더 공격적으로 변한다. 자신을 혹평한 사람들뿐만 아니라 무고한 사람들에 대한 공격성도 높아진다.

민권운동가들을 훈련시킬 때 감정 표출을 억제하도록 하는 것이 핵심이다. 비폭력 저항의 성공 여부는 분노를 조절하는 데 달려 있기 때문에 킹 목사와 그의 동료들은 워크숍에서 감정 표출을 억제하는 훈련에 온 힘을 기울였다. "이따금 백인 역할을 하는 사람이 너무 역할에 몰입한 나머지 점잖게 타일러야 할 때도 있었다"라고 킹은 회고하면서, 이에 대해 흑인 역할을 하는 사람은 "종종 비폭력적인 반응을 보여야 한다는 자신의 역할을 잊고 똑같이 맞받아쳤다. 이런 일이 일어날 때마다 우리는 그의 말과 행동을 비폭력적인 방향으로 유도하려고 애썼다"라고 말했다. 역할극이 끝날 때마다 집단은 서로 평가를 하고 더 건설적인 방식으로 대응할 방안을 모색했다.

감정 표출 방법이 지닌 가장 근본적인 문제점 가운데 하나는 부당한 짓을 저지른 가해자에게 지나치게 집중한다는 점이다. 자신에게 부당한 짓을 한 사람을 생각할수록 복수심에서 더욱더 폭력적으로 대응하게 된다. "분노는 사람들을 동원하는 강력한 도구다"라고 포포비치는 설명한다. "그러나 사람들이 분노하게 만들면 그다음에는 물건을 부수기 시작한다." 섣달그믐을 넘기고 2000년을 알리는 자정이 되자, 오트포르 지도자들은 음악회를 취소하고 조명을 끄고 비장한 음악을 틀었다. 보이는 것은 오직 하나뿐이었다. 거대한 스크린이었다. 스크린 위로 사진들의 영상이 하나씩 지나갔지만, 단 하나도 경멸의 대상인 밀로셰비치를 담은 사진은 없었다. 사진 속에는 밀로셰비치의 통치하에서 살해당한 세르비아 군인들과 경찰관들이 담겨 있었다.

분노를 생산적으로 해소하려면[44] 가해자가 끼친 해악에 대해 감정 표출을 하게 하는 대신, 그 해악으로 고통을 겪은 희생자들에 대해 생각해야 한다. 경영 전문가인 앤드류 브로드스키Andrew Brodsky, 조수아 마골리스Joshua Margolis, 조엘 브로크너Joel Brockner는 불의에 희생된 사람들에게 초점을 맞추면,[45] 권위에 도전해 진실을 외칠 동력을 얻게 된다는 사실을 발견했다. 한 실험에서 사람들에게 한 CEO가 자신에게는 지나치게 후한 보상을 하면서, 회사의 일등공신인 직원에게는 상응하는 보상에 훨씬 못 미치는 보상을 하는 광경을 보여주었다. 실험 대상자들에게 부당한 대우를 받는 직원에게 초점을 두도록 했더니, CEO의 금전적 보상 결정에 대해 반론을 제기할 확률이 46퍼센트 높아졌다.

민권운동에서 마틴 루서 킹 주니어는 폭력과 불의의 희생자들에 대한 주의를 환기시켰다. 몽고메리 버스 승차거부운동을 지지하는 1956년 연설에서 킹은 "우리는 백인들을 무찌르거나 모욕을 주려는 것이 목적이 아닙니다. 심리적으로 죽은 목숨이나 다름없는 삶에서 우리 아이들을 해방시키는 것이 목적입니다"라고 말했다. 희생자에게 초점을 맞추면 심리학자들이 말하는 공감 분노empathetic anger가 작동한다. 즉 다른 사람에게 가해진 잘못을 바로잡으려는 욕구가 생긴다. 공감 분노는 동력 장치를 작동시키지만, 희생자의 존엄성을 기릴 최선의 방안에 대해 심사숙고하게 만든다. 사람들은 가해자에게 분노하면 보복이나 복수를 목표로 세운다. 그러나 희생자들을 위해서 분노하게 되면 정의와

보다 나은 체제를 추구하게 된다. 단순히 가해자 처벌을 원하는 데 그치지 않는다. 희생자들을 돕고 싶어 한다.

오트포르 운동 주최 측이 숨진 군인들의 사진을 보여주자, 세르비아인들은 공감 분노가 끓어올랐고 다음과 같이 외치기 시작했다. "올해는 허비하지 말자!" 그들은 실제로 독재자를 끌어내리겠다며 흥분하는 대신, 그렇게 하겠다는 결의를 다질 만큼 분노를 느끼게 되었다. 포포비치의 말을 빌리자면, "그 어떤 록 밴드도 분출시키지 못할 강력한 에너지가 팽배했다. 모두가 해야 할 중요한 일이 있다는 사명감을 느꼈다."

그해 가을 오트포르 운동은 세르비아 역사상 가장 많은 유권자들을 동원해 밀로셰비치를 낙선시키고 민주주의의 새 시대를 열었다. 축제 기분에 젖을 아무런 이유가 없다며 사람들을 모조리 집으로 돌려보낸 심리학자 보리스 타디치는 4년 후 세르비아 대통령에 선출되었다.

───────

"나는 아침에 눈을 뜨면[46] 세상을 더 나은 곳으로 만들고 싶은 욕망과 세상을 즐기고 싶은 욕망 사이에서 갈등한다. 이 때문에 하루 일과를 계획하기가 어렵다."라고 E. B. 화이트가 말했다.

미국 독립선언문은 미국인에게 생명, 자유, 행복 추구라는 양도할 수 없는 권리를 보장하고 있다. 행복을 추구하면서 우리는 대부분 세상을 있는 그대로 즐기겠다는 선택을 한다. 독창적인 사람들은 시류를 거스르는 힘겨운 투쟁을 감내하면서 세상을 더 나은 곳으로 만들기 위해 고군분투한다. 그들은 생명과 자유를 존중하고 신장시키기 위해 투쟁하는 과정에서 개인적인 쾌락을 충족시키는 일은 일시적으로 포기하고 자신의 행복을 추구하는 일도 뒤로 제쳐둔다. 그러나 멀리 보면, 그들은 보다 나은 세상을 만들 기회를 얻는다. 심리학자 브라이언 리틀Brian Little의 말을 빌리자면, 그런 기회를 얻게 되면 색다른 만족감을 느끼게 된다. 독창적인 사람이 된다 함은 행복을 추구[47]하는 가장 쉬운 길은 아니지만, 숭고한 목적을 추구함으로써 행복을 느끼기에는 최적의 길이다.

효과적인 행동 지침

잠재된 독창성을 발휘하는 방법에 관심이 있는 사람들에게 유용한 실용적인 조치들을 소개한다. 첫 번째 제안들은 개개인이 새로운 아이디어를 창출하고 식별하고 주장하고 옹호하는 데 도움을 준다. 두 번째 제안들은 지도자들이 참신한 아이디어를 창출하고 반대 의견을 수용하는 조직문화를 만드는 데 도움이 된다. 마지막 제안들은 부모와 교사들이 어린이들로 하여금 현상 유지에 맞서서 창조적이고 도덕적인 태도를 기르도록 도움을 주는 방법들이다.

자신의 독창성이 어느 정도인지 무료로 평가해보려면 www.adamgrant.com을 방문해보라.

개인을 위한 행동 제안:

A. 독창적인 아이디어를 창출하고 식별하기

1. 기존의 체제에 의문을 던져라. 현재 상태를 당연하다고 받아들이지 말고 애초에 왜 그런 상태가 존재하게 되었는지 의문하라. 규정과 체제는 인간이 만들었다는 사실을 떠올린다면 그런 규정과 체제는 고정불변이 아니라는 사실이 분명해진다. 그렇게 되면 어떻게 개선할지 생각하게 된다.

2. 자신이 창출하는 아이디어의 수를 세 배로 늘려라. 위대한 야구선수들도 타율은 겨우 3할에 불과하고, 어떤 혁신가라도 헛방망이질을 한다. 당신이 내는 아이디어의 독창성을 높이는 가장 쉬운 방법은 아이디어를 많이 생각해내는 것이다.

3. 새로운 영역에 몰입하라. 준거의 틀을 확장하면 독창성이 증가한다. 새로운 기술이나 기능을 배우는 것이 한 가지 방법이다. 그림을 그리거나 피아노를 치거나 시를 지으면서 창의성을 발휘할 영역을 확장한 노벨상 수상 과학자들이 좋은 사례이다. 또 다른 전략은 순환 근무이다. 새로운 지식 기반과 기술이 필요한 직책을 맡기 위해 훈련을 받는 방법이다. 세 번째는 새로운 문화에 대해 배우는 방법이다. 자신의 모국과는 전혀 다른 나라에서 거주한 경험이 있는 패션 디자이너들이 훨

씬 혁신적인 디자이너가 된 사례에서 보듯이 말이다. 다양한 경험을 하려고 반드시 외국에 나갈 필요는 없다. 다른 문화와 관습에 대한 정보를 접하기만 해도 새로운 환경의 문화와 관습에 몰입할 수 있다.

4. 할 일을 전략적으로 미루라. 새 아이디어를 생각해내려고 할 때는 아이디어가 완성되기 전에 일부러 생각을 멈춰보라. 생각을 하거나 글을 쓰다가 중간에 멈추고 휴식을 취하면, 4장에서 말한 바와 같이 더 다채로운 사고를 하게 되고, 새로 생각해낸 아이디어가 무르익을 시간을 주게 된다.

5. 동료들로부터 더 많은 피드백을 구하라. 당사자가 자신의 아이디어를 판단하는 일은 어렵다. 열정이 앞서는 경향이 있기 때문에, 해당 분야의 전문가가 아니라면 당신의 직감을 믿을 수가 없다. 상사를 의지하기도 어렵다. 그들은 대개 아이디어를 평가할 때 지나치게 비판적이다. 가장 정확한 평가를 얻기 위해서는 동료들에게 아이디어를 설명해라. 동료들은 잠재력과 가능성을 정확하게 짚어내는 데 적임자다.

B. 독창적인 아이디어를 당당하게 제시하기

6. 위험 포트폴리오의 균형을 유지하라. 한 분야에서 위험을 무릅쓸 작정이라면 삶의 다른 영역에서는 훨씬 신중을 기함으로써 위험을 상쇄

시키라. 자신의 아이디어가 실현 가능성이 있는지 알아보는 동안에는 계속 직장에 다닌 기업가들이나, CIA가 인터넷을 활용하도록 밀어붙이는 한편 정보 유출을 방지하는 직책을 맡은 카멘 메디나처럼 말이다.

7. 당신의 아이디어를 지지하지 말아야 하는 이유에 집중하게 하라. 3장에서 투자자들에게 왜 자신의 회사에 투자해서는 안 되는지를 얘기했던 기업가 루퍼스 그리스컴을 기억하는가. 당신도 그렇게 할 수 있다. 당신의 아이디어가 지닌 가장 큰 약점 세 가지를 설명하고 난 후, 사람들에게 그 아이디어를 지지하면 안 되는 이유를 더 대라고 해보라. 당신의 아이디어에 장점이 있다는 전제하에서, 사람들은 당신의 아이디어에 대해 반대할 이유를 생각해내느라 머리를 짜내는 사이에, 오히려 당신의 아이디어가 고려해볼 가치가 있지 않을까 하는 생각을 하게 된다.

8. 아이디어에 대한 친숙함을 높여라. 아이디어를 사람들에게 반복해서 제시하라. 그러면 사람들이 낯선 아이디어에 점점 친숙해진다. 새로운 아이디어에 대한 긍정적인 반응은 보통 그 아이디어에 10회에서 20회 노출된 후에 증가한다. 특히 단순한 아이디어일 경우에는 며칠에 한번씩 간격을 두고 다른 아이디어들과 섞어서 제시하면 좋다. 독창적인 개념에 대한 호감을 높이는 또 한 가지 방법은 독창적인 개념을 이미 사람들에게 친숙한 다른 아이디어와 연관시켜 제시하는 방법

이다. 〈라이언 킹〉의 원고를 사자가 등장하는 〈햄릿〉으로 설명한 사례처럼 말이다.

9. 당신과 가치를 공유하지 않는 집단에게 평가를 받으라. 당신이 지닌 가치를 공유하는 우호적인 집단이 아니라 당신이 쓰는 방법을 공유하는 비판적인 집단에게 접근하라. 미국 해군의 젊은 조종사 벤 콜먼^{Ben Kohlman}은 아주 효과적으로 일하는 신속혁신추진단[1]을 꾸렸다. 콜먼이 신속혁신추진단을 꾸리기 위해 선발한 구성원들은 권위에 도전하다가 징계를 받은 전력이 있는 사람들이었다. 그러나 그들은 무모한 행동이 아니라 원칙에 입각해 반기를 들었다가 징계를 받았고 서로 추구하는 목적은 달라도 해군에 대한 충정에서 우러나온 행동을 했다는 공통점이 있었다. 그들은 분명한 가치관에 따라 반항을 했고 해군을 더 나은 조직으로 만들기 위해 일부러 위험을 무릅쓴 사람들이었다. 당신의 가장 강력한 우군은 엄격하고 비판적이지만 당신이 쓴 방법과 유사한 방법으로 문제를 해결한 전력이 있는 사람들이다.

10. 과격한 성향을 숨겨라. 당신의 아이디어가 극단적이라면 보다 관습에 부합하도록 포장하라. 그렇게 하면 사람들에게 생각을 바꾸라고 강요하지 않고 그들이 이미 지니고 있는 가치나 믿음에 호소하게 된다. 트로이 목마 전략을 쓰면 된다. 무선 충전기를 개발하는 아이디어를 에너지 변환기 제작으로 포장한 메러디스 페리처럼 말이다. 또 당신의 아이디어를 다른 사람들이 소중히 여기는 목적을 달성하는

데 유용한 수단으로 제시하라. 알코올 남용의 폐해로부터 가정을 지키려는 보수적인 여성들에게 여성 참정권을 수단으로 제시한 프랜시스 윌라드처럼 말이다. 당신이 급진적이라고 이미 사람들에게 정평이 나 있다면, 지도자로 나서기보다는 비난을 흡수하는 피뢰침 역할로 물러나고 보다 온건한 사람들을 앞세우라.

C. 감정 다스리기

11. 결심했을 때와 마음이 흔들릴 때 서로 다른 방법으로 동기부여 하라. 행동하기로 결심했다면 앞으로 해야 할 일에 집중하라. 지금의 위치와 목적지 사이의 격차를 좁히겠다는 의지가 불타오르게 된다. 확신이 흔들릴 때는 지금까지 이룩한 성과를 생각하라. 여기까지 왔는데 이제 와서 어떻게 포기하겠느냐고 자신을 다독여라.

12. 애써 마음을 진정시키려고 하지 말라. 불안할 때 마음을 진정시키기는 힘들다. 불안감을 흥미나 열정과 같은 강력히 긍정적인 감정으로 바꾸기가 더 쉽다. 당신이 현재 상태에 맞서려는 이유들과 당신의 행동이 초래할 긍정적인 결과들을 생각해보라.

13. 가해자가 아니라 희생자에게 집중하라. 불의에 맞설 때 가해자를 떠올리면 분노와 공격성에 불을 지핀다. 관심의 초점을 피해자로 옮기면 훨씬 공감하게 되고 분노를 건설적인 방향으로 해소하는 데 도움

이 된다. 그렇게 되면 가해자를 처벌하려 하기보다는 피해자를 도우려고 할 확률이 높아진다.

14. 혼자가 아님을 기억하라. 단 한 사람의 우군만 있어도 천군만마를 얻은 듯 행동하려는 의지가 강해진다. 당신의 비전을 믿는 사람을 한 사람 찾아내서 함께 문제를 풀어나가라.

15. 당신이 나서지 않으면 현재 상태가 지속된다는 사실을 기억하라. 현상에 대한 불만에 대응하는 네 가지 방식, 즉 탈출, 의견 표출, 인내, 방관을 기억하라. 이 가운데 당신이 처한 상황을 개선할 방법은 탈출과 의견 표출뿐이다. 당신이 상황을 어느 정도 장악하고 있다면 의견을 표출하는 방법이 최선일지 모른다. 그렇지 않다면 당신의 영향력을 확대할 방법을 모색하든지 그 상황에서 탈출해야 한다.

지도자를 위한 행동 제안:

A. 독창적인 아이디어 창출을 장려하기

1. 혁신 경진대회를 열라. 아무런 방향 제시도 없이 어떤 주제에 대해서든 언제든지 아이디어를 내라고 장려하면 바쁜 직원들의 관심을 끌기 힘들다. 예를 들어 혁신 경진대회를 열면[2] 참신한 아이디어를 대거

확보하고, 그중에 최고의 아이디어를 아주 효과적으로 가려낼 수 있다. 막연하게 언제든 아이디어를 제출할 수 있는 제안함을 설치하지 말고, 특정 문제나 아직 풀리지 않은 애로 사항을 해결할 방안에 대한 아이디어를 내게 한다. 직원들에게 3주 정도 제안서를 작성할 시간을 주고, 서로 다른 사람의 아이디어를 평가하도록 한 뒤 가장 독창적인 제안서들을 골라 다시 경쟁시킨다. 우승자들을 선정해 예산을 배정하고 팀을 구성해주고 아이디어를 실현하는 데 도움을 주고 지원해줄 방안도 마련해준다.

2. 역지사지 전략을 써라. 사람들이 새로운 아이디어를 내는 데 실패하는 이유는 긴박감을 느끼지 못하기 때문일 경우가 종종 있다. 퓨처싱크Futurethink의 CEO 리사 보델Lisa Bodell처럼 "회사를 무너뜨려라kill the company" 전략을 사용하면 긴박감이 조성된다. 관리자들을 소집한 다음 한 시간 동안 자기 회사(또는 자사가 출시한 가장 인기 있는 상품, 서비스, 기술)를 퇴출시킬 방법에 대해 브레인스토밍을 하게 하라.[3] 그다음 무엇이 회사를 가장 심각하게 위협하는지 토론을 시킨 다음, 방어에서 공격으로 전환해 이런 위협 요소를 기회로 승화시킬 방법을 모색하게 한다.

3. 다른 부서 다른 직급의 직원들에게 아이디어를 내도록 권하라. 드림웍스 애니메이션DreamWorks Animation[4]에서는 회계사와 변호사들에게도 영화 아이디어를 제안하도록 권하고, 또 훈련도 시킨다. 이런 식으로

무관한 영역의 전문가들을 창의적 아이디어 생성 과정에 참여시키면 작업에 기술 다양성을 더해주고,[5] 조직 전체가 새로운 아이디어에 쉽게 전하게 되며, 직원들의 흥미를 돋우게 된다. 직원들에게 아이디어를 제안하라고 권장하면, 또 다른 이득도 생긴다. 직원들이 아이디어를 내는 데 참여하게 되면 창의적인 사고의 틀을 갖추게 되고, 그렇게 되면 부정 오류에 덜 취약해지며, 동료들의 아이디어를 평가하는 능력도 향상된다.

4. '딴지를 거는 날opposite day'을 지정하라. 사람들은 독창적인 아이디어를 생각할 시간적 여유가 없는 경우가 많다. 이를 해결하기 위해 나는 수업 시간이나 회의에서 '딴지를 거는 날'을 정한다. 경영자들이나 학생들을 여러 집단으로 나눈 뒤, 각 집단은 널리 당연하게 여겨지는 가설, 믿음, 지식 영역을 선정한다. 그리고 각 집단은 선정한 주제를 두고 "정반대가 진실인 경우는 어떤 경우인가?"라는 의문을 제기한 다음, 자신의 아이디어를 발표하도록 한다.

5. "좋다", "사랑한다", "싫다" 같은 단어를 금지하라. 비영리단체인 두섬싱닷오그DoSomething.org의 CEO 낸시 러블린Nancy Lublin은 직원들이 "좋다", "사랑한다", "싫다"와 같은 단어들을 쓰지 못하게 한다.[6] 이런 단어를 쓰면 냉철하게 문제를 분석하지 않고, 감정적으로 반응하기 십상이기 때문이다. 이 회사의 직원들은 그 웹페이지보다 이 웹페이지가 더 마음에 든다고 말하면 안 된다. 이를테면 "이 웹페이지가

더 낫다. 다른 페이지들보다 제목의 가독성이 더 높기 때문이다"와 같이 이유를 설명해야 한다. 이렇게 하면 직원들이 어떤 아이디어를 단순히 평가하는 데 그치지 않고 창의적인 사고를 하게 된다.

B. 독창성을 존중하는 문화를 조성하기

6. 조직문화에 적합한 사람이 아니라 조직문화에 기여할 사람을 채용하라. 지도자가 조직문화에 순응하는 인물을 선호한다면, 결국 생각이 비슷한 사람들을 채용하게 된다. 독창성은 조직문화에 어울리는 사람이 아니라 조직문화를 풍성하게 만드는 사람들로부터 나온다. 직원 채용 면접을 하기 전에 현재 당신의 조직에 없는 독창적인 배경, 기술, 인성 특징이 무엇인지 알아내라. 그 후 채용 과정에서 그런 자질을 지닌 사람들을 우선적으로 고려하라.

7. 퇴사 전 면접exit interview에서 입사 후 면접entry interview으로 전환하라. 이미 퇴사하기로 결정된 직원들에게 의견을 구하지 말고 신입사원들에게 입사 초기에 의견을 구하라. 신입사원 연수 기간 동안 회사 측이 신입사원들과 의견을 나누면 신입사원들은 회사가 자신을 소중하게 여긴다고 느끼고 회사는 참신한 제안들을 얻게 된다. 신입사원들에게 왜 입사했고, 계속 다니고 싶은 생각이 들려면 어떤 조건들이 충족되어야 하는지 물어보고 조직문화의 감시자처럼 사고하라고 북돋워주라. 신입사원들은 내부자이자 외부자라는 독특한 위치를 십분 활

용해서 조직이 내세우는 가치와 실행되는 가치 사이에 잠재적으로 괴리가 있는지 여부뿐만 아니라 어떤 관행들이 퇴치해야 할 낡은 유물이고 어떤 관행들이 계속 지켜나가야 할 관행인지 탐색하는 데 최적임자이다.

8. 해결책을 요구하지 말고 문제점을 제시하게 하라. 서둘러 해답을 찾다 보면 의문을 제기하지 않고 이미 나온 해답을 옹호하게 되며, 따라서 해답을 찾는 데 참여한 사람들이 지닌 폭넓은 식견을 활용하지 못하게 된다. 브리지워터의 이슈로 그 사례를 좇아 여러 팀들이 공개적으로 문제점을 제시하고 공유하는 자료를 만들어라. 그리고 한 달에 한 번씩 직원들을 한자리에 모아 문제점들을 검토하고 어느 문제가 해결할 가치가 있는 문제인지 결정하게 하라.

9. 악마의 변호인은 지명하지 말고 물색하라. 다수와 다른 의견은 그 의견이 틀리다 해도 유용하다. 그러나 틀린 의견이 유용하려면 그 의견을 내는 사람이 진정성 있고 일관성이 있어야 한다. 악마의 변호인 역할을 할 사람을 지정하지 말고 진정으로 소수의 의견을 지닌 사람을 찾아내서 그들의 의견을 들어보라. 진정으로 소수 의견을 지닌 사람을 찾아낼 정보 관리자를 임명하라. 회의를 열기 전에 직원들을 개별적으로 만나 그들의 의견을 청취하는 책임을 맡을 사람 말이다.

10. 비판을 허하라. 지도자인 당신의 언행이 일치하지 않으면 직원들에

게 이의를 제기하라고 권장해도 먹혀들지 않는다. 레이 달리오는 중요한 회의에서 그가 일을 그르쳤다고 비판하는 이메일을 한 직원으로부터 받자 그 이메일을 전 직원에게 전달함으로써 상사인 자신에 대한 비판을 환영한다는 분명한 메시지를 보냈다. 직원들에게 지도자인 당신을 공개적으로 비판하라고 권함으로써 직원들에게 설사 다른 사람들이 호응하지 않는 아이디어를 지니고 있어도 공개적으로 소통하도록 분위기를 조성하게 된다.

부모와 교사를 위한 행동 제안:

1. 롤모델이라면 어떻게 할지 어린이들에게 물어라. 어린이들은 독창적인 사람들의 시선을 통해 문제를 바라보면 자유롭게 문제 해결을 주도하게 된다. 집에서나 학교에서 무엇을 개선하고 싶은지 어린이들에게 물어라. 그리고 어린이들이 존경하는 창의적인 실존 인물이나 가상 인물과 자신을 동일시하게 만들라. 네가 존경하는 사람이라면 이런 상황에서 어떻게 할까라고 어린이들에게 물어라.

2. 바람직한 행동을 도덕적 성품과 연관시켜라. 부모와 교사들은 대부분 어린이들의 행동을 칭찬하는데, 행동보다 성품을 칭찬하면 어린이들이 훨씬 더 잘 베풀게 된다. 성품을 칭찬하면 그 성품을 자기 정체성의 일부로 인식하기 때문이다. 훌륭한 일을 하는 아이를 보면

"…하다니 넌 참 훌륭한 사람이구나"라고 칭찬하라. 어린이들은 도덕적인 사람이 되라고 하면 훨씬 더 윤리적인 행실을 한다. 도덕성을 자기 정체성의 일부로 삼고 싶기 때문이다. 아이에게 친구와 장난감을 사이좋게 나누어 갖고 놀게 하려면, "나눠 가질래?"라고 묻지 말고 "나누는 사람이 되지 않을래?"라고 물어라.

3. 나쁜 행동이 다른 사람들에게 어떤 영향을 미치는지 설명하라. 어린이들이 말썽을 부리면 그런 행동이 다른 사람들에게 어떤 피해를 주는지 설명하라. "네가 이렇게 하면 쟤가 기분이 어떻겠니?"라고 물어라. 어린이들은 자신의 행동이 다른 사람에게 부정적인 영향을 미친다고 생각하면 공감과 죄책감을 느끼게 되고, 그렇게 되면 잘못을 바로잡고 싶다는 동기가 부여되며, 앞으로는 그런 행동을 하지 않게 된다.

4. 규칙이 아니라 가치를 강조하라. 규칙을 정해놓으면 어린이들이 세상을 고정된 시각으로 바라보게 된다. 가치를 강조하면 어린이들은 원칙을 내면화한다. 유대인 학살 당시 유대인을 도와준 사람들의 부모들처럼, 기준에 대해 이야기할 때는 바람직한 원칙들이 왜 당신에게 소중한지 설명하고 어린이들에게는 그런 원칙들이 왜 중요하다고 생각하는지 물어보라.

5. 어린이들이 목표로 삼을 참신한 적소를 만들라. 먼저 태어난 형제자매가 평범한 목표를 선점해버리기 때문에 나중에 태어난 어린이들이

보다 독창적인 적소를 찾아내듯이, 어린이들이 자신에게 맞는 적소를 찾도록 도와줄 방법이 있다. 내가 가장 좋아하는 방법으로 손꼽는 기법이 조각그림 맞추기 교실Jigsaw Classroom[7]이다. 공동 작업을 한다고 하고 학생들을 불러모은 후 각자에게 할 일을 부여하라. 이를테면, 엘리너 루스벨트의 생애에 대한 독후감을 공동으로 작성한다고 하고, 한 학생은 그녀의 어린 시절에, 또 다른 학생은 청소년 시절에, 또 다른 학생은 여성운동에서 그녀가 한 역할에 대해 독후감을 쓰게 하라. 이렇게 하면 편견이 줄어든다는 연구 결과가 있다. 즉, 어린이들이 서로 각자가 지닌 독특한 장점들을 소중히 여기는 법을 터득하게 된다. 또한 집단사고에 매몰되지 않고 독창적인 아이디어를 창출해낼 공간을 마련해준다. 참신한 사고를 한층 더 북돋워 주려면 어린이들에게 색다른 준거의 틀을 적용하게 하라. 이를테면, 루스벨트 여사가 중국에서 성장했다면 어린 시절이 어땠을지 물어보라. 그랬다면 루스벨트 여사는 중국에서 무엇을 위해 싸우게 되었을지 물어보라.

감사의 말

두 번째로 책을 쓸 때는 처음과는 사뭇 다르다. 이번에는 10만 3,000개의 단어를 통째로 폐기하고 처음부터 다시 쓰지는 않았다. 그래도 누군가가 내 글을 실제로 읽을지 모른다는 생각을 뼈저리게 했고, 글을 쓰는 내 취향이 적절한지 자꾸 의문이 들었다. 다행스럽게도 내 아내 앨리슨은 창의력과 품격을 식별하는 데는 동물적인 감각을 지녔다(게다가 살쾡이에 버금가는 후각을 지니기도 했다). 아내는 글이 제대로 된 방향으로 진행될 때와 악취가 진동할 정도로 형편없을 때를 즉시 알아차렸다. 아내가 아니었다면 내 글은 훨씬 재미없었을지 모른다. 아내는 참을성 있게 아이디어 하나하나마다 나와 얘기를 나누어주었고, 각 장의 초고를 읽어주었으며, 노련하게 여기저기 표현을 다듬고 재배치해주었다. 아내는 더할 나위 없이 높은 기

416

준을 지니고 있으므로 아내가 흡족해한다면 내게도 흡족한 수준이라는 뜻이 된다. 내 아내가 지닌, 작가이자 독자로서의 열정과 아내와 어머니로서의 자애가 없었다면, 이 책은 지금 존재하지 않을지도 모른다.

진정으로 창의적인 나의 에이전트 리처드 파인이 있었기에 이 책을 쓰겠다는 아이디어를 낼 수 있었고, 그는 처음부터 끝까지 지혜로운 조언을 내게 해주었다. 릭 코트와 작업하는 일은 정말 신난다. 그는 단순히 편집자가 아니다. 보기 드문 수준의 품격으로 책의 내용을 풍요롭게 만들고, 신중하고 세심하게 틀을 다듬은 그는 이 책을 마치 자기 자식처럼 애지중지했다.

셰릴 샌드버그는 놀라울 정도로 꼼꼼하게 이 책을 읽어주었고, 셰릴이 논리 전개와 문체를 명료하게 다듬고, 실제적인 조언을 아끼지 않은 덕에 책의 내용이 훨씬 좋아졌다. 셰릴은 생각 이상으로 많은 도움을 주었다. 저스틴 버그는 각 장마다 수없이 많은 초안들을 묵묵히 검토하고 나와 대화를 나누었고, 내용과 서술 방식을 개선하는 데 번뜩이는 창의적인 아이디어를 수없이 많이 내주었다. 레브 레벨은 전체 초안을 읽고, 그만의 독특한 방식으로 심오한 질문을 던지고, 개념과 글쓰기에 대한 전문가적인 조언을 해주었다. 댄 핑크는 시의적절함에 대한 내용을 포함시키라고, 내게 사소한 차이를 두고 아집을 부리지 말도록 일깨워주었으며, 책에 소개된 매혹적인 인물들 가운데 한 사람에게 나를 소개해주는 등 다방면으로 도와주었다.

알렉시스 헐리, 엘리자 로스타인을 비롯해 잉크웰^{InkWell} 팀과 바이킹^{Viking}의 헌신적인 직원들과 일하게 된 것은 행운이다. 특히 홍보를 담당한 캐롤린 콜번, 크리스틴 매천, 린지 프리벳, 편집을 담당한 제인 카볼리나,

디에고 누녜즈, 저넷 윌리엄스, 표지와 책 내부 디자인을 해준 피트 가르소, 야쿠브 고이다, 로젠 세라, 앨리사 시어도어에게 감사드린다. 서베이몽키SurveyMonkey의 존 코언과 새라 조는 신속하고 효과적인 설문조사를 통해 표지 디자인과 개념에 대한 여론뿐만 아니라 다양한 부제에 대한 여론을 수렴하도록 도움을 주었다.

와튼 경영대학원의 동료들, 특히 시걸 바세이드, 드루 카튼, 사미르 누르모하메드, 그리고 낸시 로스바드의 도움도 컸다. 임팩트랩과 린지 밀러가 보여준 불굴의 열정에 감사드린다. 제프 개럿, 마이크 기번스, 에이미 거트먼, 댄 레빈설, 니콜라이 시겔코도 이 책을 쓰는 데 큰 도움을 주었다. 이 책에 실린 인물들을 소개해주고, 그들의 혜안을 얻는 데 도움을 준 제니퍼 에이커, 테레사 애머빌, 니코 캐너, 로잔 캐쉬, 크리스틴 최, 케이트 드레인, 리사 제벨버, 데이비드 호닉, 톰 흄, 지미 칼트리더, 대프니 콜러, 존 미셸, 앤드루 응, 바비 터너, 그리고 로렌 잘라즈닉에게도 감사드린다.

일화와 사례들을 발굴하는 데 도움을 준 조쉬 버먼, 제시 베이루티, 웬디 들라로사, 프리티 조시, 스테이시 칼리쉬, 빅토리아 세컬, 제니 왕, 그리고 각 장의 초안을 읽고 왕성하게 의견을 제시해준 제임스 안, 새라 베코프, 켈시 글리바, 니콜 그래닛, 슐로모 클래퍼, 닉 로불리오, 케이시 무어, 니콜 폴락, 줄리아나 필레머, 스레야스 라가반, 애나 리거트, 에릭 샤피로, 제이콥 터플러, 다니엘 터싱, 킴벌리 야오에게도 감사드린다.

창의적인 인물들에 대해 활발한 대화를 나누어준 수 애쉬포드, 캐롤라인 발레린, 킵 브랫포드, 다니엘 셀러마제, 애니켄 데이, 캐스린 디카스, 리사 돈착, 앤젤라 덕워스, 제인 더튼, 마이크 파인버그, 애나 프레이저, 말콤 글래드웰, 마크 그로스먼, 사르 구르, 줄리 해나, 에밀리 헌트, 커린 클라인, 조쉬 코펄만, 스테파니 랜드리, 엘렌 랭어, 라이언 레어빅, 데이브 레빈, 타마 리스보나, 브라이언 리틀, 낸시 러블린, 조슈아 마쿠저, 케이드 메시, 뎁 밀스-스코필드, 션 파커, 메러디스 페트린, 피비 포트, 릭 프라이스, 벤 래트레이, 프레드 로즌, 스펜서 샤프, 넬 스코벨, 스콧 셔먼, 필 테틀록, 콜린 터커, 지닌 라이트, 에이미 브레즈니에프스키에게도 감사드린다(이 감사의 글을 써달라고 요청해준 스테이시와 케빈 브랜드에게도 감사드린다).

내 삶의 여기저기서 우리 가족들은 직접 독창성의 본보기를 보여주거나, 나의 독창성을 북돋워주었다. 우리 부모님 수전과 마크, 누이 트레이시, 친조부모님 매리언과 제이 그랜트와 돌아가신 외조부모님 플로렌스와 폴 보록, 그리고 장인 장모님 에이드리안과 닐 스위트에게도 감사드린다.

우리 아이들 조애나, 엘레나, 헨리는 내게 무척 소중한 존재이며, 아이들은 내가 이 책에 대해 달리 생각하도록 나를 이끌어주었다. 우리 아이들은 어른이 독창적인 사람이 되려면 새로운 것을 습득하기보다 이미 습득한 것을 버리는 데 더 많은 노력을 기울여야 한다는 사실을 깨닫게 해주었다. 그리고 우리 아이들은 나로 하여금 아이들이 살아갈 세상을 더 나은 세상으로 만들겠다는 희망을 품고, 시류에 덜 순응하도록 용기를 북돋워주었다.

Originals

참고문헌

1장 창조적 파괴

1 George Bernard Shaw, Man and Superman (New York: Penguin Classics, 1903 /1963).

2 Personal interviews with Neil Blumenthal and Dave Gilboa, June 25, 2014, and March 23 and 24, 2015; David Zax, "Fast Talk: How Warby Parker's Cofound ers Disrupted the Eyewear Industry and Stayed Friends," Fast Company, February 22, 2012, www.fastcompany.com/1818215/fast-talk-how -warby-park ers-cofounders-disrupted-eyewear-industry-and-stayed-friends; "A Chat with the Founders of Warby Parker," The Standard Culture, September 5, 2012, www.standardculture.com/posts/6884-A-Chat-with-the-Founders-of-Warby- Parker; Blumenthal, "Don't Underinvest in Branding," Wall Street Journal, Accelerators, July 18, 2013, http://blogs.wsj.com/accelerators/2013/07/18/neil- blumenthal-branding-is -a-point-of-view; Curan Mehra and Anya Schultz, "Interview: Dave Gilboa, Founder and CEO of Warby Parker," Daily Californian, September 5, 2014, www.dailycal .org/2014/09/05/interview-dave-gilboa- founder-ceo-warby-parker/; "The World's 50 Most Innovative Companies," Fast Company, February 9, 2015, www.fastcompany.com/section/most-innova- tive-companies-2015.

3 Merriam-Webster Dictionary, accessed on August 24, 2014, at www.merriam- webster.com/dictionary/original.

4 Harrison Gough, California Psychological Inventory Administrator's Guide (Palo Alto, CA: Consulting Psychologists Press, Inc., 1987);see also Thomas S. Bateman and J. Michael Crant, "The Proactive Component of Organizational Behavior: A Measure and Correlates," Journal of Organizational Behavior 14 (1993): 103-18; Gregory J. Feist and Frank X. Barron, "Predicting Creativity from Early to Late Adulthood: Intellect, Potential, and Personality," Journal of

421

Personality 37 (2003): 62?88; Adam M. Grant and Susan J. Ashford, "The Dynamics of Proactivity at Work," Research in Organizational Behavior 28 (2008): 3?34; Mark A. Griffin, Andrew Neal, and Sharon K. Parker, "A New Model of Work Role Performance: Positive Behavior in Uncertain and Interdependent Contexts," Academy of Management Journal 50 (2007): 327–47.

5   "Kleptomnesia" coined by Dan Gilbert; see C. Neil Macrae, Galen V. Bodenhausen, and Guglielmo Calvini, "Contexts of Cryptomnesia: May the Source Be with You," Social Cognition 17 (1999): 273?97.

6   Personal correspondence with Michael Housman, January 30, February 25 and 27, March 9 and 27, and April 6, 2015; Housman presentation at the Wharton People Analytics Conference, March 28, 2015; "How Might Your Choice of Browser Affect Your Job Prospects?" Economist, April 10, 2013, www.economist.com/blogs/economist–explains/2013/04/economist–explains–how–browser–affects–job–prospects.

7   John T. Jost, Brett W. Pelham, Oliver Sheldon, and Bilian Ni Sullivan, "Social Inequality and the Reduction of Ideological Dissonance on Behalf of the System: Evidence of Enhanced System Justification Among the Disadvantaged," European Journal of Social Psychology 33 (2003): 13?36; John T. Jost, Vagelis Chaikalis–Petritsis, Dominic Abrams, Jim Sidanius, Jojanneke van der Toorn, and Christopher Bratt, "Why Men (and Women) Do and Don't Rebel: Effects of System Justification on Willingness to Protest," Personality and Social Psychology Bulletin 38 (2012): 197?208; Cheryl J. Wakslak, John T. Jost, Tom R. Tyler, and Emmeline S. Chen, "Moral Outrage Mediates the Dampening Effect of System Justification on Support for Redistributive Social Policies," Psychological Science 18 (2007): 267?74; John T. Jost, Mahzarin R. Banaji, and Brian A. Nosek, "A Decade of System Justification Theory: Accumulated Evidence of Conscious and Unconscious Bolstering of the Status Quo," Political Psychology 25 (2004): 881~919.

8   Karl E. Weick, "The Collapse of Sensemaking in Organizations: The Mann Gulch Disaster," Administrative Science Quarterly 38 (1993): 628–52; see also Robert I. Sutton, Weird Ideas That Work: $11\frac{1}{2}$ Practices for Promoting, Managing, and Sustaining Innovation (New York: Simon & Schuster, 2001).

9   Jean H. Baker, Sisters: The Lives of America's Suffragists (New York: Hill and Wang, 2006).

10   Ellen Winner, "Child Prodigies and Adult Genius: A Weak Link," in The Wiley Handbook of Genius, ed. Dean Keith Simonton (Hoboken, NJ: Wiley–Blackwell, 2014).

422

11 Erik L. Westby and V. L. Dawson, "Creativity: Asset or Burden in the Classroom," Creativity Research Journal 8 (1995): 1–10.

12 William Deresiewicz, Excellent Sheep: The Miseducation of the American Elite and the Way to a Meaningful Life(New York: Free Press, 2014).

13 Ellen Winner, "Child Prodigies and Adult Genius: A Weak Link," in The Wiley Handbook of Genius, ed. Dean Keith Simonton (Hoboken, NJ: Wiley–Blackwell, 2014).

14 Dean Keith Simonton, "Creative Cultures, Nations, and Civilizations: Strategies and Results," Group Creativity: Innovation Through Collaboration, eds. Paul B. Paulus and Bernard A. Nijstad (New York: Oxford University Press, 2013).

15 Robert J. Sternberg and Todd I. Lubart, Defying the Crowd: Simple Solutions to the Most Common Relationship Problems(New York: Simon & Schuster, 2002); see also John W. Atkinson, "Motivational Determinants of Risk–Taking Behavior," Psychological Review 64 (1997): 359–72.

16 Jane M. Howell and Boas Shamir, "The Role of Followers in the Charismatic Leadership Process: Relationships and Their Consequences," Academy of Management Review 30 (2005): 96–112; J. Mark Weber and Celia Moore, "Squires: Key Followers and the Social Facilitation of Charismatic Leadership," Organizational Psychology Review 4 (2014): 199–227.

17 Jack Rakove, Revolutionaries: A New History of the Invention of America (New York: Houghton Mifflin, 2010); Ron Chernow, Washington: A Life (New York: Penguin, 2011).

18 Martin Luther King, Jr., The Autobiography of Martin Luther King, Jr. (New York: Warner Books, 1998); see also Howell Raines, My Soul Is Rested: Movement Days in the Deep South Remembered (New York: Penguin, 1983).

19 Giorgio Vasari, Lives of the Most Excellent Painters, Sculptors, and Architects, from Cimabue to Our Times (New York: Modern Library Classics, 1568/2006).

20 Frank J. Sulloway, Born to Rebel: Birth Order, Family Dynamics, and Creative Lives (New York: Vintage, 1997).

21 Livingston, Founders at Work, 42, 45.

22 Joseph A. Schumpeter, Capitalism, Socialism & Democracy (New York: Harper Perennial Modern Classics, 1942/2008).

23 Jennifer J. Kish–Gephart, James R. Detert, Linda Klebe Trevino, and Amy C. Edmondson, "Silenced by Fear: The Nature, Sources, and Consequences of Fear at Work," Research in Organizational Behavior 29 (2009): 163–93; "Politics Threaten Science at FDA," National Coalition Against Censorship, July 22, 2006, http://ncac.org/update/politics–threaten–science–at–fda; Frances J. Milliken, Elizabeth W. Morrison, and Patricia F. Hewlin, "An Exploratory Study of Employee Silence: Issues That Employees Don't Communicate Upward and Why," Journal of Management Studies 40 (2003): 1453–76.

24 Personal interview with Mellody Hobson, May 12, 2015, and Hobson USC commencement speech, May 19, 2015, http://time .com/3889937/mellody–hobson–graduation–speech–usc/.

25 Richard Cantillon, An Essay on Economic Theory (Auburn, AL: Ludwig von Mises Institute, 1755/2010); see also James Surowiecki, "Epic Fails of the Startup World," New Yorker, May 19, 2014, www.newyorker.com /magazine/2014/05/19/epic–fails–of–the–startup–world.

26 Joseph Raffiee and Jie Feng, "Should I Quit My Day Job? A Hybrid Path to Entrepreneurship," Academy of Management Journal 57 (2014): 936–63.

27 Bill Katovsky and Peter Larson, Tread Lightly: Form, Footwear, and the Quest for Injury–Free Running (New York: Skyhorse Publishing, 2012); David C. Thomas, Readings and Cases in International Management: A Cross–Cultural Perspective (Thousand Oaks, CA: Sage Publications, 2003).

28 Jessica Livingston, Founders at Work: Stories of Startups' Early Days (Berkeley, CA: Apress, 2007).

29 Personal conversations with Larry Page on September 15 and 16, 2014, and "Larry Page's University of Michigan Commencement Address," May 2, 2009, http://googlepress.blogspot.com /2009/05/larry–pages–university–of–michigan.html; Google Investor Relations, https://investor.google.com/financial/tables.html.

30 "With Her MLK Drama Selma, Ava DuVernay Is Directing History," Slate, December 5, 2014, www.slate.com/blogs/browbeat/2014/12/05 /ava_duvernay_profile_the_selma_director_on_her_mlk_drama_and_being_a _black.html.

31 Laura Jackson, Brian May: The Definitive Biography(New York: Little, Brown, 2011).

32 Tiffany McGee, "5 Reasons Why John Legend Is No Ordinary Pop Star,"

People, November 6, 2006, www.people.com/people/archive/article/0,20060910,00.html; "Singer/Songwriter John Legend Got Early Start," USA Today, July 28, 2005, http://usatoday30.usatoday.com/life/music/news/2005-07-28-legend-early-start_x.htm; John Legend, "All in on Love,"Huffington Post, May 20, 2014, www.huffingtonpost.com/john-legend/penn-commencement-speech-2014_b_5358334.html.

33 Lucas Reilly, "How Stephen King's Wife Saved 'Carrie' and Launched His Career," Mental Floss, October 17, 2013, http://mentalfloss.com/article/53235/how-stephen-kings-wife-saved-carrie-and-launched-his-career.

34 Scott Adams, Dilbert 2.0: 20 Years of Dilbert(Kansas City, MO: Andrews McMeel Publishing, 2008).

35 Clyde H. Coombs and Lily Huang, "Tests of a Portfolio Theory of Risk Preference," Journal of Experimental Psychology 85 (1970): 23–29; Clyde H. Coombs and James Bowen, "Additivity of Risk in Portfolios," Perception & Psychophysics 10 (1971): 43–46, and "Test of the Between Property of Expected Utility," Journal of Mathematical Psychology 13 (323–37).

36 Lee Lowenfish, Branch Rickey: Baseball's Ferocious Gentleman (Lincoln: University of Nebraska Press, 2009).

37 Paul Collins, "Ezra Pound's Kickstarter Plan for T. S. Eliot," Mental Floss, December 8, 2013, http://mentalfloss.com/article/54098/ezra-pounds-kickstarter-plan-ts-eliot.

38 Victor K. McElheny, Insisting on the Impossible: The Life of Edwin Land (New York: Basic Books, 1999).

39 Adam Cohen, The Perfect Store: Inside eBay (New York: Little, Brown, 2008).

40 Jane Bianchi, "The Power of Zigging: Why Everyone Needs to Channel Their Inner Entrepreneur," LearnVest, October 22, 2014, http://www.learnvest.com/2014/10/crazy-is-a-compliment-the-power-of -zigging-when-everyone-else-zags/; Marco della Cava, "Linda Rottenberg's Tips for 'Crazy' Entrepreneurs," USA Today, October 15, 2014, www.usatoday.com /story/tech/2014/10/02/linda-rottenberg-crazy-is-a-compliment-book/16551377; "Myths About Entrepreneurship," Harvard Business Review, IdeaCast, October 2010, https://hbr.org/2014/10/myths-about-entrepreneurship; Linda Rottenberg, Crazy Is a Compliment: The Power of Zigging When Everyone Else Zags(New York: Portfolio, 2014).

41 Clare O'Connor, "Top Five Startup Tips from Spanx Billionaire Sara Blakely,"

Forbes, April 2, 2012, www.forbes.com/sites/clareoconnor/2012/04/02/top-five-startup-tips-from-spanx-billionaire-sara-blakely/.

42 "Henry Ford Leaves Edison to Start Automobile Company," History.com, www.history.com/this-day-in-history/henry-ford-leaves-edison-to-start-auto-mobile-company.

43 Rick Smith, The Leap: How 3 Simple Changes Can Propel Your Career from Good to Great (New York: Penguin, 2009).

44 Matteo P. Arena, Stephen P. Ferris, and Emre Unlu, "It Takes Two: The Incidence and Effectiveness of Co-CEOs," The Financial Review 46(2011): 385–412; see also Ryan Krause, Richard Priem, and Leonard Love, "Who's in Charge Here? Co-CEOs, Power Gaps, and Firm Performance," Strategic Management Journal (2015)

45 Hongwei Xu and Martin Ruef, "The Myth of the Risk-Tolerant Entrepreneur," Strategic Organization 2 (2004): 331–55.

46 Ross Levine and Yona Rubinstein, "Smart and Illicit: Who Becomes an Entrepreneur and Does It Pay?," National Bureau of Economic Research working paper no. 19276 (August 2013); Zhen Zhang and Richard D. Arvey, "Rule Breaking in Adolescence and Entrepreneurial Status: An Empirical Investigation," Journal of Business Venturing 24 (2009): 436–47; Martin Obschonka, Hakan Andersson, Rainer K. Silbereisen, and Magnus Sverke, "Rule-Breaking, Crime, and Entrepreneurship: A Replication and Extension Study with 37-Year Longitudinal Data," Journal of Vocational Behavior 83 (2013): 386–96; Marco Caliendo, Frank Fossen, and Alexander Kritikos, "The Impact of Risk Attitudes on Entrepreneurial Survival," Journal of Economic Behavior & Organization 76 (2010): 45–63.

47 Malcolm Gladwell, "The Sure Thing," New Yorker, January 18, 2010, www.newyorker.com/magazine/2010/01/18/the-sure-thing.

48 Hao Zhao, Scott E. Seibert, and G. T. Lumpkin, "The Relationship of Personality to Entrepreneurial Intentions and Performance: A Meta-Analytic Review," Journal of Management 36 (2010): 381–404; Scott Shane, The Illusions of Entrepreneurship: The Costly Myths That Entrepreneurs, Investors, and Policy Makers Live By (New Haven, CT: Yale University Press, 2008).

49 Ronald J. Deluga, "American Presidential Proactivity, Charismatic Leadership, and Rated Performance," Leadership Quarterly 9 (1998): 265–91; Steven J. Rubenzer and Thomas R. Faschingbauer, Personality, Character, and Leadership in the White House: Psychologists Assess the Presidents (Dulles,

VA: Brassey's, 2004).

50 Todd Brewster, Lincoln's Gamble: The Tumultuous Six Months That Gave America the Emancipation Proclamation and Changed the Course of the Civil War (New York: Simon & Schuster, 2014), 60.

51 Amy Wrzesniewski, Justin M. Berg, Adam M. Grant, Jennifer Kurkoski, and Brian Welle, "Dual Mindsets at Work: Achieving Long-Term Gains in Happiness," under revision, Academy of Management Journal (2015).

2장 눈먼 열정에서 벗어나기

1 Scott Adams, The Dilbert Principle (New York: HarperBusiness, 1996).

2 PandoMonthly, "John Doerr on What Went Wrong with Segway," accessed on February 12, 2015, at www.youtube.com/ watch? v=oOQzjpBkUTY.

3 Personal interviews with Aileen Lee, February 6, 2015, Randy Komisar, February 13, 2015, and Bill Sahlman, March 11, 2015; Steve Kemper, Reinventing the Wheel: A Story of Genius, Innovation, and Grand Ambition (New York: HarperCollins, 2005); Hayagreeva Rao, Market Rebels: How Activists Make or Break Radical Innovations (Princeton, NJ: Princeton University Press, 2008); Mathew Hayward, Ego Check: Why Executive Hubris Is Wrecking Companies and Careers and How to Avoid the Trap (New York: Kaplan Business, 2007); Jordan Golson, "Well, That Didn't Work: The Segway Is a Technological Marvel. Too Bad It Doesn't Make Any Sense," Wired, January 16, 2015, www .wired.com/ 2015/ 01/well-didnt-work-segway-technological-mar-vel-bad-doesnt-make-sense;Paul Graham, "The Trouble with the Segway," July 2009, www.paulgraham.com/ segway.html; Mike Masnick, "Why Segway Failed to Reshape the World: Focused on Invention, Rather Than Innovation," Techdirt, July 31, 2009, www.techdirt.com/ articles/ 20090730/ 1958335722.shtml; Gary Rivlin, "Segway's Breakdown," Wired, March 2003, http:// archive.wired.com/ wired/archive/ 11.03/ segway.html; Douglas A. McIntyre, "The 10 Biggest Tech Failures of the Last Decade," Time, May 14, 2009, http:// content.time.com/ time/ specials/packages/ article/ 0,28804,1898610_ 1898625_ 1898641,00.html.

4 Personal interviews with Rick Ludwin, February 24 and April 4, 2015; Phil Rosenthal, "NBC Executive Stands Apart by Taking Stands," Chicago Tribune, August 21, 2005, http:// articles.chicagotribune .com/ 2005-08-21/ busi-ness/0508210218_1_ warren- littlefield-rick-ludwin-head-of-nbc-entertainment; Brian Lowry, "From Allen to Fallon, Exec Has Worked with All 6 'Tonight Show'

Hosts," Variety, February 17, 2014, http:// variety.com/ 2014/tv/ news/from-allen-to-fallon-exec-has-worked-with-all-the-tonight-show-hosts-1201109027;Warren Littlefield, Top of the Rock: Inside the Rise and Fall of Must See TV (New York: Doubleday, 2012); Stephen Battaglio, "The Biz: The Research Memo That Almost Killed Seinfeld," TV Guide, June 27, 2014, www.tvguide.com/news/seinfeld-research-memo-1083639;Jordan Ecarma, "5 Hit TV Shows That Almost Didn't Happen," Arts.Mic, April 26, 2013, http:// mic.com/ articles/ 38017/5-hit-tv-shows-that-almost-didn-t-happen;"From the Archives: Seinfeld on 60 Minutes," CBS News, March 1, 2015, www.cbsnews.com/ news/jerry-seinfeld-on-60-minutes; Louisa Mellor, "Seinfeld's Journey from Flop to Acclaimed Hit," Den of Geek, November 10, 2014, www.denofgeek.us/ tv/ seinfeld/ 241125/ seinfeld-s-journey-from-flop-to-acclaimed-hit;David Kronke, "There's Nothing to It," Los Angeles Times, January 29, 1995, http:// articles.latimes.com/ 1995-01-29/entertainment/ ca-25549_1_ jerry- seinfeld;James Sterngold, "Seinfeld Producers Wonder, Now What?" New York Times, January 27, 1998, www.nytimes.com/ 1998/01/ 27/ movies/seinfeld-producers-wonder-now-what.html.

5   Laura J. Kornish and Karl T. Ulrich, "Opportunity Spaces in Innovation: Empirical Analysis of Large Samples of Ideas," Management Science 57 (2011): 107–128.

6   Justin M. Berg, "Balancing on the Creative High-Wire:Forecasting the Success of Novel Ideas in Organizations," unpublished doctoral dissertation, University of Pennsylvania, 2015.

7   For a review, see David Dunning, Chip Heath, and Jerry M. Suls, "Flawed Self-Assessment:Implications for Health, Education, and the Workplace," Psychological Science in the Public Interest 5 (2004): 69–106.

8   Arnold C. Cooper, Carolyn Y. Woo, and William C. Dunkelberg, "Entrepreneurs' Perceived Chances for Success," Journal of Business Venturing 3 (1988): 97–108;Noam Wasserman, "How an Entrepreneur's Passion Can Destroy a Startup," Wall Street Journal, August 25, 2014, www.wsj.com/ articles/ how-an-entrepreneur-s-passion-can-destroy-a-startup-1408912044.

9   Dean Keith Simonton, "Creativity as Blind Variation and Selective Retention: Is the Creative Process Darwinian?," Psychological Inquiry 10 (1999): 309–28.

10 Dean Keith Simonton, "Creative Productivity, Age, and Stress: A Biographical Time-Series Analysis of 10 Classical Composers," Journal of Personality and Social Psychology 35 (1977): 791–804.

11 Aaron Kozbelt, "A Quantitative Analysis of Beethoven as Self-Critic:Implications

for Psychological Theories of Musical Creativity," Psychology of Music 35 (2007): 144–68.

12 Dean Keith Simonton, "Creativity and Discovery as Blind Variation: Campbell's (1960) BVSR Model After the Half–Century Mark," Review of General Psychology 15 (2011): 158–74.

13 Dean Keith Simonton, "Creative Productivity: A Predictive and Explanatory Model of Career Trajectories and Landmarks," Psychological Review 104 (1997): 66–89.

14 London Philharmonic Orchestra and David Parry, The 50 Greatest Pieces of Classical Music, X5 Music Group, November 23, 2009.

15 Aaron Kozbelt, "Longitudinal Hit Ratios of Classical Composers: Reconciling 'Darwinian' and Expertise Acquisition Perspectives on Lifespan Creativity," Psychology of Aesthetics, Creativity, and the Arts 2 (2008): 221–35.

16 Ira Glass, "The Gap," accessed on April 14, 2015, at https:// vimeo.com/ 85040589.

17 Dean Keith Simonton, "Leaders of American Psychology, 1879–1967:Career Development, Creative Output, and Professional Achievement," Journal of Personality and Social Psychology 62 (1992): 5–17.

18 Dean Keith Simonton, "Thomas Edison's Creative Career: The Multilayered Trajectory of Trials, Errors, Failures, and Triumphs," Psychology of Aesthetics, Creativity, and the Arts 9 (2015): 2–14.

19 Robert I. Sutton, Weird Ideas That Work: 11½ Practices for Promoting, Managing, and Sustaining Innovation (New York: Simon & Schuster, 2001).

20 Teresa M. Amabile, "How to Kill Creativity," Harvard Business Review, September?October(1998): 77–87;Teresa M. Amabile, Sigal G.Barsade, Jennifer S. Mueller, and Barry M. Staw, "Affect and Creativity at Work," Administrative Science Quarterly 50 (2005): 367–403.

21 Upworthy, "How to Make That One Thing Go Viral," December 3, 2012, www.slideshare.net/ Upworthy/ how–to–make–that–one–thing–go–viral–just–kidding, and "2 Monkeys Were Paid Unequally; See What Happens Next," November 11, 2013, www.upworthy.com/ 2–monkeys–were–paid–unequally–see–what–happens–next.

22 Brian J. Lucas and Loran F. Nordgren, "People Underestimate the Value of

Persistence for Creative Performance," Journal of Personality and Social Psychology 109 (2015): 232–43.

23   Personal interview with Lizz Winstead, February 8, 2015.

24   Eric Ries, The Lean Startup: How Today's Entrepreneurs Use Continuous Innovation to Create Radically Successful Businesses (New York: Crown, 2011).

25   Charalampos Mainemelis, "Stealing Fire: Creative Deviance in the Evolution of New Ideas," Academy of Management Review 35(2010): 558–78;Aren Wilborn, "5 Hilarious Reasons Publishers Rejected Classic Best-Sellers," Cracked, February 13, 2013, www.cracked.com/article_20285_5-hilarious-reasons-publishers-rejected-classic-best-sellers.html; Berg, "Balancing on the Creative High-Wire."

26   Jennifer S. Mueller, Shimul Melwani, and Jack A. Goncalo, "The Bias Against Creativity: Why People Desire But Reject Creative Ideas," Psychological Science 23 (2012): 13–17.

27   Erik Dane, "Reconsidering the Trade-Off Between Expertise and Flexibility: A Cognitive Entrenchment Perspective," Academy of Management Review 35 (2010): 579–603.

28   Drake Baer, "In 1982, Steve Jobs Presented an Amazingly Accurate Theory About Where Creativity Comes From," Business Insider, February 20, 2015, www.businessinsider.com/steve-jobs-theory-of-creativity—2015-2.

29   Robert Root-Bernstein, Lindsay Allen, Leighanna Beach, Ragini Bhadula, Justin Fast, Chelsea Hosey, Benjamin Kremkow, Jacqueline Lapp, Kaitlin Lonc, Kendell Pawelec, Abigail Podufaly, Caitlin Russ, Laurie Tennant, Eric Vrtis, and Stacey Weinlander, "Arts Foster Scientific Success: Avocations of Nobel, National Academy, Royal Society, and Sigma Xi Members," Journal of Psychology of Science and Technology 1 (2008):51–63.

30   Laura Niemi and Sara Cordes, "The Arts and Economic Vitality: Leisure Time Interest in Art Predicts Entrepreneurship and Innovation at Work," manuscript under review for publication, 2015.

31   Dean Keith Simonton, "Foresight, Insight, Oversight, and Hindsight in Scientific Discovery: How Sighted Were Galileo's Telescopic Sightings?," Psychology of Aesthetics, Creativity, and the Arts 6 (2012): 243–54.

32   Robert R. McCrae, "Aesthetic Chills as a Universal Marker of Openness to Experience," Motivation and Emotion 31 (2007): 5–11; Laura A. Maruskin, Todd

M. Thrash, and Andrew J. Elliot, "The Chills as a Psychological Construct: Content Universe, Factor Structure, Affective Composition, Elicitors, Trait Antecedents, and Consequences," Journal of Personality and Social Psychology 103 (2012): 135–57;Paul J. Silvia and Emily C. Nusbaum, "On Personality and Piloerection: Individual Differences in Aesthetic Chills and Other Unusual Aesthetic Experiences," Psychology of Aesthetics, Creativity, and the Arts 5 (2011): 208–14;. Nusbaum and Silvia, "Shivers and Timbres: Personality and the Experience of Chills from Music," Social Psychological and Personality Science 2 (2011): 199–204;Oliver Grewe, Reinhard Kopiez, and Eckart Altenmuller, "The Chill Parameter: Goose Bumps and Shivers as Promising Measures in Emotion Research," Music Perception 27 (2009): 61–74; Brian S. Connelly, Deniz S. Ones, Stacy E. Davies, and Adib Birkland, "Opening Up Openness: A Theoretical Sort Following Critical Incidents Methodology and a Meta-Analytic Investigation of the Trait Family Measures," Journal of Personality Assessment 96 (2014): 17–28.

33 Charles Darwin, Charles Darwin: His Life Told in an Autobiographical Chapter, and in a Selected Series of His Published Letters (London: John Murray, 1908).

34 Donald W. MacKinnon, "The Nature and Nurture of Creative Talent," American Psychologist 17 (1962): 484–95, and "Personality and the Realization of Creative Potential," American Psychologist 20(1965): 273–81.

35 Frederic C. Godart, William W. Maddux, Andrew V. Shipilov, and Adam D. Galinsky, "Fashion with a Foreign Flair: Professional Experiences Abroad Facilitate the Creative Innovations of Organizations," Academy of Management Journal 58 (2015): 195–220.

36 Angela Ka-yee Leung, William W. Maddux, Adam D. Galinsky, and Chi-yue Chiu, "Multicultural Experience Enhances Creativity: The When and How," American Psychologist 63 (2008): 169–81;William W. Maddux and Adam D. Galinsky, "Cultural Borders and Mental Barriers: The Relationship Between Living Abroad and Creativity," Journal of Personality and Social Psychology 96 (2009): 1047–61.

37 Steve Kemper, Reinventing the Wheel: A Story of Genius, Innovation, and Grand Ambition (New York: Harper Collins, 2005).

38 Erik Dane, Kevin W. Rockmann, and Michael G. Pratt, "When Should I Trust My Gut? Linking Domain Expertise to Intuitive Decision-Making Effectiveness," Organizational Behavior and Human Decision Processes 119 (2012): 187–94.

39 Daniel Kahneman and Gary Klein, "Conditions for Intuitive Expertise: A Failure to Disagree," American Psychologist 64 (2009): 515–26.

40 Pino G. Audia, Edwin A. Locke, and Ken G. Smith, "The Paradox of Success: An Archival and a Laboratory Study of Strategic Persistence Following Radical Environmental Change," Academy of Management Journal 43 (2000): 837–53.

41 Cheryl Mitteness, Richard Sudek, and Melissa S. Cardon, "Angel Investor Characteristics That Determine Whether Perceived Passion Leads to Higher Evaluations of Funding Potential," Journal of Business Venturing 27 (2012): 592606.

42 Daniel Kahneman, Thinking, Fast and Slow (New York: Macmillan, 2011).

43 "Passionate people": Eric Schmidt and Jonathan Rosenberg, How Google Works(New York: Grand Central, 2014).

44 Personal interviews with Lon Binder, December 30, 2014, and Neil Blumenthal and Dave Gilboa, February 2, 2015.

45 Adam Higginbotham, "Dean Kamen's Mission to Bring Unlimited Clean Water to the Developing World," Wired, August 13, 2013, www .wired.co.uk/magazine/archive/ 2013/ 08/ features/ engine-of-progress; Christopher Helman, "Segway Inventor Dean Kamen Thinks His New Stirling Engine Will Get You off the Grid for Under $10K," Forbes, July 2, 2014, www.forbes.com/ sites/christopherhelman/ 2014/07/ 02/dean-kamen-thinks-his-new-stirling-engine-could-power-the-world;Erico Guizzo, "Dean Kamen's 'Luke Arm' Prosthesis Receives FDA Approval," IEEE Spectrum, May 13, 2014, http:// spectrum.ieee.org/ automaton/biomedical/ bionics/dean-kamen-luke-arm-prosthesis-receives-fda-approval.

3장 위험을 무릅쓰다

1 Susan J. Ashford, Nancy P. Rothbard, Sandy Kristin Piderit, and Jane E. Dutton, "Out on a Limb: The Role of Context and Impression Management in Selling Gender-Equity Issues," Administrative Science Quarterly 43 (1998): 23–57.

2 The Ultimate Quotable Einstein, ed. Alice Calaprice (Princeton, NJ: Princeton University Press, 2011).

3 Personal interviews with Carmen Medina, August 14, 2014, and March 2, 2015; personal interview with Susan Benjamin, April 3, 2015; Lois Kelly and Carmen Medina, Rebels at Work: A Handbook for Leading Change from Within (New York: O'Reilly Media, 2014).

4　"Don Burke and Sean P. Dennehy," Service to America Medals, 2009, http://servicetoamericamedals.org/ honorees/ view_ profile.php -profile= 215; "CIA Adopting Web 2.0 Tools Despite Resistance," Space War, June 12, 2009, www.spacewar.com/ reports/ CIA_ adopting_ Web_ 2.0_ tools_ despite_resistance_ 999.html; Steve Vogel, "For Intelligence Officers, A Wiki Way to Connect the Dots," Washington Post, August 27, 2009, www.washingtonpost.com/wp-dyn/ content/ article/ 2009/ 08/ 26/ AR2009082603606.html; Robert K.Ackerman, "Intellipedia Seeks Ultimate Information Sharing," SIGNAL, October 2007, www.afcea.org/ content/? q=intellipedia-seeks-ultimate-information-sharing.

5　Scott E. Seibert, Maria L. Kraimer, and J. Michael Crant, "What Do Proactive People Do? A Longitudinal Model Linking Proactive Personality and Career Success," Personnel Psychology 54 (2001): 845-74.

6　Benoit Monin, Pamela J. Sawyer, and Matthew J. Marquez, "The Rejection of Moral Rebels: Resenting Those Who Do the Right Thing," Journal of Personality and Social Psychology 95 (2008): 76-93.

7　Alison R. Fragale, Jennifer R. Overbeck, and Margaret A. Neale, "Resources Versus Respect: Social Judgments Based on Targets' Power and Status Positions," Journal of Experimental Social Psychology 47 (2011): 767-75.

8　Nathanael J. Fast, Nir Halevy, and Adam D. Galinsky, "The Destructive Nature of Power Without Status," Journal of Experimental Social Psychology 48 (2012): 391-94.

9　Jon Lewis, "If History Has Taught Us Anything … Francis Ford Coppola, Paramount Studios, and The Godfather Parts I, II, and III," in Francis Ford Coppola's The Godfather Trilogy, ed. Nick Browne (Cambridge: Cambridge University Press, 2000), and Whom God Wishes to Destroy: Francis Coppola and the New Hollywood (Durham, NC: Duke University Press, 1997).

10　Edwin P. Hollander, "Conformity, Status, and Idiosyncrasy Credit," Psychological Review 65 (1958): 117-27; see also Hannah Riley Bowles and Michele Gelfand, "Status and the Evaluation of Workplace Deviance," Psychological Science 21 (2010): 49-54.

11　Silvia Bellezza, Francesca Gino, and Anat Keinan, "The Red Sneakers Effect: Inferring Status and Competence from Signals of Nonconformity," Journal of Consumer Research 41 (2014): 35-54.

12　Alison R. Fragale, "The Power of Powerless Speech: The Effects of Speech Style and Task Interdependence on Status Conferral," Organizational Behavior and Human Decision Processes 101 (2006): 243–61; Adam Grant, Give and Take: Why Helping Others Drives Our Success (New York:Viking Press, 2013).

13 Marian Friestad and Peter Wright, "The Persuasion Knowledge Model: How People Cope with Persuasion Attempts," Journal of Consumer Research 21 (1994): 1–31.

14 Personal interviews with Rufus Griscom, January 29 and February 26, 2015.

15 Teresa M. Amabile, "Brilliant But Cruel: Perceptions of Negative Evaluators," Journal of Experimental Social Psychology 19 (1983): 146–56.

16 Uma R. Karmarkar and Zakary L. Tormala, "Believe Me, I Have No Idea What I'm Talking About: The Effects of Source Certainty on Consumer Involvement and Persuasion," Journal of Consumer Research 36 (2010): 1033–49.

17 See R. Glen Hass and Darwyn Linder, "Counterargument Availability and the Effects of Message Structure on Persuasion," Journal of Personality and Social Psychology 23 (1972): 219–33.

18 Norbert Schwarz, Herbert Bless, Fritz Strack, Gisela Klumpp, Helga Rittenauer– Schatka, and Annette Simons, "Ease of Retrieval as Information: Another Look at the Availability Heuristic," Journal of Personality and Social Psychology 61 (1991): 195–202.

19 Geoffrey Haddock, "It's Easy to Like or Dislike Tony Blair: Accessibility Experiences and the Favourability of Attitude Judgments," British Journal of Psychology 93 (2002): 257–67.

20 Elizabeth L. Newton, "Overconfidence in the Communication of Intent: Heard and Unheard Melodies," Ph.D. dissertation, Stanford University (1990); Chip Heath and Dan Heath, Made to Stick: Why Some Ideas Survive and Others Die (New York: Random House, 2007).

21 John P. Kotter, Leading Change (Boston: Harvard Business School Press, 1996).

22 Robert B. Zajonc, "Attitudinal Effects of Mere Exposure," Journal of Personality and Social Psychology Monographs 9 (1968): 1–27.

23 Robert F. Bornstein, "Exposure and Affect: Overview and Meta–Analysis of Research, 1968–1987," Psychological Bulletin 106 (1989): 265–89; Robert B. Zajonc, "Mere Exposure: A Gateway to the Subliminal," Current Directions in Psychological Science 10 (2001): 224–28; Eddie Harmon–Jones and John J. B.

Allen, "The Role of Affect in the Mere Exposure Effect: Evidence from Psychophysiological and Individual Differences Approaches," Personality and Social Psychology Bulletin 27 (2001): 889–98.

24 Theodore H. Mita, Marshall Dermer, and Jeffrey Knight, "Reversed Facial Images and the Mere–Exposure Hypothesis," Journal of Personality and Social Psychology 35 (1977): 597–601.

25 Personal interview with Howard Tullman, December 16, 2014.

26 Ethan R. Burris, James R. Detert, and Dan S. Chiaburu, "Quitting Before Leaving: The Mediating Effects of Psychological Attachment and Detachment on Voice," Journal of Applied Psychology 93 (2008): 912–22.

27 Caryl E. Rusbult, Dan Farrell, Glen Rogers, and Arch G. Mainous III, "Impact of Exchange Variables on Exit, Voice, Loyalty, and Neglect: An Integrative Model of Responses to Declining Job Satisfaction," Academy of Management Journal 31 (1988): 599–627; Michael J. Withey and William H. Cooper, "Predicting Exit, Voice, Loyalty, and Neglect," Administrative Science Quarterly 34 (1989): 521–39.

28 Subrahmaniam Tangirala and Rangaraj Ramanujam, "Exploring Nonlinearity in Employee Voice: The Effects of Personal Control and Organizational Identification," Academy of Management Journal 51 (2008): 1189–1203.

29 Fred O. Walumbwa and John Schaubroeck, "Leader Personality Traits and Employee Voice Behavior: Mediating Roles of Ethical Leadership and Work Group Psychological Safety," Journal of Applied Psychology 94 (2009): 1275–86.

30 Jeffrey A. LePine and Linn Van Dyne, "Voice and Cooperative Behavior as Contrasting Forms of Contextual Performance: Evidence of Differential Relationships with Big Five Personality Characteristics and Cognitive Ability," Journal of Applied Psychology 86 (2001): 326–36.

31 Robert Sutton, "Porcupines with Hearts of Gold," BusinessWeek, July 14, 2008, www.businessweek.com/ business_ at_ work/ bad_ bosses/archives/ 2008/ 07/ porcupines_ with.html.

32 Stephane Cote and Debbie S. Moskowitz, "On the Dynamic Covariation between Interpersonal Behavior and Affect: Prediction from Neuroticism, Extraversion, and Agreeableness," Journal of Personality and Social Psychology 75 (1998): 1032–46.

33 Zhen Zhang, Mo Wang, and Junqi Shi, "Leader-Follower Congruence in Proactive Personality and Work Outcomes: The Mediating Role of Leader-Member Exchange," Academy of Management Journal 55 (2012): 111-30; see also Nathanael J. Fast, Ethan R. Burris, and Caroline A. Bartel, "Managing to Stay in the Dark: Managerial Self-Efficacy, Ego Defensiveness, and the Aversion to Employee Voice," Academy of Management Journal 57 (2014): 1013-34; Mark J. Somers and Jose C. Casal, "Organizational Commitment and Whistle-Blowing: A Test of the Reformer and the Organization Man Hypotheses," Group & Organization Management 19 (1994): 270-84.

34 George C. Homans, The Human Group (New York: Harcourt, Brace, 1950) and Social Behavior: Its Elementary Forms (New York: Harcourt, Brace, and World, 1961).

35 Personal conversations with Larry Page on September 15 and 16, 2014.

36 Damon J. Phillips and Ezra W. Zuckerman, "Middle-Status Conformity: Theoretical Restatement and Empirical Demonstration in Two Markets," American Journal of Sociology 107 (2001): 379-429.

37 Michelle M. Duguid and Jack A. Goncalo, "Squeezed in the Middle: The Middle Status Trade Creativity for Focus," Journal of Personality and Social Psychology 109, no. 4(2015), 589-603.

38 Anne M. Koenig, Alice H. Eagly, Abigail A. Mitchell, and Tiina Ristikari, "Are Leader Stereotypes Masculine- A Meta-Analysis of Three Research Paradigms," Psychological Bulletin 127 (2011): 616-42.

39 Sheryl Sandberg, Lean In: Women, Work, and the Will to Lead(New York: Knopf, 2013).

40 Sheryl Sandberg and Adam Grant, "Speaking While Female," New York Times, January 12, 2015, www.nytimes.com/2015/ 01/ 11/ opinion/ sunday/speaking-while-female. html; Adam M. Grant, "Rocking the Boat But Keeping It Steady: The Role of Emotion Regulation in Employee Voice," Academy of Management Journal 56 (2013): 1703-23.

41 Victoria L. Brescoll, "Who Takes the Floor and Why: Gender, Power, and Volubility in Organizations," Administrative Science Quarterly 56 (2011): 622-41.

42 Ethan R. Burris, "The Risks and Rewards of Speaking Up: Managerial Responses to Employee Voice," Academy of Management Journal 55 (2012): 851-75.

43 Taeya M. Howell, David A. Harrison, Ethan R. Burris, and James R. Detert, "Who Gets Credit for Input? Demographic and Structural Status Cues in Voice Recognition," Journal of Applied Psychology, forthcoming (2015).

44 Jennifer L. Berdahl, "The Sexual Harassment of Uppity Women," Journal of Applied Psychology 92 (2007): 425–37.

45 Jens Mazei, Joachim Huffmeier, Philipp Alexander Freund, Alice F. Stuhlmacher, Lena Bilke, and Guido Hertel, "A Meta-Analysis on Gender Differences in Negotiation Outcomes and Their Moderators," Psychological Bulletin 141 (2015): 85–104; Emily T. Amanatullah and Michael W. Morris, "Negotiating Gender Roles: Gender Differences in Assertive Negotiating Are Mediated by Women's Fear of Backlash and Attenuated When Negotiating on Behalf of Others," Journal of Personality and Social Psychology 98 (2010): 256–67; Hannah Riley Bowles, Linda Babcock, and Kathleen L. McGinn, "Constraints and Triggers: Situational Mechanics of Gender in Negotiation," Journal of Personality and Social Psychology 89 (2005): 951– 65.

46 Ashleigh Shelby Rosette, "Failure Is Not an Option for Black Women: Effects of Organizational Performance on Leaders with Single Versus Dual-Subordinate Identities," Journal of Experimental Social Psychology 48 (2012): 1162–67.

47 Robert W. Livingston, Ashleigh Shelby Rosette, and Ella F. Washington, "Can an Agentic Black Woman Get Ahead? The Impact of Race and Interpersonal Dominance on Perceptions of Female Leaders," Psychological Science 23 (2012): 354–58.

48 Personal interview with Donna Dubinsky, June 20, 2014; Todd D. Jick and Mary Gentile, "Donna Dubinsky and Apple Computer, Inc. (A)," Harvard Business School, Case 9–486–083, December 11, 1995.

49 Walter Isaacson, Steve Jobs (New York: Simon & Schuster, 2013).

50 Albert O. Hirschman, Exit, Voice, and Loyalty: Responses to Decline in Firms, Organizations, and States (Cambridge, MA: Harvard University Press, 1970).

51 Thomas Gilovich and Victoria Husted Medvec, "The Temporal Pattern to the Experience of Regret," Journal of Personality and Social Psychology 67 (1994): 357–65, and "The Experience of Regret: What, When, and Why," Psychological Review 102 (1995): 379–95.

4장 서두르면 바보

1 Quote Investigator, January 17, 2013, http://quoteinvestigator.com/ 2013/ 01/ 17/put-off.

2 Clarence B. Jones, Behind the Dream: The Making of the Speech That Transformed a Nation (New York: Palgrave Macmillan, 2011);Coretta Scott King, My Life with Martin Luther King, Jr. (New York: Henry Holt & Co., 1993); Drew Hansen, The Dream: Martin Luther King, Jr., and the Speech That Inspired a Nation (New York: Harper Perennial, 2005); Carmine Gallo, "How Martin Luther King Improvised 'I Have a Dream,' " Forbes, August 27, 2013, www .forbes.com / sites/ carminegallo/ 2013/ 08/ 27/public-speaking-how-mlk-improvised-second-half-of-dream-speech;Frank Hagler, "50 Incredible Facts-and Photos-from the March on Washington," Policy.Mic, August 28, 2013, mic .com/ articles/ 60815/50-incredible-facts-and-photos-from-the-march-on-washington; David J. Garrow, Bearing the Cross: Martin Luther King, Jr., and the Southern Christian Leadership Conference (New York: William Morrow, 1986).

3 "If I Had More Time, I Would Have Written a Shorter Letter," Quote Investigator, April 28, 2012, quoteinvestigator.com/ 2012/ 04/ 28/shorter-letter.

4 Jihae Shin, "Putting Work Off Pays Off: The Hidden Benefits of Procrastination for Creativity," manuscript under review, 2015.

5 William A. Pannapacker, "How to Procrastinate Like Leonardo da Vinci," Chronicle Review, February 20, 2009.

6 Mareike B. Wieth and Rose T. Zacks, "Time of Day Effects on Problem Solving: When the Non-Optimal Is Optimal," Thinking & Reasoning 17 (2011): 387-401.

7 Giorgio Vasari, Lives of the Most Excellent Painters, Sculptors, and Architects, from Cimabue to Our Times (New York: Modern Library Classics, 1568/ 2006).

8 Rena Subotnik, Cynthia Steiner, and Basanti Chakraborty, "Procrastination Revisited: The Constructive Use of Delayed Response," Creativity Research Journal 12 (1999): 151-60.

9 Ut Na Sio and Thomas C. Ormerod, "Does Incubation Enhance Problem Solving? A Meta-Analytic Review," Psychological Bulletin 135(2009): 94-120.

10 Peggy Noonan, "The Writing of a Great Address," Wall Street Journal, July 5, 2013, www.wsj.com/ articles/SB1000142412788 73243994045785839

91319014114; Ronald C. White, Jr., The Eloquent President: A Portrait of Lincoln Through His Words (New York: Random House, 2011).

11 Bluma Zeigarnik, "Das Behalten erledigter und unerledigter Handlungen," Psychologische Forschung 9 (1927): 1–85; see Kenneth Savitsky, Victoria Husted Medvec, and Thomas Gilovich, "Remembering and Regretting: The Zeigarnik Effect and the Cognitive Availability of Regrettable Actions and Inactions," Personality and Social Psychology Bulletin 23 (1997): 248–57.

12 M. J. Simpson, Hitchhiker: A Biography of Douglas Adams (Boston: Justin, Charles & Co., 2005).

13 Donald W. MacKinnon, "The Nature and Nurture of Creative Talent," American Psychologist 17 (1962): 484–95, and "Personality and the Realization of Creative Potential," American Psychologist 20(1965): 273–81.

14 Adam M. Grant, Francesca Gino, and David A. Hofmann, "Reversing the Extraverted Leadership Advantage: The Role of Employee Proactivity," Academy of Management Journal 54 (2011): 528–50.

15 Sucheta Nadkarni and Pol Herrmann, "CEO Personality, Strategic Flexibility, and Firm Performance: The Case of the Indian Business Process Outsourcing Industry," Academy of Management Journal 53 (2010): 1050–73.

16 Anita Williams Woolley, "Effects of Intervention Content and Timing on Group Task Performance," Journal of Applied Behavioral Science 34 (1998): 30–46.

17 Connie J. G. Gersick, "Marking Time: Predictable Transitions in Task Groups," Academy of Management Journal 32 (1989): 274–309, and "Revolutionary Change Theories: A Multilevel Exploration of the Punctuated Equilibrium Paradigm," Academy of Management Review 16 (1991): 10–36.

18 Nancy Katz, "Sports Teams as a Model for Workplace Teams: Lessons and Liabilities," Academy of Management Executive 15(2001): 56–67.

19 Bill Gross, "The Single Biggest Reason Why Startups Succeed," TED Talks, June 2015, www.ted.com/ talks/ bill_gross_the_single_bigge st_reason_why_startups_ succeed/ transcript.

20 Lisa E. Bolton, "Believing in First Mover Advantage," manuscript under review.

21 Marvin B. Lieberman and David B. Montgomery, "First–MoverAdvantages," Strategic Management Journal 9 (1988): 41–58;Montgomery and Lieberman, "First–Mover(Dis)advantages: Retrospective and Link with the Resource–Based

View," Strategic Management Journal 19 (1998):1111–25.

22 Peter N. Golder and Gerard J. Tellis, "Pioneer Advantage: Marketing Logic or Marketing Legend?" Journal of Marketing Research 30 (1993): 158–70.

23 Jeanette Brown, "What Led to Kozmo's Final Delivery," Bloomberg Business, April 15, 2001, www.bloomberg.com/ bw/ stories/ 2001–04–15/what–led–to–kozmos–final–delivery; Greg Bensinger, "In Kozmo.com's Failure, Lessons for Same–Day Delivery," Wall Street Journal, December 3, 2012, http://blogs.wsj.com/ digits/ 2012/ 12/ 03/ in–kozmo–coms–failure–lessons–for–same–day–deliver;Diane Seo, "The Big Kozmo KO," Salon, July 21, 2000, www.salon.com/2000/ 07/ 21/ kozmo; Stephanie Miles, "Strategy, Inefficiencies Hurt Kozmo, Say Its Competitors in New York," Wall Street Journal, April 17, 2011, www.wsj.com/articles/ SB987187139726234932; Jeremy Stahl, "The Kozmo Trap," Slate, May 14, 2012, http:// hive.slate.com/ hive/ 10–rules–starting–small–business/article/the–kozmo–trap;Jayson Blair, "Behind Kozmo's Demise: Thin Profit Margins," NewYork Times, April 13, 2001, www.nytimes.com/ 2001/ 04/ 13/ nyregion/behind–kozmo–s–demise–thin–profit–margins.html.

24 Boonsri Dickinson, "Infographic: Most Startups Fail Because of Premature Scaling," ZDNet, September 1, 2011, www.zdnet.com/ article/infographic–most–startups–fail–because–of–premature–scaling.

25 Toronto Public Library, "Malcolm Gladwell, Part 3," May 28, 2012, https:// www.youtube.com/ watch– v= QyL9H4wJ0VE; Laura Petrecca, "Malcolm Gladwell Advocates Being Late," USA Today, June 20, 2011, content.usatoday.com/ communities/ livefrom/ post/ 2011/06/malcolm–gladwell–talks–innovation–and–being–late–at–cannes/1#.VVc6ykZ2M5w.

26 Steve Kemper, Reinventing the Wheel: A Story of Genius, Innovation, and Grand Ambition (New York: HarperCollins, 2005).

27 Personal interview with Bill Sahlman, March 11, 2015.

28 Elizabeth G. Pontikes and William P. Barnett, "When to Be a Nonconformist Entrepreneur? Organizational Responses to Vital Events," University of Chicago Working Paper No. 12–59 (2014).

29 Stanislav D. Dobrev and Aleksios Gotsopoulos, "Legitimacy Vacuum, Structural Imprinting, and the First Mover Disadvantage," Academy of Management Journal 53 (2010): 1153–74.

30 Personal interview with Neil Blumenthal, June 25, 2014.

31 Steven D. Levitt and Stephen J. Dubner, SuperFreakonomics: Global Cooling, Patriotic Prostitutes, and Why Suicide Bombers Should Buy Life Insurance (New York: William Morrow, 2009).

32 Max Planck, Scientific Autobiography and Other Papers(New York: Philosophical Library, 1949).

33 Marvin B. Lieberman, "Did First-Mover Advantages Survive the Dot-Com Crash?," Anderson School of Management working paper (2007).

34 Pieter A. VanderWerf and John F. Mahon, "Meta-Analysis of the Impact of Research Methods on Findings of First Mover Advantage," Management Science 43 (1997): 1510-19.

35 William Boulding and Markus Christen, "Sustainable Pioneering Advantage? Profit Implications of Market Entry Order," Marketing Science 22 (2003): 371-92.

36 Jessica Stillman, "Older Entrepreneurs Get a Bum Rap," Inc., December 3, 2012, www.inc.com/jessica-stillman/older-entrepreneurs-vs-young-founders.html.

37 David Wessel, "The 'Eureka' Moments Happen Later," Wall Street Journal, September 5, 2012, www.wsj.com/ articles/ SB1000087239639044358 9304577633243828684650.

38 "Walter Isaacson, Einstein: His Life and Universe (New York: Simon & Schuster, 2008).

39 Birgit Verworn, "Does Age Have an Impact on Having Ideas? An Analysis of the Quantity and Quality of Ideas Submitted to a Suggestion System," Creativity and Innovation Management 18(2009): 326-34.

40 Claire Cain Miller, "The Next Mark Zuckerberg Is Not Who You Might Think," New York Times, July 2, 2015, www.nytimes.com/2015/ 07/ 02/ upshot/the-next-mark-zuckerberg-is-not-who-you-might-think.html.

41 Karl E. Weick, The Social Psychology of Organizing, 2nd ed.(Reading, MA: Addison-Wesley,1979).

42 David Galenson, Old Masters and Young Geniuses: The Two Life Cycles of Artistic Creativity (Princeton, NJ: Princeton University Press, 2011).

43 Bruce A. Weinberg and David W. Galenson, "Creative Careers: The Life Cycles of Nobel Laureates in Economics," National Bureau of Economic Research

Working Paper No. 11799 (November 2005).

44 David W. Galenson, "Literary Life Cycles: The Careers of Modern American Poets," National Bureau of Economic Research Working Paper No. 9856 (July 2003); see also Dean Keith Simonton, "Creative Life Cycles in Literature: Poets Versus Novelists or Conceptualists Versus Experimentalists?," Psychology of Aesthetics, Creativity, and the Arts 1 (2007): 133–39.

45 Benjamin F. Jones, E. J. Reedy, and Bruce A. Weinberg, "Age and Scientific Genius," National Bureau of Economic Research Working Paper No. 19866 (January 2014); see also Benjamin F. Jones and Bruce A. Weinberg, "Age Dynamics in Scientific Creativity," Proceedings of the National Academy of Sciences 108 (2011): 18910–914.

46 Abraham H. Maslow, The Psychology of Science (New York: Harper and Row, 1966).

47 Weick, The Social Psychology of Organizing.

48 Daniel H. Pink, "What Kind of Genius Are You?" Wired, July 2006, http://archive.wired.com/wired/ archive/ 14.07/ genius.html.

5장 최적의 균형점과 트로이 목마

1 Dr. Seuss, The Sneetches and Other Stories(New York: Random House, 1961).

2 Andrea Moore Kerr, Lucy Stone: Speaking Out for Equality (Rutgers, NJ: Rutgers University Press, 1992); Jean H. Baker, Sisters: The Lives of America's Suffragists (New York: Hill and Wang, 2006); Sally G. McMillen, Lucy Stone: An Unapologetic Life (Oxford: Oxford University Press, 2015); Lisa Tetrault, The Myth of Seneca Falls: Memory and the Women's Suffrage Movement, 1848–1898(Chapel Hill, NC: University of North Carolina Press, 2014); Elinor Rice Hays, Morning Star: A Biography of Lucy Stone, 1818– 1893(New York: Harcourt, Brace & World, 1961); Alice Stone Blackwell, Lucy Stone: Pioneer of Woman's Rights (Boston: Little, Brown, 1930); Elizabeth Frost-Knappman and Kathryn Cullen-DuPont, Women's Suffrage in America (New York: Facts on File, 1992/ 2005); Suzanne M. Marilley, Woman Suffrage and the Origins of Liberal Feminism in the United States (Boston: Harvard University Press, 1997); Catherine Gilbert Murdock, Domesticating Drink: Women, Men, and Alcohol in America, 1870–1940(Baltimore: Johns Hopkins University Press,2003); Carolyn De Swarte Gifford, Writing Out My Heart: Selections from the Journal of Frances E. Willard, 1855–96(Urbana: University of Illinois Press, 1995);Joan Smyth

Iversen, The Antipolygamy Controversy in U.S. Women's Movements,1880–1925: A Debate on the American Home (New York: Routledge, 1997); Ida Husted Harper, The Life and Work of Susan B. Anthony, Volume I (Indianapolis:Bowen– Merrill Company, 1899); Ann D. Gordon, The Selected Papers of Elizabeth Cady Stanton and Susan B. Anthony (Rutgers, NJ: Rutgers University Press, 1997).

3   Claudia Goldin and Maria Shim, "Making a Name: Women's Surnames at Marriage and Beyond," Journal of Economic Perspectives 18(2004): 143–60.

4   the concept of horizontal hostility: Judith B. White and Ellen J. Langer, "Horizontal Hostility: Relations Between Similar Minority Groups," Journal of Social Issues 55(1999): 537–59;Judith B. White, Michael T. Schmitt, and Ellen J. Langer, "Horizontal Hostility: Multiple Minority Groups and Differentiation from the Mainstream,"Group Processes & Intergroup Relations 9 (2006): 339–58;Hank Rothgerber, "Horizontal Hostility Among Non–Meat Eaters," PLOS ONE 9 (2014): 1–6.

5   Jolanda Jetten, Russell Spears, and Tom Postmes, "Intergroup Distinctiveness and Differentiation: A Meta–Analytic Integration," Journal of Personality and Social Psychology 86 (2004): 862–79.

6   Scott S. Wiltermuth and Chip Heath, "Synchrony and Cooperation," Psychological Science 20 (2009): 1–5.

7   Erica J. Boothby, Margaret S. Clark, and John A. Bargh, "Shared Experiences Are Amplified," Psychological Science 25 (2014): 2209–16.

8   Wooseok Jung, Brayden G. King, and Sarah A. Soule, "Issue Bricolage: Explaining the Configuration of the Social Movement Sector, 1960–1995," American Journal of Sociology 120 (2014): 187–225.

9   Holly J. McCammon and Karen E. Campbell, "Allies on the Road to Victory: Coalition Formation Between the Suffragists and the Woman's Christian Temperance Union," Mobilization: An International Journal 7 (2002): 231–51.

10 Personal interview with Meredith Perry, November 13, 2014; Google Zeitgeist, September 16, 2014; Jack Hitt, "An Inventor Wants One Less Wire to Worry About," New York Times, August 17, 2013, www.nytimes.com/2013/ 08/ 18/ technology/ an–inventor–wants–one–less–wire–to–worry–about.html?pagewanted= all; Julie Bort, "A Startup That Raised $10 Million for Charging Gadgets Through Sound Has Sparked a Giant Debate in Silicon Valley," Business Insider, November 2, 2014, www.businessinsider.com/startup–ubeams–10–million–debate–2014–11.

11 Simon Sinek, Start with Why: How Great Leaders Inspire Everyone to Take Action (New York: Portfolio, 2011).

12 Debra E. Meyerson and Maureen A. Scully, "Tempered Radicalism and the Politics of Ambivalence and Change," Organization Science 6 (1995): 585–600.

13 Philip M. Fernbach, Todd Rogers, Craig R. Fox, and Steven A. Sloman, "Political Extremism Is Supported by an Illusion of Understanding," Psychological Science 24 (2013): 939–46.

14 Personal interviews with Josh Steinman, December 10, 2014, and Scott Stearney, December 29, 2014.

15 For a review, see Robert B. Cialdini, Influence: Science and Practice, 4th ed. (Boston: Allyn and Bacon, 2001).

16 Srdja Popovic, Blueprint for Revolution: How to Use Rice Pudding, Lego Men, and Other Nonviolent Techniques to Galvanize Communities, Overthrow Dictators, or Simply Change the World (New York: Spiegel & Grau, 2015).

17 Blake E. Ashforth and Peter H. Reingen, "Functions of Dysfunction: Managing the Dynamics of an Organizational Duality in a Natural Food Cooperative," Administrative Science Quarterly 59 (2014): 474–516.

18 Mario Puzo and Francis Ford Coppola, The Godfather: Part II, directed by Francis Ford Coppola, Paramount Pictures, 1974.

19 Michelle K. Duffy, Daniel C. Ganster, and Milan Pagon, "Social Undermining in the Workplace," Academy of Management Journal 45 (2002): 331–51;see also Huiwen Lian, D. Lance Ferris, and Douglas J. Brown, "Does Taking the Good with the Bad Make Things Worse? How Abusive Supervision and Leader–Member Exchange Interact to Impact Need Satisfaction and Organizational Deviance," Organizational Behavior and Human Decision Processes 117 (2012): 41–52.

20 Bert N. Uchino, Julianne Holt–Lunstad, Timothy W. Smith, and Lindsey Bloor, "Heterogeneity in Social Networks: A Comparison of Different Models Linking Relationships to Psychological Outcomes," Journal of Social and Clinical Psychology, 23 (2004): 123–39; Bert N. Uchino, Julianne Holt–Lunstad, Darcy Uno, and Jeffrey B.Flinders, "Heterogeneity in the Social Networks of Young and Older Adults: Prediction of Mental Health and Cardiovascular Reactivity During Acute Stress," Journal of Behavioral Medicine 24 (2001): 361–82.

21 Elliot Aronson and Darwyn Linder, "Gain and Loss of Esteem as Determinants

of Interpersonal Attractiveness," Journal of Experimental Social Psychology 1 (1965): 156–71.

22 Elliot Aronson, The Social Animal, 10th ed. (New York: Worth Publishers, 2007).

23 Harold Sigall and Elliot Aronson, "Opinion Change and the Gain–Loss Model of Interpersonal Attraction," Journal of Experimental Social Psychology 3 (1967): 178–88.

24 Chuck Klosterman, "The Importance of Being Hated," Esquire, April 1, 2004, www.esquire.com/ features/chuck–klostermans–america/ESQ0404–APR_AMERICA.

25 Ithai Stern and James D. Westphal, "Stealthy Footsteps to the Boardroom: Executives' Backgrounds, Sophisticated Interpersonal Influence Behavior, and Board Appointments," Administrative Science Quarterly 55 (2010): 278–319.

26 Personal interviews with Rob Minkoff, October 17 and November 13, 2014.

27 Justin M. Berg, "The Primal Mark: How the Beginning Shapes the End in the Development of Creative Ideas," Organizational Behavior and Human Decision Processes 125 (2014): 1–17.

28 Paula Baker, "The Domestication of Politics: Women and American Political Society, 1780–1920," American Historical Review 89(1984): 620–47.

29 Holly J. McCammon, Lyndi Hewitt, and Sandy Smith, "'No Weapon Save Argument': Strategic Frame Amplification in the U.S. Woman Suffrage Movements," The Sociological Quarterly 45 (2004): 529–56; Holly J. McCammon, " 'Out of the Parlors and Into the Streets': The Changing Tactical Repertoire of the U.S. Women's Suffrage Movements," Social Forces 81 (2003):787–818; Lyndi Hewitt and Holly J. McCammon, "Explaining Suffrage Mobilization: Balance, Neutralization, and Range in Collective Action Frames, 1892–1919," Mobilization: An International Journal 9 (2004): 149–66.

30 Holly J. McCammon, "Stirring Up Suffrage Sentiment: The Formation of the State Woman's Suffrage Organizations, 1866–1914," Social Forces 80 (2001): 449–80; Holly J. McCammon, Karen E. Campbell, Ellen M. Granberg, and Christine Mowery, "How Movements Win: Gendered Opportunity Structures and U.S. Women's Suffrage Movements, 1866–1919," American Sociological Review 66 (2001): 49–70;Holly J. McCammon and Karen E. Campbell, "Winning the Vote in the West: The Political Successes of the Women's Suffrage Movements, 1866–1919," Gender & Society 15 (2001): 55–82.

31 Herbert C. Kelman, "Group Processes in the Resolution of International

Conflicts: Experiences from the Israeli–Palestinian Case," American Psychologist 52 (1997): 212–20, and "Looking Back at My Work on Conflict Resolution in the Middle East," Peace and Conflict 16 (2010): 361–87.

6장 이유 있는 반항

1   Harry Allen Overstreet and Bonaro Wilkinson Overstreet, The Mind Goes Forth: The Drama of Understanding (New York: Norton, 1956).

2   Ano Katsunori, "Modified Offensive Earned–Run Average with Steal Effect for Baseball," Applied Mathematics and Computation 120 (2001):279–88; Josh Goldman, "Breaking Down Stolen Base Break–Even Points," Fan Graphs, November 3, 2011, www.fangraphs.com/ blogs/breaking–down–stolen–base–break–even–points/.

3   Dan Rosenheck, "Robinson Knew Just When to Be Bold on the Base Path," New York Times, April 17, 2009, www.nytimes.com/ 2009/ 04/ 19/ sports/ baseball/ 19score.html; Dave Anderson, "Why Nobody Steals Home Anymore," New York Times, April 16, 1989, www.nytimes.com/ 1989/ 04/ 16/ sports/ sports–of–the–times–why–nobody–steals–home–anymore.html; Bryan Grosnick, "Grand Theft Home Plate: Stealing Home in 2012," Beyond the Box Score, July 27, 2012, www.beyondtheboxscore.com/ 2012/ 7/ 27/ 3197011/grand–theft–home– plate–stealing–home–in–2012;Shane Tourtellotte, "And That Ain't All, He Stole Home!" Hardball Times, March 2, 2012, www.hardballtimes.com/and–that–aint–all–he–stole–home; Manny Randhawa, "Harrison Dazzles with Steal of Home," April 28, 2013, MiLB.com, www.milb.com/ news/ print.jsp? ymd= 20130428&content_ id= 46029428& vkey= news_ t484& fext=.jsp& sid= t484; Anthony McCarron, "Jacoby Ellsbury's Steal of Home Against Yankees Is a Page from Another Era," New York Daily News, April 27, 2009, www.nydailynews.com/ sports/ baseball/ yankees/jacoby–ellsbury–steal–home–yankees–page–era–article–1.359870.

4   Robert Preidt, " 'Plays at the Plate' Riskiest for Pro Baseball Players," HealthDay, January 26, 2014, consumer.healthday.com/fitness–information–14/baseball–or–softball–health–news–240/briefs–emb–1–21–baseball–collision–injuries–ijsm–wake–forest–release–batch–1109–684086.html.

5   Baseball Almanac, "Single Season Leaders for Stolen Bases," www.baseball–almanac.com/ hitting/ hisb2.shtml, and "Career Leaders for Stolen Bases," www.baseball–almanac.com/ hitting/ hisb1.shtml.

6   Jackie Robinson, I Never Had It Made (New York: HarperCollins, 1972/ 1995);

Arnold Rampersad, Jackie Robinson: A Biography(New York: Ballantime Books, 1997); Roger Kahn, Rickey & Robinson: The True, Untold Story of the Integration of Baseball (New York: Rodale Books, 2014); Harvey Frommer, Rickey and Robinson: The Men Who Broke Baseball's Color Barrier (New York: Taylor Trade Publishing, 1982/ 2003).

7   Robert Buderi, "Crime Pays for Rickey Henderson, Who's (Base) Stealing His Way Into the Record Book," People, August 23, 1982, www.people.com/ people/ archive/ article/ 0,20082931,00.html; Lou Brock: "Lou Brock Biography," ESPN, espn.go.com/ mlb/ player/ bio/_/ id/ 19568/lou-brock; Vince Coleman: William C. Rhoden, "Coleman Is a Man in a Hurry," New York Times, www.nytimes.com/ 1985/ 06/ 12/ sports/ coleman-is-a-man-in-a-hurry.html; Maury Wills: Bill Conlin, "The Maury Wills We Never Knew," Chicago Tribune, February 24, 1991, articles.chicagotribune.com/1991-02-24/sports/9101180148_1 _maurice-morning-wills-maury-wills-bases;Ron LeFlore: Bill Staples and Rich Herschlag, Before the Glory: 20 Baseball Heroes Talk About Growing Up and Turning Hard Times Into Home Runs (Deerfield Beach, FL: Health Communications, Inc.: 1997); Omar Moreno: Personal communication with Jim Trdinich, February 1, 2015; Tim Raines: Ron Fimrite, "Don't Knock the Rock," Sports Illustrated, June 25, 1984, www.si.com/vault/1984/06/25/619862/dont-knock-the-rock;Willie Wilson: Willie Wilson, Inside the Park: Running the Base Path of Life (Olathe, KS: Ascend Books, 2013); Marquis Grissom: Jerome Holtzman, "Marquis Grissom Is Newest Hero of the Fall," Chicago Tribune, October 24, 1997, http://articles.chicagotribune.com/1997-10-24/sports/ 9710240033_1_american-league-champion-marquis-grissom-bases;Kenny Lofton: Associated Press, "Former Wildcat Lofton Debuts with Atlanta, Goes 2-for-4," Arizona Daily Wildcat, March 28, 1997, http://wc.arizona.edu/papers/ 90/122/20_ 1_ m.html.

8   Frank J. Sulloway and Richard L. Zweigenhaft, "Birth Order and Risk Taking in Athletics: A Meta-Analysis and Study of Major League Baseball," Personality and Social Psychology Review 14(2010): 402–16.

9   David Falkner, Great Time Coming: The Life of Jackie Robinson, from Baseball to Birmingham (New York: Simon & Schuster, 1995).

10 Rod Carew, Carew(New York: Simon & Schuster, 1979); Martin Miller, "Rod Carew Becomes Champion for the Abused," Los Angeles Times, December 12, 1994, http:// articles.latimes.com/ 1994-12-12/ local/me-8068_1_rod-carew.

11 McCarron, "Jacoby Ellsbury's Steal of Home"; Ken Rosenthal, "You Can Go Home Again, Says Molitor," Baltimore Sun, April 6, 1996, articles.baltimoresun.co m/ 1996-04-06/ sports/1996097010_1_molitor-twins-orioles; Jim Souha n, "My Day with Molitor in 1996," Star Tribune, November 4, 2014, www.startribun

e.com/souhan–blog–my–day–with–molitor–in–1996/ 281481701; Bill Koenig, "Molitor Is Safe at Home," USA Today, June 6, 1996, usatoday30.usatoday.com/ sports/ baseball/ sbbw0442.htm.

12 Frank J. Sulloway, Born to Rebel: Birth Order, Family Dynamics, and Creative Lives (New York: Vintage, 1997), "Birth Order and Evolutionary Psychology: A Meta–Analytic Overview," Psychological Inquiry 6 (1995): 75–80, and "Sources of Scientific Innovation: A Meta–Analytic Approach (Commentary on Simonton, 2009)," Perspectives on Psychological Science 4 (2009): 455–59.

13 Frank J. Sulloway, "Born to Rebel and Its Critics," Politics and the Life Sciences 19 (2000): 181–202, and "Birth Order and Political Rebellion: An Assessment, with Biographical Data on Political Activists" (2002), www.sulloway .org/ politics.html.

14 James March, A Primer on Decision–Making: How Decisions Happen (New York: Free Press, 1994); see also J. Mark Weber, Shirli Kopelman, and David M. Messick, "A Conceptual Review of Decision Making in Social Dilemmas: Applying a Logic of Appropriateness," Personality and Social Psychology Review 8 (2004): 281–307.

15 Roger D. Clark and Glenn A. Rice, "Family Constellations and Eminence: The Birth Orders of Nobel Prize Winners," Journal of Psychology: Interdisciplinary and Applied 110 (1981): 281–87; Richard L. Zweigenhaft, "Birth Order, Approval– Seeking and Membership in Congress," Journal of Individual Psychology 31 (1975): 205–10; Rudy B. Andeweg and Steef B. Van Den Berg, "Linking Birth Order to Political Leadership: The Impact of Parents or Sibling Interaction?," Political Psychology 24 (2003): 605–23; Blema S. Steinberg, "The Making of Female Presidents and Prime Ministers: The Impact of Birth Order, Sex of Siblings, and Father–Daughter Dynamics," Political Psychology 22(2001): 89– 110; Del Jones, "First–born Kids Become CEO Material," USA Today, September 4, 2007, http:// usatoday30.usatoday.com/ money/ companies/management/ 2007–09–03–ceo–birth_N.htm; Ben Dattner, "Birth Order and Leadership," www.dattnerconsulting.com/ birth.html.

16 Marco Bertoni and Giorgio Brunello, "Laterborns Don't Give Up: The Effects of Birth Order on Earnings in Europe," IZA Discussion Paper No. 7679, October 26, 2013, http:// papers.ssrn.com/ sol3/ papers.cfm? abstract_ id= 2345596.

17 Delroy J. Paulhus, Paul D. Trapnell, and David Chen, "Birth Order Effects on Personality and Achievement Within Families," Psychological Science 1999 (10): 482–88; Sulloway, "Born to Rebel and Its Critics," and "Why Siblings Are Like Darwin's Finches: Birth Order, Sibling Competition, and Adaptive Divergence Within the Family," in The Evolution of Personality and Individual Differences,

eds. David M. Buss and Patricia H. Hawley (New York: Oxford University Press, 2010); Laura M. Argys, Daniel I. Rees, Susan L. Averett, and Benjama Witoonchart, "Birth Order and Risky Adolescent Behavior," Economic Inquiry 44 (2006): 215–33; Daniela Barni, Michele Roccato, Alessio Vieno, and Sara Alfieri, "Birth Order and Conservatism: A Multilevel Test of Sulloway's 'Born to Rebel' Thesis," Personality and Individual Differences 66 (2014): 58–63.

18 Steven Pinker, "What Is the Missing Ingredient–Not Genes, Not Upbringing? That Shapes the Mind?," Edge, edge.org/response–detail/ 11078, and The Blank Slate: The Modern Denial of Human Nature(New York: Penguin Books, 2003); Eric Turkheimer and Mary Waldron, "Nonshared Environment: A Theoretical, Methodological, and Quantitative Review," Psychological Bulletin 126 (2000): 78–108; Robert Plomin and Denise Daniels, "Why Are Children in the Same Family So Different from Each Other?," International Journal of Epidemiology 40 (2011): 563–82.

19 Thomas J. Bouchard, Jr., and John C. Loehlin, "Genes, Evolution, and Personality," Behavior Genetics 31 (2001): 243–73; John C. Loehlin, Genes and Environment in Personality Development (Newbury Park, CA: Sage, 1992); John C. Loehlin, Robert R. McCrae, Paul T. Costa, Jr., and Oliver P. John, "Heritabili–ties of Common and Measure–Specific Components of the Big Five Personality Factors," Journal of Research in Personality 32 (1998): 431–53.

20 Sulloway, Born to Rebel; Helen Koch, "Some Personality Correlates of Sex, Sibling Position, and Sex of Sibling Among Five–and Six–Year–Old Children," Genetic Psychology Monographs 52 (1955): 3–50; Frank Dumont, A History of Personality Psychology: Theory, Science, and Research from Hellenism to the Twenty–First Century (Cambridge: Cambridge University Press, 2010). "How is Personality Formed? A Talk with Frank J. Sulloway," Edge, May 17, 1998: https://edge.org/conversation/how–is–personality–formed–.

21 Gil Greengross and Geoffrey F. Miller, "The Big Five Personality Traits of Professional Comedians Compared to Amateur Comedians, Comedy Writers, and College Students," Personality and Individual Differences 47 (2009): 79–83; Gil Greengross, Rod A. Martin, and Geoffrey Miller, "Personality Traits, Intelligence, Humor Styles, and Humor Production Ability of Professional Stand?Up Comedians Compared to College Students," Psychology of Aesthetics, Creativity, and the Arts 6 (2012): 74–82.

22 A. Peter McGraw and Caleb Warren, "Benign Violations: Making Immoral Behavior Funny," Psychological Science 21 (2010): 1141–49.

23 Jim Carrey, "Official Commencement Address Graduating Class of 2014 from Maharishi University of Management," May 24, 2014. www .mum .edu/whats–

happening/ graduation–2014/ full–jim–carrey–address–video–and–transcript.

24 Seinfeld, "The Calzone," NBC, April 25, 1996.

25 Comedy Central, "100 Greatest Stand–ups of All Time," www.listology.com/ list/comedy–central–100–greatest–standups–all–time.

26 Adam M. Grant, "Funny Babies: Great Comedians Are Born Last in Big Families," working paper (2015).

27 Ray Blanchard, "Fraternal Birth Order and the Maternal Immune Hypothesis of Male Homosexuality," Hormones and Behavior 40 (2001):105–14, and "Quantitative and Theoretical Analyses of the Relation Between Older Brothers and Homosexuality in Men," Journal of Theoretical Biology 21(2004): 173–87; James M. Cantor, Ray Blanchard, Andrew D. Paterson, and Anthony F. Bogaert, "How Many Gay Men Owe Their Sexual Orientation to Fraternal Birth Order?," Archives of Sexual Behavior 31 (2002): 63–71; Ray Blanchard and Richard Lippa, "Birth Order, Sibling Sex Ratio, Handedness, and Sexual Orientation of Male and Female Participants in a BBC Internet Research Project," Archives of Sexual Behavior 36 (2007): 163–176; Anthony F. Bogaert, Ray Blanchard, and Lesley E. Crosthwait, "Interaction of Birth Order, Handedness, and Sexual Orientation in the Kinsey Interview Data," Behavioral Neuroscience 121(2007): 845–53; Alicia Garcia–Falgueras and Dick F. Swaab, "Sexual Hormones and the Brain: An Essential Alliance for Sexual Identity and Sexual Orientation," Endocrine Development 17 (2010): 22–35.

28 Robert B. Zajonc, "Family Configuration and Intelligence," Science 192 (1976): 227–36, and "Validating the Confluence Model," Psychological Bulletin 93 (1983): 457–80; Robert B. Zajonc and Patricia R. Mullally, "Birth Order: Reconciling Conflicting Effects," American Psychologist 52 (1997): 685–799; Heidi Keller and Ulrike Zach, "Gender and Birth Order as Determinants of Parental Behaviour," International Journal of Behavioral Development 26(2002): 177–84; J. Jill Suitor and Karl Pillemer, "Mothers' Favoritism in Later Life: The Role of Children's Birth Order," Research on Aging 29 (2007): 32–55.

29 Andre Agassi, Open: An Autobiography (New York: Knopf, 2009). For evidence that the children treated with the greatest hostility by parents are the most likely to rebel, see Katherine Jewsbury Conger and Rand D. Conger, "Differential Parenting and Change in Sibling Differences in Delinquency," Journal of Family Psychology 8 (1994): 287–302.

30 Personal interview with Lizz Winstead, February 8, 2015, and Lizz Winstead, Lizz Free or Die: Essays (New York: Riverhead, 2012).

31 Jim Gaffigan, "The Youngest Child," Comedy Central Presents, July 11, 2000, www.cc.com/video-clips/g92efr/comedy-central-presents-the-youngest-child; see also Ben Kharakh, "Jim Gaffigan, Comedian and Actor," Gothamist, July 17, 2006, http:// gothamist.com/ 2006/ 07/ 17/ jim_ gaffigan_ co.php#.

32 Catherine A. Salmon and Martin Daly, "Birth Order and Familial Sentiment:Middleborns Are Different," Evolution and Human Behavior 19 (1998): 299–312.

33 Martin L. Hoffman, Empathy and Moral Development: Implications for Caring and Justice (New York: Cambridge University Press, 2000).

34 Samuel P. Oliner and Pearl Oliner, The Altruistic Personality: Rescuers of Jews in Nazi Europe (New York: Touchstone, 1992); Samuel P. Oliner, "Ordinary Heroes," Yes! Magazine, November 5, 2001, www.yesmagazine .org/i ssues/can-love-save-the-world/ordinary-heroes;see also Eva Fogelman, Conscience and Courage: Rescuers of Jews During the Holocaust (New York: Doubleday, 2011).

35 John S. Dacey, "Discriminating Characteristics of the Families of Highly Creative Adolescents," The Journal of Creative Behavior 23 (1989): 263–71.

36 Teresa M. Amabile, Growing Up Creative: Nurturing a Lifetime of Creativity (Buffalo, NY: Creative Education Foundation, 1989).

37 Maarten Vansteenkiste, Bart Soenens, Stijn Van Petegem, and Bart Duriez, "Longitudinal Associations Between Adolescent Perceived Degree and Style of Parental Prohibition and Internalization and Defiance," Developmental Psychology 50(2014): 229–36; see also Sharon S. Brehm and Jack W. Brehm, Psychological Reactance: A Theory of Freedom and Control (New York: Academic Press, 1981).

38 Donald W. MacKinnon, "The Nature and Nurture of Creative Talent," American Psychologist 17 (1962): 484–95, and "Personality and the Realization of Creative Potential," American Psychologist 20(1965): 273–81.

39 John Skow, "Erma in Bomburbia: Erma Bombeck," Time, July 2, 1984.

40 Adam M. Grant and David A. Hofmann, "It's Not All About Me: Motivating Hand Hygiene Among Health Care Professionals by Focusing on Patients," Psychological Science 22 (2011): 1494–99.

41 Carolyn Zahn-Wexler, Marian Radke-Yarrow, and Robert A. King, "Child Rearing and Children's Prosocial Initiations Toward Victims of Distress," Child

Development 50 (1979): 319–30; Seth Izen, "Childhood Discipline and the Development of Moral Courage," unpublished master's thesis, University of Massachusetts Lowell, www.uml.edu/ docs/ Childhood% 20Discipline%20and% 20the% 20Development% 20of% 20Moral% 20Courage%20Thesis_tcm18-90752.pdf; see also Eleanor E. Maccoby, "The Role of Parents in the Socialization of Children: An Historical Overview," Developmental Psychology 28 (1992): 1006–17.

42 Joan E. Grusec and Erica Redler, "Attribution, Reinforcement, and Altruism: A Developmental Analysis," Developmental Psychology 16 (1980): 525–34.

43 Adam Grant, "Raising a Moral Child," New York Times, April 11, 2014, www.nytimes.com/ 2014/ 04/ 12/ opinion/ sunday/raising–a–moral–child.html.

44 Carol S. Dweck, Mindset: The New Psychology of Success (New York: Random House, 2006).

45 Christopher J. Bryan, Allison Master, and Gregory M. Walton, " 'Helping' Versus 'Being a Helper': Invoking the Self to Increase Helping in Young Children," Child Development 85 (2014): 1836–42.

46 Christopher J. Bryan, Gabrielle S. Adams, and Benoit Monin, "When Cheating Would Make You a Cheater: Implicating the Self Prevents Unethical Behavior," Journal of Experimental Psychology: General 142(2013): 1001–5.

47 Penelope Lockwood and Ziva Kunda, "Increasing the Salience of One's Best Selves Can Undermine Inspiration by Outstanding Role Models," Journal of Personality and Social Psychology 76 (1999): 214–28; see also Albert Bandura, Self–Efficacy: The Exercise of Control (New York: Freeman, 1997).

48 Bill E. Peterson and Abigail J. Stewart, "Antecedents and Contexts of Generativity Motivation at Midlife," Psychology and Aging 11 (1996): 21–33.

49 Jodi Kantor, "Malala Yousafzai: By the Book," New York Times, August 19, 2014, www.nytimes.com/ 2014/ 08/ 24/ books/ review/malala–yousafzai–by–the–book.html.

50 Rufus Burrow Jr., Extremist for Love: Martin Luther King Jr., Man of Ideas and Nonviolent Social Action (Minneapolis, MN: Fortress Press, 2014).

51 "Nelson Mandela, the 'Gandhi of South Africa,' Had Strong Indian Ties," Economic Times, December 6, 2013, articles.economictimes .indiatimes.com/ 2013–12–06/ news/44864354_1_nelson–mandela–gandhi–memorial–gandhian–philosophy.

52　Tad Friend, "Plugged In: Can Elon Musk Lead the Way to an Electric–Car Future?" New Yorker, August 24, 2009, www.newyorker.com/ magazine/ 2009/ 08/ 24/ plugged–in.

53　Julian Guthrie, "Entrepreneur Peter Thiel Talks 'Zero to One,' " SFGate, September 21, 2014, www.sfgate.com/ living/ article/Entrepreneur–Peter–Thiel–talks–Zero–to–One–5771228.php.

54　"Sheryl Sandberg: By the Book," New York Times, March 14, 2013, www.nytimes.com/ 2013/ 03/ 17/ books/ review/sheryl–sandberg–by–the–book.html.

55　"Jeffrey P. Bezos Recommended Reading": www.achievement.or g/autodoc/bibliography/WrinkleinT_1.

56　Alyson Shontell, "The Books That Inspired Tech's Most Influential People," Business Insider, June 26, 2013, www.businessinsider.com/the–books–that–influenced–techs–most–influencial–ceos–2013–6–op=1.

57　Helen H. Wang, "Alibaba Saga III: Jack Ma Discovered the Internet," Forbes, July 17, 2014, www.forbes.com/sites/helenwang/2014/07/17/alibaba–saga–iii/.

58　Richard DeCharms and Gerald H. Moeller, "Values Expressed in American Children's Readers, 1800–1950," Journal of Abnormal and Social Psychology 64 (1962): 136–42; see also David C. McClelland, The Achieving Society (Princeton, NJ: Van Nostrand Co., 1961); Stefan Engeser, Falko Rheinberg, and Matthias Moller, "Achievement Motive Imagery in German Schoolbooks: A Pilot Study Testing McClelland's Hypothesis," Journal of Research in Personality 43 (2009): 110–13; Stefan Engeser, Ina Hollricher, and Nicola Baumann, "The Stories Children's Books Tell Us: Motive–Related Imagery in Children's Books and Their Relation to Academic Performance and Crime Rates," Journal of Research in Personality 47(2013): 421–26.

59　Dean Keith Simonton, Greatness: Who Makes History and Why (New York: Guilford Press, 1994).

60　Mark Strauss, "Ten Inventions Inspired by Science Fiction," Smithsonian magazine, March 15, 2012, www.smithsonianmag.com/science–nature/ten–inventions–inspired–by–science–fiction–128080674/–no–ist.

61　Loris Vezzali, Sofia Stathi, Dino Giovannini, Dora Capozza, and Elena Trifiletti, "The Greatest Magic of Harry Potter: Reducing Prejudice," Journal of Applied Social Psychology 45 (2015): 105–21.

7장 집단 사고를 재고하라

1   Ralph Waldo Emerson, Society and Solitude: Twelve Chapters (New York: Houghton, Mifflin, 1893).

2   Mary Tripsas and Giovanni Gavetti, "Capabilities, Cognition, and Inertia: Evidence from Digital Imaging," Strategic Management Journal 21 (2000): 1147–61; Victor K. McElheny, Insisting on the Impossible: The Life of Edwin Land (New York: Basic Books, 1999); Milton P. Dentch, Fall of an Icon: Polaroid After Edwin H. Land: An Insider's View of the Once Great Company (New York: Riverhaven Books, 2012); Christopher Bonanos, Instant: The Story of Polaroid (Princeton, NJ: Princeton Architectural Press, 2012); Peter C. Wensberg, Land's Polaroid: A Company and the Man Who Invented It(Boston: Houghton Mifflin, 1987); David Sheff, "Steve Jobs," Playboy, February 1985, http://longform.org/stories/playboy-interview-steve-jobs; Brian Dumaine, "How Polaroid Flashed Back," Fortune, February 16, 1987, http://archive.fortune.com/magazines/fortune/f ortune_archive/1987/02/16/68669/index.htm.

3   Charles A. O'Reilly and Jennifer A. Chatman, "Culture as Social Control: Corporations, Cults, and Commitment," Research in Organizational Behavior 18 (1996): 157–200.

4   Irving Janis, Groupthink: Psychological Studies of Policy Decisions and Fiascoes (Boston: Houghton Mifflin, 1973); Cass R. Sunstein, Why Societies Need Dissent (Boston: Harvard University Press, 2003).

5   Sally Riggs Fuller and Ramon J. Aldag, "Organizational Tonypandy: Lessons from a Quarter Century of the Groupthink Phenomenon," Organizational Behavior and Human Decision Processes 73 (1998): 163–84; Roderick M. Kramer, "Revisiting the Bay of Pigs and Vietnam Decisions 25Years Later: How Well Has the Groupthink Hypothesis Stood the Test of Time?," Organizational Behavior and Human Decision Processes 73 (1998): 236–71;Glen Whyte, "Recasting Janis's Groupthink Model: The Key Role of Collective Efficacy in Decision Fiascoes," Organizational Behavior and Human Decision Processes 73 (1998):185–209;Clark McCauley, "Group Dynamics in Janis's Theory of Groupthink:Backward and Forward," Organizational Behavior and Human Decision Processes 73(1998): 142–62;Randall S. Peterson, Pamela D. Owens, Philip E. Tetlock, Elliott T. Fan, and Paul Martorana, "Group Dynamics in Top Management Teams: Groupthink, Vigilance, and Alternative Models of Organizational Failure and Success," Organizational Behavior and Human Decision Processes 73 (1998): 272–305;Philip E. Tetlock, Randall S. Peterson, Charles McGuire, Shi-jie Chang, and Peter Feld, "Assessing Political Group

Dynamics: A Test of the Groupthink Model," Journal of Personality and Social Psychology 63 (1992): 403–25; Ramon J. Aldag and Sally Riggs Fuller, "Beyond Fiasco: A Reappraisal of the Groupthink Phenomenon and a New Model of Group Decision Processes," Psychological Bulletin 113 (1993): 533–52; Richard E. Neustadt and Ernest R. May, Thinking in Time: The Uses of History for Decision Makers (New York: Free Press, 1986); Steve W. J. Kozlowski and Daniel R. Ilgen, "Enhancing the Effectiveness of Work Groups and Teams," Psychological Science in the Public Interest 7 (2006): 77–124; Anthony R. Pratkanis and Marlene E. Turner, "Methods for Counteracting Groupthink Risk: A Critical Appraisal," International Journal of Risk and Contingency Management 2 (2013): 18–38;Francis J. Flynn and Jennifer A. Chatman, "Strong Cultures and Innovation: Oxymoron or Opportunity?" The International Handbook of Organizational Culture and Climate (2001): 263–87.

6   James N. Baron and Michael T. Hannan, "Organizational Blueprints for Success in High-Tech Startups: Lessons from the Stanford Project on Emerging Companies," California Management Review 44(2002): 8–36; Michael T. Hannan, James N. Baron, Greta Hsu, and Ozgecan Kocak, "Organizational Identities and the Hazard of Change," Industrial and Corporate Change 15 (2006): 755–84.

7   Marshall Goldsmith, What Got You Here Won't Get You There: How Successful People Become Even More Successful (New York: Hachette, 2007).

8   Edgar H. Schein, Organizational Culture (San Francisco: Jossey–Bass, 1992); Benjamin Schneider,"The People Make the Place," Personnel Psychology 40 (1987): 437–53; Benjamin Schneider, D. Brent Smith, and Harold W. Goldstein, "Attraction–Selection–Attrition: Toward a Person–Environment Psychology of Organizations," in Person–Environment Psychology: Models and Perspectives (2000): 61–85.

9   Jesper Sørensen, "The Strength of Corporate Culture and the Reliability of Firm Performance," Administrative Science Quarterly 47 (2002): 70–91.

10   Michael L. McDonald and James D. Westphal, "Getting By with the Advice of Their Friends: CEOs' Advice Networks and Firms' Strategic Responses to Poor Performance," Administrative Science Quarterly 48 (2003): 1–32.

11   Charlan J. Nemeth, Bernard Personnaz, Marie Personnaz, and Jack A. Goncalo, "The Liberating Role of Conflict in Group Creativity: A Study in Two Countries," European Journal of Social Psychology 34 (2004): 365–74.

12   Kevin Dunbar, "How Scientists Really Reason: Scientific Reasoning in Real–World Laboratories," in The Nature of Insight, eds., Robert J. Sternberg and

Janet E. Davidson, 365–95(Cambridge: MIT Press, 1995); Chip Heath, Richard P. Larrick, and Joshua Klayman, "Cognitive Repairs: How Organizational Practices Can Compensate for Individual Shortcomings," Research in Organizational Behavior 20 (1998): 1–37; Robert S. Dooley and Gerald E. Fryxell, "Attaining Decision Quality and Commitment from Dissent: The Moderating Effects of Loyalty and Competence in Strategic Decision–Making Teams," Academy of Management Journal 42 (1999): 389–402.

13 Charlan J. Nemeth, "Differential Contributions of Majority and Minority Influence," Psychological Review 93 (1986): 23–32;Stefan Schulz–Hardt, Felix C. Brodbeck, Andreas Mojzisch, Rudolf Kerschreiter, and Dieter Frey, "Group Decision Making in Hidden Profile Situations: Dissent as a Facilitator for Decision Quality," Journal of Personality and Social Psychology 91(2006): 1080–93.

14 Personal interviews with Zack Wieder and Mark Kirby, June 24, 2014; personal interviews with Zack Wieder, January 12, February 9 and 16, and April 16, 2015; personal interviews with Ray Dalio, July 31, 2014, and February 12, 2015; and many hours of additional interviews, observations,videos, and cases from current and former Bridgewater employees between June 2014 and January 2015; Ray Dalio, "Principles," www.bwater.com/ home/culture–principles.aspx; Robert Kegan, Lisa Lahey, Andy Fleming, and Matthew Miller, "Making Business Personal," Harvard Business Review, April 2014, 45–52; Kevin Roose, "Pursuing Self–Interest in Harmony with the Laws of the Universe and Contributing to Evolution Is Universally Rewarded," New York Magazine, April 10, 2001, http:// nymag.com/ news/ business/ wallstreet/ray–dalio–2011–4/; Jeffrey T. Polzer and Heidi K. Gardner, "Bridgewater Associates," Harvard Business School Video Case 413–702, May 2013, www.hbs.edu/ faculty/ Pages/ item.aspx? num= 44831.

15 Jack Handey, Saturday Night Live, 1991.

16 Lauren A. Rivera, "Guess Who Doesn't Fit In at Work," The New York Times, May 30, 2015,:http://www.nytimes.com/2015/05/31/opini on/sunday/guess–who–doesnt–fit–in–at–work.html.

17 Personal communication with Duane Bray, January 30, 2014.

18 Charlan Jeanne Nemeth, "Minority Influence Theory," in Handbook of Theories in Social Psychology 2 (2012): 362–78; Charlan Nemeth, Keith Brown, and John Rogers, "Devil's Advocate Versus Authentic Dissent: Stimulating Quantity and Quality," European Journal of Social Psychology 31(2001): 707–20; personal communication with Charlan Nemeth, January 15, 2015; Roger B. Porter, Presidential Decision Making: The Economic Policy Board(Cambridge: Cambridge University Press, 1980).

19   Stefan Schulz-Hardt, Marc Jochims, and Dieter Frey, "Productive Conflict in Group Decision-Making: Genuine and Contrived Dissent as Strategies to Counteract Biased Information Seeking," Organizational Behavior and Human Decision Processes 88 (2002): 563-86.

20   Paul Saffo, "Strong Opinions, Weakly Held," July 26, 2008, www.skmurphy.com/ blog/ 2010/ 08/ 16/paul-saffo-forecasting-is-strong-opinions-weakly-held/.

21   Jian Liang, Crystal I. C. Farh, and Jiing-Lih Farh, "Psychological Antecedents of Promotive and Prohibitive Voice: A Two-Wave Examination," Academy of Management Journal 55 (2012): 71-92.

22   David A. Hofmann, "Overcoming the Obstacles to Cross-Functional Decision Making: Laying the Groundwork for Collaborative Problem Solving," Organizational Dynamics (2015); personal conversations with David Hofmann and Jeff Edwards, March 2008.

23   Laszlo Bock, Work Rules! Insights from Google That Will Transform How You Live and Lead (New York: Twelve, 2015).

24   Andreas Mojzisch and Stefan Schulz-Hardt, "Knowing Others' Preferences Degrades the Quality of Group Decisions," Journal of Personality and Social Psychology 98 (2010): 794-808.

25   Andrea B. Hollingshead, "The Rank-Order Effect in Group Decision Making," Organizational Behavior and Human Decision Processes 68 (1996): 181-93.

26   Quoted in Robert I. Sutton, "It's Up to You to Start a Good Fight," Harvard Business Review, August 3, 2010.

27   Personal interview with Tom Gerrity, July 12, 2011.

28   Zannie G. Voss, Daniel M. Cable, and Glenn B. Voss, "Organizational Identity and Firm Performance: What Happens When Leaders Disagree About 'Who We Are?,' " Organization Science 17 (2006): 741-55.

29   Andrew Carton, Chad Murphy, and Jonathan Clark, "A (Blurry) Vision of the Future: How Leader Rhetoric About Ultimate Goals Influences Performance," Academy of Management Journal 57 (2014): 1544-70.

30   Trish Reay, Whitney Berta, and Melanie Kazman Kohn, "What's the Evidence on Evidence-Based Management?," Academy of Management Perspectives (November 2009): 5-18.

8장 평지풍파 일으키고 평정심을 유지하기

1 Nelson Mandela, Long Walk to Freedom: The Autobiography of Nelson Mandela (New York: Little, Brown, 1995).

2 Personal interview with Lewis Pugh, June 10, 2014, and personal communication, February 15, 2015; Lewis Pugh, Achieving the Impossible (London: Simon & Schuster, 2010) and 21 Yaks and a Speedo: How to Achieve Your Impossible (Johannesburg and Cape Town, South Africa: Jonathan Ball Publishers, 2013); "Swimming Toward Success" speech at the World Economic Forum, Davos, Switzerland, January 23, 2014.

3 Adam M. Grant, "Rocking the Boat But Keeping It Steady: The Role of Emotion Regulation in Employee Voice," Academy of Management Journal 56 (2013): 1703–23.

4 Steven Kelman, Ronald Sanders, Gayatri Pandit, and Sarah Taylor, " 'I Won't Back Down?' Complexity and Courage in Federal Decision-Making," Harvard Kennedy School of Government RWP13-044(2013).

5 Scott Sonenshein, Katherine A. DeCelles, and Jane E. Dutton, "It's Not Easy Being Green: The Role of Self-Evaluations in Explaining Support of Environmental Issues," Academy of Management Journal 57 (2014): 7–37.

6 Julie K. Norem and Nancy Cantor, "Defensive Pessimism: Harnessing Anxiety as Motivation," Journal of Personality and Social Psychology 51 (1986): 1208–17; Stacie M. Spencer and Julie K. Norem, "Reflection and Distraction: Defensive Pessimism, Strategic Optimism, and Performance," Personality and Social Psychology Bulletin 22 (1996): 354–65;Julie K. Norem and K. S. Shaun Illingworth, "Strategy-Dependent Effects of Reflecting on Self and Tasks: Some Implications of Optimism and Defensive Pessimism," Journal of Personality and Social Psychology 65 (1993): 822–35; Julie K. Norem and Edward C. Chang, "The Positive Psychology of Negative Thinking," Journal of Clinical Psychology 58 (2002): 993–1001; Tim Jarvis, "The Power of Negative Thinking," O, The Oprah Magazine, March 2009, http:// www.oprah.com/spirit/Defensive-Pessimism-How-Negative-Thinking-Can-Pay-Off.

7 A. Timur Sevincer, Greta Wagner, Johanna Kalvelage, and Gabriele Oettingen, "Positive Thinking About the Future in Newspaper Reports and Presidential Addresses Predicts Economic Downturn," Psychological Science 25 (2014): 1010–17.

8 Kaya Burgess, "Speaking in Public Is Worse Than Death for Most," Times (London), October 30, 2013, www.thetimes.co.uk/tto/ science/

article3908129.ece; Karen Kangas Dwyer and Marlina M. Davidson, "Is Public Speaking Really More Feared Than Death?," Communication Research Reports 29 (2012): 99–107; Jerry Seinfeld, www.youtube.com/ watch? v=kL7fTLjFzAg.

9 Alison Wood Brooks, "Get Excited: Reappraising Pre–Performance Anxiety as Excitement," Journal of Experimental Psychology: General 143(2014): 1144–58.

10 Charles S. Carver and Teri L. White, "Behavioral Inhibition, Behavioral Activation, and Affective Responses to Impending Reward and Punishment: The BIS/ BAS Scales," Journal of Personality and Social Psychology 67 (1994): 319–33.

11 Susan Cain, "Why You Fear Public Speaking, and What to Do About It," accessed on September 18, 2014, at www.thepowerofintroverts.com/201 1/02/08/public–speaking–for–introverts–and–other–microphone–averse–people–tip–2.

12 Jacob B. Hirsh and Michael Inzlicht, "The Devil You Know: Neuroticism Predicts Neural Response to Uncertainty," Psychological Science 19 (2008): 962–67.

13 Olga Khazan, "The Upside of Pessimism," Atlantic, September 12, 2014, www.theatlantic.com/health/archive/2014/09/dont–think–positively/379993.

14 Personal interview with Srdja Popovic, February 8, 2015; Srdja Popovic, Blueprint for Revolution: How to Use Rice Pudding, Lego Men, and Other Nonviolent Techniques to Galvanize Communities, Overthrow Dictators, or Simply Change the World (New York: Spiegel & Grau, 2015); Bringing Down a Dictator, directed by Steven York, WETA, in association with York Zimerman, 2002; Peter McGraw and Joel Warner, The Humor Code: A Global Search for What Makes Things Funny (New York: Simon & Schuster, 2014); Srdja Popovic, "Why Dictators Don't Like Jokes," Foreign Policy, April 5, 2013; CANVAS library, accessed on December 26, 2014, at www.canvasopedia.org/ index.php/ library.

15 Personal interviews with Josh Silverman, October 24, November 12, and December 2, 2014.

16 Adam M. Grant and David A. Hofmann, "Outsourcing Inspiration: The Performance Effects of Ideological Messages from Leaders and Beneficiaries," Organizational Behavior and Human Decision Processes 116 (2011):173–87.

17 Adam M. Grant, "Leading with Meaning: Beneficiary Contact, Prosocial Impact, and the Performance Effects of Transformational Leadership," Academy of Management Journal 55 (2012): 458–76.

18 Solomon E. Asch, "Opinions and Social Pressure," Scientific American 193 (1955): 31–35, and "Studies of Independence and Conformity: A Minority of One Against a Unanimous Majority," Psychological Monographs 70 (1956): 1–70;see also Rod Bond and Peter B. Smith,"Culture and Conformity: A Meta–Analysis of Studies Using Asch's (1952b, 1956) Line Judgment Task," Psychological Bulletin 119 (1996): 111–37.

19 Derek Sivers, "How to Start a Movement," TED Talks, April 2010, www.ted.com/talks/ derek_ sivers_ how_ to_ start_ a_ movement/ transcript?language= en.

20 Margaret Mead, The World Ahead: An Anthropologist Anticipates the Future, ed. Robert B. Textor (New York: Berghahn Books, 2005).

21 Sigal G. Barsade and Hakan Ozcelik, "Not Alone But Lonely: Work Loneliness and Employee Performance," working paper (2011).

22 Robert I. Sutton, "Breaking the Cycle of Abuse in Medicine," March 13, 2007, accessed on February 24, 2015, at obsutton.typepad.com/my_weblog/2007/03/breaking_the_cy.html.

23 Personal interview with Brian Goshen, September 22, 2014.

24 Lynne M. Andersson and Thomas S. Bateman, "Individual Environmental Initiative: Championing Natural Environmental Issues in U.S. Business Organizations," Academy of Management Journal 43 (2000): 548–70.

25 John Kotter, Leading Change (Boston: Harvard Business School Press, 1996).

26 Amos Tversky and Daniel Kahneman, "The Framing of Decisions and the Psychology of Choice," Science 211 (1981): 453–58; Max Bazerman, Judgment in Managerial Decision Making (New York: John Wiley, 1994).

27 Alexander J. Rothman, Roger D. Bartels, Jhon Wlaschin, and Peter Salovey, "The Strategic Use of Gain–and Loss–Framed Messages to Promote Healthy Behavior: How Theory Can Inform Practice," Journal of Communication 56 (2006): 202–20.

28 Anita Williams Woolley, "Playing Offense vs. Defense: The Effects of Team Strategic Orientation on Team Process in Competitive Environments," Organization Science 22 (2011): 1384–98.

29 Lisa Bodell, Kill the Company: End the Status Quo, Start an Innovation Revolution (New York: Bibliomotion, 2012).

30 Nancy Duarte, "The Secret Structure of Great Talks," TEDxEast, November 2011, www.ted.com/talks/nancy_duarte_the_secret_structure_of_great_talks.

31 Franklin Delano Roosevelt's first inaugural address, March 4, 1933.

32 Martin Luther King, Jr.'s, "I have a dream" speech, August 28, 1963; Clarence B. Jones, Behind the Dream: The Making of the Speech That Transformed a Nation (New York: Palgrave Macmillan, 2011); Drew Hansen, The Dream: Martin Luther King, Jr., and the Speech That Inspired a Nation (New York: Harper Perennial, 2005).

33 Patricia Wasielewski, "The Emotional Basis of Charisma," Symbolic Interaction 8 (1985): 207–22.

34 Minjung Koo and Ayelet Fishbach, "Dynamics of Self-Regulation: How (Un)accomplished Goal Actions Affect Motivation," Journal of Personality and Social Psychology 94 (2008): 183–95.

35 Tom Peters, December 30, 2013, www.facebook.com/permalink.php? story_fbid= 10151762619577396& id= 10666812395.

36 Debra E. Meyerson and Maureen A. Scully, "Tempered Radicalism and the Politics of Ambivalence and Change," Organization Science 6 (1995): 585–600.

37 Arlie Hochschild, The Managed Heart: Commercialization of Human Feeling (California: University of California Press, 1983).

38 Constantin Stanislavski, An Actor Prepares (New York: Bloomsbury Academic, 1936/ 2013); Chris Sullivan, "How Daniel Day-Lewis' Notoriously Rigorous Role Preparation Has Yielded Another Oscar Contender," The Independent, February 1, 2008.

39 Alicia Grandey, "When 'The Show Must Go On': Surface Acting and Deep Acting as Determinants of Emotional Exhaustion and Peer-Rated Service Delivery," Academy of Management Journal 46 (2003): 86–96; Ute R. Hulsheger and Anna F. Schewe, "On the Costs and Benefits of Emotional Labor: A Meta-Analysis of Three Decades of Research," Journal of Occupational Health Psychology 16 (2011): 361–89.

40 Aldon D. Morris, The Origins of the Civil Rights Movement: Black Communities Organizing for Change (New York: Free Press, 1984); Rufus Burrow, Jr., Extremist for Love: Martin Luther King Jr., Man of Ideas and Nonviolent Social Action (Minneapolis, MN: Fortress Press, 2014); Martin Luther King, Jr., "Remarks in Favor of the Montgomery Bus Boycott," June 27, 1956, accessed on February

24, 2015, at www.usnews.com/news/blogs/press-past/2013/02/04/remembering-rosa-parks-on-her-100th-birthday;Martin Luther King, Jr.,interview with Kenneth Clark, accessed on February 24, 2015, at www.pbs.org/wgbh/amex/mlk/ sfeature/sf_video_pop_03_tr_qt.html.

41 Analyze This, directed by Harold Ramis, Warner Bros., 1999.

42 Brad J. Bushman, "Does Venting Anger Feed or Extinguish the Flame? Catharsis, Rumination, Distraction, Anger, and Aggressive Responding," Personality and Social Psychology Bulletin 28 (2002): 724–31; Brad J. Bushman, Roy F. Baumeister, and Angela D. Stack, "Catharsis, Aggression, and Persuasive Influence: Self-Fulfilling or Self-Defeating Prophecies?," Journal of Personality and Social Psychology 76 (1999): 367–76; Brad J. Bushman, Angela M. Bonacci, William C. Pedersen, Eduardo A. Vasquez, and Norman Miller, "Chewing on It Can Chew You Up: Effects of Rumination on Triggered Displaced Aggression," Journal of Personality and Social Psychology 88 (2005): 969–83.

43 Timothy D. Wilson, Redirect: The Surprising New Science of Psychological Change (New York: Little, Brown, 2011); Jonathan I. Bisson, Peter L. Jenkins, Julie Alexander, and Carol Bannister, "Randomised Controlled Trial of Psychological Debriefing for Victims of Acute Burn Trauma," British Journal of Psychiatry 171 (1997): 78–81; Benedict Carey, "Sept. 11 Revealed Psychology's Limits, Review Finds," New York Times, July 28, 2011; James W. Pennebaker, Opening Up: The Healing Power of Expressing Emotions (New York: Guilford Press, 1997).

44 Andrew Brodsky, Joshua D. Margolis, and Joel Brockner, "Speaking Truth to Power: A Full Cycle Approach," working paper (2015).

45 Guy D. Vitaglione and Mark A. Barnett, "Assessing a New Dimension of Empathy: Empathic Anger as a Predictor of Helping and Punishing Desires," Motivation and Emotion 27 (2003): 301–25; C. Daniel Batson, Christopher L. Kennedy, Lesley-Anne Nord, E. L. Stocks, D'Yani A. Fleming, Christian M. Marzette, David A. Lishner, Robin E. Hayes, Leah M. Kolchinsky, and Tricia Zerger, "Anger at Unfairness: Is It Moral Outrage?," European Journal of Social Psychology 37 (2007): 1272–85; Jennifer J. Kish-Gephart, James R. Detert, Linda Klebe Trevino, and Amy C. Edmondson, "Silenced by Fear: The Nature, Sources, and Consequences of Fear at Work," Research in Organizational Behavior 29 (2009): 163–93.

46 Israel Shenker, "E. B. White: Notes and Comment by Author," New York Times, July 11, 1969: www.nytimes.com/books/97/08/03/lifetimes/white-notes.html.

462

47 Brian R. Little, Me, Myself, and Us: The Science of Personality and the Art of Well-Being(New York: PublicAffairs, 2014); Brian R. Little, "Personal Projects and Social Ecology: Lives, Liberties and the Happiness of Pursuit," Colloquium presentation, department of psychology, University of Michigan (1992); Brian R. Little, "Personality Science and the Northern Tilt: AsPositive as Possible Under the Circumstances," in Designing Positive Psychology: Taking Stock and Moving Forward, eds. K. M. Sheldon, T. B. Kashdan, and M. F. Steger (New York: Oxford University Press, 228-47).

효과적인 행동 지침

1 Personal interviews with Benjamin Kohlmann, November 19 and December 10, 2014.

2 Karl Ulrich and Christian Terwiesch, Innovation Tournaments: Creating and Selecting Exceptional Opportunities (Boston:Harvard Business School Press, 2009); "Why Some Innovation Tournaments Succeed and Others Fail," Knowledge@Wharton, February 20, 2014, knowledge.wharton.upenn.edu/ article/innovation-tournaments-succeed-others-fail.

3 Lisa Bodell, Kill the Company: End the Status Quo, Start an Innovation Revolution (New York: Bibliomotion, 2012).

4 Anita Bruzzese, "DreamWorks Is Believer in Every Employee's Creativity," USA Today, July 23, 2012,usatoday30.usatoday.com/money/jobcenter/workplace/bruzzese/story/ 2012-07-22/dreamworks-values-innovation-in-all-workers/56376470/1.

5 Robert I. Sutton and Andrew Hargadon, "Brainstorming Groups in Context: Effectiveness in a Product Design Firm," Administrative Science Quarterly 41 (1996): 685-718.

6 Personal interviews with Nancy Lublin, December 12, 2014, and February 23, 2015.

7 Elliot Aronson and Shelley Patnoe, Cooperation in the Classroom: The Jigsaw Method (New York: Addison Wesley, 1997).

옮긴이 홍지수

연세대학교 영어영문학과, 한국외국어대학교 통번역대학원, 미국 컬럼비아대학교 국제학대학원과 하버드대학교 케네디행정대학원 졸업. KBS 앵커, 미국 매사추세츠 주정부의 정보통신부 차장, 리인터내셔널 무역투자연구원 이사로 일함. 옮긴 책으로《월든/시민불복종》《고령화시대의 경제학》《짝찾기 경제학》《자유》《방황하는 개인들의 사회》《일본의 한국 식민지화》《나의 아버지 부시 41》《버니 샌더스의 정치혁명》등이 있다.

오리지널스

제1판 1쇄 발행 | 2016년 2월 2일
제1판 53쇄 발행 | 2024년 7월 24일

지은이 | 애덤 그랜트
옮긴이 | 홍지수
펴낸이 | 김수언

주소 | 서울특별시 중구 청파로 463
기획출판팀 | 02-3604-590, 584
영업마케팅팀 | 02-3604-595, 562   FAX | 02-3604-599
H | http://bp.hankyung.com   E | bp@hankyung.com
F | www.facebook.com/hankyungbp
등록 | 제 2-315(1967. 5. 15)

ISBN 978-89-475-4672-0   03320